毛泽东诗词
精读细品

汪建新 著

中国文史出版社

图书在版编目（CIP）数据

毛泽东诗词精读细品 / 汪建新著 . -- 北京：中国文史出版社，2022.12
ISBN 978-7-5205-4392-7

Ⅰ．①毛… Ⅱ．①汪… Ⅲ．①毛主席诗词 – 鉴赏 Ⅳ．① A841.4

中国国家版本馆 CIP 数据核字（2023）第 196808 号

责任编辑：戴小璇

出版发行：中国文史出版社
社　　址：北京市海淀区西八里庄路 69 号院　　邮编：100142
电　　话：010-81136606　81136602　81136603（发行部）
传　　真：010-81136655
印　　装：廊坊市海涛印刷有限公司
经　　销：全国新华书店
开　　本：1/16
印　　张：27.75
字　　数：399 千字
版　　次：2024 年 1 月北京第 1 版
印　　次：2024 年 1 月第 1 次印刷
定　　价：78.00 元

文史版图书，版权所有，侵权必究。

品读经典，其乐无穷

写成这本书，纯属偶然。这是一本在微信朋友圈"首发"的书，先前没有周密的写作计划，启动后也没有完整的内容提纲，完全是一个"草鞋没样，边打边像"的过程，一步一步成形，渐入佳境。一切都是顺其自然、水到渠成的。

2021年3月的一天，我接到全国政协文化文史和学习委员会一名工作人员的电话。她说：全国政协面向政协委员建立了若干内部读书群，其中一个是"'国学'读书群"，每个季度都有不同的主题。为了积极推进党史学习教育，第二季度的学习主题为"品读毛泽东诗词，重温中共党史，坚定文化自信"。根据相关领导和委员的推荐，拟邀请几个专家进行辅导。接着她便把《"国学"读书群第五期读书计划》发送给了我。该计划要求我在几个周六的晚上8点至9点用音频文件导学毛泽东诗词，并进行在线互动交流。

接到这样的电话，多少有点惊讶，我不是政协委员，不清楚读书群的操作模式。但我感觉更多的还是兴奋，突然想起《孟子·梁惠王下》中孟子与齐王谈论赏乐的经典对话："他日，见于王曰：'王尝语庄子以好乐，有诸？'王变乎色，曰：'寡人非能好先王之乐也，直好世俗之乐耳。'曰：'王之好乐甚，则齐其庶几乎！今之乐犹古之乐也。'曰：'可得闻与？'曰：'独乐乐，与人乐乐，孰乐？'曰：'不若与人。'曰：'与少乐乐，与众乐乐，孰乐？'曰：'不若与众。'"我2004年9月调入中国井冈山干部学院工作，2005年8月开始从事毛泽东诗词的教学科研，此后一直专注于此。十多年来，我从多个角度给不计其数的班次和学员讲授毛泽东诗词，也去过一些单位讲学。但迄今为止，还没有遇见一个单位通过组织行为来推动学习毛泽东诗词的情形。现在是网络时代，各式各样的微信群多如牛毛，也没有见过一个以毛泽东诗词为主题进行交流的读书群。毛泽东诗词的爱好者非常之多，但我身边像我这般乐此不疲的人很少，我更多时候充其量也只是"自娱自乐"。

我毫不犹豫地接受了邀请，进入了读书群，这是可遇不可求的机会。讲解毛泽东诗词，对我而言不是很难的事。平时一个人在井冈山工作，周末在线交流也不算费事。我根据计划要求，在现有视频材料中选择了几个专题：《从毛泽东诗词感悟中国共产党人的初心》《从毛泽东诗词汲取斗争精神与智慧》《从诗词感悟毛泽东的伟人家风》《诗人毛泽东的井冈情结》。四个周末的在线交流，给我印象很深。"国学"读书群有数千人，时间虽然不长，但政协委员人才济济，很多人对毛泽东诗词烂熟于心，有很多独到的见解与感悟，和他们交流是一种享受，让我充分领略到了"独乐乐，不若与人""与少乐乐，不若与众"的无穷乐趣。

大概是第二季度的导学效果不错，全国政协文化文史和学习委员会趁热打铁，第三季度《"国学"读书群第六期读书计划》继续以"精读毛泽东诗词，重温中共党史，坚定文化自信"为主题，仍然邀请我作为专家进行导学。和第二季度一样，让我利用三个周末晚上解读毛泽东诗词。我选定了三个专题：《敢教日月换新天——天下情》《踏遍青山人未老——乐山情》《会当水击三千里——乐水情》。和第二季度不同的是，这次给了我一个新的"晨学"任务："每天早晨7点至8点，发送900字左右精学毛泽东诗词的文字材料。"我照样毫不犹豫地接受了这一任务。

多年来，我养成了一个习惯，每天在自己的微信朋友圈发送有关毛泽东生平、思想以及毛泽东诗词的文章或者视频资料，自己写的或者别人写的，既为自己积累资料，也和感兴趣的微信朋友进行分享。数年如一日，几乎没有间断，我的朋友圈已然成为研究毛泽东和毛泽东诗词的资料库。

可是《"国学"读书群第六期读书计划》付诸实施之后，我也不免有些犯难。困难倒不在于每天固定时间发送文字材料，关键是发送什么样的内容。首先是篇幅太短，900字，说多不多，说少不少，用900字"精学"毛泽东诗词，很可能是刚刚点题就要收笔，几乎难以把想法讲清楚，更别说把观点讲透彻。我考虑突破900字的限制，按照千字文的篇幅来行文。政协委员一般不会太年轻，至少以中年人居多，他们素质很高，对毛泽东诗词或多或少有所接触，但他们又未必专门研究毛泽东诗词，毛泽东诗词对他们而言是"熟悉的陌生人"，似是而非的情形一定不少。经过一番思考之后，我决定以问题为导向，自问自答，有问必答，争取每天解答一个问题。问题来自两个方面：一方面是宏观层面的问题，读懂毛泽东诗词要了解、把握哪些问题？另一方面是微观层面的问题，读懂每一首具体的毛泽东诗词作品，应该关注、澄清哪些问题？

有了大体的思路之后，我直接动手了。第一个问题是：毛泽东为什么能写诗？接下来的一系列问题是：毛泽东喜欢什么样的诗？毛泽东是一个怎样的诗人？为什么说毛泽东诗词堪称史诗？学习毛泽东诗词有何现实意义？按计划安排，这些问题的解析每天都如期上传到了"国学"读书群。几天之后，读书群便有了积极的回应，群友们感觉这些问题具体实在，解答也准确到位，这给了我很大的激励。于是，一个问题接着一个问题向前推进，一鼓作气写了22个宏观问题。这些问题涉及诗人毛泽东的诗词底蕴、欣赏偏好、风格特点、诗学主张、自我评价，也涉及毛泽东诗词的传播方式、普及过程、重要版本、社会反响、诗坛地位、学习方法，等等。这些问题是基础，是铺垫，也是关键。半个多月下来，对毛泽东诗词有了一个总体的概览和把握。

随后，我开始转入毛泽东诗词的微观层面，逐首赏析和解读毛泽东诗词。20世纪50年代以后，毛泽东诗词的各种选本五花八门，毛泽东诗词赏析研究的著作层出不穷，但鱼龙混杂、良莠不齐，其中不乏严谨规范客观的精品力作，也存在任性随意曲解的低劣版本。选择作品时，我以中央文献出版社1996年9月版的《毛泽东诗词集》和人民文学出版社2017年9月版的《毛泽东诗词全编鉴赏》（增订本）为蓝本，同时也参考了其他一些毛泽东诗词版本。

需要说明的是，我把《呈父亲》和《诉衷情》作为一首一尾来处理。《呈父亲》一诗，很多毛泽东诗词集的版本没有收入，但确系出自毛泽东之手笔。这首诗是毛泽东为父亲改写的，不算原创作品，历来不被毛泽东诗词研究界所看重，或者说研究的方向跑偏了，过多拘泥于去考证原诗的出处，而忽视了毛泽东改诗呈父亲究竟想要表达什么样的心境与情感，忽视了这首诗所折射出的毛泽东与其父亲的独特关系，忽视了这首诗对毛泽东人生历程的重要影响，将其作为毛泽东诗词作品来深入分析和解读是有一定意义和价值的。而《诉衷情》一诗恰恰相反，以讹传讹，流传甚广，一些毛泽东诗词集版本将其收入，而对其来源却不加考证，要么人云亦云，要么语焉不详。迄今为止，没有任何人能够提供该诗出自毛泽东手笔的任何真凭实据。正因为如此，郑重其事地将《诉衷情》一诗从毛泽东诗词作品中剔除出来，也是理性的和必要的。

确定了毛泽东诗词作品的选择范围之后，我开始按照写作时间顺序对已公开发表的毛泽东诗词作品逐一进行解析。根据作品的繁简和深浅不同，有些作品只用一个问题进行单篇解读，大多数作品都用了多个问题进行多角度全面解析。这样做，既可以避免因顾及篇幅而使问题的分析蜻蜓点水不得要领，也可以使每篇文字内容聚焦并且显得从容不迫。所涉及的所有作品都从创作背景、写作时间、创作地点、留存手迹、作者自注、发表过程、修改情况、诗句释义、典故出处等方面进行介绍和评点。

这些内容是毛泽东诗词作品的基本面，反映毛泽东诗词的状貌特征，体现毛泽东诗词的来龙去脉，是"精学"毛泽东诗词应知应会的。这些信息散见于各种毛泽东诗词书籍之中，恰恰因为资料多，真真假假、虚虚实实，也存在一个去伪存真的问题。比如《七律二首·送瘟神》，这两首诗影响很大，很多人读过背过唱过，但即便这样知名度很高的作品，在流传过程中也出现了问题。不少毛泽东诗词版本，甚至一些权威专家都认为两首诗是"毛泽东1958年7月1日写于杭州"。而事实上，只要一核查《毛泽东年谱》，就能将这种说法彻底否定了。据《毛泽东年谱（1949—1976）》第三卷记载：1958年5月2日上午，毛泽东从武汉飞回北京，1958年8月4日晨零时二十分乘专列离开北京。这期间，毛泽东一直待在北京，怎么可能于7月1日在杭州视察并写下《七律二首·送瘟神》？况且如果写于杭州，"遥望南天，欣然命笔"又怎么说得通？这样一个错误竟然持续了几十年，令人深思，这正应了毛泽东的"世界上怕就怕'认真'二字，共产党就最讲'认真'"那句至理名言。有鉴于此，我在引述各种参考资料与文献时力求准确，尽可能进行核实、查验，并一律标明出处。

每首毛泽东诗词都有个性，都有背后的故事。我对一些作品背后的珍闻、传奇进行了追溯和梳理。比如《七律·长征》，毛泽东在保安的窑洞里将其抄赠给埃德加·斯诺，斯诺将其写入《红星照耀中国》一书。1937年10月，英文版《红星照耀中国》在伦敦戈兰茨出版公司出版。1938年2月，获得斯诺授权的上海抗日救亡人士胡愈之等人以"复社"名义集体翻译、出版《红星照耀中国》的中译本，更名为《西行漫记》。《七律·长征》由此成为第一首在国外发表、随后在国内公开发表的毛泽东诗作。再比如《六言诗·给彭德怀同志》，最早传抄发表于1947年8月1日冀鲁豫军区政治部主办的《战友报》上。这首诗在战争年代就已经非正式发表，是毛泽东诗词较早公开的作品之一，而且流传也很广。但是，由于种种历史原因，它正式发表却是20世纪80年代中期的事了，离作品创作已经隔了半个世纪之久。人民文学出版社1986年11月出版的《毛泽东诗词选》，才正式将该诗收入其中，又因为没有经过作者校订而被列入"副编"。随后，1993年12月出版发行的《毛泽东年谱》和1996年9月出版发行的《毛泽东诗词集》均收入了这首诗。

"诗无达诂"是文学解读活动的一个重要原则。一般情况下，毛泽东是主张诗人不解诗的。毛泽东关于他的诗词作品的注释和评论，只要不涉及原则和史实问题，往往都采取豁达的态度。然而，对社会上各式各样的注解，毛泽东也并非全然不在意。1958年12月21日，他在对文物出版社1958年9月出版的《毛主席诗词十九首》的批注中写道："我的几首歪诗，发表以后，注家蜂起，全是好心。一部分说对了，一部分说得不对,我有说明的责任。"①我针对人们对毛泽东诗词的种种曲解、误读进行了剖析和纠正。而辨析的首要依据,就是毛泽东的批注、自注。我坚信,这些批注和自注是解读毛泽东诗词的一把钥匙。只有读出毛泽东的心境状态和创作本意,才算得上是真正读懂了毛泽东诗词。以《忆秦娥·娄山关》为例,作品写得非常含蓄,人们往往只是笼统地感慨于作品的"大气磅礴""充满英雄主义气概"。在《毛主席诗词十九首》上的批注中,毛泽东写道:"万里长征,千回百折,顺利少于困难不知有多少倍,心情是沉郁的。"②如果没有领悟到毛泽东的"沉郁",就意味着没有完全读懂这首词的深意。而要读懂毛泽东的本意,不能局限于诗句本身,必须回溯作品的时空背景。《忆秦娥·娄山关》是攻克娄山关之后写的,可这样一场胜仗只能缓解一时之危,不是决胜之战,不足以彻底扭转红军的危局,红军仍然处于国民党重兵围追堵截的险境之中,这是毛泽东"心情沉郁"的根本原因。只有这样,才能真正感受到"西风烈"的严峻与忧思,才能准确体悟到"苍山如海,残阳如血"的深沉与悲壮。以此类推,解读《菩萨蛮·大柏地》《清平乐·会昌》也必须循着同样的思路和方法,才能品出作品的真味。

《毛泽东年谱(1949—1976)》卷六记载:1973 年 7 月 17 日,毛泽东会见美籍华人物理学家杨振宁。"谈到毛泽东的诗词时,杨振宁说:我读了主席的长征诗,'红军不怕远征难,万水千山只等闲',特别是'金沙水拍云崖暖,大渡桥横铁索寒',我很想去看看。毛泽东说:那是长征快完时写的。讲了一个片面,讲不困难的一面,其实里面有很多斗争,跟蒋委员长斗争、跟内部斗争。有些解释不大对头。如《诗经》,两千多年以前的诗,后来做解释,时代已经变了,意义已不一样。我看,过百把年以后,对我们这些已不懂了。"③正如白居易《与元九书》所云:"文章合为时而著,歌诗合为事而作。"毛泽东不经意间讲的几句话,

---

① 《毛泽东文艺论集》,中央文献出版社,2002 年 4 月第 1 版,第 193 页。
② 《毛泽东文艺论集》,中央文献出版社,2002 年 4 月第 1 版,第 195 页。
③ 《毛泽东年谱(1949—1976)》第六卷,中央文献出版社,2013 年 12 月第 1 版,第 488 页。

却道出了诗词创作与诗词鉴赏的一条重要规律，即诗词作品是特定时代的产物，不读懂那个时代，就无法读懂那个时代的诗词。

几十年来，对毛泽东诗词的解读与赏析文字汗牛充栋，然而，"有些解释不大对头"。很多解读只是就字面解诗，不去全面了解作品背后的"时"和"事"，只是凭主观、想当然，望文生义，随意发挥。对《清平乐·蒋桂战争》的误判是如此，对《蝶恋花·从汀州向长沙》的误读是如此，对《七律·吊罗荣桓同志》的曲解也是如此。再比如对《七律·到韶山》"喜看稻菽千重浪"一句，绝大多数人的解读都是不准确的，都以为这是毛泽东所看见的大好形势，进而简单地认为这是对"大跃进"的颂扬。之所以如此，根源就在于对"大跃进"缺乏全面的把握，对毛泽东回到家乡的所见所闻、所思所想缺乏深入的了解。很显然，这并不是毛泽东已经看到的现实，而是他热切希望看到的美好理想。只有领悟到这两者之间的截然不同，才能深刻感悟到一个政治家的忧患意识，一个人民领袖的民生情怀。

鲁迅先生的短篇小说《故乡》有这样一段经典话语："我在朦胧中，眼前展开一片海边碧绿的沙地来，上面深蓝的天空中挂着一轮金黄的圆月。我想：希望是本无所谓有，无所谓无的。这正如地上的路；其实地上本没有路，走的人多了，也便成了路。"用这段话来类比本书的形成过程也很恰当，随着时间的推进，每天不间断上传到"国学"读书群的文字不断累积，具有了一定的规模。我决定在完成"国学"读书群90篇导学材料的基础上，进一步扩充。在"国学"读书群发送的同时，也发送到我自己的微信朋友圈。进入第四季度之后，"国学"读书群的学习主题改变了，我也终止了发送，但微信朋友圈的发送没有间断，一直持续到2021年11月27日。于是便有了这本包含138个问题的书稿。换言之，书稿已经在"国学"读书群和我的微信朋友圈"发表"了。开始时，篇幅都比较短，每篇在1500字左右，后来渐渐放开到1800字上下，但始终没有偏离微信发送、手机阅读的特点，对所有问题的分析严格控制在2000字以内，力求精练简洁、点到为止。

本书分两个部分。第一部分由22个问题分析组成，总体分析诗人毛泽东和毛泽东诗词，是本书的"铺垫"。第二部分由116个问题解答构成，对毛泽东诗词逐一进行解析，是本书的"主干"。

"无心插柳柳成荫。"尽管最初并没有写书的想法，但汇集成册时，还是抑制不住内心的喜悦。要感谢全国政协文化文史和学习委员会对我的信任，在给我任务的同时，也促使我把十多年来研究毛泽东诗词的积累、心得、感悟变成书稿。要感谢"国学"读书群中的各位政协委员，他们的反应、点赞、互动，给了我莫大的激励和启发，让我充分领略到了分享的快乐。要感谢中国文史出版社的领导与编辑，是他们的高度重视与辛劳付出，才使这本书稿得以出版，使我有机会和更多的读者分享我品读经典的乐趣。当然，毛泽东诗词博大精深，见仁见智，我的解读也只是个人浅见，不当之处，还恳请读者朋友直言不讳、不吝赐教。

衣带渐宽终不悔，为伊消得人憔悴。总算完成了书稿的校对工作，有一种莫名的轻松与畅快。凑巧的是，今天还是世界读书日，是普天下读书之人的共同节日。但愿这本书能在下一个世界读书日出现在读者的书桌案头。但愿书中内容能使更多读者喜爱毛泽东诗词，在精读细品中体悟伟人的情怀和胸襟，汲取伟人的思想和智慧。

汪建新

2022年4月23日

于井冈山

·第一辑·

毛泽东为什么能写诗？ ……………………………………003
毛泽东喜欢什么样的诗？ …………………………………006
毛泽东是一位怎样的诗人？ ………………………………009
为什么说毛泽东诗词堪称史诗？ …………………………012
毛泽东的诗词创作有何特点？ ……………………………015
学习毛泽东诗词有何现实意义？ …………………………018
毛泽东如何看待自己的诗作？ ……………………………021
如何读懂毛泽东诗词？ ……………………………………024
毛泽东如何看待古典诗词？ ………………………………027
毛泽东如何看待新体诗词？ ………………………………030
毛泽东诗词创作如何推陈出新？ …………………………033
《旧体诗词十八首》有何影响？ …………………………036
"六三年版"《毛主席诗词》有何特殊地位？ ……………039
毛泽东诗词是如何普及推广的？ …………………………042
毛泽东如何行吟天下？ ……………………………………045
毛泽东诗词有何特殊艺术地位？ …………………………048
毛泽东诗词研究如何不断发展？ …………………………051
毛泽东诗词如何在国外传播？ ……………………………054

如何认定毛泽东诗词的真伪? ……………………………… 057

《毛泽东诗词选》有何版本价值? ……………………………… 060

《毛泽东诗词集》的权威性何在? ……………………………… 063

习近平总书记如何妙用毛泽东诗词? ……………………………… 066

·第二辑·

毛泽东为何"孩儿立志出乡关"? ……………………………… 073

改诗赠父如何呈现父子情? ……………………………… 076

如何解读《〈明耻篇〉题志》? ……………………………… 079

毛泽东如何挽诗痛悼易昌陶? ……………………………… 082

毛泽东如何赋诗为罗章龙饯行? ……………………………… 085

毛泽东如何悲情赋诗祭母? ……………………………… 088

毛泽东《虞美人·枕上》如何婉约寄相思? ……………………………… 092

毛泽东《贺新郎·别友》究竟写给谁? ……………………………… 095

毛泽东与杨开慧有过什么"误会"? ……………………………… 098

《沁园春·长沙》如何赞秋? ……………………………… 101

毛泽东如何独立寒秋怅然天问? ……………………………… 104

毛泽东如何"忆往昔峥嵘岁月稠"? ……………………………… 107

1927年春毛泽东为何"心情苍凉"? ……………………………… 110

毛泽东和苏东坡之"酹"有何不同? ……………………………… 113

《西江月·秋收起义》为何值得高度评价? ……………………………… 116

毛泽东缘何对井冈山情有独钟? ……………………………… 119

"黄洋界上炮声隆"有何深意? ……………………………… 122

《清平乐·蒋桂战争》有何言外之意？……………………………125
《采桑子·重阳》如何超越人生逆境？……………………………128
《如梦令·元旦》如何放射古田会议光芒？………………………131
毛泽东如何"雪里行军情更迫"？…………………………………134
《蝶恋花·从汀州向长沙》为何"顾左右而言他"？……………137
毛泽东如何设伏反"围剿"？………………………………………140
毛泽东如何别出心裁评"共工"？…………………………………143
毛泽东如何使"枯木朽株齐努力"？………………………………146
毛泽东如何三番诗赞黄公略？………………………………………149
"好汉重提当年勇"是什么滋味？…………………………………152
"死打硬拼，崽卖爷田"谁心痛？…………………………………155
毛泽东笔下如何"山外有山"？……………………………………158
毛泽东为何娄山关胜仗后还心情沉郁？……………………………161
《忆秦娥·娄山关》写的是一天还是两天？………………………164
《七律·长征》如何流传开来？……………………………………167
《七律·长征》手迹有何珍闻？……………………………………170
如何解读《七律·长征》的深刻蕴含？……………………………173
毛泽东如何评说巍巍昆仑？…………………………………………176
《念奴娇·昆仑》如何体现反对帝国主义主题？…………………179
《清平乐·六盘山》背后有什么故事？……………………………182
为什么说《清平乐·六盘山》言简意深？…………………………185
毛泽东如何诗赞彭德怀？……………………………………………188
《六言诗·给彭德怀同志》是如何发表的？………………………191
《沁园春·雪》的艺术魅力何在？…………………………………194

《沁园春·雪》是如何发表的？……197
"山城雪仗"是怎么一回事？……200
如何把握《沁园春·雪》的思想主题？……203
如何理解"纤笔一枝谁与似"？……206
《临江仙·给丁玲同志》手迹是如何保存的？……209
毛泽东如何挽诗赞颂戴安澜？……212
《五律·张冠道中》是真是伪？……215
如何解读《五律·喜闻捷报》？……218
《七律·人民解放军占领南京》如何变废为宝？……221
《七律·人民解放军占领南京》如何"慨而慷"？……224
"天翻地覆"后毛泽东如何深谋远虑？……227
"人间正道"蕴含怎样的历史逻辑？……230
"饮茶粤海未能忘"是怎么回事？……233
柳亚子"牢骚太盛"为哪般？……236
毛泽东如何化解柳亚子的"牢骚"？……239
"诗人兴会更无前"是何种盛况？……242
毛泽东怎样描写"新旧社会两重天"？……245
"万方乐奏有于阗"有何新篇？……248
"正和前线捷音联"是什么情况？……251
毛泽东如何北戴河迎潮搏浪？……254
如何解析《浪淘沙·北戴河》？……257
毛泽东与周世钊有何诗交？……260
《七律·和周世钊同志》抒发怎样的感慨？……263
《五律·看山》体现了何种闲情逸致？……266

《七绝·莫干山》如何游山归途抒游兴？......269

《七绝·五云山》如何"听得野莺啼"？......272

毛泽东如何"万里长江横渡"？......275

毛泽东如何浓情抒发畅游长江？......278

毛泽东如何畅游长江"起宏图"？......281

《蝶恋花·答李淑一》是如何发表的？......284

《答李淑一》如何礼赞"杨柳"？......287

《七绝·观潮》如何呈现"千里波涛"？......290

毛泽东因何"欣然命笔"《七律二首·送瘟神》？......293

《七律二首·送瘟神》是如何发表的？......296

《七律二首·送瘟神》如何情系民生？......299

毛泽东缘何诗赞"中唐俊伟"刘蕡？......302

《七律·到韶山》有何独"到"之意？......305

毛泽东如何抒发故园情？......308

如何解读"喜看稻菽千重浪"？......311

毛泽东《七律·登庐山》如何抒怀？......314

《七律·登庐山》怎么就成了斗争工具？......317

毛泽东为何倡导"不爱红装爱武装"？......320

何必争辩《七律·答友人》究竟答谁？......323

《七律·答友人》抒发何种情怀？......326

《七绝·为李进同志题所摄庐山仙人洞照》有何神秘之处？......329

毛泽东为何毕生钟爱屈原？......332

《七绝·屈原》如何评说屈原？......336

毛泽东如何盛赞鲁迅？......339

毛泽东与郭沫若有何诗交？..342

毛泽东为何反对"千刀当剐唐僧肉"？..................................345

毛泽东为何"今日欢呼孙大圣"？..348

陆游如何咏梅抒怀？..351

毛泽东如何赞梅抒怀？..354

毛泽东如何"独有英雄驱虎豹"？..357

毛泽东如何古稀生日抒豪情？..360

如何理解毛泽东诗词中的"雪"意象？..................................363

如何理解"有几个苍蝇碰壁"？..366

"好八连"何以红遍天下？..369

毛泽东如何诗赞"好八连"？..372

《七律·吊罗荣桓同志》究竟写于何时？..........................375

毛泽东如何评价罗荣桓？..378

《七律·吊罗荣桓同志》如何赞颂罗荣桓？......................381

毛泽东如何读史咏史？..384

毛泽东如何诗说中国历史？..387

毛泽东如何两次赋诗评贾谊？..390

毛泽东如何重上井冈山？..393

如何解读《水调歌头·重上井冈山》？..............................396

如何解读《念奴娇·井冈山》？..399

两首重上井冈山词作有何异同？..402

《念奴娇·鸟儿问答》如何寓庄于谐？..............................405

《七律·洪都》如何咏史明志？..408

如何解读《七律·洪都》的心境状态？..............................411

如何理性客观评价《七律·有所思》? 414
如何解读《七律·读〈封建论〉呈郭老》? 417
为何说《诉衷情》并非毛泽东诗作? 420

主要参考文献 424

第一辑

MAO ZE DONG SHI CI JING DU XI PIN

毛泽东为什么能写诗？

1930年2月，毛泽东在江西省吉安县渼陂村"名教乐地"书院住过4个月。其照壁上有一副楹联："万里风云三尺剑，一庭花草半床书。"毛泽东的人生经历波澜壮阔，他的知识底蕴和人文修养博大精深。他的人生与这副对联珠联璧合。

第一，古典诗词的深厚功底

曾经在中南海毛泽东图书管理小组工作过的张贻玖同志做过统计，毛泽东圈画批注过的诗词曲赋总计1590首，包括1180首诗、378首词、12首曲、20首赋，涉及429位诗人。其中唐诗约600首，明诗近200首，汉、魏、南北朝诗150多首。至于他读过而散失，或者读过但没有留下阅读痕迹的诗词作品，则不计其数。

毛泽东的诗词修养让职业文人都自叹不如。明朝诗人李攀龙名气不大，作品流传不广。诗人臧克家曾说："关于李攀龙，我略知一点情况，但对他的作品没读过。"而毛泽东却在两部《明诗别裁集》中，圈画过李攀龙的22首诗，还称赞说："我觉得李攀龙有些诗写得不错。"[1]

毛泽东对古典诗词烂熟于心，无论是创作还是运用古典诗词，他都能驾轻就熟，为阐明观点、论证事理、表达感情，总能信手拈来、旁征博引、游刃有余。毛泽东成为大诗人是情理之中的事。

---

[1] 张贻玖著：《毛泽东读诗：记录和解读毛泽东的读诗批注》，当代中国出版社，2012年4月第1版，第4页。

第二，传统文化的丰富滋养

毛泽东从未间断对中国传统文化的学习与研究，孜孜不倦、废寝忘食地读书，始终与中国传统文化水乳交融。他常说："我一生最大的爱好是读书，饭可以一日不吃，觉可以一日不睡，书不可一日不读。"① 在众多书籍中，他最偏爱文史古籍，从先秦到明清不同历史时期的不同史作，包括正史类、稗史类、演义类、文学类……几乎无所不读，全而盖之。一部3000多卷、4000多万字的线装本《二十四史》，他反复阅读了24年。300多万字的《资治通鉴》，他看过17遍。在毛泽东诗词中，传统文化元素几乎无处不在，从文化名人、历史典故到民间故事、神话传说，上至天文，下至地理，字里行间，随处可见。

第三，湖湘文化的直接熏陶

岳麓书院大门外有副对联："惟楚有才，于斯为盛。"湖南地灵人杰，素有"湖南人才半国中""中兴将相，什九湖湘""半部中国近代史由湘人写就""无湘不成军"等盛誉。彭大成在《湖湘文化与毛泽东》一书中，总结了湖湘文化的五大特征：哲理思维与诗人才情的有机统一，经世致用的实学思潮与力行践履的道德修养，气化日新、自强不息的奋斗精神，忧国忧民的知识分子群体参政意识，运筹决胜、平治天下的军事谋略。

湖湘文化在塑造毛泽东思想与人格的同时，也造就了精美绝伦、独领风骚的毛泽东诗词。毛泽东诗词中所表现的心忧天下的爱国主义情操、激情澎湃的浪漫主义风格、乐观豁达的现实主义情怀，都从不同角度折射出湖湘文化的精神风貌与价值追求。毛泽东诗词也极为深刻地丰富了湖湘文化的内涵，为弘扬湖湘文化注入了新的生机与活力。

---

① 张贻玖著：《毛泽东读诗：记录和解读毛泽东的读诗批注》，当代中国出版社，2012年4月第1版，第2页。

第四，天赋个性的充分体现

毛泽东说过："在我身上有些虎气，是为主，也有些猴气，是为次。"[①]他自幼就生性倔强、桀骜不驯。1919年7月14日，毛泽东在《〈湘江评论〉创刊宣言》中写道："天不要怕，鬼不要怕，死人不要怕，官僚不要怕，军阀不要怕，资本家不要怕。"[②]他在《杂言诗·八连颂》中写道："不怕压，不怕迫。不怕刀，不怕戟。不怕鬼，不怕魅。不怕帝，不怕贼。"毛泽东从不信邪，具有战胜一切敌人的英雄气概和克服一切困难的过人胆略。"敌军围困万千重，我自岿然不动""万丈长缨要把鲲鹏缚""横扫千军如卷席"等诗句，把"虎气"表现得活灵活现。毛泽东既讲原则，又讲策略，善于权变，机智果敢，"金猴奋起千钧棒，玉宇澄清万里埃"，把"猴气"性格表现得淋漓尽致。

第五，时代风云的反复磨砺

20世纪，中国共产党进行了新民主主义革命，建立了中华人民共和国；完成了社会主义革命，确立了社会主义基本制度；探索了社会主义发展道路，开展了社会主义建设。这三件大事的历史进程艰难曲折、风起云涌、惊心动魄，成就了毛泽东的千秋伟业，催生了他的光辉思想，也锻造了他的光辉诗篇。毛泽东诗词创作的灵感和激情，来源于他生活的那个时代。没有时代潮流的波澜壮阔，就不会有毛泽东诗词的恢宏气势。时代风云不仅涵养了毛泽东的文化底蕴，也奠定了诗人毛泽东文化自信的现实基础。

[①]《毛泽东年谱（1949—1976）》第五卷，中央文献出版社，2013年12月第1版，第597页。

[②]《毛泽东早期文稿》，湖南人民出版社2013年11月第1版，第270页。

毛泽东喜欢什么样的诗？

毛泽东的一生是一个革命家的一生，也是一个诗人的一生。读诗、学诗、赋诗、吟诗、解诗、论诗，对毛泽东而言，是情趣爱好，是生活方式，是政治工具，也是交往手段。无论是喜是悲，是忧是怒，是庆贺胜利或者抒发豪情，毛泽东都会用诗词来表达自己高远的理想、坚定的意志、翻卷的心潮、激荡的思绪和绵绵的深情。

中国自宋以来，词作成就斐然。"豪放""婉约"之说最早见于明代张綖（字世文，自号南湖居士）《诗馀图谱》："词体大略有二：一体婉约，一体豪放。婉约者欲其辞情蕴藉，豪放者欲其气象恢弘。"清代王士祯《花草蒙拾》将"词体"变为"词派"："张南湖论词派有二：一曰婉约，一曰豪放。"豪放婉约二者的正变优劣之分，历来各有论说，聚讼纷纭。

1957年8月1日，毛泽东吟咏范仲淹《苏幕遮》和《渔家傲》两首词，情思涌动，提笔写下近900字的《对范仲淹两首词的评注》，其中写道："词有婉约、豪放两派，各有兴会，应当兼读。读婉约派久了，厌倦了，要改读豪放派。豪放派读久了，又厌倦了，应当改读婉约派。我的兴趣偏于豪放，不废婉约。婉约派中有许多意境苍凉而又优美的词。范仲淹的上两首，介于婉约与豪放两派之间，可算中间派吧；但基本上仍属婉约，既苍凉又优美，使人不厌读。婉约派中的一味儿女情长，豪放派中的一味铜琶铁板，读久了，都令人厌倦的。人的心情是复杂的，有所偏但仍是复杂的。所谓复杂，就是对立统一。人的心情，经常有对立的成分，不是单一的，是可以分析的。词的婉约、豪放两派，在一个人读起来，有时喜欢前者，有时喜欢后者，就是一例。睡不着，哼范词，写了这些。

江青看后,给李讷看一看。"①

　　这段话是毛泽东有关诗词风格及欣赏特点的重要论述。豪放、婉约是历代诗家对宋词风格流派的划分方法。所谓豪放,其作品往往境象阔大,气势恢宏,词风雄浑开阔奔放。作者抒发情感时,往往向外扩张,多把个人情怀与自身之外的诸多东西相联系。诸如国家、民族、社会、历史、自然等,因而内容广博、蕴含丰富。用刘勰《文心雕龙》的说法,是"思接千载,视同万里"。苏东坡堪称代表人物,其代表作则首推《念奴娇·赤壁怀古》:"大江东去,浪淘尽,千古风流人物。故垒西边,人道是,三国周郎赤壁。乱石穿空,惊涛拍岸,卷起千堆雪。江山如画,一时多少豪杰。　遥想公瑾当年,小乔初嫁了,雄姿英发。羽扇纶巾,谈笑间,樯橹灰飞烟灭。故国神游,多情应笑我,早生华发。人生如梦,一樽还酹江月。"

　　所谓婉约,作品表现手法委婉柔丽,和顺含蕴,词风缠绵细腻。作者在抒发个人情怀时,眼睛向内,大多抒写个人怀抱,侧重表达个人内心的爱恨情仇,而不关乎外在的其他一切。李清照堪称代表,其代表作是《声声慢》:"寻寻觅觅,冷冷清清,凄凄惨惨戚戚。乍暖还寒时候,最难将息。三杯两盏淡酒,怎敌他、晚来风急?雁过也,正伤心,却是旧时相识。　满地黄花堆积。憔悴损,如今有谁堪摘?守着窗儿,独自怎生得黑?梧桐更兼细雨,到黄昏、点点滴滴。这次第,怎一个愁字了得!"

　　其实,所有诗词作品的风格特征大抵如此,概莫能外。更准确地说,豪放、婉约与西方美学范畴中的崇高、优美相对应,与中国美学范畴中的阳刚、阴柔相对应。用一种形象的比喻,豪放,恰似一个山东汉子立于泰山之巅,高唱"大江东去";而婉约,颇似一个南国的柔弱女子偏于一隅,低吟"晓风残月"。

　　毛泽东阅读诗词的兴趣是偏于豪放,不废婉约。他喜欢读苏东坡、辛弃疾,不太喜欢读杜甫、白居易,说"杜甫的诗哭哭啼啼的"。毛泽

---

① 《毛泽东文艺论集》,中央文献出版社,2002年4月第1版,第189页。

东诗词总体风格也是"偏于豪放,不废婉约",豪迈奔放,充满英雄主义气概,如"雄关漫道真如铁,而今迈步从头越""不到长城非好汉,屈指行程二万""红军不怕远征难,万水千山只等闲""山高路远坑深,大军纵横驰奔""可上九天揽月,可下五洋捉鳖",读来令人荡气回肠。与此同时,毛泽东诗词也不乏婉约,诸如"堆来枕上愁何状,江海翻波浪""挥手从兹去,更那堪凄然相向",也写得缠绵内隐、扣人心弦。

毛泽东是一位怎样的诗人？

毛泽东是中国共产党、中国人民解放军、中华人民共和国的主要缔造者和领导者，是叱咤风云的卓越政治家，也是独领风骚的伟大诗人。在缔造新中国和建设新中国的伟大历史进程中，他成就了举世公认的千秋伟业，也创作了气吞山河的不朽诗篇。

毛泽东是伟大的民族诗人。他对古典诗词情有独钟，正如毛泽东在与梅白谈诗时所说，旧体诗词"最能反映中华民族和中国人民的特性和风尚"。毛泽东继承并弘扬了"诗言志"的优良传统，把中国古典诗词艺术的发展推向了一个难以企及的高峰，他所创作的不少诗词堪称经典。毛泽东诗词是中国革命的光辉史诗，也是苦难深重的中华民族和中国人民愤怒、反抗和斗争的心声。毛泽东诗词展现了诗人"胸中日月常新美"的内心世界，记录了诗人"踏遍青山人未老"的心路历程，展现了"问苍茫大地，谁主沉浮"的使命担当，表达了"太平世界，环球同此凉热"的宏伟理想和"敢教日月换新天"的壮志豪情。

山东大学教授高亨《水调歌头·读毛主席诗词有感》："掌上千秋史，胸中百万兵。眼底六洲风雨，笔下有雷声。唤醒蛰龙飞起，扫灭魔焰魅火，挥剑斩长鲸。春满人间世，日照大旗红。抒慷慨，写鏖战，记长征。天章云绵，织出革命之豪情。细检诗坛李杜，词苑苏辛佳什，未有此奇雄。携卷登山唱，流韵壮东风。"[1]

这首词较为全面地表达了高亨读毛泽东诗词的感想，生动地概括了毛泽东诗词的主要特征。上阕写出毛诗的宏伟气魄和革命精神。开头两句点出毛诗就是一部革命战争的史诗，同时也歌颂了毛泽东的文韬武

---

[1] 杜忠明编著：《诗人兴会——毛泽东以诗会友记趣》，中央文献出版社，2006年1月第1版，第108页。

略。接下去说毛泽东收六洲风雨于眼底，他的诗词如惊雷唤醒了亿万民众，可以扫魅火、斩长鲸，这是对敌，而对人民则如春风似红日。这些比喻意象充分展示出毛诗的豪放崇高美。下阕概括写出毛诗的情感内涵：写鏖战，记长征，都充满革命之豪情。作者将李杜苏辛四位中国古代大诗人的诗词与毛诗对比，断言"未有此奇雄"，对毛诗给予了极高评价，称像如此雄奇的诗词，只有登上高山吟唱才能品出其中真味。

就总体而言，毛泽东首先是一个政治家，然后才是诗人。他是诗人政治家，是政治家诗人。毛泽东是感情极为丰富的一代伟人，他的情感首先是一个政治家的情怀，他的情思也总是表露出一个政治家的思想和睿智。他很少为写诗而写诗，总是以一个政治家的视角和感触抒发深沉的情思与体悟。正如《七律二首·送瘟神》的"小序"所言："读六月三十日《人民日报》，余江县消灭了血吸虫。浮想联翩，夜不能寐。微风拂煦，旭日临窗。遥望南天，欣然命笔。"[①]"欣然命笔"四个字，把一个人民领袖的为民情怀表现得淋漓尽致。

井冈山原本名不见经传，自从毛泽东引兵井冈，建立井冈山革命根据地，开展工农武装割据，井冈山声名鹊起，成为革命的山、英雄的山、胜利的山，成为中国革命的摇篮，被朱德元帅推为"天下第一山"。而作为诗人政治家的毛泽东也给予井冈山最高的礼遇。他有三首词作吟咏井冈山，分别是《西江月·井冈山》《念奴娇·井冈山》《水调歌头·重上井冈山》，都以井冈山为题。而三首词都提到了黄洋界："黄洋界上炮声隆""黄洋界上，车子飞如跃""过了黄洋界，险处不须看"。这在毛泽东诗词作品当中绝无仅有，毛泽东之所以有着如此浓郁的井冈情结，理由很简单，中国共产党人改造中国与世界的革命道路，是从井冈山斗争开始逐步寻求到的，井冈山斗争是马克思主义中国化的开篇之作。

郭沫若盛赞毛泽东的诗才，称"经纶外，诗词余事，泰山北斗"。不可否认，写诗填词毕竟只是毛泽东治国理政之外的"余事"。毛泽东

[①]《毛泽东诗词集》，中央文献出版社，1996年9月第1版，第89页。

政暇赋诗，既展示了"器大声宏，志高意远"的领袖风采，也体现出他移情山水的纯朴，迷恋自然的洒脱，以诗自娱的情趣，以诗抒怀的儒雅。毛泽东在杭州所写《五律·看山》《七绝·莫干山》《七绝·五云山》《七绝·观潮》，算是为数不多的特例。这几首诗吟咏山水，独具特色，反映诗词余事的闲情逸致，彰显质朴率真的文人特质，呈现出一个"踏遍青山人未老""我自欲为江海客"的本真毛泽东。

为什么说毛泽东诗词堪称史诗？

白居易《与元九书》云："文章合为时而著，歌诗合为事而作。"毛泽东的一生是光辉的一生，是战斗的一生，是中国现代史、中共党史不可分割的重要组成部分。人们习惯地称20世纪中叶为"毛泽东时代"。因为毛泽东与他的战友们在那个时期共同缔造、建设了一个新中国。

1994年12月26日，在中国毛泽东诗词研究会成立大会上，贺敬之的开幕词《中华文化的瑰宝，诗歌史上的丰碑》指出："毛泽东是伟大的无产阶级革命家，也是举世公认的伟大的诗人。他的诗词，是从中国革命的曲折而豪迈的历史进程中升华、结晶出来的诗的瑰宝，具有宏大的历史气魄和鲜明的时代色彩，同时又记录反映了中国革命各个历史阶段重大历史事件，具有丰富的历史内涵和深邃的革命情怀。"[1]

2007年8月21日，在中国井冈山干部学院召开的第三届毛泽东诗词国际学术研讨会的开幕词中，在谈到毛泽东在井冈山斗争和中央苏区时期的诗词创作时，时任中国毛泽东诗词研究会会长逄先知指出："这些词作，从创作的缘起，描述的对象，到表达的思想内容，都生动地记录了从一九二七年的秋收起义到一九三四年的长征前夕这八年中波澜壮阔的革命历程，真切地反映了中国共产党领导红军和人民群众创造崭新历史的斗争风貌；如果再结合毛泽东在这前后的诗词创作，更可以清晰地看到他和中国共产党人艰难探索中国革命道路的思想进程。"[2]

---

[1] 梁自洁、董正春主编：《毛泽东诗词研究史稿》（上编），中央文献出版社，2017年9月第1版，第91页。

[2] 梁自洁、董正春主编：《毛泽东诗词研究史稿》（上编），中央文献出版社，2017年9月第1版，第167页。

毛泽东诗词是毛泽东的历史、哲学、政治、战争、人生、价值观的高度浓缩和形象载体，反映历史的波澜壮阔，讴歌时代的英雄人物，体现中国的时代精神，表露诗人的心路历程。毛泽东诗词是特殊文本的毛泽东自传，他的韶山岁月、求学生涯、爱情悲欢、人生足迹，在他的诗词中都有反映。毛泽东诗词是中国革命的真实写照，中国革命的重大事件、主要阶段、历史主题，在毛泽东诗词中都有涉及。贯穿起来，毛泽东诗词俨然就是一部史诗。

从毛泽东本人对一些诗词作品的批注中，也能够很好地把握到毛泽东诗词以诗证史的史诗性特征。1958年12月21日《在〈毛主席诗词十九首〉上的批注》，毛泽东对《菩萨蛮·黄鹤楼》的"心潮"批注道："一九二七年，大革命失败的前夕，心情苍凉，一时不知如何是好，这是那年的春季。夏季，八月七号，党的紧急会议，决定武装反击，从此找到了出路。"对《清平乐·会昌》批注道："一九三四年，形势危急，准备长征，心情又是郁闷的。这一首清平乐，如前面那首菩萨蛮一样，表露了同一心境。"对《忆秦娥·娄山关》批注道："万里长征，千回百折，顺利少于困难不知多少倍，心情是沉郁的。过了岷山，豁然开朗，转化到了反面，柳暗花明又一村了。以下诸篇（指《十六令三首》《七律·长征》《念奴娇·昆仑》《清平乐·六盘山》），反映了这一种心情。"对《清平乐·六盘山》的"苍龙"批注道："苍龙：蒋介石，不是日本人。因为当前全副精神要对付的是蒋不是日。"对《七律·和柳亚子先生》批注道："三十一年：一九一九年离开北京，一九四九年还到北京。旧国：国之都城，不是State也不是Country。"①1959年9月13日，在《致胡乔木》中，他解释《七律·到韶山》道："'霸主'指蒋介石。这一联写那个时期的阶级斗争。通首写三十二年的历史。"②1962年4月在《〈词六首〉引言》中，毛泽东写道："这六首词，年深日久，通忘记了。《人民文学》编辑部搜集起来，要求发表，因以付之。回忆了一下，这些词是在一九二九至一九三一年在马背上哼成的，文采不佳，

---

① 《毛泽东文艺论集》，中央文献出版社，2002年4月第1版，第194—196页。
② 《毛泽东书信选集》，中央文献出版社，2003年11月第1版，第520页。

却反映了那个时期革命人民群众和革命战士们的心情舒快状态，作为史料，是可以的。"①1964年1月27日《对〈毛主席诗词〉中若干词句的解释》，他对"怅寥廓，问苍茫大地，谁主沉浮？"解释道："这句是指：在北伐以前，军阀统治，中国的命运究竟由哪一个阶级做主？"②所有这些批注和解释，对于理解毛泽东诗词和中共党史、中国革命和建设史，都具有至关重要的史料价值。

---

①《毛泽东文艺论集》，中央文献出版社，2002年4月第1版，第214页。
②《毛泽东文艺论集》，中央文献出版社，2002年4月第1版，第219页。

毛泽东的诗词创作有何特点？

毛泽东的一生与诗词有不解之缘，诗词的欣赏与创作相伴一生。他既能写诗，也能填词；既是诗家，也是词家。1965年7月21日，毛泽东在《致陈毅》的信中写道："你叫我改诗，我不能改。因我对五言律，从来没有学习过，也没有发表过一首五言律……我偶尔写过几首七律，没有一首是我自己满意的。如同你会写自由诗一样，我则对于长短句的词学稍懂一点。"[①]这是毛泽东的自谦之词，与实际情形并不完全相符。事实上，毛泽东并不是没有学过五言律，更不是没有写过五言律。早在1915年3月，他的同窗挚友易昌陶病故，他饱含悲情写下了《五古·挽易昌陶》。1943年3月，他为悼念抗日爱国名将戴安澜写了《五律·挽戴安澜将军》。在转战陕北期间，他写了《五律·张冠道中》《五律·喜闻捷报》。1955年，毛泽东在杭州写了《五律·看山》。这些作品的艺术水准并不低。至于他说没有一首七律是自己满意的，显然是对自己要求太高，《七律·长征》就堪称经典。毛泽东写的诗作，体裁广泛，有四言诗、五言诗、六言诗，有七绝、七律，有五古、七古，还有民歌体的新诗，如《杂言诗·八连颂》。

但总体而言，他更擅长于填词，他的词作比诗作的艺术成就更高。他的填词功力，绝不是他自己所说的"对于长短句的词学稍懂一点"，而是达到了炉火纯青、出神入化的境界。毛泽东词作涉及的词牌很多，诸如"虞美人""贺新郎""沁园春""菩萨蛮""西江月""清平乐""念奴娇""采桑子""蝶恋花""渔家傲"等等。仅《沁园春·雪》一首，就足以奠定毛泽东在中国词坛不可撼动的艺术地位。柳亚子称其为"千

---

① 《毛泽东书信选集》，中央文献出版社，2003年11月第1版，第571页。

古绝唱",谓"虽东坡、幼安,犹瞠乎其后,更无论南唐小令、南宋慢词矣"。

　　1959年9月7日,毛泽东在给胡乔木的信中写道:"诗难,不易写,经历者如鱼饮水,冷暖自知,不足为外人道也。"①1941年1月31日,毛泽东在给毛岸英、毛岸青的信中说:"岸英要我写诗,我一点诗兴也没有,因此写不出。"②他不是不会写诗,而是在没有诗兴的情况下,他不愿意写诗。姚雪垠对毛泽东的诗词创作曾有一段极为精辟的见解:"他不是为写诗而写诗,而是由他在长期革命斗争的大风大浪中培养成的革命乐观主义与革命英雄主义的伟大人格,以及蓄积于胸中的革命激情,喷发而为诗,加上他对诗词艺术有深厚修养兼有天赋的过人才华,所以能写出光辉夺目的诗词。"③

　　1949年12月,毛泽东在前往苏联访问的途中,与苏联翻译、汉学家尼·费德林就中国文学问题侃侃而谈。费德林请毛泽东谈自己诗词创作的体会。毛泽东说:"现在连我自己也搞不明白,当一个人处于极度考验,身心交瘁之时,当他不知道自己还能活几个小时,甚至几分钟的时候,居然还有诗兴来表达这样严峻的现实,恐怕谁也无法解释这种现象……当时处在生死存亡的关头,我倒写了几首歪诗,尽管写得不好,却是一片真诚的。现在条件好了,生活安定了,反倒一行也写不出来了。"④

　　1963年11月2日,毛泽东在会见法国前总理富尔时,又谈到写诗:"这是以前的事了。我的确曾经写诗,那时我过着戎马生活,骑在马背上,有了时间,就可以思索,推敲诗的押韵。马背上的生活,真有意思。

---

① 蔡清富、黄辉映编著:《毛泽东诗词大观》,四川人民出版社,2007年4月第4版,第551页。
② 《毛泽东书信选集》,中央文献出版社,2003年11月第1版,第152页。
③ 臧克家主编:《毛泽东诗词鉴赏》,河北人民出版社,1990年8月第1版,第105页。
④ 刘汉民编著:《毛泽东诗话词话书话集观》,长江文艺出版社,2002年10月第1版,第77—78页。

有时我回想那些日子,还觉得留恋。"①

　　写诗需要诗兴,需要激情。但人的感情,犹如大海,有潮起潮落,有波澜起伏。从上述两次谈话,我们就不难理解毛泽东诗词创作的显著特点。毛泽东的诗词创作,有三个高峰期,分别是井冈山斗争和中央苏区时期、长征时期、50年代末"大跃进"至"文革"前。这三个时期属于不同年代,存在诸多差别,但也有明显的共性特点。在这三个时期,要么毛泽东所处的斗争环境极其复杂、极其险恶;要么毛泽东的人生境遇十分坎坷、十分艰难;要么他所承受的压力十分巨大、心力交瘁。而恰恰就是在这样的时候,毛泽东心潮激荡、诗意勃发,充满创作的热情,一首首绝妙诗作不断喷涌而出。相比之下,在延安时期,毛泽东的生活相对稳定,心态相对平和,写了很多理论文章,但诗兴不浓,作品也很少。

---

① 刘汉民编著:《毛泽东诗话词话书话集观》,长江文艺出版社,2002年10月第1版,第236页。

学习毛泽东诗词有何现实意义？

毛泽东诗词气势磅礴、想象丰富、意境高远、博大精深，反映了特定时期中华民族的理性、情感、思维、行为和价值取向。毛泽东诗词曾经广泛传播，广为流传，有着深厚的群众基础，影响并熏陶了几代中国人的成长。随着时间的推移，毛泽东诗词已经转化为富有价值形式的文化符号，已经汇入中华民族的精神长河。毛泽东诗词是毛泽东留给后人的一笔极其宝贵的精神财富，它可以跨越时空，具有永恒的魅力和价值。不仅属于毛泽东那个时代的人，属于我们当代的人，也属于我们的子孙后代。

"伟大也要有人懂。"在毛泽东身上集中了有几千年文明和几万里国土的中华民族的大智大勇和浩然正气，体现了中华民族的生命力和创造力。毛泽东诗词充满着中华民族崇高的追求、厚重的底蕴、丰富的情感和深邃的思想。只有读懂了毛泽东，才能读懂他的诗词；也只有读懂了毛泽东诗词，才能真正读懂毛泽东，这是一个问题的两个方面。

我们今天来品读毛泽东诗词，不仅把他作为一位集政治家、革命家、军事家等多种身份于一身的伟人来看待，而且把他作为一位思想敏锐、情感真切、气质不凡、风格特异的诗人来看待。我们重温、解读毛泽东诗词，目的不在于提高写诗填词的手法与技巧，而在于感悟和学习毛泽东的宏图大志、文韬武略、生活态度、处世方法和精神境界。毛泽东诗词是一座富矿，取之不尽、用之不竭，常读常新、常悟常新。

宋代苏轼《和董传留别》云："腹有诗书气自华。"毛泽东诗词手法奇巧、旧体新裁、文采华美、韵味无穷，既弘扬了中国古典诗词的审美传统，又赋予了全新的时代寓意；既有生动鲜明的民族特色，又有积极健康的思想感情。毛泽东的很多诗词作品堪称经典，是美的创造，能给人带来美的享受。学习毛泽东诗词,能够不断提高我们的人文修养与审美情趣。人文修养是素质结构的重要组成部分,是衡量一个人思维水平、知识底蕴的重要指标。学习毛泽东诗词,能够充分领略毛泽东写诗填词的卓越才华和中国古典诗词的艺术魅力,不断丰富生活情趣,不断陶冶审美情操。

毛泽东诗词诗史合一,以诗证史,是时代风云、社会风貌、心路历程的真实写照。学习毛泽东诗词,能够加深对中国近现代社会沧桑巨变以及中国共产党人苦难辉煌的理解和认识。毛泽东诗词是一部中国革命与社会主义建设的史诗,它"包括历史事件构成诗史的内容"(别林斯基语),在反映历史事件时融进了博大精深的哲理与感人肺腑的情思。学习毛泽东诗词,能够使我们真切感受到历史的波澜壮阔和艰难曲折,使我们深刻地体悟社会发展的内在规律和历史逻辑。

毛泽东诗词是毛泽东性格、精神、理想、信念与愿望的载体与凝聚,塑造了中国革命与建设的群体"大我"与作为领袖个体"小我"融为一体的光辉形象。学习毛泽东诗词,能够帮助我们加深对毛泽东的思想、精神和情感的理解和认识,提升我们的人生格局和思想境界。毛泽东诗词洋溢着毛泽东特有的举重若轻、玩昆仑于股掌之间的豪迈气概,奔腾着超越古今的远大抱负与改天换地的雄心壮志。学习毛泽东诗词,能够充分感知毛泽东的博大胸襟,走进毛泽东丰富的情感世界,感悟毛泽东崇高的精神境界,领略毛泽东非凡的伟人气度,感受毛泽东刚毅、执着、勇猛、率真、豁达的人性光辉,从中获得人生的大境界、大智慧、大方向,使自己的精神世界变得更深邃、更坚毅、更广博,使理想信念更加坚定,道德水准更加高尚,精神世界更加净化和美化。

毛泽东诗词充满正能量,处处洋溢着乐观向上、振奋人心的人生激情。毛泽东面对艰险,愈挫愈勇;面对强敌,无所畏惧;面对挑战,应对自如;面对逆境,从不消沉。在国内外极其严峻的形势面前,毛泽东"独有英雄驱虎豹,更无豪杰怕熊罴",表露出一心雄万夫、居功不自傲的先行者情怀,处处洋溢着积极向上、乐观豁达、勇猛顽强的英雄本色。毛泽东诗词总能给人以激励、以鼓舞。学习毛泽东诗词,能够汲取到驾驭人生、攻坚克难的无穷力量，不断地在工作、生活中创业、创新、创优，为实现中华民族伟大复兴的中国梦而自强不息。

毛泽东如何看待自己的诗作？

1966年夏，邢台突发地震，波及北京，有明显震感。毛泽东身边的工作人员反应敏捷，护士长拉起毛泽东就往屋外跑，可是毛泽东迟疑了一下又返了回去，把案头的一个装有自己诗稿的牛皮纸袋拿了出来。护士长感觉奇怪，屋里有那么多好东西不拿，怎么会光拿一个牛皮纸袋？在毛泽东心里，那些诗稿可是他的心爱之物。

这则珍闻，反映出毛泽东很看重自己的诗词作品。但与此同时，他又始终保持谦虚和低调。1939年1月31日，在《致路社》中，他说："问我关于诗歌的意见，我是外行，说不出成片段的意见来。"[1]1957年1月12日，他在致臧克家等人的信中说自己的作品时写道："诗味不多，没有什么特色。"[2]1959年9月7日，他致胡乔木的信中说：《七律·到韶山》《七律·登庐山》两首诗"主题虽好，诗意无多，只有几句较好一些的，例如'云横九派浮黄鹤'之类。"[3]1965年7月21日，他在写给陈毅的信中说："你叫我改诗，我不能改，因我对五言律，从来没有学习过，也没有发表过一首五言律。"[4]1965年7月26日，他在给郭沫若夫人于立群的信中，称"我的那些蹩脚诗词"[5]。

1937年清明节，国共两党派代表共同祭拜黄帝陵。毛泽东亲笔撰写

---

[1] 蔡清富、黄辉映编著：《毛泽东诗词大观》，四川人民出版社，2007年4月第4版，第537页。

[2] 蔡清富、黄辉映编著：《毛泽东诗词大观》，四川人民出版社，2007年4月第4版，第538页。

[3] 蔡清富、黄辉映编著：《毛泽东诗词大观》，四川人民出版社，2007年4月第4版，第551页。

[4]《毛泽东书信选集》，中央文献出版社，2003年11月第1版，第571页。

[5]《毛泽东书信选集》，中央文献出版社，2003年11月第1版，第574页。

了一篇祭文，堪称中华民族誓死抗日的"出师表"。1937年3月29日，毛泽东致信《大公报》著名记者范长江："寄上谈话一份，祭黄陵文一纸，借供参考，可能时祈为发布！"①毛泽东主动要求在该报上发表这篇祭文，目的在于借此宣传共产党的主张，以巩固联合抗日的根基。最终，人们还是在4月6日延安《新中华报》读到这篇《四言诗·祭黄陵文》。

毛泽东对发表作品一贯非常慎重。1957年1月，《诗刊》创刊号首次发表毛泽东的18首诗词，还刊登了毛泽东致臧克家等人的信件，信中写道："这些东西，我历来不愿意正式发表。因为是旧体，怕谬种流传，贻误青年。""诗当然应以新诗为主体，旧诗可以写一些，但是不宜在青年中提倡，因为这种体裁束缚思想，又不易学。"②毛泽东担心古诗词格律的苛刻要求束缚年轻人的个性和思想，不提倡年轻人都学写古诗。

1963年，人民文学出版社出版《毛主席诗词》，收入37首作品。毛泽东对这个版本倾注了大量心血，不仅亲自选定诗集篇目，而且逐一进行审定，给作品定题、标注创作时间、修改诗句，还委托田家英召集一些中央领导和诗词专家开座谈会征求意见建议。正因为如此，这个版本成为迄今为止最为权威的毛泽东诗词版本。

1973年，年逾八旬的毛泽东不顾年老体衰，劳费情思地做了一件词墨韵事。他让身边的工作人员把自己一生的全部诗词作品，重新抄写了一遍。抄完后，他一一核对，对其中的一些词句进行修改。然后让工作人员又抄写一遍，抄清后，又再次核对。如此这般，反复多次，他似乎是想为后人留下一套完整的诗词定稿，又好像是在进行一次艺术上的自我总结。

"诗无达诂。"毛泽东一般也不太赞成给自己的诗作注。1963年版《毛主席诗词》出版后，人民文学出版社的几个编辑写了一个注释本，胡乔木费了很大功夫进行修改并定稿。可没想到，毛泽东在注释稿上批了几

---

① 《毛泽东书信选集》，中央文献出版社，2003年11月第1版，第93页。
② 蔡清富、黄辉映编著：《毛泽东诗词大观》，四川人民出版社，2007年4月第4版，第538页。

行字:"诗不宜注,古来注杜诗的很多,少有注得好的,不要注了。"①尽管毛泽东不愿意出版注释本,但各种各样的毛泽东诗词注释本不计其数。周世钊曾致信毛泽东,询问哪些注释本较好。1968年9月29日,毛泽东回信说:"拙作诗词,无甚意义,不必置理。"②他的这种回答,也许是对各种注释与自己本意相去甚远所表达的一种无可奈何。

毛泽东对社会上各式各样的注释也并非全不在意。1958年12月21日,在《毛主席诗词十九首》上,毛泽东写道:"我的几首歪诗,发表以后,注家蜂起,全是好心。一部分说对了,一部分说得不对,我有说明的责任。"③1963年《毛主席诗词》出版后,外国文书籍出版局立即组织翻译出版英译本。1964年1月,毛泽东应英译者的请求,就其中的一些词句,一一作了口头解释,一共有32条,达1900多字。这是毛泽东解释自己诗词条目最多、最详尽的一次,他内心还是希望人们能够正确理解他极为珍视的诗词作品的。

---

① 张小林编:《毛泽东诗词鉴赏》,新疆人民出版社,2004年2月重新修订,第8页。

② 张小林编:《毛泽东诗词鉴赏》,新疆人民出版社,2004年2月重新修订,第8页。

③《毛泽东文艺论集》,中央文献出版社,2002年4月第1版,第193页。

如何读懂毛泽东诗词？

诗人臧克家说："毛泽东诗词是个永远说不尽的课题。"毛泽东诗词有广泛的群众基础，热爱毛泽东诗词的人不计其数。但是，喜欢毛泽东诗词，并不等于能真正读懂毛泽东诗词。毋庸讳言，长期以来对毛泽东诗词误读、曲解的情形屡见不鲜。原因很多，关键还是方法存在问题。怎样才能真正读懂毛泽东诗词？

第一，多读毛泽东的传记，多了解毛泽东的生平事迹。毛泽东的每一首诗词作品都与他的人生经历有关，都是毛泽东奋斗人生的真实写照和心路历程的艺术表达。要读懂一首诗，首先必须弄清楚写诗的时候，毛泽东在哪里？他在干什么？他在关注什么？他的心境状态怎样？只有多阅读毛泽东的生平传记材料，才能较为准确地把握毛泽东写诗填词时的真情实感，才能深入理解一首作品的特殊韵味。否则，容易陷入主观臆断或者望文生义。

第二，多读毛泽东的文章，多领会毛泽东的深邃思想。毛泽东的光辉思想蕴含于他的文章、谈话、题词、书信、电报、诗词之中。文章是最为系统、全面、深入地阐释思想的载体，而诗词则是最为含蓄、深沉、隐晦的折射。要读懂一首诗词作品，就字面解字面，显然是难以奏效的。比如，要读懂《西江月·井冈山》，不认真读《中国的红色政权为什么能够存在？》《井冈山的斗争》，无法吃透"黄洋界上炮声隆"背后的历史蕴含，无法领会这首词为什么不叫《西江月·黄洋界》而叫《西江月·井冈山》，更难以理解毛泽东深厚浓郁的井冈情结。

第三，多读研究毛泽东的书籍，多了解他的生活情趣与独特个性。过去，毛泽东是神秘的。毛泽东逝世后的几十年间，人们把毛泽东从神坛上请了下来，客观地、冷静地、理性地、全面地去解读毛泽东，一个伟岸的、平凡的、真实的、丰满的毛泽东，才鲜活地呈现在世人面前。多阅读这些研究书籍，多了解毛泽东的生活方式、行为习惯、情趣爱好、脾气个性等，有助于我们更好地理解毛泽东诗词的丰富意味。比如，了解毛泽东对待雪景的特殊偏爱，能够更好地把握毛泽东对雪的独特情怀，更好地理解"雪里行军情更迫""更喜岷山千里雪""千里冰封，万里雪飘""梅花欢喜满天雪"这样的诗句。

第四，多读近现代中国史，多了解中国社会的沧桑巨变。毛泽东既受所处时代的深刻影响，也深深影响了他所处的那个时代。要读懂毛泽东诗词，必须读懂他所处时代的历史风云和社会风貌。只有把毛泽东诗词放置于孕育它的特定时代背景之下，而不是空洞地、抽象地、漫无边际地去解析，才能真正读懂它的历史韵味和时代特色。比如，对《满江红·和郭沫若同志》"小小寰球，有几个苍蝇碰壁"这样的诗句，只有弄清楚新中国成立后，尤其是60年代初的国际局势和中苏关系，才能理解这首诗的真正用意。

第五，多读古诗作品，多了解古典诗词文化。毛泽东创作的诗作、词作，基本上属于古典诗词范畴，体现了他深厚的传统文化底蕴和古典诗词修养。古典诗词有很多特殊的规范和要求，是诗词创作的基本遵循。要读懂毛泽东诗词，首先必须多多阅读古人的诗词作品，掌握我国古典诗词所积累的丰富的艺术经验和技巧。毛泽东诗词深深地植根于中国革命和建设的伟大现实之中，也深深地植根于中国古典诗词的艺术土壤里。毛泽东诗词不仅内容丰富、思想深刻、感情真挚，而且抑扬顿挫、古朴典雅、对仗工整。通过艺术形式去欣赏毛泽东诗词，可以感知毛泽东深厚的古典诗词艺术功底，感触毛泽东继承古人又超越古人的艺术技巧，领略毛泽东诗词形神兼备的艺术魅力。

第六，多多思考，反复回味。作品属于作者，也属于读者。作者有自己的创作意图，读者有自己的品读体会。越是优秀的诗词作品，留给读者的想象空间越大。诗词赏析是开放的，仁者见仁，智者见智，呈现出多样化的特征，不可能有完全统一的理解标准。正如一千个读者有一千个哈姆雷特一样,一千个读者必定也会有一千个毛泽东诗词。要设身处地,换位思考;要进得去,也要出得来。对毛泽东诗词的理解因时代不同,因个人而异,异彩纷呈。

毛泽东如何看待古典诗词？

说来或许令人难以置信，毛泽东早年并不喜欢诗词。1915年6月25日，毛泽东在致湘生的信中，谈到他先前认为诗赋无用的事："梁固早慧，观其自述，亦是先业词章，后治各科。盖文学为百学之原，吾前言诗赋无用，实失言也。"① 这种态度的转变，对毛泽东影响深远。他不仅诵读了大量古典诗词作品，还研读了各种诗话、词话、音韵、词律。诸如《历代诗话》《全唐诗话》《西江诗话》《升庵诗话》《随园诗话》等等，具有丰富的诗词艺术修养和深厚的诗词理论功底。

早在步入政坛之前，他已经充分地展现出诗人才华。"诗人毛泽东"是一个获得广泛认可的称谓。毛泽东最早的诗词作品是1906年写的《井赞》："天井四四方，周围是高墙。清清见卵石，小鱼囿中央。"② 而他最后的诗词活动是1976年元旦《人民日报》公开发表《水调歌头·重上井冈山》和《念奴娇·鸟儿问答》。时间跨度有七十年。毛泽东创作的作品基本上是古典诗词，他在古典诗词王国纵横驰骋，游刃有余。

旧体诗词有深厚的文化底蕴和群众基础，凝结了中华民族的情感体验和精神个性。毛泽东对古典诗词如痴如醉，情有独钟。但他也很清楚古典诗词不是完美无缺。苏联汉学家尼·费德林在《我所接触的中苏领导人》中记述，毛泽东曾对他说："我们主张文学要建立在通俗易懂的口语基础上。诗么，主要应该是新诗，让大家都能看懂，而不仅仅为了上层知识分子。"他指出："旧体诗很难写，也不能充分表达现代生活所要求的那些思想。"他还说："很惭愧，我不会写新诗。我写的是传统的旧体诗，所以不想拿出来发表。"他指出了古诗的四大缺憾。一是

---

① 《毛泽东早期文稿》，湖南人民出版社，2013年11月第1版，第6页。
② 易孟醇、易维著：《诗人毛泽东》，人民出版社2003年11月第1版，第5页。

很难写，不易学；二是不能充分表达现代生活所要求的那些思想；三是不通俗，不易懂；四是基本上只能在上层知识分子中找读者，不可能推广，特别不能在青年人中推广。①

毛泽东的这种态度是一贯的。1957年1月，他在给臧克家、徐迟等人的信中写道："这些东西，我历来不愿意正式发表。因为是旧体，怕谬种流传，贻误青年……诗当然应以新诗为主体，旧诗可以写一些，但是不宜在青年中提倡，因为这种体裁束缚思想，又不易学。"② 毛泽东深知，随着社会的发展和教育模式的改变，人们的生活方式与知识结构也都发生了重大变化，古典诗词逐渐从日常生活中淡出。现今的人们不再像以往那样成天诵读古诗经典，也不会采用吟诗作对的方式进行人际交往，写诗填词不再是读书人的一种基本功。因而，毛泽东采取了比较宽松的态度，没有将自己的古诗偏好强加于人，不倡导大家都像他那样迷恋古典诗词，尤其是不强求年轻人学习效仿。毛泽东曾对卫士李银桥说："你们年轻人最好莫学写旧体诗，学就学作新诗。"③

但毛泽东本人却不改初衷，仍然一如既往地读诗、吟诗、解诗、作诗，而且乐此不疲。据曾经担任湖北省委副秘书长的梅白回忆，毛泽东说过："旧体诗词有许多讲究，音韵、格律，很不易学，又容易束缚人们的思想，不如新诗那样'自由'，这是一方面。但另一方面，旧体诗词源远流长，不仅像我这样的老年人喜欢，而且像你这样的中年人也喜欢。我冒叫一声，旧体诗词要发展，要改革，一万年也打不倒。因为这种东西，最能反映中华民族和中国人民的特性和风尚。可以兴观群怨嘛！哀而不伤、温柔敦厚嘛！"④

这段话体现出诗人毛泽东对古典诗词艺术魅力充满自信，对古典诗

---

① 陈德述、苏文聪著：《毛泽东诗词与新体诗歌》，中央文献出版社，2006年10月第1版，第26页。

② 《毛泽东书信选集》，中央文献出版社，2003年11月第1版，第480页。

③ 刘汉民编著：《毛泽东诗话词话书话集观》，长江文艺出版社，2002年10月第1版，第106页。

④ 刘汉民编著：《毛泽东诗话词话书话集观》，长江文艺出版社，2002年10月第1版，第106页。

词的生命力特别乐观。传统诗词有一套规范，适合反映中国人民的特性和风尚，具有兴观群怨的社会效应，因而这种诗词形式"一万年也打不倒"。他坚持认为古典诗词经过几千年的发展，在诗体建设上积累了丰富的艺术经验，因而符合中国老百姓的审美习惯，有着广泛的群众基础。这是他一生钟爱古典诗词，始终不离不弃的根本原因。

毛泽东本人所写的诗词作品，基本上都是旧体诗词，1963年8月1日，他写了一首民歌体的《杂言诗·八连颂》，算是他写的唯一一首新体诗。1963年他在主持编辑《毛主席诗词》时，原来考虑把它收入诗集当中，并且已经印出清样。但是在付梓前夕，毛泽东又给田家英作批示说："《八连颂》另印，在内部流传，不入集中。"[1]这首诗在他生前没有发表，这也反映出毛泽东对待新诗的某种犹豫和倾向性。

---

[1] 郭思敏主编：《毛泽东诗词辨析》，中央文献出版社，2006年10月第1版，第450页。

毛泽东如何看待新体诗词？

泱泱中华是诗的民族，诗词传统源远流长。古典诗词经历了数千年，一般称其为旧诗。"五四"新文化运动在反对文言文、提倡白话文的同时，开始推崇白话诗，一般称为新诗。

1957年1月12日，毛泽东在致臧克家等人的信中写道："诗当然应以新诗为主体，旧诗可以写一些。"[①]1965年7月21日，在致陈毅的信中，毛泽东指出："要作今诗，则要用形象思维方法，反映阶级斗争与生产斗争，古典绝不能要。但用白话写诗，几十年来，迄无成功。民歌中倒是有一些好的。将来趋势，很可能从民歌中吸引养料和形式，发展成为一套吸引广大读者的新体诗歌。"[②]

这两段话显示了毛泽东对旧诗和新诗的基本态度，表达了对中国诗歌发展格局的战略构想，即新体诗和旧体诗都要发展，但应以新诗为主。从文艺发展的角度出发，从文艺政策的导向而言，毛泽东主张"诗当然应以新诗为主体"，强调要推陈出新。他充分肯定五四运动以来新诗的发展，他曾说过："新诗的成绩不可低估。"[③]但毛泽东对待新诗也充满矛盾，多次表露出不喜欢新诗的态度。毛泽东的秘书林克回忆，毛泽东曾坦率地对他说："我反正不看新诗，除非给我一百大洋。"1960年，他在与梅白讨论郭小川的诗时说："你知道我是不看新诗的……让我看白话诗，给我一百块大洋我也不看。"[④]

[①]《毛泽东书信选集》，中央文献出版社，2003年11月第1版，第480页。
[②]《毛泽东书信选集》，中央文献出版社，2003年11月第1版，第572页。
[③] 郑广瑾、杨宇郑编著：《毛泽东诗话》，河南人民出版社，1999年8月第1版，第181页。
[④] 陈德述、苏文聪著：《毛泽东诗词与新体诗歌》，中央文献出版社，2006年10月第1版，第38页。

诗美，包括灵性、情绪、节奏、韵律等之美感。毛泽东对尚在探索中的新诗寄予厚望，但对新诗也并不十分满意，曾经多次指出新诗的缺点与不足。

第一，新诗语言太自由散漫。毛泽东在讲到"旧体诗有许多讲究"时，说旧体诗词"不如新诗那样'自由'"，他在"自由"二字上加了引号，带有一定讽刺意味。有些人写新诗太随便，也太容易，似乎是识得字者谁想写都能写，不需要进行专门学习，造成新诗谁都写得来，却又谁都写不好。臧克家在《伟大的教导，深沉的怀念》一文中披露，毛泽东曾指出："新诗太散漫，记不住。应该精炼，大体整齐，押大致相同的韵"。他还建议"可以搞一本《新诗韵》——专为写新诗用韵较宽的韵书"。① 新诗这种"自由"而"散漫"的语言状况，实际上是自发性与随意性的反映。

第二，新诗没有"找到一条大家认可的主要形式"。1958年3月22日，毛泽东在成都召开的中央工作会议上说："现在的新诗不能成型，不引人注意，谁去读那个新诗。"② 毛泽东认为："一种新形式经过试验、发现，直到定型，是长期的、有条件的。"③ 新诗的艺术探索仍处于各搞各的状态，没有形成公认的创作规范。

第三，新诗"为民众所不懂"。1939年1月31日，毛泽东致信鲁迅艺术学院文学团体"路社"："无论文艺的任何部门，包括诗歌在内，我觉都应是适合大众需要的才是好的。现在东西中，有许多有一种毛病，不反映民众生活，因此也为民众所不懂。适合民众需要这种话是常谈，但此常谈很少能做到，我觉这是现在的缺点。"④ 毛泽东曾经指出："诗的语言，当然要以现代大众语为主，加上外来语，和古典诗歌中现在还

---

① 陈德述、苏文聪著：《毛泽东诗词与新体诗歌》，中央文献出版社，2006年10月第1版，第41页。

② 刘汉民编著：《毛泽东诗话词话书话集观》，长江文艺出版社，2002年10月第1版，第137页。

③ 龚国基著：《毛泽东与诗》，中国文联出版公司，1998年6月第1版，第601页。

④ 蔡清富、黄辉映编著：《毛泽东诗词大观》，四川人民出版社，2007年4月第4版，第537页。

有活力的用语。大众化当然首先是内容的问题,语言是表现形式,要有民族风味,叫人爱看、爱诵、百读不厌。"①

第四,新诗缺少本民族喜闻乐见的艺术气派。在句型、韵格、语言修辞上脱离广大读者的趣味。毛泽东指出:"不单是绘画,还有音乐,都有这样一批人,他们看不起自己民族的东西。文学方面,也是如此。但要好一些。在这方面,我们进行过批评。批评后小说好一些,诗的问题还没有解决。"②当时,很多新诗走欧化的路子,以模拟翻译诗体为时尚,与读者的欣赏趣味存在较大差距。

毛泽东认为中国诗歌的发展方向,应该是在古典诗词和民歌的基础上发展新诗,既继承古典诗词的优良传统,又吸收民歌的形式和养料,还要顺应时代的要求。与此同时,他也从不忽略新诗形式的重要性,强调"诗要用形象思维,不能如散文那样直说"。他认为写诗要有诗兴、诗味,要用比兴手法提升诗的境界,使意象清晰、意境高远、情趣浓厚,体现民族形式和民族风格。

---

① 郑广瑾、杨宇郑编著:《毛泽东诗话》,河南人民出版社,1999年8月第1版,第180页。

② 刘汉民编著:《毛泽东诗话词话书话集观》,长江文艺出版社,2002年10月第1版,第204页。

毛泽东诗词创作如何推陈出新？

中国古典诗歌曾经辉煌，但进入近代以后逐渐走向僵化，陈词滥调充斥，无病呻吟普遍。"五四"新诗革命应运而生，但有些诗人又陷入全盘欧化，彻底抛弃古典诗词的优良传统。《周易·系辞下》云："穷则变，变则通，通则久""苟日新，日日新，又日新"。"推陈出新"是毛泽东1942年为延安平剧院所作的题词。毛泽东诗词结束了新诗与旧诗水火不容的态势，激活了传统诗体表现新时代的巨大能量，奠定了二者多元共生的战略格局，为现代中国诗词的发展开辟了广阔道路。

毛泽东强调："从孔夫子到孙中山，我们应当给以总结，承继这一份珍贵的遗产。"[①] 但是，他特别信奉孟子的说法："尽信书，则不如无书。"他从来不盲目迷信传统文化中的所有内容。毛泽东的批判性思维促使他开始认真反思究竟谁是国家和民族的真正主人这一重大历史命题，他最终成为中国封建传统文化那些消极因素的叛逆者。这一政治立场既展示出毛泽东诗词内容与传统文化相辅相成的渊源关系，又表现出毛泽东反叛传统、超越传统的宏大气魄。

柳亚子曾盛赞毛泽东诗词是"推翻历史三千载，自铸雄奇瑰丽词"。臧克家在称赞毛泽东书法时写道："兼百家之专长，任大笔之纵横，尊古而不泥古，创造精神郁勃乎其中。"用这话来评价毛泽东的诗词艺术也非常恰当。毛泽东推崇古诗，只是偏爱古典诗词的艺术形式，而内容则完全是如火如荼的现代生活，始终是与时俱进的。其实新诗旧诗，也只是一个相对概念，正如郭沫若所说："主席的诗不能说是旧的，不能从形式上看新旧，而应从内容、思想、感情、语汇上来判断新旧。"

[①]《毛泽东选集》第二卷，人民出版社，1991年版，第534页。

毛泽东学古而不泥于古，立足传统又突破传统。毛泽东诗词从内容到形式，从语言到意境，从题材到风格，对古典诗词革故鼎新，实现了创作内容上的革命性突破，又在审美方式上继承和弘扬了古典诗词传统。毛泽东诗词清新、开阔、崇高、壮美，从意境上极大地丰富了古典诗词的表现领域，在手法上极具民族个性，又包含时代精神，堪称传统艺术形式现代化的光辉典范。毛泽东诗词字里行间洋溢着浩然之气，既有惊心动魄的震撼力，又有扣人心弦的穿透力；既有催人奋进的感召力，又有朴实无华的亲和力。

在思想内容方面，毛泽东诗词继承了古典诗词源于《尚书·尧典》"诗言志"的优良传统，在价值取向上吸收了儒家文化以"仁学"和民本思想为基础的经世致用的政治理念，始终凸显一个伟大革命家救国救民的政治抱负和不懈追求。《渔家傲·反第一次大"围剿"》"不周山下红旗乱"一句，引用"共工头触不周山"的典故。共工是我国家喻户晓的神话人物，不同史籍和神话对其褒贬大相径庭：有的说他是治水英雄，尊为"三皇"之一；有的说他是一位恶神，最终被禹所杀。毛泽东一反历代史书对共工的非议，把"与颛顼争为帝"的共工演绎成为砸烂旧世界、创造新天地的胜利英雄。毛泽东用典妙绝千古，不落俗套，赋予全新的时代意义。

在表现手法方面，毛泽东诗词更多地受到以道家理念为源头的讲意境、重气韵，强调个性自由和浪漫情趣等美学思想的深刻影响。毛泽东诗词继承了庄子、屈原、李白的浪漫主义艺术风格，文采飞扬、热情奔放、纵横捭阖，不管是写自然景观、写动物姿态，还是写社会实践，都充分表现出宏大气魄和洒脱之气，深刻揭示出事物和人物的内在本质，折射出美学和哲理的绚丽光芒。

毛泽东谈及《浪淘沙·北戴河》的创作缘由时说："李煜写的《浪淘沙》都属于缠绵婉约一类，我就以这个词牌反其道行之，写了一首奔放豪迈的，也算是对古代诗坛靡弱之风的抨击吧。"[1] 历代咏梅诗作不计

---

[1] 龚育之、逄先知、石仲泉著：《毛泽东的读书生活》，生活·读书·新知三联书店，2005年1月第1版，第275页。

其数，毛泽东的《卜算子·咏梅》是"读陆游咏梅词，反其意而用之"[①]的绝妙佳作。陆游词中的梅花孤寂冷艳、顾影自怜、凄凉愁苦，而毛泽东的梅花"俏也不争春，只把春来报"，格调超凡脱俗，令人耳目一新。《采桑子·重阳》是咏秋之作，"不似春光，胜似春光"，毛泽东一扫"自古逢秋悲寂寥"的悲秋情结，称颂战地黄花的馥郁芳香，赞美秋日风光的苍劲寥廓。《孙子兵法》主张"穷寇勿追"，而在《七律·人民解放军占领南京》中，毛泽东为了中国人民的长治久安，反其意提出"宜将剩勇追穷寇，不可沽名学霸王"。

毛泽东诗词评史则对历史有新看法，论人则对人物有新见识，写物则对物象有新寓意，记事则对事情有新视角，是传统艺术形式现代化的光辉典范。毛泽东对古典诗词革故鼎新，形成了中国悠久诗史上风格绝殊的新形态的诗美。毛泽东的文化思想和艺术实践为中国新诗的发展指明了正确方向，同时对建设中国特色社会主义文化有着重要的借鉴价值和指导意义。

---

① 《毛泽东诗词集》，中央文献出版社，1996年9月第1版，第110页。

《旧体诗词十八首》有何影响？

1957年1月，中国文坛上发生一件大喜事——毛泽东的18首诗词在《诗刊》杂志创刊号上发表。这是国内第一次集中发表毛泽东诗词，也是毛泽东首次正式结集发表自己的作品。这些诗词的发表，为毛泽东诗词研究提供了第一批较为系统的原作资料。

1956年下半年，中国作家协会决定创办《诗刊》杂志，由臧克家任主编，徐迟任副主编。在组稿的过程中，徐迟去北京大学拜访了著名外国文学翻译研究家、诗人冯至，向他征求意见。冯至建议在创刊号上发表在群众中流传已久的毛泽东诗词，以提高《诗刊》的影响。这一建议，得到全体编委的赞同，但不知道毛泽东本人是否同意。当年的《诗刊》编委沙鸥1993年10月27日在《人民日报·海外版》的《中南海的回声》一文中回忆道："编委们都想过，毛主席那么忙，未必有时间来校正他的诗词，他也未必同意发表。但是，火红的热情与美好的期待在所有编委的心中都燃烧起来，一致同意试一下，万一真的出现奇迹呢！"

1956年11月21日，臧克家和全体编委签名给毛主席写了一封信，信中说《诗刊》将在1957年1月创刊。信曰："我们希望在创刊号上，发表您的八首诗词。那八首，大都已译成各种外国文字，印在他们的《中国诗选》的卷首。那八首，在国内，更是广泛流传。但是，因为它们没有公开发表过，群众相互抄诵，以致文句上颇有出入。有的同志建议我们：要让这些诗流传，莫如请求作者允许，发表一个定稿。我们附上那八首诗词的抄稿一份，请加订正，再寄还我们。如果您能手写一首，给我制版发表，那就更好了。"①

毛泽东得知《诗刊》杂志创刊的消息后很高兴，他把《诗刊》杂志社寄去的 8 首诗词，认真作了校订，另外又增加了 10 首诗词。1957 年 1 月 12 日，他给臧克家等人写了回信，信中写道："克家同志和各位同志：惠书早已收到，迟复为歉！遵嘱将记得起来的旧体诗词，连同你们寄来的八首，一共十八首，抄寄如另纸，请加审处。这些东西，我历来不愿意正式发表。因为是旧体，怕谬种流传，贻误青年；再则诗味不多，没有什么特色。既然你们以为可以刊载，又可为已经传抄的几首改正错字，那末，就照你们的意见办吧。《诗刊》出版，很好，祝它成长发展。诗当然应以新诗为主体，旧诗可以写一些，但是不宜在青年中提倡，因为这种体裁束缚思想，又不易学。这些话仅供你们参考。"②

1957 年 1 月 14 日，毛泽东又亲自召见了臧克家和袁水拍（时任《人民日报》文艺部主任，兼《诗刊》编委）。当谈到《诗刊》的情况时，毛泽东提出了印数问题。臧克家说："现在纸张困难，经我们一再要求，文化部负责人只答应印 1 万份。同样是作家协会的刊物，《人民文学》印 20 万份，《诗刊》仅仅印 1 万份，太不合理了。""你说印多少？"毛泽东问。臧克家说："公公道道，5 万份。"毛泽东想了一下，说："好，5 万份。"③

1957 年 1 月 25 日，《诗刊》创刊号出版。毛泽东的诗词排在头题，总题目为《旧体诗词十八首》，占了 11 页的篇幅。毛泽东的回信被套红影印一同发表。18 首作品分别是：《长沙》《黄鹤楼》《井冈山》《元旦》《会昌》《大柏地》《娄山关》《十六字令三首》《长征》《六盘山》《昆仑》《雪》《赠柳亚子先生（七律）》《浣溪沙（和柳亚子先生）》《北戴河》《游泳》。毛泽东对其中的几首改正了错字，比如《长征》诗的"浪

---

① 陈安吉著：《毛泽东诗词版本丛谈》，中央文献出版社、南京出版社，2003 年 12 月第 1 版，第 74—75 页。
② 《毛泽东文艺论集》，中央文献出版社，2002 年 4 月第 1 版，第 308 页。
③ 陈安吉著：《毛泽东诗词版本丛谈》，中央文献出版社、南京出版社，2003 年 12 月第 1 版，第 80 页。

拍"改"水拍",《六盘山》词的"红旗"改"旄头"。

  《诗刊》创刊号出版那天临近除夕,北京天气很冷,天空下起了雪。广播电台的早间新闻公布了《诗刊》创刊号发表毛泽东《旧体诗词十八首》的消息。一传十,十传百,喜讯不胫而走,一大早就有很多读者冒着严寒在王府井新华书店排着长队,等候购买《诗刊》。5万册《诗刊》被抢购一空。编辑部收到的读者来信堆积如山,《诗刊》又加印了5000册。《诗刊》杂志一炮打响。毛泽东诗词及谈诗书信的发表,驱散了长达半个多世纪诗坛单调沉闷的氛围,标志着旧体诗词重新亮相,对我国诗歌与文学事业产生了深远影响。

"六三年版"《毛主席诗词》有何特殊地位？

1963年12月，人民文学出版社出版了《毛主席诗词》。与此同时，文物出版社以集宋版书字体出版了《毛主席诗词三十七首》线装本。两个出版社的诗词集内容相同，一般统称为"六三年版"。包括《旧体诗词十八首》《蝶恋花·答李淑一》《七律二首·送瘟神》21首，还有《人民文学》1962年5月号发表的6首词，又补充了10首从未发表过的作品，一共37首。

"六三年版"是毛泽东亲自编定的一个带总结性的诗词集，也是其生前出版的最重要的诗词集。这年毛泽东已经70岁，也许他意识到需要对自己的作品作一个总结，把自己较为满意的作品汇集起来，并对已发表的诗词作一次全面校订。此后，毛泽东再也没有下大力气来编自己的诗词集了。1976年1月，在他逝世前的几个月，曾经出版一本收有39首作品的集子，那只不过是在"六三年版"基础上增补了两首刚刚发表的《念奴娇·鸟儿问答》《水调歌头·重上井冈山》而已。

毛泽东对这本诗集十分审慎。他认真挑选篇目，仔细校正已经发表过的作品。正式出版之前，先印了少量征求意见本，发给少数同志。一个月后，毛泽东亲笔开列20余人的名单，由田家英邀请朱德、邓小平、彭真等中央领导，以及郭沫若、周扬、臧克家、何其芳等文化名家座谈，专门征求意见。1963年12月5日，他就几首作品是否收入诗集致信秘书田家英："'钟山风雨'一诗，似可加入诗词集，请你在会上谈一下，酌定。'小小寰球'一词，似可收入集中，亦请同志们一议。其余反修诗词，除个别可收入外，都宜缓发。《八连颂》另印，在内部流传，不入集中。"第二天，毛泽东又致信田家英："今天或明天开会讨论诗词问题，我现在有所删节改正，请康生同志主持，提出意见，交我酌定为盼！"①

参加座谈的同志，对拟编入集子的作品进行了讨论，提出了一些意见。臧克家在《人去诗情在》一文中回忆："我事先写了23条意见，这些意见曾与葛洛同志商讨过，会后托田家英同志代转。《毛主席诗词》出版了，到手之后，我兴奋地即时拜读一遍，其中13处采纳了我的意见，有标点、个别字、小注中的字句，还有整个句子调换。"②

毛泽东的校订十分仔细，倾注了大量心血。他重新编排了作品的顺序，给发表过的27首作品署明了写作日期。他补上了一些词的题目，如给《浣溪沙》加上了"和柳亚子先生"这个题名。他改动了少数题目，把《赠柳亚子先生》校订为《答柳亚子先生》。把《游仙〈赠李淑一〉》改为《答李淑一》。他对部分诗词正文和附注作了订正，为一些和词附上了原作。比如，将《减字木兰花·广昌路上》"雪里行军无翠柏"改为"雪里行军情更迫"，将《念奴娇·昆仑》"一截留中国"改为"一截还东国"，将《清平乐·六盘山》"旄头漫卷西风"改为"红旗漫卷西风"，将《沁园春·雪》"惟余莽莽"和《水调歌头·游泳》"今日得宽余"中的"余"字校订为"馀"。他对《渔家傲·反第一次大"围剿"》附注中关于共工的典故的注释进行修改，把原稿中"三国时吴国韦昭注"改为"韦昭注"，把原稿中"他死了没有呢？没有说，因而没有死"改为"他死了没有呢？没有说，看来没有死"。他为一些和作附上了原作，如为《七律·和柳亚子先生》《浣溪沙·和柳亚子先生》附上了柳亚子的原作，为《卜算子·咏梅》附上了陆游的原词。他还改正了一些诗词的标点符号。比如，他将《长沙》"携来百侣曾游"一句后的逗号改为句号，将《广昌路上》"此行何去"之后的逗号改为问号。

毛泽东对诗词集的装帧设计也很重视。据说，当时有关人员为人

---

① 陈安吉著：《毛泽东诗词版本丛谈》，中央文献出版社、南京出版社，2003年12月第1版，第124—125页。

② 陈安吉著：《毛泽东诗词版本丛谈》，中央文献出版社、南京出版社，2003年12月第1版，第125页。

民文学出版社的平装本设计了几十个封面，毛泽东选择了画有梅花的那一种。

  这个版本发行数量大，风行时间长。仅人民文学出版社第一次印刷的平装本就达50万册。到1966年5月第6次印刷时，累计印数已达400万册。这种情况一直持续到1986年的《毛泽东诗词选》问世。"六三年版"是迄今为止毛泽东诗词版本中印数最多、影响力最大的一个版本。

毛泽东诗词是如何普及推广的？

纵观20世纪中国诗坛，毛泽东诗词广为流传，感染和熏陶了几代中国人。首先是因为它具有感人肺腑、雅俗共赏的文化魅力。而宣传规模空前、媒介形式多样、传播时间持久，对其推广普及也功不可没。毛泽东诗词以无与伦比的方式走近大众、贴近生活、与大众文化水乳交融，最终也成了一种蔚为壮观的大众文化。

毛泽东早期的诗词作品，主要是在亲属、诗友、战友之间流传。1937年10月斯诺的《红星照耀中国》在伦敦出版，该书收录了《七律·长征》。1945年11月14日，吴祖光在《新民报》副刊《西方夜谭》刊登《沁园春·雪》，引起巨大轰动。1957年1月《诗刊》创刊号首次刊载毛泽东18首诗词，1958年9月文物出版社刻印大字本《毛主席诗词十九首》，1963年人民文学出版社出版《毛主席诗词》（37首），一时"注家蜂起"，毛泽东诗词的普及推广由此拉开序幕。

20世纪六七十年代，毛泽东诗词公开发行的印数突破4亿册。各类学习小组自行编印的毛泽东诗词注释本林林总总，有手抄、小报、铅印、油印等，数量也十分可观。其内容偏重政治诠释，轻视艺术鉴赏，水平参差不齐。党的十一届三中全会后，毛泽东诗词的出版与研究重新回归理性，各种选集、鉴赏、诗话等图书数以百计。迄今为止，毛泽东诗词版本丰富多彩，装订风格有平装本、精装本、线装本、套塑本等；开本规格有小8开、12开、16开、32开、64开等；印刷形式有铅印、石印、木刻、影印等。

早在抗日战争时期，分别由王承俊（久鸣）、劳舟谱曲的《七律·长征》《沁园春·雪》，便已在敌后根据地传唱。1958年4月10日《文艺报》向作曲家征集毛泽东诗词谱曲稿件。其后，音乐作品不断涌现，一词多曲、一曲多词，其中不乏李劫夫、贺绿汀、陈志昂、郑律成等名师佳作。1960年6月版的由北京大学学生音乐创作组集体作曲的《毛主席诗词大合唱》，是最早的毛泽东诗词歌曲版本。1964年音乐舞蹈史诗《东方红》演唱了《七律·长征》等三首毛泽东诗词歌曲。随后，中央乐团、中央音乐学院创作的《毛泽东诗词交响组歌》引起了强烈反响。1966年5月举行的第七届"上海之春"音乐会专场演唱了毛泽东诗词歌曲。1970年，田丰创作的大型交响合唱《为毛泽东诗词谱曲五首》名噪一时，1973年周恩来总理还将它用于接待基辛格。用京剧、昆曲、豫剧、湘剧等传统戏曲形式演绎毛泽东诗词，比如苏州评弹《蝶恋花·答李淑一》撼人心魄，堪称经典。

毛泽东诗词形象生动，使画家们不断产生灵感与创作欲望。半个多世纪以来，国内几乎所有知名画家都创作了毛泽东诗意画，如刘海粟、傅抱石、李可染、吴作人、关山月等。傅抱石最早创作毛泽东诗意画，作品也最多。1950年他根据《清平乐·六盘山》，首次尝试创作毛泽东诗意画。1959年他与关山月联袂为人民大会堂创作巨幅国画《江山如此多娇》。继傅抱石之后，李可染将毛泽东诗意画创作推向更新艺术境界。1962年至1964年间，他以"万山红遍，层林尽染"为主题创作了七幅画作，可谓诗画交融。

出版部门将毛泽东诗词手书汇总，出版了成册、单页、裱装、宣纸木版水印、石刻拓片等多种毛泽东诗词手稿本。1967年5月1日，邮电部发行一套8枚纪念邮票，其中第二枚图案有"四海翻腾云水怒，五洲震荡风雷激"的毛泽东手书。1967年10月1日、10月6日和1968年5月1日，邮电部分三次发行"文7《毛主席诗词》邮票"共14枚。除第一枚采用毛泽东在杭州抄唐诗的照片外，其余13枚均选用毛泽东诗词手迹。

很多书法家钟情于毛泽东诗词，几乎所有书法展都能够看到毛泽东诗词书法作品。不同时期出版的毛泽东诗词字帖多种多样，有楷书、行书、草书、隶书、篆书、魏碑等各种字体。比如，1973年10月，人民美术出版社出版了郭沫若书写的《毛主席诗词三十七首》；1975年4月，江苏人民出版社出版了费新我书写的《毛主席诗词行书字帖》。

　　1957年，人民教育出版社首次将《七律·长征》收入初中课本。60年代，毛泽东诗词被大量编进教材，走进课堂。1967年初，周恩来明确建议学生学习毛泽东诗词。各个大学的中文系更把毛泽东诗词当成复课学习的重要内容，编辑刊印毛泽东诗词教材、讲义蔚然成风，公开出版和校际交流的内部教材不计其数。在现行的人教版、苏教版和粤教版等中小学不同年级的语文课本中，《七律·长征》《卜算子·咏梅》《沁园春·雪》《沁园春·长沙》等作品均有出现，对于培养学生的古典诗词兴趣和普及毛泽东诗词影响至深。

　　几十年间，毛泽东诗词也不断"飞入寻常百姓家"，融入日常生活的方方面面。笔记本里有毛泽东诗词插页，挎包和草帽上印有毛泽东诗句，火柴盒上贴有毛泽东诗词火花，扇面上有毛泽东诗词手迹，墙上挂着毛泽东诗词宣传画。各种毛主席像章或植入毛泽东诗句，或附有梅花、劲松、红军爬雪山等图案。过去，人们在照片上题写"风华正茂""恰同学少年"等诗句。走进艺术品商店，毛泽东诗词主题的工艺品为数不少。在办公室、会议室、接待室、酒店大厅等各种场所，毛泽东诗词的字幅、镜框或者屏风也时常可见。

毛泽东如何行吟天下？

泱泱中华，江山如此多娇，引无数英雄竞折腰。毛泽东的人生经历波澜壮阔，足迹遍布大江南北。毛泽东诗词表达了他的深邃思想和宏大抱负，也抒发了他的游历情思和闲情逸致。毛泽东绝非寻常意义上的旅者游人，他深谙行游的本质精髓，通晓名胜古迹的人文底蕴，撷取名山大川的灵气神韵，把诗和远方结合得浑然天成。

"孩儿立志出乡关，学不成名誓不还。"1910年秋，毛泽东离开韶山外出求学。1912年秋，毛泽东在省立湖南省图书馆第一次看到《世界坤舆大地图》，世界之大令他震撼，此后他更信奉"读万卷书，行万里路"。1913年他在《讲堂录》中写道："闭门求学，其学无用。欲从天下国家万事万物而学之，则汗漫九垓，遍游四宇尚已。"1917年暑假，毛泽东和萧子升一起"游学"，历时一个多月，行程900多公里，游历了5个县。1918年夏，毛泽东与蔡和森历时半个多月，游学到了湘阴、岳阳、平江、浏阳等几个县。成为革命家之后，毛泽东舍小家为国家，踏上漫漫征程，"汽笛一声肠已断，从此天涯孤旅"。

"坐地日行八万里，巡天遥看一千河""背负青天朝下看，都是人间城郭"，这是浪漫的想象，也是现实的愿望。战争年代，毛泽东走过万水千山，"红军不怕远征难"，毛泽东以"走"制敌，纵横驰骋。建设时期，他依然东奔西走。从1949年3月25日乘火车"进京赶考"，到1975年最后一次南巡，26年间，毛泽东仅乘坐列车出巡就达72次，累计2148天，总行程344.79万公里。从华北到东北，从华东到西南，列车载着他不断奔驰在祖国大地上，见证他洞察局势、体恤民情、运筹帷幄、经天纬地。

"游之为益大矣哉！登祝融之峰，一览众山小；泛黄勃之海，启瞬江湖失；马迁览潇湘，泛西湖，历昆仑，周览名山大川，而其襟怀乃益广。"①《讲堂录》中的这段话，道出了毛泽东对行游意义的透彻理解。他把行遍天下当成一种学习、工作和生活方式，在一草一木、一山一水、一城一地之间，亲近自然、感怀先贤、领略风物、陶冶性情、舒展胸襟。他在跋山涉水中感悟革命事业的曲径通幽，品尝苦辣酸甜的人生百味，不断观照自我、印证自我、实现自我、超越自我。如此一来，他的人生阅历丰富多彩，思维方式纵横捭阖，精神世界博大精深，情感意志刚柔相济。

他独立橘子洲头观壮阔秋景，惆怅中国前途谁主沉浮。他登临黄鹤楼，排解大革命失败后的苍凉心境。他遥望黄洋界，聆听报道敌军宵遁的隆隆炮声。他直下龙岩上杭，沉浸于分田分地真忙的畅快。他奔走在广昌路上，迸发雪里行军情更迫的豪迈。他凝视大柏地的前村壁弹洞，回想当年鏖战急的弥漫硝烟。他登上会昌城外高峰，深情礼赞这边独好的风景。他越过娄山关，油然而生苍山如海残阳如血的顿悟。他仰望莽苍雪峰，誓言剑劈昆仑而达成环球同此凉热。他攀上六盘山高峰望断南飞雁，挥洒不到长城非好汉的雄心壮志。他目光如炬，极目远眺千里冰封万里雪飘的北国风光。他搏击北戴河的滔天白浪，感怀魏武挥鞭的历史沧桑。他不管风吹浪打，横渡万里长江，尽享今日得宽余的怡然自得。他震撼于千里波涛滚滚来的钱塘浪潮，回味铁马从容杀敌回的磅礴气势。他回到阔别32年的韶山，企盼喜看稻菽千重浪。他跃上葱茏四百旋的庐山，冷眼向洋看世界。他千里来寻故地，重上井冈山，为旧貌变新颜而倍感欣慰。

刘勰在《文心雕龙·物色》中说："模山范水，诗人常事。"厚重的山水情结浸润了我国历代文人的精神寄托和情感世界，古往今来的大诗人几乎都写过赞美山水的名篇佳句。毛泽东特别喜欢拥抱山川物象的漫游家风采，在游历中不断经营着他的"诗词余事"，使游情与诗情相得益彰。每到一地，一拥进自然的怀抱，他的脑海里都会映现出历代诗

---

① 《毛泽东早期文稿》，湖南人民出版社，2013年11月第1版，第530页。

人在此的咏唱，他的诗情也会喷涌而出。他的诗词几乎都以山水为题或借自然抒怀，任何一种景致似乎都能唤起他的想象、激活他的思维。毛泽东"踏遍青山人未老""我自欲为江海客"，他有多首作品以"山"为题，如《西江月·井冈山》《清平乐·六盘山》《念奴娇·昆仑》《七律·登庐山》等；他也有专门写水的诗作，如《浪淘沙·北戴河》《七绝·观潮》，而与山水意象有关的诗句更是难以统计。

毛泽东总是借山水来呈现他丰富的人生感悟与哲理思想，寄托对祖国壮美山河的壮怀雅趣，表达改造中国与世界的崇高理想。"横空出世""离天三尺三""刺破青天锷未残""一山飞峙大江边"，毛泽东以"山"记史，以"山"言志，以"山"造境，把山写得高耸突兀、瑰伟雄奇、意境寥廓、神情飞扬。"洞庭湘水涨连天""漫江碧透""茫茫九派流中国""金沙水拍云崖暖""一片汪洋都不见"，毛泽东尽情观察、品鉴水的柔性、清纯、磅礴、神奇，从中汲取智慧和力量。"自信人生二百年，会当水击三千里"。在他眼中心里，水是伙伴又是对手，水是养生堂也是竞技场。他用如椽大笔为锦绣河山敷染上诗画一体的神奇色彩，创造出钟灵毓秀的异样气韵，洋溢着蓬勃向上的生命力之美。

毛泽东诗词有何特殊艺术地位？

在上下五千年的中国文学史中，诗词无疑是最为源远流长的一种文学形式，也是最为耀眼夺目的一座艺术宝库。在中国这个诗词大国中，产生过屈原、陶渊明、李白、杜甫、苏轼、陆游、辛弃疾等一大批诗词大家，也创造了诗经、楚辞、唐诗、宋词这样的艺术巅峰。正是在这座艺术宝库的丰富滋养下，孕育了独领风骚的毛泽东诗词。毛泽东诗词对中国人民产生了巨大的激励作用，可谓家喻户晓。

大型电视文献艺术片《独领风骚——诗人毛泽东》解说词写道："当毛泽东还只是一个在黄土地上奋图生存的革命家时，美国的史沫特莱在延安的窑洞里采访了他。这位女记者的突出感受是：'他首先是一位诗人。'还是在延安的窑洞里，又一位叫安娜·路易斯·斯特朗的美国女记者采访了他。她的感受依然是：'作为诗人，毛泽东有着异乎常人的自信。还是在陕北峰峦起伏的黄土高原上，他便举起套着灰色棉袄袖子的右手，指着自己对一个来访的美国人说了这样一句——'谁说我们这里没有创造性的诗人？这里就有一个。'"[1]

柳亚子称赞毛泽东诗词是"推翻历史三千载，自铸雄奇瑰丽词"。他读了《沁园春·雪》之后，拍案叫绝："展读之余，叹为中国有词以来第一作手，虽苏、辛犹未能抗手，况余子乎？""才华信美多娇，看千古词人共折腰。算黄州太守，犹输气概，稼轩居士，只解牢骚，更笑胡儿，纳兰容若，艳想秾情着意雕。"他还说："毛润之《沁园春》一阕，余推为千古绝唱，虽东坡、幼安，犹瞠乎其后，更无论南唐小令、南宋

---

[1] 陈晋著：《独领风骚——毛泽东心路解读》，万卷出版公司，2004年1月第1版，第6—8页。

慢词矣。"[1]郭沫若曾经坦言："我自己是特别喜欢诗词的人，而且是有点目空一切的，但是毛泽东同志所发表的诗词使我五体投地。"郭沫若对毛泽东的评价是"经纶外，诗词余事，泰山北斗"[2]。元帅诗人陈毅也曾以"看诗词大国推盟主"来高度赞扬毛泽东的诗才。

无论就创作主体的才德胆识力，还是就描写对象的理事情景神，掂量起来，毛泽东诗词都可称是千古独步了。毛泽东诗词反映了一个新时代的文化，这是人民革命的时代；创立了一种新风格的文化，这是现实主义的诗词风格。在他的笔下，发前人之未发，吟前人之未吟，上可包举宇宙，下可激荡山河。凡是读过毛泽东诗词的人，无不被他那丰富的想象、豪放的气势、雄浑的格调、高野的意境所折服。毛泽东最突出的性格特点，就是不懈奋斗，永远不安于现状，永远追求新境界。因此，他的每一首作品都立足现实，但却闪耀着崇高理想的光辉，充满着对理想境界的执着追求和热切希望，成为革命现实主义和革命浪漫主义完美结合的典范。

毛泽东诗词题材多种多样，但大多与革命和建设事业密切相关，表现无产阶级的爱国主义、国际主义、革命英雄主义等主题，真切反映了中国革命和建设各个阶段的时代风貌。1994年12月26日，在中国毛泽东诗词研究会成立大会上的开幕词《中华文化的瑰宝，诗歌史上的丰碑》中，贺敬之这样评价："毛泽东诗词以其前无古人的崇高优美的革命情操，遒劲伟美的创造力量，超迈奇美的艺术想象，高华精美的韵调辞采，形成了中国悠久的诗史上风格绝殊的新形态的诗美。这种瑰奇的诗美熔铸了毛泽东的思想和实践、人格和个性，在漫长的岁月里，可以毫不夸张地说，几乎风靡了整个革命的诗坛，吸引并熏陶了几代中国人，而且传唱到了国外。"[3]

埃德加·斯诺在《红星照耀中国》中说毛泽东"是一个既能领导远

---

[1] 易孟醇、易维著：《诗人毛泽东》，人民出版社，2003年11月第1版，第215页。
[2] 《毛泽东与郭沫若》，中国青年出版社，2008年1月第1版，第292页。
[3] 梁自洁、董正春主编：《毛泽东诗词研究史稿》，中央文献出版社，2017年9月第1版，第91—92页。

征又能写诗的叛逆"①。史沫特莱在《伟大的道路——朱德的生平和时代》中说:"他是文笔具有雷霆万钧之力、观察深刻的作家——一个政治鼓动家、军事理论家,并且时常赋诗填词。""他懂旧诗,而且就诗品而言也是一个诗人。他的诗具有古代诗家的风格,但诗中流露出他个人探索社会改革的一股清流气味。"美国学者罗斯·斯特里尔在《毛泽东传》中写道:"他是狂放的浪漫主义诗人。""长征时期可能是他写作诗词最多的时期。20年后他有些留恋地说:'一个人骑在马背上有的是时间,可以沉思,可以探索节奏和韵律。'诗词把大自然和历史融合在一起,最终这种融合成为毛这位革命家和东方第一位马克思主义理论家成功的秘诀。"②曾经两度访华的法国前总理富尔在《晚上会见毛主席》(阿古拉泰主编《一百个名人眼里的毛泽东》,青岛出版社1993年11月版)中写道:"诗歌不仅仅是毛泽东生平中的一件轶事,我的确相信它是了解毛泽东的性格的关键之一。毛泽东和许多马克思主义者不一样,他不是一本书读到老的人。他在这些简短诗歌里表达的思想,不受党的教条和辩证法的词藻所束缚。他用简单的形式,表达生动而深刻的革命题材,是国内所有人都能够理解的,也是世世代代的人都能够理解的。这位革命者带着人道主义的气息。单是这点,就足以说明中国共产主义的某些创新。"③

---

①埃德加·斯诺著:《西行漫记》,生活·读书·新知三联书店,1979年12月第1版,第181页。

②罗斯·特里尔著:《毛泽东传》,中国人民大学出版社,2007年9月第1版,第131页。

③陈晋著:《独领风骚——毛泽东心路解读》,万卷出版公司,2004年1月第1版,第210页。

毛泽东诗词研究如何不断发展？

20世纪30年代初，鲁迅在读了毛泽东的几首诗词以后，认为有一种"山大王"气概。这是迄今为止所见有关毛泽东诗词作品最早的评论。1937年10月，埃德加·斯诺的《红星照耀中国》在伦敦出版，《长征》一章收入了《七律·长征》："我把毛泽东主席关于这一六千英里的长征的旧体诗附在这里作为尾声，他是一个既能领导远征又能写诗的叛逆。"这是公开出版物中最早有关毛泽东诗词的文字记载。1945年11月14日，吴祖光在《新民报》晚刊《西方夜谭》发表《沁园春·雪》，一时轰动山城。国民党文人填词作文大肆攻击毛泽东，而进步文化人士则积极唱和并撰文回击反动文人，这场"雪仗"拉开了毛泽东诗词研究的大幕。

1956年8月《中学生》杂志刊登谢觉哉《关于红军的几首词和歌》，披露了《西江月·秋收暴动》《西江月·井冈山》《如梦令·宁化途中》《清平乐·六盘山》。1957年1月《诗刊》创刊号首次集中发表毛泽东《旧体诗词十八首》。1958年9月，文物出版社刻印大字本《毛主席诗词十九首》。1963年12月，人民文学出版社出版《毛主席诗词》（37首）。50年代至60年代的毛泽东诗词研究，基本上是根据以上版本，研究作品的范围也在37首之内。

这个时期，毛泽东诗词的研究队伍，主要是文化界的高层次人士，包括一些著名诗人、作家、学者以及部分大中学校的教师。从1957年到1966年初，郭沫若发表了近20篇论述毛泽东诗词的文章。1957年10月由中国青年出版社出版、臧克家与周振甫合作的《毛主席诗词十八首讲解》，是最早赏析诠释毛泽东诗词的版本，起了开路先锋的作用。此后，陆续出现了吴石的《中国革命的伟大史诗——学习毛主席诗词笔记》、周振甫的《毛主席诗词浅释》、张涤华的《毛主席诗词小笺》等。这些研究大多停留于单篇作品赏析，视野比较狭窄，还存在某些臆断成分，用毛泽东自己的话来说就是："注家蜂起，全是好心，一部分说对了，一部分说得不对。"①

60年代中期至70年代中期，毛泽东诗词的学习研究规模空前，各类公开、非公开的注释、讲解本不计其数。许多日常生活用品、文化用品都成了传播工具。但这一时期的所谓研究，大多是生拉硬扯、政治图解、牵强附会、实用主义，将毛泽东诗词简单地当成了政治斗争的工具。

党的十一届三中全会以后，进入改革开放时期，毛泽东诗词研究也进入新阶段。1986年9月，人民文学出版社出版了由中央文献研究室编选、邓小平题写书名的《毛泽东诗词选》，为毛泽东诗词研究提供了新的文本资源。1987年10月，春秋出版社出版了张贻玖著的《毛泽东和诗》，提供了不少第一手新鲜资料。刘汉民的《毛泽东诗词的崇高美》、杨明辉的《论毛泽东诗词的形象思维》等文章，从不同侧面探寻了毛泽东诗词的审美内涵。

90年代前期，涌现一大批新成果。鉴赏方面，较有代表性的有：臧克家主编的《毛泽东诗词鉴赏》、易孟醇注释的《毛泽东诗词笺析》、刘济昆编著的《毛泽东诗词全集评注》等。侧重美学、诗学研究的有：刘汉民著的《毛泽东诗词十美》、马连理主编的《毛泽东诗词美学论》、吴开有著的《毛泽东诗词美学论及其他》。1994年12月26日，中国毛泽东诗词研究会在北京宣告成立，标志着毛泽东诗词研究进入有组织、有纲领、有领导、有队伍的崭新阶段，不再是散兵游勇、各自为政的个人行为。1996年中央文献出版社出版了中央文献研究室编辑的《毛泽东诗词集》，收入67首作品，其中毛泽东生前发表了39首，这是权威部门经过严格认定的作品，将是相当长时间内研究毛诗的主要依据。

进入21世纪之后，毛泽东诗词研究进一步发展，研究领域不断拓宽，赏析类、综合研究类、诗词人生类、史诗史话类、诗艺类、美学类、

---

①《毛泽东文艺论集》，中央文献出版社，2002年4月第1版，第193页。

诗学类、考释辨析类、古今比较类、诗词格律类、诗词书法类、版本研究类、辞典类等的研究专著和学术论文不断涌现。尤其是何联华的《毛泽东诗词研究史》，梁自洁、董正春主编的《毛泽东诗词研究史稿》，对毛泽东诗词研究历程进行了系统总结。毛泽东诗词研究方法、思路、深度、广度日趋成熟和拓展，正成为一门方兴未艾的显学。

毛泽东诗词如何在国外传播？

1937年10月，斯诺的英文著作《红星照耀中国》由伦敦戈兰茨出版公司出版。在《长征》一章收入了《七律·长征》，它成为最早在国外公开发表的毛泽东诗词作品。

1957年1月，《诗刊》创刊号发表毛泽东《旧体诗词十八首》。同年9月，苏联出版了《毛泽东诗词十八首》俄文版，这是最早的毛泽东诗词外文译本。1957年11月，苏联外国文学出版社还出版发行了一本精装版《毛泽东诗词十八首》。随后，苏联还分别出版了乌兹别克、吉尔吉斯、爱沙尼亚、布里亚特等10多种文字的不同版本。

20世纪60年代至90年代，美国先后出版发行了多种毛泽东诗词译本。1965年由加拿大安大略约克大学美籍华裔著名历史教授陈志让和美国学者迈克尔·布洛克合译的英文版《毛泽东诗词》（37首），附于《毛和中国革命》一书出版。1972年8月，美籍华裔、著名中国文学研究者聂华苓与其丈夫、美国学者保罗·安格尔合译的英文版《毛泽东诗词》由美国西蒙和舒斯特联合出版公司出版。1975年纽约安乔书局、1976年密执安大学，先后出版了由美国著名华裔学者柳无忌和罗郁正编的英文版《葵叶集：历史诗词曲选集》，其中包括毛泽东8首诗词的译文。1993年1月，美国费城王璜鑫教授与夫人曾夏云在北美的亦凡商场网站书库的电子版中，编排输入了英文版《毛泽东诗词选》，收入毛泽东各个时期的诗词共41首。

在欧洲，1958年，匈牙利出版了由山多尔等翻译的《毛泽东诗词21首》。1965年，法国出版了戴密微翻译的《毛泽东的10首诗》；1969年，又由伊埃尔内出版社出版了法国著名学者伊·布罗索莱翻译的《毛泽东诗词大全》（38首）。意大利米兰前进出版社于1959年出版了由弗朗科·德·彼翻译的《毛泽东诗词》；1972年，意大利蒙多里和牛顿·康普顿两家出版社同时出版了《毛泽东诗词》（37首）。

在亚洲，从20世纪50年代初开始，许多国家的出版社用多种文字翻译出版了毛泽东诗词。1965年4月，东京文艺春秋出版社出版了武田泰淳、竹内实合著的日文本《毛泽东：他的诗与人生》一书，收入37首作品。1960年朝鲜作家同盟出版社出版了中朝文对照本的《毛泽东诗词选》，共有译诗19首。越南河内文化出版社也出版了由黄中通和南真合译的《毛泽东诗词》中越文对照本，共收诗词37首。在蒙古、印度、缅甸、印度尼西亚等国家，都有广泛流传。

在几十年的传播过程中，毛泽东诗词的翻译语种有近40种，影响最大的还是英译本。截至20世纪末，毛泽东诗词的国外发行量达7500万册。国外的学者专家还发表和出版了许多评介和研究毛泽东诗词的文章和专著。已有近100个国家和地区把毛泽东诗词作为诗歌艺术专门课题进行研究。

中国主动对外传播《毛泽东诗词》始于1958年。《诗刊》发表毛泽东诗词后，时任英文刊物《中国文学》负责人的叶君健认为"应该尽快在刊物上发表这些诗词的英译文"。他跟"毛选翻译委员会"联系，希望他们能提供译文，但没有下文。叶君健在外文出版社英文组负责人于宝矩的帮助下，将18首诗词译成英文，刊登在1958年第3期《中国文学》上，署名为安德鲁·波义德。当时发表对外宣传的译文往往都不署国内译者的姓名。这是国内第一本毛泽东诗词的外文单行本。此后，外文译本不断涌现。1958年9月外文出版社出版了单行本《毛泽东诗词十九首》。1964年，国家成立了毛泽东诗词英译小组，39首译诗翻译得精雕细琢、规范准确，成为其他语种译本的参考范本。但该译本直到1976年才由外文出版社出版发行。

"一个诗人赢得了一个新中国。"毛泽东诗词是时代的产物，是一个历史时期国际、国内风云变幻的艺术表达。正如日本的竹内实在《毛泽东的诗词、人生和思想》一书中所说："毛泽东的一生与中国革命的发展相重叠，他吐露的诗情既是个人内心世界对于革命的憧憬，同时也是中国革命在精神层面的反映。"①毛泽东诗词的对外传播，具有集政治外交与文化传播于一身的双重意义。

《毛泽东诗词》赢得了不少国外领导人的关注和赞许，在很长时间内成为当时来华政治家争相索取的厚礼和谈资，为中国的外交活动赢得了共通的话语空间。1972年2月21日，尼克松在周总理主持的欢迎晚宴上致祝酒词时，引用了毛泽东诗词："多少事，从来急；天地转，光阴迫。一万年太久，只争朝夕。"他成为第一位在公开场合讲话中引用毛泽东诗词的外国首脑。美籍学者特里尔在《毛泽东传》前言中写道："毛泽东是一位领袖、军事指挥家、共产主义者，同时也是一位杰出的诗人。"②

---

① 竹内实著：《毛泽东的诗词、人生和思想》，中国人民大学出版社，2012年1月第1版，第7页。

② 罗斯·特里尔著：《毛泽东传》，中国人民大学出版社，2007年9月第1版，第2页。

如何认定毛泽东诗词的真伪？

2014年第3期《党史文苑》杂志刊登了署名"李虹"的文章《毛泽东词〈蝶恋花·向板仓〉手稿揭秘》，文章开门见山："这是一首毛泽东生前填写的《蝶恋花》词，毛泽东用毛笔行草书写在10行（竖行）信笺纸上，纸张陈旧，尺寸约为285mm×198mm。这首词尘封至今已83年。"此文一出，一些网站纷纷转载。但很快就有人对文章质疑，认为该词是后人假托之作。甚至有人呼吁公布《蝶恋花·向板仓》手稿原件、鉴定过程和结论。

李虹披露的《蝶恋花·向板仓》全词如下："霞光褪去何凄楚，万箭穿心不似这般苦。奈何吾身百莫赎，待到九泉愧谢汝。无感霜风侵蚀骨，此生煎熬难与外人吐。恸声悲歌催战鼓，更起刀枪向敌仇。"李虹称这首词是为悼念杨开慧烈士所作，写于1930年12月下旬，创作地点应为第一次反"围剿"主战场。但是，李文并没有提供任何实质性的证据，除附有一张手稿图片之外，通篇是对这首词作内容的剖析、写作时间的推断以及作品的评价。更确切地说，李虹的文章名不副实。

该文章的结尾注明"笔者为公安部物证鉴定中心资深文件检验专家"。平心而论，作者身份不能替代考证过程，也不能证明手稿本身的真伪。李虹文章缺少手稿"秘密"的确切信息。比如，手稿是如何保存至今的？手稿是作品的原件还是后来的抄件？手稿写于何时？手稿现在存放在何处？手稿归什么人所有？或者由什么机构收藏？由哪个机构进行鉴定？哪些专家参与了鉴定，鉴定过程如何？鉴定结论怎样？为什么作品一直不为世人所知？这些悬念得不到澄清，根本无法确认《蝶恋花·向板仓》出自毛泽东之手。

李文发表之后，引起了一些毛泽东诗词爱好者的关注，但是反响并不热烈。迄今为止，只是在2016年3月号《信阳师范学院学报》上刊登了一篇署名"丁三省"的文章《恸声悲歌催战鼓——读〈蝶恋花·向板仓〉》。这篇文章也只是在李虹文章的基础上解读作品，并没有对作品的真伪进行论证。问题是，如果作品真伪都谈不上，其他分析又有什么意义呢？因此，人们有理由质疑《蝶恋花·向板仓》的真伪。

长期以来，关于毛泽东诗词真伪的争辩从未间断过。简单地肯定或者否定某一作品是毛泽东所写都过于草率。最稳妥的方式是根据毛泽东本人的校订来判断。首先，1957年《诗刊》杂志创刊号发表的18首，1963年人民文学出版社与文物出版社出版的《毛主席诗词》收入的37首，都经过毛泽东本人逐一审定，属于毛泽东的作品无疑。其次，是根据毛泽东的手迹来判定。有些作品在毛泽东生前没有发表，但是留有毛泽东手迹，可以根据手迹来认定作品真伪。问题是，毛体字影响力大，研习者很多，比如当年江青写的毛体字就有模有样，认定的时候也必须多加几分谨慎。

有些作品没有留下毛泽东的手迹，对其认定需要严格的程序和充分的佐证。比如，《六言诗·给彭德怀同志》尽管流传很广，甚至在新中国成立之前就已经见诸报端，对于这样一首作品，认定其是毛泽东手笔，不仅仅是彭德怀作为当事人在《彭德怀自述》中有明确记录，还有彭德怀的战友们的相关回忆作为佐证。这一过程是缜密的，并非只是出于情感因素。

有些作品的内容、风格与毛泽东的笔法十分相近，没有毛泽东的手迹，人们又抄来抄去，流传甚广，真伪难辨。比如，1966年初，有一首《水调歌头》这样写道："掌上千秋史，胸中百万兵。眼底六洲风雨，笔下有雷声。唤醒蛰龙飞起，扫灭魔焰魅火，挥剑斩长鲸。春满人间世，日照大旗红。"作品的确写得大气磅礴，章法娴熟。当时很多人都误认为是毛泽东所作，龚育之当面向毛泽东求证，毛泽东予以否定，笑着说："这是谁写的？写得不错嘛！"后来弄清其作者乃山东大学教授高亨。

为避免讹传，1966年2月18日《人民日报》专门刊登此词。①

还有一种情况，人们根据一些文学作品的情节来认定毛泽东诗词。比如，1986年10月作家出版社出版的小说集《毛泽东故事》中有舒群的作品《十二月二十六日》，写1975年毛泽东如何过生日。小说提到毛泽东写过一首词："父母忠贞为国酬，何曾怕断头。如今天下红遍，江山靠谁守？业未就，身躯倦，鬓已秋；你我忍将夙愿，付东流？"后来有人按照此律确认了词牌，叫《诉衷情》。美国人罗斯·特里尔著的《毛泽东传》也引录了《诉衷情》词。就是这样一首得之于传闻、见之于小说、传记的无从查考的作品，却广为传播，甚至被认为是毛泽东写给周恩来的作品。

毛泽东诗词真伪辨识的实际情形，远比上述所说的要复杂得多。毛泽东诗词的认定、考辨，是一件很严肃的事情，必须本着科学、严谨的态度，必须依据准确、客观的史料。不能仅凭主观臆断，不能采信无法证伪的道听途说。如果不能提供毛泽东的亲笔手迹，不能提供真实的档案史料，不能提供可以考辨的回忆材料，就不能轻易判定一首作品的真伪。

---

① 陈晋著：《独领风骚——毛泽东心路解读》，万卷出版公司，2004年1月第1版，第207页。

《毛泽东诗词选》有何版本价值？

1986年9月，人民文学出版社为纪念毛泽东逝世十周年而编辑出版了新编本《毛泽东诗词选》，邓小平题写书名。1986年9月9日，《人民日报》在头版显著位置刊发了新华社关于该诗集出版的消息。这也是"文革"结束之后第一部毛泽东诗词集新编本。

在毛泽东生前，人民文学出版社、文物出版社出版过《毛主席诗词》19首本、21首本、37首本、39首本。其中有些版本，如37首本，多次重印。以往的版本，都冠以《毛主席诗词》，它作为专用名字使用了20多年。新版本首次以作者名字冠名，称为《毛泽东诗词选》。而"选"表明这是毛泽东诗词的选本，而不是诗词全集。

《毛泽东诗词选》除了收入原来《毛主席诗词》中的39首作品，还精心增补了11首诗词作品，全书共收入诗词50首。新入选的作品，有2首是毛泽东生前在出版物上非正式发表过的，即《给彭德怀同志》《秋收起义》；有7首是毛泽东逝世后在一些出版物上发表过的，即《贺新郎》《吊罗荣桓同志》《读史》《送纵宇一郎东行》《给丁玲同志》《八连颂》《和周世钊同志》；有2首是第一次根据作者手迹刊印的，即《浣溪沙·和柳（亚子）先生》《念奴娇·井冈山》。

以往的毛泽东诗集，都按照作品的创作年月顺序进行编排，而《毛泽东诗词选》首次按照正、副编的体例进行编排。正编42首，即毛泽东生前已经发表过的39首，加上毛泽东逝世后经中共中央政治局常委批准发表的3首。副编有8首作品。正、副编都按照创作年月进行排序。

新版本对过去发表的诗词的正文和标点，都进行了校订。校订时同保存的作者手迹进行了仔细校勘，纠正了以往的错字和误标。《贺新郎》中"知误会前翻书语"的"前翻"改为"前番"，"恰台风扫环宇"的

"环宇"改为"寰宇"。《西江月·秋收起义》"修铜一带不停留，便向平浏直进"，改为"匡庐一带不停留，要向潇湘直进"。《水调歌头·重上井冈山》中"重上井冈山"一句后面，首次发表时以及随后收入的单行本中是用逗号，本书根据作者手稿改为句号。《贺新郎·读史》中"为问何时猜得"句和《念奴娇·鸟儿问答》中"借问君去何方"句，首次发表时句末都用问号，订正时改为逗号。《毛泽东诗词选》编者认为，这两句都是诗人的设问，并不是诗人在发问，不成其为问句，因而参照《送瘟神》中"借问瘟君欲何往"句，改成了逗号。

新版本为每首诗词作品加了尾注，这是过去版本所没有的。尾注对已发表过的作品注明原发表的时间和处所，对初次发表的2首注明根据手稿刊印。在过去的几种毛泽东诗词集中，作者对4篇作品各写了1条注释（称为"作者原注"），《蝶恋花·答李淑一》有一个"编者注"。《毛泽东诗词选》编者根据毛泽东对自己作品的批注和所作的解释，以及对毛泽东诗词有专门研究或对其中多数作品写作过程比较了解的同志所提供的帮助，对每首诗词都加了注释，共计278条。注释对写作的背景和诗词的本事，作了详尽的诠释，对典故、史实和较为生僻的词语，作了简明的注释。这本诗集的卷末，还刊印了毛泽东给臧克家、胡乔木、陈毅关于诗歌的三封信作为附录，这也是以往的版本所没有的。

1987年第2期《党的文献》刊载的吴正裕《一本富有特色的毛泽东诗词选注本》介绍了《毛泽东诗词选》诞生的相关情况。这本选集是胡乔木主持编辑的，他倾注了大量心血，对编辑方针、体例确定、作品编选和注释，进行了悉心指导。所有条目都经他一一审定，不少条目是他亲自撰写和改定的。人民文学出版社2002年5月版的《胡乔木书信集》，收入了胡乔木在编辑《毛泽东诗词选》过程中给中央文献研究室负责人的三封信，从这些信件中可以直接看到胡乔木对于编辑方针、编辑体例的阐述，以及对待诗词注释的修改。当年人民文学出版社负责同胡乔木联系《毛泽东诗词选》编辑出版事宜的黎之，在1998年第2期《新文学史料》的《回忆与思考》一文中，也回忆了胡乔木主持编辑《毛泽东诗词选》的相关情形。另外，据中国青年出版社1990年5月版的《毛泽东诗词讲解》后记记述，周振甫也参与了《毛泽东诗词选》的注释，并起草了副编8首诗的注。

　　《毛泽东诗词选》的作品写作时间最早的是1918年，最晚的是1965年，前后相距近半个世纪。这个版本在编辑体例上较之以往的版本更为科学，注释更加简明扼要、严谨求实，令人强烈感受到耳目一新的时代气息。新版本一经问世，便受到广大读者的普遍欢迎，不到两个月就印刷了三次。2003年7月平装本第10次印刷时，累计印数已达22.2万册。

《毛泽东诗词集》的权威性何在？

1996年9月，在毛泽东逝世20周年之际，中共中央文献研究室编辑的《毛泽东诗词集》由中央文献出版社出版。与这本诗词集同时出版发行的，还有人民出版社的《毛泽东文集》第三卷至第五卷、中央文献出版社的《毛泽东传》《毛泽东致韶山亲友书信集》。《人民日报》于1996年9月9日刊发了新华社关于这几本著作出版的长篇报道。在报道中，对这本新版诗词集作了简明扼要的介绍。《毛泽东诗词集》是一个比较完备的毛泽东诗词选注本。它在出版后的两个月内，精装本印刷4次达9万册，平装本印刷了5次共28万册，受到了读者的普遍欢迎和好评。

《毛泽东诗词集》是毛泽东逝世后，经中央有关机构审定而出版，并由新华社编发出版消息的第二本毛泽东诗词集。该书是人民文学出版社1986年版《毛泽东诗词选》的增订本。书前有出版说明，书后附录部分收有毛泽东谈诗的信件、批语、引言和解释12篇。主体部分分正、副编，正编收诗词42首，副编收诗词25首，一共67首，比《毛泽东诗词选》多收17首。

《毛泽东诗词集》在《毛泽东诗词选》出版之后十年才面世，这是广大毛泽东诗词爱好者与研究者期盼已久的事，为他们提供了新鲜的阅读文本和研究对象。同时，《毛泽东诗词集》是经权威部门编订和权威出版社出版的第三个原注版本。它不仅比"六三年版"《毛主席诗词》和"八六年版"《毛泽东诗词选》的作品数量有所增加，注释更准确，编排装帧更完美，而且为进一步研究毛泽东诗词提供了较好的权威版本依据。

《毛泽东诗词集》新收入了毛泽东的17首作品。其中8首此前在出版物上正式或非正式发表过，即《五古·挽易昌陶》《虞美人·枕上》《五律·挽戴安澜将军》《五律·看山》《七绝·莫干山》《七绝·五云山》《七绝·观潮》《七律·洪都》。有9首诗是第一次发表的，即《五律·张冠道中》《五律·喜闻捷报》《七绝·刘蕡》《七绝·屈原》《七绝二首·纪念鲁迅八十寿辰》《七律·有所思》《七绝·贾谊》《七律·咏贾谊》。从诗歌体裁看，有一首词，有一首古风诗，其余都是律诗绝句。从创作时间看，最早的作于1915年，最晚的作于1966年，时间跨度大，有的诗词填补了以往创作时期的空白，新中国成立后的作品占到三分之二以上。从诗词的题材看，涉及了以往所发表的诗词所没有涉及的社会生活内容。这些作品的发表，可以帮助人们更加全面深入地了解和鉴赏毛泽东诗词。

这本诗词集在校订上下了很大功夫，是毛泽东诗词研究的一项新成果，只是其研究的侧重点，主要表现在对文本真伪的识别和注释讹误的校订上。它对此前收入的50首诗词都重新进行了校订：个别诗词恢复了原句，个别诗词订正了作者原注，个别诗词根据作者手稿补上了标题，个别诗词根据全书体例统一了标题，少数诗词篇目编定了具体写作时间，对某些篇章中不规范的用字作了订正。具体表现在：增加了作者自注，个别诗词收入了作者另一种原注，汲取了作者致友人信中的解释，订正了一些史实讹误，补充了一些必要的史实，纠正了个别词语的不当应用，改正了词语解释错误或不准确的地方，汲取了各注家对诗词解释的有益见解，补充交代了一些原来注释没有讲清楚的问题，增加了一些新注（其中不少是典故出处），对注释文字也进行了润色和加工（包括对同义词、异文、通用字和标点符号等的正确运用和处理）。《中国青年报》1997年7月25日发表的季世昌《新版〈毛泽东诗词集〉有哪些改动》一文，对于注释的修订情况详加列举作了介绍。

比如，《七古·送纵宇一郎东行》"世事纷纭何足理"改为"世事纷纭从君理"，《贺新郎·读史》"不过（是）几千寒热"改为"不过几千寒热"。《水调歌头·游泳》"今日得宽馀"和《七古·送纵宇一郎东行》"诸公碌碌皆馀子"中的"馀"字，《毛泽东诗词选》作"余"，为避免产生歧义，均改成了"馀"字。更改了《十六字令三首》的作者原注，这是依据作者另一幅手迹而作出的更改。《别友》一词，原来只有词牌，《毛泽东诗词集》根据新发现的作者手迹补上了标题。《七古·送纵宇一郎东行》的写作时间，《毛泽东诗词选》标署为"一九一八年"，《毛泽东诗词集》改署为"一九一八年四月"。《临江仙·给丁玲同志》的写作时间由"一九三六年"改署为"一九三六年十二月"。

此外，《毛泽东诗词集》对作者照片、作者诗词手迹也进行了更换，保留了原有的3幅照片，增加了7幅照片，有4幅诗词手迹是新刊印的。《毛泽东诗词集》收入了毛泽东书信7封，比《毛泽东诗词选》多了4封。还新收入了毛泽东关于诗词的批语、引言、后记、谈话等5篇。这些文稿体现了毛泽东的诗学观，尤其是他的"偏于豪放，不废婉约"和"各有兴会，应当兼读"的谈诗观和审美观，对读者读诗和领会毛泽东诗词的内涵具有指导意义，对研究毛泽东诗词也具有重要的文献价值和指导意义。

习近平总书记如何妙用毛泽东诗词？

在一系列重要讲话中，习近平总书记多次引用毛泽东诗词名句来深刻阐释党的治国理政理念和实践。习近平总书记对毛泽东诗词烂熟于心、信手拈来，引用得自然贴切、生动形象，升华了毛泽东诗词的意境，使讲话和文章充满吸引力、说服力和感染力，给人以深刻的印象和启迪。

习近平总书记引用毛泽东诗词的时候，每次讲话的场合、氛围以及想要表达的主题不尽相同，所引用的毛泽东诗词的名句也不尽相同。习近平引用毛泽东诗句，有的是对诗句原意的强化，有的是对诗句寓意的升华，有的则是对诗句内涵的拓展，准确精当，达到了出神入化的境界。

一是用毛泽东诗词来总结毛泽东波澜壮阔的人生经历。在纪念毛泽东同志诞辰120周年座谈会上的讲话中，习近平指出："年轻的毛泽东同志，'书生意气，挥斥方遒。指点江山，激扬文字'，既有'问苍茫大地，谁主沉浮'的仰天长问，又有'到中流击水，浪遏飞舟'的浩然壮气。"习近平高度赞扬毛泽东理想信念坚定："不管是'倒海翻江卷巨澜'，还是'雄关漫道真如铁'，毛泽东同志始终都矢志不移、执着追求。"[1]

二是用毛泽东诗词阐释中华民族伟大复兴的历史进程。2012年11月29日，习近平在参观《复兴之路》大型展览时指出："中华民族的昨天，可以说是'雄关漫道真如铁'。中华民族的今天，正可谓'人间正道是沧桑'。中华民族的明天，可以说是'长风破浪会有时'。"[2] 2014

---

[1] 习近平：《在纪念毛泽东同志诞辰120周年座谈会上的讲话》，《人民日报》2013年12月27日。

[2] 中共中央文献研究室主编：《习近平总书记重要讲话文章选编》，中央文献出版社、党建读物出版社，2016年版，第18页。

年9月30日,在庆祝中华人民共和国成立65周年招待会上的讲话中,习近平指出,"'一唱雄鸡天下白。'中华人民共和国的诞生,使亿万中国人民成了国家、社会和自己命运的主人,满怀豪情开始了实现国家富强、民族振兴、人民幸福的伟大征程"①。

三是用毛泽东诗词彰显中国共产党人高度的道路自信。2013年1月1日,在全国政协新年茶话会上的讲话中,习近平指出:"'东方欲晓,莫道君行早。踏遍青山人未老,风景这边独好。'辉煌成就已载入民族史册,美好未来正召唤着我们去开拓创造。"②在纪念毛泽东同志诞辰120周年座谈会上的讲话中,习近平指出:"我们比历史上任何时期都更接近中华民族伟大复兴的目标。'装点此关山,今朝更好看。'我们已经走出一条光明大道,我们要继续前行。"③

四是用毛泽东诗词强调中国共产党人充分的文化自信。2016年7月1日,在庆祝中国共产党成立95周年大会上的讲话中,习近平指出:"有了'自信人生二百年,会当水击三千里'的勇气,我们就能毫无畏惧面对一切困难和挑战,就能坚定不移开辟新天地、创造新奇迹。"④习近平总书记用"自信人生二百年,会当水击三千里"这句诗来强调文化自信是攻坚克难的巨大力量,以此激励广大人民要坚定不移开辟新天地、创造新奇迹。

五是用毛泽东诗词诠释共产党人崇高品质和革命精神。2012年4月13日,习近平在对兰考县工作的批示中写道:"焦裕禄同志当年在兰考工作时提出的'敢教日月换新天'的宏伟愿望正在一步步变为现实。"⑤2013年6月18日,在党的群众路线教育实践活动工作会议上,习近平指出:"党只有始终与人民心连心、同呼吸、共命运,始终依靠

---

① 习近平:《在庆祝中华人民共和国成立65周年招待会上的讲话》,《人民日报》2014年10月1日。

② 习近平:《在全国政协新年茶话会上的讲话》,《人民日报》2013年1月2日。

③ 习近平:《在纪念毛泽东同志诞辰120周年座谈会上的讲话》,《人民日报》2013年12月27日。

④《习近平谈治国理政》第二卷,外文出版社,2017年11月第1版,第36页。

⑤ 习近平:《对兰考县工作的批示》,《河南日报》2012年4月20日。

人民推动历史前进，才能做到哪怕'黑云压城城欲摧'，'我自岿然不动'，安如泰山、坚如磐石。"①2018年6月29日，在主持十九届中央政治局第六次集体学习时的讲话中，习近平指出："当年，'唤起工农千百万，同心干'，为我们党依靠人民赢得革命胜利凝聚了强大力量。"②

在纪念毛泽东同志诞辰120周年座谈会上的讲话中，习近平指出："实现我们确立的奋斗目标，我们既要有'乱云飞渡仍从容'的战略定力，又要有'不到长城非好汉'的进取精神。"③2019年1月11日，习近平在十九届中央纪委三次全会上的讲话中明确指出："要以'宜将剩勇追穷寇'的精神，巩固、深化、拓展全面从严治党成果。"④

六是用毛泽东诗词激励青年大学生勤奋学习报效祖国。2014年5月4日，习近平视察北京大学时指出："大学阶段，'恰同学少年，风华正茂'，有老师指点，有同学切磋，有浩瀚的书籍引路，可以心无旁骛求知问学。"⑤

七是用毛泽东诗词解读中国人遨游太空的千年飞天梦。2013年6月11日，习近平亲临酒泉卫星发射中心问天阁，对即将出征的航天员说："你们执行我国第五次载人航天飞行任务，承载着中华民族的航天梦，展现了中国人'敢上九天揽月'的豪情壮志。"⑥

八是用毛泽东诗词寄语中美企业家放眼未来把握机遇。2012年2月14日，时任中国国家副主席的习近平殷切寄语中美两国企业家："'风物长宜放眼量'。企业家的眼界决定境界、作为决定地位。希望企业家们'不畏浮云遮望眼'，不因一时一事的干扰因素而裹足不前，而应着

---

① 《习近平谈治国理政》第一卷，外文出版社，2014年4月第1版，第124页。
② 《习近平著作选读》（第二卷），人民出版社，2023年4月版，第184页。
③ 习近平：《在纪念毛泽东同志诞辰120周年座谈会上的讲话》，《人民日报》2013年12月27日。
④ 习近平：《在十九届中央纪委三次全会上的讲话》，《中国纪检监察报》2019年3月21日。
⑤ 《习近平谈治国理政》，外文出版社，2014年10月第1版，第172页。
⑥ 新华社：《习近平在酒泉卫星发射中心观看发射并发表重要讲话》，《人民日报》2013年6月12日。

眼长远，拿出更多、更好适合两国消费者需求的产品和服务。"①

《宋史·岳飞传》有云："阵而后战，兵法之常；运用之妙，存乎一心。"习近平总书记对毛泽东诗词的引用和化用自然贴切，新意迭出，既深谙毛泽东诗句的本意，又融入新的时代内涵。经典名句使人回味无穷，新的解读让人耳目一新。习近平总书记对毛泽东诗词的深刻领悟令人钦佩，他对毛泽东诗词的巧妙运用堪称典范。

---

① 新华社：《习近平和拜登共同出席中美企业家座谈会》，《经济日报》2012年2月16日。

第二辑

MAO ZE DONG SHI CI JING DU XI PIN

毛泽东为何"孩儿立志出乡关"?

《毛泽东年谱（1893—1949）》上卷记载：1910年秋天，17岁的毛泽东"考入湘乡县立东山高等小学堂读书。在离家时，抄写一首诗留给父亲，'孩儿立志出乡关，学不成名誓不还。埋骨何须桑梓地，人生无处不青山'，以表达一心向学和志在四方的决心"[1]。因为这首诗是改写的，人们对这首诗的赏析，侧重考证原诗的作者究竟是谁。其实，透过这首诗，可以品味出毛泽东韶山求学经历的深远影响和走出韶山的强烈渴望，这对于全面理解毛泽东的成长经历无疑将大有裨益。

1964年8月18日，在北戴河同哲学工作者谈话时，毛泽东把在韶山的求学经历概括为"六年孔夫子"。1902年春，入南岸下屋场私塾读书。此后，毛泽东又先后就读了关公桥、桥头湾、钟家湾、井湾里、乌龟颈、东茅塘等私塾。1907年至1908年，他曾辍学在家，仍继续读书。1910年秋，他考入湘乡县立东山高等小学堂读书。在私塾读书的几年当中，毛泽东较为系统地接受了中国传统文化的启蒙和熏陶。毛泽东有过人的记忆力和理解力，四书五经学得很好，奠定了较深的国学基础。

毛泽东熟读四书五经，可他喜欢读中国古代传奇小说，特别喜欢读反抗统治阶级压迫和斗争的故事，曾经读过《精忠传》《水浒传》《三国演义》《西游记》《隋唐演义》等。毛泽东善于独立思考，他发现旧小说和故事有一点很特别，所有人物都是武将、文官、书生，从来没有一个农民做主人公。后来他意识到它们都颂扬人民的统治者，这些人是不必种田的。这一判断，对毛泽东一生的历史观和是非观都有深远影响。

毛泽东的家境还算殷实，早期生活也比较稳定。少年毛泽东为什么

---

[1]《毛泽东年谱（1893—1949）》上卷，中央文献出版社，2013年12月第1版，第8页。

想要离开韶山？毛泽东"六年孔夫子"期间所经历的几件事，使他日渐感到韶山过于闭塞，渴望走向外面的世界。私塾教育方法刻板，内容陈旧，塾师还体罚学生。他10岁时曾逃学，由于不认识路，乱跑了三天，离家才八里路。1906年秋在井湾里私塾上学时，老师是他的堂兄毛宇居。一次，毛泽东趁老师不在，溜到外面玩耍，毛宇居罚他对着天井即兴作诗。毛泽东出口成诗《井赞》："天井四四方，周围是高墙。青青见卵石，小鱼囿中央。只喝井里水，永远长不长。"这首诗以物喻人，表达了对私塾教育封闭刻板的不满。

1907年至1908年辍学期间，毛泽东从表兄文运昌处借了早期改良主义者郑观应的《盛世危言》，这本书开阔了毛泽东的视野，激起恢复学业的愿望。1909年，韶山冲李家屋场由外地回来一位维新派教师李漱清。他常给韶山人讲述各地见闻和爱国维新故事，宣传废庙宇、办学校、反对信佛。毛泽东很赞成他的主张，同他建立了师生和朋友关系。

1910年4月，湖南粮荒，长沙饥民到湖南巡抚衙门示威要求平粜救灾，他们冲进衙门，砍断旗杆，吓走巡抚。后来饥民暴动惨遭镇压，许多人被捕杀。这件事给毛泽东留下了深刻印象，对他们的冤屈深感不平。正如《西行漫记》所记述："这些事情接连发生，在我已有反抗意识的年轻心灵上，留下了磨灭不掉的印象。在这个时期，我也开始有了一定的政治觉悟，特别是在读了一本关于瓜分中国的小册子以后。我现在还记得这本小册子的开头一句：'呜呼，中国其将亡矣！'这本书谈了日本占领朝鲜、台湾的经过，谈到了越南、缅甸等地的宗主权的丧失。我读了以后，对国家的前途感到沮丧，开始意识到，国家兴亡，匹夫有责。"[①]

1910年，父亲打算送他到湘潭县城一家米店当学徒，起初毛泽东并不反对。恰好在这时，表哥文咏昌告诉他，离韶山50里的湘乡县立东山高等小学堂讲授西方新学，教学方法也很激进。他听了动心，想去那里就学。他先后请八舅文玉清、堂叔毛麓钟和表哥王季范劝说父亲。大家

[①] 埃德加·斯诺著：《西行漫记》，生活·读书·新知三联书店，1979年12月第1版，第111—112页。

都说润之聪明好学，前途远大，到洋学堂可以学到比在米店赚更多钱的本领。他父亲终于妥协，同意了大家的意见。

《毛泽东年谱（1893—1949）》上卷注释道："这首诗1916年曾载于《青年》杂志第1卷第5号，原文是'男儿立志出乡关，学不成名死不还，埋骨何须桑梓地，人生无处不青山'，署名西乡隆盛。据考证，这首诗不是西乡隆盛的作品，而是日本和尚月性所作，原诗是：'男儿立志出乡关，学若无成不复还，埋骨何期坟墓地，人间到处有青山'。"[1]不管这首诗出自何人之手，在离家前去东山高等小学堂就读时，毛泽东将其进行了改写并留给了父亲。少年毛泽东以这种含蓄的方式向父亲道别，比千言万语更精练、更生动、更准确。从此毛泽东义无反顾地走向了外面的世界，海阔凭鱼跃，天高任鸟飞。

---

[1]《毛泽东年谱（1893—1949）》上卷，中央文献出版社2013年12月第1版，第8页。

改诗赠父如何呈现父子情？

1910年秋天，毛泽东离开韶山，外出求学，这是他人生的第一个重要转折。临行前，毛泽东思绪万千。独立不羁的性格使他急切地想要冲出束缚身心的家庭和风气闭塞的山村，可是想着就要离开抚育自己的父母，就要离开生于斯、长于斯的韶山冲，他多少有些依依不舍。他写下一首诗，夹在父亲每天必看的账簿里。这是毛泽东为父亲写的唯一"作品"，言简意深，从中可以解读出毛泽东对父亲的真情实感。

毛泽东的父亲毛贻昌，字顺生，号良弼。他只读过两年私塾，因为负债被迫外出，在湘军里当了几年兵，长了不少见识，也积累了一些银钱。还乡后，赎回祖上典当出去的土地，不久又买进一些。毛顺生善于经营，后来又做稻谷和猪牛生意，资本逐渐滚动增加，还自制了一种叫"毛义顺堂"的流通纸票。毛顺生信奉"勤劳本业"的家训，带领全家起早贪黑，勤奋劳动，省吃俭用。毛顺生是个地地道道的农民，供毛泽东念书，无非希望他略识几个字，便于记账或打官司等，将来成为同他一样生财有道的精明人。毛泽东刚识字，毛顺生就要他学珠算，让他给家里记账，如果没有账要记，就叫他去做农活。毛泽东上学期间，早晚还要放牛拾粪，农忙时也要收割庄稼。而毛泽东喜欢看杂书，这令毛顺生十分生气，认为读这些书是浪费时间，甚至一度让他辍学回家干农活。毛顺生性格刚烈，脾气暴躁，在家里尤其专制。他对毛泽东很苛刻，不给零花钱，还时常打骂。

这些都助长了毛泽东对父亲的反叛心理。他家里形成了两个"党"，父亲是执政党，而毛泽东、母亲、弟弟则成为反对党。毛顺生责备毛泽东不孝时，毛泽东用"父慈子孝"来回敬；毛顺生批评毛泽东懒惰，他反驳说年纪大的人应该多干活。一次，毛顺生当众责骂毛泽东，毛泽东负气离开了家，父亲在后面追打。毛泽东跑到池塘边，恫吓父亲说再走近，他就要跳下池塘。父亲坚持要他磕头认错，而毛泽东则以跪一条腿认错。这使毛泽东意识到，如果公开反抗，父亲就会软下来。毛泽东对父亲最大的"不孝"，要算默默抗婚了。14岁那年，毛顺生给他包办了一个18岁的媳妇罗氏，毛泽东始终不承认这桩婚事，从未和她同居。

斯诺的《西行漫记》问世以来，毛泽东与父亲的关系似乎形成一种定论：毛泽东与父亲之间总是有无休止的矛盾与冲突。的确，毛泽东的母亲善良贤惠，他情感天平也更加偏重于母亲一方。但绝不能据此就认为毛泽东和父亲之间只有反叛而没有敬重，只有憎恨而没有孝心。毛泽东对父亲的自私、刻薄、专制心怀不满，但他显然也受到了父亲的积极影响。正是父亲的严厉，使他从小就热爱劳动，体会到农民的艰辛；为了不受责骂，使他干活勤快，养成讲求效率，仔细认真的做事态度；父亲的抠门使他习惯于节俭，一辈子反对铺张浪费。毛泽东特别感念的是，没有父亲的最终支持，他不可能六进私塾，更不可能外出求学。再说，父亲的管教何尝不是一种深沉的爱呢？

毛泽东和父亲之间存在代沟，他追求知识、渴望进步的青春梦想与父亲信奉的旧礼教、旧思想势必背道而驰。毛泽东反叛父亲，更多的是不喜欢父亲的行为方式，力图冲破父亲为他设计的生活框架，义无反顾地选择自己的人生道路。这与他对父亲的尊敬、挚爱之情并不矛盾。不可否认的是，毛泽东的脾气很像父亲，充满了湖南人特有的"霸蛮"之气，倔强执拗，父子之间冲突不断，一定程度上也要归因于少年毛泽东年轻气盛、少不更事。

改诗赠父是毛泽东感恩父亲的特殊方式。他把原诗的"男儿"改成"孩儿"，体现出儿子对父亲的敬重。他把"死不还"改成"誓不还"，充分考虑到了父亲的忌讳和感受。"埋骨何须桑梓地，人生无处不青山"，表达了志在四方的坚定意志。当然，这毕竟不是原创作品，不能将每句话都看成是毛泽东的心志，尤其是"学不成名誓不还"一句。他外出求学显然不是为了求取功名，与其说表达了毛泽东一心向学的志向，不如说这是为了让父亲高兴而作出的一种姿态。少年毛泽东以这种含蓄方式向父亲道别，比千言万语更精练、更生动、更准确。

易孟醇、易维在所著的《诗人毛泽东》（人民出版社 2003 年版）中说："毛顺生不久便把这件事告诉了丈人家。毛泽东的亲笔作因而一直由其表兄文润泉和表弟文东仙珍藏，湖南解放后始呈送文物部门保管。《湖南师范学院学报》1981 年第 1 期刘仁荣在《毛泽东从新民主主义者到马克思主义者的转变》一文中，第一次公开刊登了这首诗。"[1] 对于毛顺生看到毛泽东诗后的反应，曾珺在其所著的《毛泽东的诗赋人生》（中国言实出版社 2019 年版）中作了这样的描写："识字不多的父亲看到这首诗后，便撕下来找李漱清帮助看。李漱清逐字逐句解释后，父亲并没有因为自己的孩子写得这样一首好诗而高兴，反倒是感觉自己积累起的家业无人继承，暗自神伤。"[2]

---

[1] 易孟醇、易维著：《诗人毛泽东》，人民出版社，2003 年 11 月第 1 版，第 9 页。
[2] 曾珺著：《毛泽东的诗赋人生》，中国言实出版社，2019 年 7 月第 1 版，第 10 页。

如何解读《〈明耻篇〉题志》?

《毛泽东年谱（1893—1949）》上卷记载：1915年5月7日，"下午三时，日本政府向袁世凯政府发出最后通牒，限九日下午六时前答复以解决中日间'悬案'为名向中国政府提出的'二十一条'要求。九日，袁政府接受日本政府提出的条件。为揭露袁世凯接受'二十一条'修正案，一师学生集资编印了有关日本帝国主义侵略中国的几篇文章和资料，题为《明耻篇》。毛泽东仔细阅读了这些文章和资料，并作批注，在封面上写道：'五月七日，民国奇耻。何以报仇？在我学子！'"[1]这便是《〈明耻篇〉题志》。

1913年春，毛泽东考入五年制的湖南省立第四师范学校。第二年春，第四师范学校合并到第一师范学校，毛泽东被编入第八班。四师是春季开学，一师是秋季开学，因此他重读了半年预科，到1918年暑期在一师毕业，前后共做了五年半师范生。湖南一师的规模、教师力量和设备，都是毛泽东以往所读过的几所学校无法比拟的。校章规定的教育方针"除照部定教育宗旨外，特采最新民本主义"，即"道德实践""身体活动""社会生活"，"各种教授应提倡自动主义"，很强调人格和学识的全面培养。学校还先后聘请了一批学识渊博、思想进步、品德高尚的教师，如杨昌济、徐特立、方维夏、王季范、黎锦熙等。与毛泽东差不多同时，一批追求进步的热血青年也纷纷考入第一师范学校，其中有蔡和森、张昆弟、陈章甫、罗学瓒、周世钊、李维汉、萧子升、萧子璋等。本来已是秀才，比毛泽东大十七岁的何叔衡，也一起考了进来。在当时的湖南，一师堪称培养新青年的摇篮。

---

[1]《毛泽东年谱（1893—1949）》上卷，中央文献出版社，2013年12月第1版，第17页。

第一师范学校对毛泽东的成长无疑产生了十分巨大的影响。他在这里打下了十分深厚的学问基础，他的思想随着新旧交替的时代前进，开始形成自己的思想方法和政治见解，获得社会活动的初步经验，结交了一批志同道合的朋友。《西行漫记》写道，毛泽东曾对斯诺说："我在这里——湖南省立第一师范度过的生活中发生了很多事情。我的政治思想在这个时期开始形成。我也是在这里获得社会行动的初步经验的。"①

在一师期间，毛泽东常对人说，丈夫要为天下奇，即读奇书、交奇友、创奇事、做个奇男子。1917年6月，一师开展了一次人物互选活动，包括德、智、体三个方面近20个项目。全校有400多名学生参加，当选者34人，毛泽东得票最高。在德、智、体三个方面都有得票者，只有他一人。而"胆识"一项，则为他所独有，评语是"冒险进取，警备非常"。

当毛泽东进入一师时，中国正处于令人难熬和困惑的沉闷岁月。皇朝变成了共和，中国却并未由此获得新生。人们在革命前所预期的民族独立、民主和社会进步不仅没有到来，相反，在很短的时间里，日本强迫中国接受"二十一条"，袁世凯恢复帝制，张勋又演出复辟闹剧，各路军阀的割据混战愈演愈烈。思想界也掀起一股尊孔读经的逆流。沉重的失望代替了原先的希望。这就是《〈明耻篇〉题志》的写作背景。

《明耻篇》是湖南一师学生在1915年夏集资刊印的，全书辑有7篇文章和1个附件，揭露了日本侵略中国、灭亡朝鲜以及袁世凯卖国的罪恶行径，同时唤起民众团结起来，不忘国耻，挽救中华民族的危机。毛泽东胸怀大志，面对日本侵略和袁世凯的种种卖国行为，义愤填膺。他积极投入声讨袁世凯的行动之中。《〈明耻篇〉题志》反映出青年毛泽东的爱国情怀。他以此诗号召学子，要立志为国报仇雪耻。这首诗虽短，但却充分突出了这一历史事件，诗人强烈的愤恨与志向溢于言表，语言简练，铿锵有力。

头两句点出事件的严重性，"民国奇耻"的"奇"字力透纸背。这一事件是中华民族的奇耻大辱，万万不能忍受！报仇雪耻，义不容辞。"何

---

① 埃德加·斯诺著：《西行漫记》，生活·读书·新知三联书店，1979年12月第1版，第121页。

以报仇？在我学子！"一问一答，直截了当，简洁有力。如何报仇雪恨？只有莘莘学子奋发起来，拯救祖国。1941年1月，皖南事变后，周恩来在《新华日报》题诗："千古奇冤，江南一叶。同室操戈，相煎何急？"周恩来的题诗与毛泽东的"十六字铭耻"，有踵事增华，异曲同工之妙。直抒胸臆是这首诗最突出的特点，报国之志跃然纸上。这首诗最早见于1977年5月7日《文汇报》杨开智《粪土当年万户侯——毛主席青年时期革命实践的片断》一文。这也是迄今所见最早的一幅毛泽东诗词手迹。

毛泽东如何挽诗痛悼易昌陶？

易昌陶，字咏畦，衡阳县人，湖南省立第一师范学校第八班学生，是毛泽东一师的室友。易昌陶才华横溢，诗词书画俱佳。他们志同道合，经常一起散步谈心，探讨诗词与书画、议论国家大事。1915年3月，易昌陶因患肺结核而不幸病逝。毛泽东为易昌陶写有一副挽联："胡虏多反复，千里度龙山，腥秽待涤，独令我来何济世；生死安足论，百年会有役，奇花初苗，特因君去尚非时。"[1]

毛泽东还写了一首《五古·挽易昌陶》："去去思君深，思君君不来。愁杀芳年友，悲叹有余哀。衡阳雁声彻，湘滨春溜回。感物念所欢，踯躅南城隈。城隈草萋萋，涔泪侵双题。采采余孤景，日落衡云西。方期沆瀁游，零落匪所思。永诀从今始，午夜惊鸣鸡。鸣鸡一声唱，汗漫东皋上。冉冉望君来，握手珠眶涨。关山蹇骥足，飞飙拂灵帐。我怀郁如焚，放歌倚列嶂。列嶂青且茜，愿言试长剑。东海有岛夷，北山尽仇怨。荡涤谁氏子，安得辞浮贱。子期竟早亡，牙琴从此绝。琴绝最伤情，朱华春不荣。后来有千日，谁与共平生？望灵荐杯酒，惨淡看铭旌。惆怅中何寄，江天水一泓。"这是一首五言古风，古风不像律诗那样讲究平仄、对仗、押韵、句法，它不拘句数，较为自由。全诗共分五节，每节八句，句句催人泪下，感情真挚动人。1915年6月25日，他在致湘生的信中说："同学易昌陶君病死，君工书善文，与弟甚厚，死殊可惜。校中追悼，吾挽以诗，乞为斧正。"[2] 信中，附上了毛泽东写的悼亡诗。

第一节写思念亡友的极度愁苦。"去去思君深，思君君不来"，落笔叠用三个"君"字，易君病故只能随着岁月愈离愈远，愈思愈深了。

---

[1]《毛泽东早期文稿》，湖南人民出版社，2013年11月第1版，第5页。
[2]《毛泽东早期文稿》，湖南人民出版社，2013年11月第1版，第7页。

"愁杀芳年友，悲叹有余哀"，易君英年早逝，同窗校友都悲痛难尽。"衡阳雁声彻，湘滨春溜回。感物念所欢，踯躅南城隈。"后四句感物思人，念友寻踪。衡雁高飞远去指友人春日病逝。湘水春回，喻春季开学自己回到长沙，思念好友而不可见，于是到昔日相聚同游的南城隈徘徊流连。

第二节写与友人永诀的复杂心情。"城隈草萋萋，涔泪侵双题"，城南隈的春草长得再茂盛，也不能和易君再携手同游了。"采采余孤景，日落衡云西"，好友不再，我孤身一人。日夕时分，岳麓山的云烟已经弥漫，眺望云烟，向晚哀伤。接着又想到云游四方之约未能实现："方期沉灜游，零落匪所思"，正当期望着为实现理想而云游四海时，不料君却突然亡故永别了。"永诀从今始，午夜惊鸣鸡"，如今灵帐在前，不能不接受无情现实，可是却又被夜半的鸡鸣惊醒，这正是我们可以像刘琨与祖逖一样闻鸡起舞之时啊！

第三节写对友人生前死后境遇的极度悲愤。"鸣鸡一声唱，汗漫东皋上"，午夜一听见雄鸡啼声，即在野外高地上走来踱去。"东皋"可能是一师的一块野地，是当年经常漫步的地方。"冉冉望君来，握手珠眶涨"，午夜时分，朦胧的野地上，似乎隐隐约约望见易君慢慢走来，彼此握手时还不禁热泪盈眶。"关山蹇骥足，飞飙拂灵帐"，"骥足"代指千里马。"蹇"，跛也。以骥足之跛喻指易君正当勇赴前程之际而顿倒，疾风拂拂吹动着祭祀用的仪物。"我怀郁如焚，放歌倚列嶂"，夜深人静，我忧心如焚，尽情放怀而靠着层峦叠嶂歌唱。

第四节写失去济世报国的知音而痛惜。"列嶂青且茜，愿言试长剑"，"茜"是一种草本植物，这里的"青""茜"实为红土山峦及绿色草本所显出的状貌。这似乎是在与易君对话，畅谈倚天抽剑的志愿。"东海有岛夷，北山尽仇怨"，近代中国内忧外患，东部海域有日本虎视眈眈，北部疆域有沙皇俄国得寸进尺。"荡涤谁氏子，安得辞浮贱"，荡平国难，洗雪国耻，不分男女贵贱与学问高低，匹夫有责。"子期竟早亡，牙琴从此绝"，易君的早逝使毛泽东痛失志同道合、共赴国难的知音好友。

第五节写祭奠亡友和伤时忧国的无限惆怅。"琴绝最伤情，朱华春不荣"，伯牙因为失去知音而凄然碎琴，好友英年早逝令人痛心疾首，就像红花未能在春天怒放。"后来有千日，谁与共平生"，未来还有谁能与我一起共同奋斗去实现人生的理想呢？"望灵荐杯酒，惨淡看铭旌"，"铭旌"，或作"明旌"，即竖在灵前上书死者姓名的旗幡。"惆怅中何寄，江天水一泓"，生死两茫茫，如何寄托心中的无限惆怅呢？只有那浩浩茫茫的长天江水，真可谓是此悲绵绵无绝期。

　　这首诗正式发表在湖南出版社1990年7月版的《毛泽东早期文稿》。在此之前，1984年4月出版的《中央档案馆丛刊》第2期曾以《毛泽东学生时代诗文三篇》为题发表。1996年9月中央文献出版社出版的《毛泽东诗词集》收入"副编"，也是《毛泽东诗词集》中写作年代最早的一首。这首五言诗，诗情沉痛悲哀，但不是惨惨戚戚，而是透发着一股阳刚之气，报国豪情，气贯长虹。诗中主人公倚群山，试长剑，形象伟岸，意志刚毅；报国之志，献身之气，豪纵崇高。意蕴上的哀悼亡友与誓雪国耻，风格上的低回沉郁与昂扬豪放的高度统一，使得这首诗成为具有崇高审美品位的优秀诗篇。这首诗与毛泽东后来的诗词格调颇为不同，在毛泽东诗词中别具一格，对研究青年毛泽东有极大的参考价值。

毛泽东如何赋诗为罗章龙饯行？

求学期间，毛泽东的人生志愿是"交奇友、读奇书、创奇事，做一个奇男子"。1915年9月，他用"二十八画生"的名字，在长沙一些学校张贴《征友启事》，"嘤其鸣矣，求其友声"。毛泽东在与斯诺谈话时，提到这次征友时说道："我从这个广告得到的回答一共有三个半人。一个回答来自罗章龙，他后来参加了共产党，接着又转向了。两个回答来自后来变成极端反动的青年。'半'个回答来自一个没有明白表示意见的青年，名叫李立三。"①

罗章龙当时在长沙长郡联立中学读书。他出生于1896年8月，是湖南浏阳人。罗章龙以"纵宇一郎"名字致信毛泽东，两人相约在长沙定王台湖南省立图书馆见面。他们初次见面相谈甚欢，表示"愿结管鲍之谊"。兴奋不已的罗章龙当天晚上写了一首诗《定王台晤二十八画生》："白日东城路，嫏嬛丽且清。风尘交北海，空谷见庄生。策喜长沙赋，骚怀楚屈平。风流期共赏，同证此时情。"②此后，两人过从甚密，共同讨论救国救民、改造社会的方法和思想。两人都能诗，有过唱和，留下了许多吟诗论政的佳话。

1918年4月，毛泽东发起创建新民学会，罗章龙是新民学会的最早成员之一。为寻求救国救民的真理，罗章龙决定赴日本留学。送行前，毛泽东和新民学会的其他成员，在长沙城外的平浪宫会餐，为罗饯行。大家情绪很高，不少人赋诗惜别。分别时，毛泽东又到码头送行，当面交给罗一个信封，说内有一首诗相赠。罗到上海后，正值5月7日"国

---

① 埃德加·斯诺著：《西行漫记》，生活·读书·新知三联书店，1979年12月第1版，第122—123页。

② 罗章龙著：《椿园载记》，生活·读书·新知三联书店，1984年版，第1—4页。

耻日",日本警察侮辱殴打中国爱国学生,迫使他们回国。罗因此没有去日本。

毛泽东的赠诗《七古·送纵宇一郎东行》:"云开衡岳积阴止,天马凤凰春树里。年少峥嵘屈贾才,山川奇气曾钟此。君行吾为发浩歌,鲲鹏击浪从兹始。洞庭湘水涨连天,艟艨巨舰直东指。无端散出一天愁,幸被东风吹万里。丈夫何事足萦怀,要将宇宙看秭米。沧海横流安足虑,世事纷纭从君理。管却自家身与心,胸中日月常新美。名世于今五百年,诸公碌碌皆馀子。平浪宫前友谊多,崇明对马衣带水。东瀛濯剑有书还,我返自崖君去矣。"该诗最早非正式发表在《党史研究资料》1979年第10期,是由罗章龙在《回忆新民学会(由湖南到北京)》一文中提到的。1986年版《毛泽东诗词选》和1996年版《毛泽东诗词集》均收入"副编",写作时间表明为"一九一八年四月"。

七古就是七言古诗,句数不限,偶句押韵,首句可押可不押。这首诗叙写送朋友东去日本求学,真挚地表现了惜别之情和做一番事业的祝愿。该诗把叙事、写景、抒情、说理融为一体,情中见理,理中寓情。全篇一气呵成,雄奇奔放,雄浑之中有潇洒,奔放之中见真情。全诗的内容可以分成四个层次来赏读。

第一层为开头四句,点明送行的时间、地点、气候及地理环境。"云开衡岳积阴止,天马凤凰春树里",衡岳云开,积阴截止,使人想到"积阴"时的沉郁,又得到"云开"日出时的兴奋。"天马凤凰",指岳麓山东南、湘江之西的天马峰、凤凰峰。天马凤凰,既是山名,又赋以山形峰影在"春树里"昂首腾空、展翅欲飞之势。"年少峥嵘屈贾才,山川奇气曾钟此",岳麓书院门联云:"惟楚有才,于斯为盛。"如今这里又聚集了一批忧国忧民、意气风发的时代精英。诗篇起首不凡,如登高临深,有俯视一切的气概。

第二层为接下来的六句,是送别赠行之语。"君行吾为发浩歌,鲲鹏击浪从兹始",颇有"李白乘舟将欲行,忽闻岸上踏歌声"之意。《庄子·逍遥游》说,鲲鱼所化的大鹏鸟,"水击三千里,抟扶摇而上者九万里",语挚情深地激励远行者像鲲鹏展翅,乘风破浪。"洞庭湘水涨连天，艨艟巨舰直东指"，洞庭湖和湘江涨起了与天相连的大水，你乘船由湘江进入洞庭，再驶入长江，然后乘巨轮一直往东航去。"无端散出一天愁，幸被东风吹万里"，不知怎的，你散发出一天愁云，幸亏已被友谊的春风吹得无影无踪。罗章龙曾因家境贫寒而为费用问题揪心，经共同筹措终于得以解决。

　　第三层从"丈夫何事足萦怀"到"诸公碌碌皆馀子"八句，为全诗的主要内容。纵论世界形势、身心锻炼，抒发豪情壮志。"丈夫何事足萦怀，要将宇宙看稊米"，稊米：稊，草名，结的子如小米。《庄子·秋水》："中国之在海内，不似稊米之在太仓乎？"诗人勉励友人要胸怀宽广，安心出国留学。"沧海横流安足虑，世事纷纭从君理"，沧海横流哪值得顾虑，世事纷乱，我们一起应对。"管却自家身与心，胸中日月常新美"，要善于自我调适，胸怀日月，保持内心清新美丽。"名世于今五百年，诸公碌碌皆馀子"，《孟子·公孙丑下》："五百年必有王者兴，其间必有名世者。"其实那些当权者都是平庸无能之辈。

　　第四层为最后四句，写送别的情景。"平浪宫前友谊多，崇明对马衣带水"，饯行会上高朋满座，情谊浓浓。崇明：岛名，在长江入海口；对马：日本岛名。中日之间一衣带水隔不断同志间的友情，"海内存知己，天涯若比邻"。"东瀛濯剑有书还，我返自崖君去矣"，诗人希望友人到日本后能书信互通。《庄子·山木》："送君者皆自崖而反，君自此远矣"，我们从此分别。

毛泽东如何悲情赋诗祭母？

毛泽东的母亲生于1867年，在文家排行第七，家人称她为"七妹""文七妹"。她娘家在湘乡四都棠家阁，13岁到毛家，18岁与毛顺生成亲。毛泽东很爱他的母亲，受其影响很大。和斯诺谈话时，毛泽东这样回忆他的母亲："我母亲是个心地善良的妇女，为人慷慨厚道，随时愿意接济别人。她可怜穷人，他们在荒年前来讨饭的时候，她常常给他们饭吃。"[1] 在写给好友邹蕴真的信中，他说，世界上共有三种人：损人利己的人，利己不损人的人，可以损己而利人的人。而他的母亲就是这最后一种人。[2]

1919年10月5日，母亲病逝。噩耗传来，如同晴天霹雳，毛泽东立即带着在长沙修业小学读书的弟弟泽覃回家奔丧。到家时，母亲已经入殓。泽民告诉他，母亲临终时还在呼喊着他的名字。毛泽东心如刀绞，悲痛至极，热泪长流。他跪守慈母灵前，思绪万千，含泪挥笔写下了他一生中最长的一首诗作《祭母文》："呜呼吾母，遽然而死。寿五十三，生有七子。七子余三，即东民覃。其他不育，二女三男。育吾兄弟，艰辛备历。摧折作磨，因此遘疾。中间万万，皆伤心史。不忍卒书，待徐温吐。今则欲言，只有两端：一则盛德，一则恨偏。吾母高风，首推博爱。远近亲疏，一皆覆载。恺恻慈祥，感动庶汇。爱力所及，原本真诚。不作诳言，不存欺心。整饬成性，一丝不诡。手泽所经，皆有条理。头脑精密，劈理分情。事无遗算，物无遁形。洁净之风，传遍戚里。不

---

[1] 埃德加·斯诺著：《西行漫记》，生活·读书·新知三联书店，1979年12月第1版，第107页。

[2] 孔祥涛、孙先伟、刘翔宇著：《毛泽东家风》，中国文史出版社，2013年10月第1版，第35页。

染一尘，身心表里。五德荦荦，乃其大端。合其人格，如在上焉。恨偏所在，三纲之末。有志未伸，有求不获。精神痛苦，以此为卓。天乎人欤？倾地一角。次则儿辈，育之成行。如果未熟，介在青黄。病时揽手，酸心结肠。但呼儿辈，各务为良。又次所怀，好亲至爱。或属素恩，或多劳瘁。大小亲疏，均待报赉。总兹所述，盛德所辉。以秉悃忱，则效不违。致于所恨，必补遗缺。念兹在兹，此心不越。养育深恩，春晖朝霭。报之何时？精禽大海。呜呼吾母，母终未死。躯壳虽隳，灵则万古。有生一日，皆报恩时。有生一日，皆伴亲时。今也言长，时则苦短。惟挈大端，置其粗浅。此时家奠，尽此一觞。后有言陈，与日俱长。尚飨！"①

整篇诗文大体上可分为三个部分：从开头"呜呼吾母"到"待徐温吐"十六句，可算第一部分。诗篇起句如呼天似的哭喊，表现出内心的极度悲痛。"遽然而死"，蕴含了无限的悲哀与痛惜。接着写母亲丧子丧女的悲伤，写母亲抚育三子的辛劳，写母亲终因操劳而一病不起，抒发了诗人对母亲去世深切的哀痛之情。

从"今则欲言"到"精禽大海"，计六十四句，可算第二部分。这部分集中叙述了母亲的"盛德"和"恨偏"。关于母亲的盛德，诗中高度概括为博爱、真诚、整饬、明事、纯正及温、良、恭、俭、让。母亲的恨偏——遗憾有三：受封建礼教压迫甚深；儿子们未完全成才；应予报偿的未来得及回报。母亲身上，集中体现了中华民族劳动妇女的传统美德，无论是相夫教子，还是持家待人，都堪称典范。母亲是平凡的、普通的，但又是伟大的、崇高的。诗人向母亲表白心愿：继承母亲光辉品德，补救母亲的遗恨，并以此作为对母亲恩情的报答。这就使得这首长诗具有了深邃的历史内容与时代精神。

从"呜呼吾母，母终未死"到"尚飨"，是结尾部分。"躯壳虽隳，灵则万古"，母亲虽然告别人世，但光辉品德、伟大精神将万古流传。"有生一日，皆报恩时。有生一日，皆伴亲时"，有生之日，都要努力报答母亲恩情。"今也言长，时则苦短。惟挈大端，置其粗浅"，现在话说

---

①《毛泽东早期文稿》，湖南人民出版社2013年11月第1版，第374页。

长了，而时间又显得过于短暂。只能把母亲的主要事迹写出，其余则只能留在心底了。"此时家奠，尽此一觞"，此时正进行家祭，请母亲且饮下这杯酒。

这篇《祭母文》已收入《毛泽东早期文稿》，是毛泽东的表兄文咏昌在新中国成立初向档案部门提供的。原稿在文咏昌家保存多年，后遗失。毛泽东的塾师、族兄毛宇居也同时向档案部门提供了一个抄件，并附言："此文脱尽凡俗，语句沉着，笔力矫健，皆至情流露，故为之留存，以为吾宗后辈法。"这篇《祭母文》是一篇念颂母亲的绝唱！这是一篇感天动地的美文！1920年3月14日，毛泽东在写给周世钊的信中说："惊悉兄的母亲病故！这是人生一个痛苦之关，像吾等长日在外未能略尽奉养之力的人，尤其生发'欲报之德，昊天罔极'之痛！"[1]

1919年10月8日深夜，毛泽东在写好《祭母文》后，意犹未尽，又含泪写下两副挽联。第一副挽联为："疾革尚呼儿，无限关怀，万端遗恨皆需补；长生新学佛，不能住世，一掬慈容何处寻？"[2] 母亲在病危之时还在呼唤着孩子们的名字，而儿子们刚刚长大，还没来得及回报母亲，只有竭尽全力去弥补母亲遗愿。母亲的一生乐善好施心地善良，人到中年开始信教，但未能如愿，那慈祥的面容到哪里去寻找呢？第二副挽联为："春风南岸留晖远，秋雨韶山洒泪多。"[3] 化用孟郊"谁言寸草心，报得三春晖"之句，用温暖的"春风"和肃杀的"秋雨"相对比，将母爱的温馨和失去母亲的悲痛呼应，鲜明地反映出悲痛欲绝的心情。

1947年，毛泽东问卫士李银桥在家喜欢父亲还是母亲，李银桥说："喜欢母亲。"毛泽东说："我也喜欢母亲。她也信佛，心地善良，小时候我还跟她一起去庙里烧过香呢。后来我不信了。"毛泽东和身边工作人员谈话时，多次强调要孝敬父母。"儿行千里母担忧呵。这回你们该懂了吧？所以说，不孝敬父母，天理难容。""连父母都不肯孝敬的人，

---

[1]《毛泽东早期文稿》，湖南人民出版社，2013年11月第1版，第427页。
[2]《毛泽东早期文稿》，湖南人民出版社，2013年11月第1版，第375页。
[3]《毛泽东早期文稿》，湖南人民出版社，2013年11月第1版，第375页。

还肯为人民服务吗？当然不会。"①

母亲已经去了，"万端遗恨皆需补"，怎么补呢？毛泽东把对母亲的爱升华为对人民的爱，对民族的爱，对祖国的爱。作为中国人民的伟大儿子，他把无限的爱都献给了他最伟大的母亲——祖国。

---

① 汪建新著：《品读诗人毛泽东》，中国工人出版社，2020年9月第1版，第64页。

毛泽东《虞美人·枕上》如何婉约寄相思？

1920年下半年，毛泽东办了两件大事。一是在11月，他与何叔衡等人创建湖南长沙共产主义小组，这是中国共产党的早期地方组织。二是这年冬天，他与杨开慧不做"俗人之举"，仅花了六块银圆办了一桌酒席，就算是结婚了。至今谁也说不清他们究竟哪天结的婚。作为社会活动家、青年马克思主义者和共产党人，聚少离多是他的生活常态。但毛泽东对杨开慧情深意笃，不免也会产生离愁别绪，写下了情意绵绵的《虞美人·枕上》："堆来枕上愁何状，江海翻波浪。夜长天色总难明，寂寞披衣起坐数寒星。 晓来百念都灰尽，剩有离人影。一钩残月向西流，对此不抛眼泪也无由。"

1983年5月22日《解放军报》刊载的王瑾《从〈虞美人〉到〈蝶恋花〉》一文说，据李淑一回忆："一九二〇年……开慧和毛泽东正在谈恋爱，共同的革命志向、共同的斗争生活使他们之间产生了真挚的爱情。开慧经常向我谈起毛泽东的为人品质，连恋爱中的'秘密'也告诉我。有一天，我们在流芳岭下散步。开慧告诉我她收到毛泽东赠给她的一首词。我问什么内容，她毫无保留地念给我听，并让我看了词稿。"中央文献出版社2007年版由王华、李林所著《毛泽东与杨开慧》，八集电视艺术片《诗人毛泽东》等，都认为《虞美人·枕上》写于1920年。

1994年12月26日，为纪念毛泽东诞辰101周年，《人民日报》发表《虞美人·枕上》并作附注："根据作者审定的抄件刊印，手迹是未经修改的原稿，有几处与发表的文字不同。"这首词的写作时间，作者亲笔署为1921年。中央文献出版社1996年9月版的《毛泽东诗词集》将其收入"副编"，写作时间也标注为"一九二一年"。

这首词究竟写于哪一年，一直存在分歧。一说为"1920年冬，毛泽东和杨开慧结婚，1921年春夏间，毛泽东离别新婚的爱妻，到沿洞庭湖的岳阳、华容、南县、常德、湘阴等地进行社会调查，据初步考证，《虞美人·枕上》正是写于此时"。另一说为"1921年，毛泽东赴上海参加党的一大。新婚即别，毛泽东油然而生离愁别绪，怆然赋词《虞美人·枕上》"。

不管这首词是写于1921年春夏间的社会调查期间还是赴上海参加党的一大期间，抑或是其他什么时间，有一点可以肯定，它写于毛泽东新婚不久的分别期间。把握到这一点，再来品读这首作品，我们就不难从中感受到一代伟人毛泽东真实平凡的另一面：夫妻恩爱、情深意长、缠绵悱恻。毛泽东是人不是神，他和普普通通的芸芸众生一样，有七情六欲，有儿女情长。正如鲁迅酷爱他的儿子海婴，有人因此讥笑，鲁迅特意赋诗《答客诮》："无情未必真豪杰，怜子如何不丈夫。知否兴风狂啸者，回眸时看小於菟。"青年毛泽东的夫妻之情，也应作如是观。

1957年8月1日，毛泽东在《读范仲淹两首词的批语》当中写道："词有婉约、豪放两派，各有兴会，应当兼读。……我的兴趣偏于豪放，不废婉约。婉约派中有许多意境苍凉而又优美的词。"[1]作为读者的毛泽东偏向于喜好豪放风格的作品，而事实上读者们也可以用"偏于豪放，不废婉约"来评价毛泽东的作品。毛泽东诗词偏于豪放，但也有婉约之作。这首《虞美人·枕上》就是毛泽东明显带有婉约格调的作品，它继承了我国词史上婉约词风的流韵，呈现出阴柔之美的艺术特色。

词的上阕写思念妻子而夜不能寐的愁苦和寂寞。"堆来枕上愁何状，江海翻波浪"，孤枕难眠，离愁重重堆压而积，犹如江海波浪翻滚，使人胸中无法平静。"夜长天色总难明，寂寞披衣起坐数寒星"，伴随愁苦而来的是无边难耐的寂寞，披衣起坐，翘望长空，指数星星，而星星居然也是一样的凄凉，形单影只。

词的下阕写作者触景生情，交代何以那样地愁苦与寂寞。"晓来百念都灰尽，剩有离人影"，彻夜难眠的煎熬，已使人满脑子空空如也，

---

[1]《毛泽东文艺论集》，中央文献出版社，2002年4月第1版，第189页。

可爱人的倩影却挥之不去，这是长夜难熬的原因所在。"一钩残月向西流，对此不抛眼泪也无由"，到黎明时分，望见向西流去的晓月，想到生活不能像期望中的那样花好月圆，只有像"一钩残月"那样的离散与凄凉，积压在心头的相思之苦和满腔的离愁别绪，再也无法遏制而喷薄宣泄，顿时化作热泪夺眶而出。

词的上阕以一"愁"字入手，极写思念之深切；下阕以一"泪"字收笔，甚言思念之苦涩。夫妻爱侣之间的离情别绪自古以来就是诗词永恒主题之一。爱之深，思之切。为中国革命日夜忙碌、四处奔波的毛泽东静下来，也不免殷殷思念，辗转反侧，无法入眠，这与古诗中的情愫并无二致。相思难眠，相思成愁，恰如李煜《相见欢》所吟"剪不断，理还乱，是离愁，别是一番滋味在心头"；李白《宣州谢朓楼饯别校书叔云》所叹"抽刀断水水更流，举杯消愁愁更愁"；李清照《一剪梅》所感"一种相思，两处闲愁。此情无计可消除，才下眉头，却上心头"。

爱而相思，相思而愁，因愁而泪，《虞美人·枕上》直抒胸臆，没有虚掩，没有造作，感人肺腑，真可谓"情深而文明，气盛而化神"（《礼记·乐记》），"情不深则无以惊心动魄"（焦竑《雅娱阁集序》）。恰恰因为有这样一首情真意切的婉约词作，毛泽东在世人面前才更真实、更可爱，也更可敬、更伟岸。

毛泽东《贺新郎·别友》究竟写给谁？

《毛泽东年谱（1893—1949）》上卷记载：1923年12月底，毛泽东"奉中央通知离开长沙去上海，准备赴广州参加国民党第一次全国代表大会。作《贺新郎·别友》词赠杨开慧。"[①]1978年9月9日，《人民日报》发表毛泽东《诗词三首》，《贺新郎》是其中之一。这首词是毛泽东写给妻子杨开慧的话别之作，中央文献研究室编的《毛泽东年谱》《毛泽东传》《毛泽东诗词集》已经给出了具有权威性的定论，绝大多数毛泽东诗词版本都持这一观点。但是，华艺出版社2021年1月版、徐焰所著《毛泽东诗词中的历史波澜》（以下简称《历史波澜》）认为这是写给陶斯咏的，这与事实并不相符，为了正本清源，有必要予以澄清。

逄先知、金冲及主编的《毛泽东传》记载，1923年9月，毛泽东由上海回到湖南。"这次回湘，毛泽东和杨开慧仍住在长沙小吴门外的清水塘二十二号……他们的第二个孩子毛岸青也于十一月降生了。可是刚住了三个月，毛泽东就接到中共中央的通知，要他离湘赴上海。临行前，毛泽东强抑感情，作《贺新郎》相慰。"

《毛泽东年谱》《毛泽东传》所引文本与《人民日报》发表的手迹相同。1996年9月，中央文献研究室将其收入《毛泽东诗词集》，标题定为《贺新郎·别友》："本词最近发现作者有一件手迹，标题为《别友》。"[②]1997年6月，线装书局出版的《毛泽东诗词手迹》收录了这幅新手迹。和《人民日报》手迹相比，这幅手迹标明了"《贺新郎·别友》，一九二三年"；"苦情重诉"为"满怀酸楚"；"前番书语"为"前番诗句"；

[①]《毛泽东年谱（1893—1949）》上卷，中央文献出版社，2013年12月第1版，第117页。

[②]《毛泽东诗词集》，中央文献出版社，1996年9月第1版，第3页。

"人有病，天知否？"为"重感慨，泪如雨"；最后四句则完全不同，"我自欲为江海客，再不为昵昵儿女语。山欲坠，云横翥"。据中央文献出版社2006年10月版、由郭思敏主编的《毛泽东诗词辨析》："这是1961年毛泽东在中南海书屋书赠副卫士长张仙朋的。"①

1992年12月《中国风》刊载了该词另一幅手迹，是毛泽东1937年在延安书赠丁玲的。和《人民日报》发表的手迹相比，词牌为"贺新凉"；"苦情重诉"为"惨然无绪"；"前翻"为"前番"；"人有病，天知否？"为"曾不记：倚楼处？"最后两句则是"我自精禽填恨海，愿君为翠鸟巢珠树"。

史沫特莱《中国的战歌》记述："有时他引述中国古代诗人的诗句，或者背诵他自己的诗词。有一首是怀念他的第一个妻子的，她已经由于是他的妻子而被国民党杀害。"②吴正裕主编的《毛泽东诗词全编鉴赏》也写道："白黎在《中国行——记史沫特莱》一书中记载：'毛主席……也满怀深情地讲述了他和杨开慧的爱情。讲述完，毛主席还低声吟了一首怀念杨开慧的诗。'"③史沫特莱1937年春由丁玲陪同从前线回到延安，可惜史沫特莱没有明确说明词的具体内容，极有可能就是丁玲珍藏的这首《贺新凉》。

《历史波澜》的推断只是简单地"据湖南学者彭道明考证"。彭道明在《书屋》2001年第2期《毛泽东的〈贺新郎·别友〉是赠给谁的？》一文中认为这首词不是赠给杨开慧的，而是赠给陶毅的。彭文的依据主要是：20世纪80年代，毛泽东早期友人、新民学会会员易礼容谈起这首词时，曾说过"这可能是赠给陶毅的"；1923年12月底，毛泽东、杨开慧都不在长沙，没有"分别"机会；夫妻之间不会"别友"，而是"别妻"；杨开慧刚刚生下毛岸青，不可能到车站跟毛泽东告别；从内容看，

---

① 郭思敏主编：《毛泽东诗词辨析》，中央文献出版社，2006年10月第1版，第2页。

② 吴正裕主编：《毛泽东诗词全编鉴赏》，中央文献出版社，2003年12月第1版，第7页。

③ 吴正裕主编：《毛泽东诗词全编鉴赏》，中央文献出版社，2003年12月第1版，第7页。

不像是夫妻之间说的话；杨开慧生前从未提到过这首词。

彭文的推断很难自圆其说。尽管易礼容和毛泽东交往很深，与陶斯咏也很熟悉，但是感情上的事旁人岂能了如指掌？况且他也只是认为"可能"。他的话似是而非，不足为凭。就算杨开慧刚刚于 1923 年 11 月 23 日生下毛岸青，她不在长沙，不等于毛泽东没有机会去板仓话别。"汽笛一声肠已断"，也不表明分别只能在出发地点。"别友"并不排斥"别妻"，"友"字有"朋友""战友"多重含义。即使杨开慧没有到现场送别，也不能否认毛泽东启程时顿生离愁别绪。说杨开慧生前没有提及这首词，根本不能说明她没有得到这首词。说内容不像是夫妻之间说的话，也是无稽之谈。仔细品读之后便知，词作所表达的夫妻别离之情非常到位。

《历史波澜》因循彭文的推测，没有再进行深入的考证和辨析，更没有提供新的可信史实予以支撑。陶毅（1896—1931），字斯咏，1916 年考入长沙周南女子中学师范二班，与向警予同窗。她思想激进，被誉为"周南三杰"之一。1920 年，毛泽东成立文化书社和发起驱逐军阀张敬尧运动，陶都是有力的支持者和参与者。1918 年和 1919 年，毛泽东两度离开长沙期间，给陶毅写过一些信。现在能查到的有五件（新民学会规定并提倡会员之间进行通信联络）。陶于 1921 年去南京金陵女子大学进修。毛泽东好友萧瑜（萧子升）在《我和毛泽东的一段曲折经历》（昆仑出版社 1989 年 6 月版）中说："她是新民学会的第一批女会员之一，也是首批不赞成共产主义的会员之一。"[1] 毛泽东未必因政见不同和她断绝往来，但说他们之间存在"算人间知己吾和汝"那般深情，有过"知误会前番书语"那种情感纠葛，至今未见有任何真凭实据。毛泽东此番外出，陶斯咏远在南京，陶斯咏会千里迢迢从南京返回长沙给毛泽东送行吗？这实在不符合生活的基本逻辑。

---

[1] 郭思敏主编：《毛泽东诗词辨析》，中央文献出版社，2006 年 10 月第 1 版，第 11 页。

毛泽东与杨开慧有过什么"误会"？

《贺新郎·别友》发表之后，其中一个细节问题，引发人们的不同解读和揣测，就是"知误会前番书语"到底是怎么一回事？公木在《熔婉约与豪放于一炉——读〈贺新郎·别友〉》一文中解释道："什么误会呢？这里没有说，我们也便无须浪猜。反正夫妻间事，猜出了，也许只是些针头线脑，反而没啥意思；即使有关往返行藏，在风尘奔波与家庭生活间，怎免得了矛盾？"① 采取这样一种模糊甚至回避的处理方式，当然不失为一种办法。夫妻之间出现误会原本十分平常，但伟人毛泽东的夫妻误会，却似乎多了几分神秘感，特别值得回味。"知误会前番书语"毕竟是毛泽东的一个诗句，弄清楚"误会"的来龙去脉，能帮助读者准确理解这句诗的具体含义，也有助于人们全面了解毛泽东与杨开慧的真情实感。

1941年，曾当过毛泽东塾师的毛宇居主持编撰《韶山毛氏四修族谱》，他在"毛泽东"条目中写了"闳中肆外，国尔忘家"八个字。新中国诞生后，毛宇居又欣然写下《七律·颂导师》，深情赞颂毛泽东"一腔铁血关天下，国尔忘家志不移"。② 用毛宇居的赞语来解读《贺新郎》，可谓一语中的。这首词抒发了难分难舍的夫妻情和为共同理想不懈奋斗的同志情和战友情，表现了一个革命家"闳中肆外，国尔忘家"的崇高境界。

毛泽东向埃德加·斯诺回忆人生经历时，对婚恋情况谈得很少，但

---

① 吴正裕主编，李捷、陈晋副主编：《毛泽东诗词全编鉴赏》，中央文献出版社2003年12月第1版，第10—11页。

② 尹高潮编著：《毛泽东和他的二十四位老师》，中央文献出版社，2001年8月第1版，第92页。

有一个关键信息："到了1920年夏天，在理论上，而且在某种程度的行动上，我已成为一个马克思主义者了，而且从此我也认为自己是一个马克思主义者了。同年，我和杨开慧结了婚。"①毛泽东与杨开慧相恋相爱，是在五四运动新思潮影响下，壮怀激烈的热血青年自由恋爱、情投意合的结果。毛泽东和杨开慧婚后的几年，可谓温馨甜蜜。但毛泽东没有沉湎于家庭生活，他要做的事情很多，四处奔波是他的生活常态，聚少离多是他的必然付出。

1921年10月10日，中国共产党湖南支部成立，毛泽东任书记。不久，杨开慧加入了中国共产党，成为最早的女党员之一。1921年冬，毛泽东租住长沙小吴门外的清水塘二十二号，作为党的秘密机关。这里离城不远又很幽静，毛泽东和杨开慧度过了一段短暂的幸福生活。1922年5月，在中共湖南支部的基础上建立中共湘区执行委员会，毛泽东仍担任书记。他先后领导和发动了粤汉铁路武长段、安源路矿、长沙铅印、长沙泥木等十多次四万余工人参加的大罢工。1922年10月24日，毛岸英呱呱坠地。初为人父的毛泽东依然终日忙于工作。

关于"误会"的具体缘由，史一帆编著的《激扬文字》（长虹出版公司2007年1月版）、罗胸怀著的《毛泽东诗词传奇》（新华出版社2010年10月版）、刘汉民著的《毛泽东诗词佳话》（人民出版社2013年10月版）等书籍，都解释说是因毛泽东抄赠《菟丝》而引起。

1929年，杨开慧曾笔述她对毛泽东的深爱："不料我也有这样的幸运，得到一个爱人！我是十分的爱他，自从听到他许多的事，看见了他许多的文章、日记，我就爱上了他。"②"自从我完全了解他对我的真意，从此我有一个新意识，我觉得我为母亲而生之外，是为他而生的。我想象着，假如有一天他死去了，我的母亲也不在了，我一定要跟着他死！

---

① 埃德加·斯诺著：《西行漫记》，生活·读书·新知三联书店，1979年12月第1版，第131页。

② 丁晓平著：《毛泽东的亲情世界》，中国青年出版社，2009年1月第1版，第50页。

假如他被人捉着去杀了，我一定要同他去共着一个命运。"①

　　杨开慧在毛泽东身边工作，身兼秘书、机要、文印、联络、总务等多种职务。为了便于照顾，她把母亲向振熙接来清水塘同住。杨开慧忙里忙外，但她毕竟也是一个感情细腻的女人，渴望得到丈夫的关心体贴。而毛泽东则认为这是儿女情长，会削弱革命意志。为鼓励杨开慧增强独立能力，毛泽东抄写了元稹的《菟丝》赠给杨开慧："人生莫依倚，依倚事不成。君看菟丝蔓，依倚榛与荆。下有狐兔穴，奔走亦纵横。樵童砍将击，柔蔓与之并。"

　　见到毛泽东抄赠的诗，杨开慧感到十分委屈，自尊心受到严重伤害，觉得毛泽东把她比作"菟丝"，是轻视她，耿耿于怀。毛泽东也觉得此举不妥，几番解释，两人重归于好。"过眼滔滔云共雾，算人间知己吾和汝"便是证明。

　　《贺新郎·别友》"知误会前番书语"，就是指毛泽东抄赠《菟丝》一事。"过眼滔滔云共雾"，夫妻之间产生误会，一旦解释清楚，自然成了过眼云烟。"算人间知己吾和汝"，这极感人肺腑之言，既是感情上的海誓山盟，也是理智上的深情抚慰。"人有病，天知否？"这包括夫妻离别的苦衷，也是诗人对人民疾苦的忧患。正如《史记·屈原贾生列传》所云："人穷则反本，故劳苦倦极，未尝不呼天也。"自屈原以后的诗人，往往一有"苦情"便有仰首问苍天的诗句。这同《沁园春·长沙》"问苍茫大地，谁主沉浮"一样，表达了"心忧天下"的崇高情怀。

---

① 王华、李林著：《毛泽东与杨开慧》，中央文献出版社，2007年1月第1版，第53—54页。

《沁园春·长沙》如何赞秋？

毛泽东诗词创作有一个耐人寻味的现象，几乎找不到一首直接描写春天的作品，却有多首诗词吟咏秋色或写于秋天，如《西江月·秋收起义》写于1927年秋，《西江月·井冈山》写于1928年秋，《采桑子·重阳》写于1929年秋，《五律·喜闻捷报》写于1947年中秋，《念奴娇·鸟儿问答》写于1965年秋。《沁园春·长沙》这样描绘秋景："看万山红遍，层林尽染；漫江碧透，百舸争流。鹰击长空，鱼翔浅底，万类霜天竞自由。"这是毛泽东诗词作品中吟咏秋天最完整、最全面、最生动、最成功的诗句，充分抒发了毛泽东对待秋天的赞美态度和乐观情感，使古往今来无数文人笔下的悲秋诗赋黯然失色，堪称咏秋诗词的典范。

著名文学批评家钟嵘在《诗品》中，对四季与诗歌之间的关系进行了精彩论述。"若乃春风春鸟，秋月秋蝉，夏云暑雨，冬月祁寒，斯四候之感诸诗者也。"这段话的意思是说，四季不同的自然景观能引发人各种不同感受，形诸于诗，阐述着人与自然之间的和谐与互动。《诗经·小雅·四月》有"秋日凄凄，百卉具腓"；《楚辞·九章·抽思》有"悲夫秋风之动容"。在中国古典文学中，它们算得上最早描写秋天的诗句。但战国时期的宋玉，堪称"悲秋"意识的开山鼻祖。他的《九辩》刻画了秋天的萧瑟寥落、寂寞凄凉，与诗人的惆怅失意、悲愁愤激等情感相互交融，写景与抒情交相辉映。他在《九辩》中这样写道："悲哉秋之为气也！萧瑟兮草木摇落而变衰。"他由此开创了中国古代文人悲秋的先河。"宋玉悲"成为古代文人悲秋情结的代名词。

宋玉之后，古代文坛咏秋的诗赋词作不胜枚举。如汉武帝《秋风辞》"秋风起兮白云飞，草木黄落兮雁南归"；曹丕《燕歌行》"秋风萧瑟天气凉，草木摇落露为霜，群燕辞归雁南翔"；潘岳《秋兴赋》"秋日之可哀";王勃《秋日饯别序》"黯然别之销魂,悲哉秋之为气!"杜甫《登高》"无边落木萧萧下,不尽长江滚滚来。万里悲秋常作客";李益《上汝州郡楼》"今日山城对垂泪,伤心不独为悲秋";秋瑾绝笔"秋风秋雨愁煞人";等等。所谓"睹落叶而悲伤,感秋风而凄怆",这一"悲秋"文学主题从《诗经》《楚辞》到"建安文学",从唐诗宋词到元曲清诗,经历数千年的发展、嬗变和积淀,从无意识到有意识,从个体意识到群体意识,最终形成独具中国传统文化特色的"悲秋"文学意识。

然而,在悲秋情结占据统治地位的古代文坛,也绝非没有不同的声音与格调。中唐诗人刘禹锡的《秋词》:"自古逢秋悲寂寥,我言秋日胜春朝。晴空一鹤排云上,便引诗情到碧霄。"宋代韩琦《重九会光化二园》"谁言秋色不如春,及到重阳景自新";宋代秦观《处州闲题》"莫夸春光欺秋色,未信桃花胜菊花";南宋杨万里的《秋凉晚步》云:"秋气堪悲未必然,轻寒正是可人天。绿池落尽红蕖却,落叶犹开最小钱。"这些诗句一扫低迷悲凉之气,而充满乐观昂扬的主体意识,变悲叹秋意为盛赞秋景,表现了乐观顽强的生命品格。

毛泽东对待秋天,像刘禹锡"我言秋日胜春朝"那样,旗帜鲜明地赞美秋天。毛泽东是叱咤风云的政治家和气势磅礴的大诗人,他具有不同凡响的人格特质和豁达胸襟。"秋"这一意象,在诗人毛泽东的笔下增添了异样的风采和神韵,十分壮丽,令人心驰神往。《沁园春·长沙》呈现给读者一派壮丽的湘江秋景。毛泽东打破肃杀哀婉的文人悲秋传统,高扬古典诗词中微弱孤寂的赞秋情愫,展现寥廓豪迈的艺术境界,彰显豁达激越的人格魅力,充满着新颖别致的风采神韵。

《沁园春·长沙》写于1925年,是青年毛泽东的一篇精品力作,词曰:"独立寒秋,湘江北去,橘子洲头。看万山红遍,层林尽染;漫江碧透,百舸争流。鹰击长空,鱼翔浅底,万类霜天竞自由。怅寥廓,问苍茫大地,谁主沉浮?携来百侣曾游。忆往昔峥嵘岁月稠。恰同学少年,风华正茂;书生意气,挥斥方遒。指点江山,激扬文字,粪土当年万户侯。曾记否,到中流击水,浪遏飞舟?"词的上阕侧重吟咏秋天,这是毛泽东诗词中写得最全面、最形象、最生动的咏秋之作。

"独立寒秋，湘江北去，橘子洲头"，点明了时间、地点和特定的环境。毛泽东独自一人伫立于寒气袭人的秋风中，目送湘江经过橘子洲头向北流去，进洞庭湖，汇入长江，将出现"大江东去，浪淘尽，千古风流人物"的浩大气势。"寒秋"一词给人寒气扑面、秋风凄厉之感。"湘江北去，橘子洲头"给人一种大河之中、小洲之上的空旷感。

上阕的主体是绘景，由"看"字总领七句，山水尽收眼底，呈现的是四幅图画，描绘出立体的壮美湘江秋景，恰如李白《当涂赵炎少府粉图山水歌》"名公绎思挥彩笔，驱山走海置眼前"；杜甫《戏题王宰画山水图歌》"尤工远势古莫比，咫尺应须论万里"，不愧是大手笔。远看："万山红遍，层林尽染。"岳麓山群峰耸立，层次分明，像是染了红色，俨然"霜叶红于二月花"。近观："漫江碧透，百舸争流。"秋水澄练，秋江碧波，蜿蜒流过的湘江清澈晶莹，如碧绿的翡翠，如透明的水晶。江面上，千帆竞发，生气勃勃，可谓"秋水共长天一色"。仰视："鹰击长空。"秋高气爽，雄鹰振翅健羽，自由飞翔。俯瞰："鱼翔浅底。"湘江水透明见底，天空景象映射到清澈的湘江水中，相映成趣。鱼儿游在水中，也仿佛是游在空中，活脱脱一个"翔"字给人无限遐思。

苏轼《题蓝田烟雨图》云："味摩诘之画，画中有诗；味摩诘之诗，诗中有画。"《沁园春·长沙》诗中有画，画中有诗。面对如此生机盎然的秋景，作者不禁心动神驰，喷出一句"万类霜天竞自由"，把自然风光和万物情态作了高度概括，深刻揭示秋景之真谛和自然之奥秘。

毛泽东如何独立寒秋怅然天问？

1957年《诗刊》杂志创刊号发表毛泽东《旧体诗词十八首》，以1925年的《沁园春·长沙》为首。1963年12月，人民文学出版社出版《毛主席诗词》37首，第一首作品仍是《沁园春·长沙》。显然，毛泽东把《沁园春·长沙》认定为诗词创作的正式起点。这是一个很高的起点，它的高度是由这首词的思想性和艺术性确立的。而《沁园春·长沙》中"怅寥廓，问苍茫大地，谁主沉浮？"一句，振聋发聩，真乃千古绝唱。

1923年4月，毛泽东离开长沙赴上海、广州等地从事革命工作。1925年2月，他带着妻儿回韶山养病，并领导农民运动。他秘密组织了20多个农民协会，创建了中共韶山支部。据《毛泽东年谱（1893—1949）》上卷记述："8月28日，湖南省长赵恒惕得到成胥生关于毛泽东组织农民进行'平粜阻禁'斗争的密报后，电令湘潭县团防局派快兵逮捕毛泽东。本日，毛泽东在湘潭、韶山党组织和群众的帮助下，离开韶山，去长沙。"[①]9月上旬，他奉命赴广州参加国民政府工作，参加国民党第二次全国代表大会。

离开长沙前夕，毛泽东重游橘子洲头。面对如诗如画的秋色和汹涌澎湃的革命形势，回忆过去的战斗岁月，不禁心潮起伏，浮想联翩，眼前的景物与往昔的情景相叠印，近来的斗争与深沉的思索相交汇。逄先知、金冲及主编的《毛泽东传》（第一卷）描述道："这时，毛泽东已到了长沙。就在赵恒惕的眼皮下举行秘密会议，向中共湘区委报告韶山农民运动的情况。他还到湘江边上，橘子洲头，回想当年风华正茂的师

[①]《毛泽东年谱（1893—1949）》上卷，中央文献出版社，2013年12月第1版，第133—134页。

范生生活，写下有名的《沁园春·长沙》：'问苍茫大地，谁主沉浮？'"①毛泽东面对湘江两岸的壮美秋景，反观人民不能当家作主的残酷现实，在怅惘中从内心深处发出呐喊。只有理解了其中深意，才能领略这首词的意境，也才能真正读懂青年毛泽东的宏大抱负。

中华民族饱经沧桑，自古就有"生于忧患，死于安乐"的不朽精神。毛泽东生不逢时，"长夜难明赤县天"，外受帝国主义列强的疯狂蹂躏，内遭反动统治者的残酷压迫。毛泽东自幼怀有忧国忧民之心，具有强烈而厚重的忧患意识。这是毛泽东爱国情怀和奋斗精神的不竭动力，不断激发他奋发图强、攻坚克难的决心和勇气。这种忧患意识不仅深刻地影响着毛泽东的政治倾向和思想意识，也深刻地影响着毛泽东的行为方式和情感表达。

1921年初，毛泽东把新民学会的宗旨"革新学术，砥砺品行，改良人心风俗"改为"改造中国与世界"。这不仅是新民学会的宗旨，也成为毛泽东毕生的追求。从19世纪中叶到20世纪初传入中国的各种新思潮、新学说，青年毛泽东都深浅不同地学习过、研究过，有的还认真地实践过。他最终选择了信仰马克思主义，但马克思主义本身也还不是解决中国问题的现成方案。"谁主沉浮"的诘问，体现着"天下兴亡，匹夫有责"的使命担当，凝聚着对国家命运、革命道路的深刻思考。

毛泽东的怅然天问，与屈原的不朽名篇《天问》遥相呼应。屈原被逐，心中忧愁憔悴，仰望苍穹提出170多个问题而成《天问》。1949年12月，毛泽东在出访苏联的火车上，同苏联汉学家尼·费德林谈起屈原时说："屈原生活过的地方我相当熟悉，也是我的家乡么。所以我们对屈原，对他的遭遇和悲剧特别有感受。我们就生活在他流放过的那片土地上，我们是这位天才诗人的后代，我们对他的感情特别深切。"②1964年8月18日，毛泽东在北戴河同几位哲学工作者谈话时说：

---

① 逄先知、金冲及主编：《毛泽东传》第一卷，中央文献出版社，2011年1月第2版，第116页。

② 龚国基著：《毛泽东与中国古代诗人》，中央文献出版社，2003年6月第1版，第9页。

"到现在，《天问》究竟讲什么，没有解释清楚。《天问》讲什么，读不懂，只知其大意。《天问》了不起，几千年以前，提出各种问题，关于宇宙，关于自然，关于历史。"[1]毛泽东一生钟情屈原，研究《楚辞》，探寻《天问》。

1964年1月27日，毛泽东在回答《毛主席诗词》英译者所提诗词问题时曾解释说："'怅寥廓，问苍茫大地，谁主沉浮？'这句是指：在北伐以前，军阀统治，中国的命运究竟由哪一个阶级做主？"[2]究竟如何"改造中国与世界"？这个时期，他还没有找到那个令人满意的答案。毛泽东一直在积极思考，上下求索。毛泽东坚持把马克思列宁主义的基本原理同中国革命的具体实际相结合，开创了适合中国国情的革命道路，用枪杆子改写中国历史，缔造新中国，最终实现了人民当家作主。

---

[1] 龚国基著：《毛泽东与中国古代诗人》，中央文献出版社，2003年6月第1版，第7页。

[2] 蔡清富、黄辉映编著：《毛泽东诗词大观》，四川人民出版社，2007年4月第4版，第554页。

毛泽东如何"忆往昔峥嵘岁月稠"？

《沁园春·长沙》是一篇游故地而观秋景、忆同窗而思往事、励斗志而抒豪情的壮美词章，反映了毛泽东激情燃烧的青春岁月。2013年12月26日，在纪念毛泽东同志诞辰120周年座谈会上的讲话中，习近平总书记指出："年轻的毛泽东同志，'书生意气，挥斥方遒。指点江山，激扬文字'，既有'问苍茫大地，谁主沉浮'的仰天长问，又有'到中流击水，浪遏飞舟'的浩然壮气。"①

长沙，对于毛泽东的人生具有重要影响。正如易孟醇、易维在《诗人毛泽东》（人民出版社2003年11月版）中所说："毛泽东长达近六十年的革命征途，是从长沙出发，去参加创建中国共产党的第一次代表会议的；是从长沙出发，去从事工人运动、考察农民运动的；是从长沙出发，去广州、上海、武汉等地参加孙中山领导的国民党工作的；又是从长沙出发，上井冈山，战闽赣，经遵义，抵延安，走进北京。无巧不成书，毛泽东的诗词创作，也是从《长沙》出发的。"②

1911年春，18岁的毛泽东来到湖南省会长沙，考入湘乡驻省中学堂读书。1911年10月底，他参加湖南新军，当了一名列兵。1912年2月，他考入湖南全省高等中学校，但到秋天他又退学，每日到湖南省立图书馆自修。1913年春，毛泽东考入湖南省立第四师范学校。翌年春，转入湖南第一师范学校。他在此遇到了杨昌济、徐特立、方维夏等好老师，也结交了蔡和森、周世钊、李维汉等好同学。

《毛泽东传》写道："毛泽东常对人说，丈夫要为天下奇，即读奇书，

---

① 习近平：《在纪念毛泽东同志诞辰120周年座谈会上的讲话》，《人民日报》2013年12月27日。

② 易孟醇、易维著：《诗人毛泽东》，人民出版社，2003年11月第1版，第79页。

交奇友，创奇事，做个奇男子。"①他在日记中立下人生誓言："与天奋斗，其乐无穷！与地奋斗，其乐无穷！与人奋斗，其乐无穷！"②1915年4月，毛泽东参与了驱逐校长张干的学潮。1915年5月7日，袁世凯悍然接受丧权辱国的"二十一条"，毛泽东愤然题诗言志："五月七日，民国奇耻。何以报仇？在我学子！"1915年9月，他以"二十八画生"名义发布《征友启事》，"嘤其鸣矣，求其友声"。1917年暑假，他和萧子升游学湖南五县，读社会"无字书"。1917年11月，毛泽东用计缴了北军溃军的枪械，使长沙免遭兵祸。1917年6月，在一师的"人物互选"活动中，按德智体三方面六个项目的得分，毛泽东名列第一。1917年11月，他主办工人夜学，为失学工人分忧解难。

1918年4月14日，他发起创建新民学会，立志"革新学术，砥砺品行，改良人心风俗"。斯诺在《西行漫记》中记录毛泽东的描述："我逐渐地团结了一批学生在我的周围，形成了一个核心，后来成为对中国的国事和命运产生广泛影响的一个学会。这是一小批态度严肃的人，他们不屑于议论身边琐事。他们的一言一行，都一定要有一个目的。他们没有时间谈情说爱，他们认为时局危急，求知的需要迫切，不允许他们去谈论女人或私人问题……在这年龄的青年的生活中，议论女性的魅力通常占有重要的位置，可是我的同伴非但没有这样做，而且连日常生活的普通事情也拒绝谈论。记得有一次我在一个青年的家里，他对我说起要买些肉，当着我的面把他的佣人叫来，谈买肉的事，最后吩咐他去买一块。我生气了，以后再也不同那个家伙见面了。我的朋友和我只愿意谈论大事——人的天性，人类社会，中国，世界，宇宙！"③

毛泽东的长沙求学经历可谓波澜壮阔，他伫立橘子洲头，怎会不抚今追昔？《沁园春·长沙》下阕，以"忆"字为统领，抒写昂扬的意气

---

① 逄先知、金冲及主编：《毛泽东传》第一卷，中央文献出版社，2011年1月第2版，第37页。

② 逄先知、金冲及主编：《毛泽东传》第一卷，中央文献出版社，2011年1月第2版，第35—36页。

③ 埃德加·斯诺著：《西行漫记》，生活·读书·新知三联书店，1979年12月第1版，第123页。

和豪迈的激情。"携来百侣曾游",过去常和志同道合的学子来橘子洲游览。"峥嵘岁月稠",正是"曾游"时的特征。一个"恰"字打开记忆闸口,"同学少年"是"百侣"的年龄特征;"风华正茂""书生意气"是"百侣"的素质特征;"挥斥""指点""激扬",表达"百侣"的活跃气势与热血豪情。"粪土当年万户侯",典出《离骚》"苏粪壤以充帏兮,谓申椒其不芳","粪壤"是楚怀王左右的亲信奸臣,如上官大夫靳尚之流。"百侣"们撰写激浊扬清的文章,反对弊政、提倡革新。他们把达官贵人视同封建时代的万户侯一样粪土不如。

求学期间,毛泽东十分重视体育锻炼,进行雨浴、日光浴、风浴,徒步穿野越林,爬山绕城,渡江过河。1915年夏,为强身健体,他张贴"游泳启事":"铁路之旁兮,水面汪洋;深浅合度兮,生命无妨。凡我同志兮,携手同行;晚餐之后兮,游泳一场。"1917年4月1日,他在《新青年》发表《体育之研究》,提出"欲文明其精神,先自野蛮其体魄"[1]。他对斯诺描述说:"这一切都是在'体格锻炼'的名义下进行的。这对增强我的体格大概很有帮助,我后来在华南多次往返行军中,从江西到西北的长征中,特别需要这样的体格。"[2]

"到中流击水,浪遏飞舟",1958年12月21日,毛泽东在《毛主席诗词十九首》书眉上批注道:"击水:游泳。那时初学,盛夏水涨,几死者数,一群人终于坚持,直到隆冬,犹在江中。当时有一篇诗,都忘记了,只记得两句:自信人生二百年,会当水击三千里。"[3]这句诗表面上是在回忆湘江游泳的经历,同时也隐含作者希望和"百侣"们搏击时代大潮,"到中流击水",不断掀起中国革命新高潮。

---

[1] 逄先知、金冲及主编:《毛泽东传》第一卷,中央文献出版社,2011年1月第2版,第35页。

[2] 埃德加·斯诺著:《西行漫记》,生活·读书·新知三联书店,1979年12月第1版,第123—124页。

[3] 《毛泽东文艺论集》,中央文献出版社,2002年4月第1版,第194页。

1927年春毛泽东为何"心情苍凉"?

1927年初,正当大革命如火如荼发展之际,蒋介石和帝国主义相勾结,准备背叛革命。而中国共产党内以陈独秀为代表的右倾思想逐步发展为机会主义。他们对国民党右派的反革命行径不断妥协退让,对工农群众不断进行压制和阻挠。4月12日,蒋介石在上海发动反革命政变。4月18日,他在南京另立国民政府,并宣布武汉国民政府为非法。

毛泽东是在1926年12月初抵达武汉的。时为中共中央农民委员会书记的毛泽东,在武汉建立了中央农委办事处。1927年3月,他在董必武等同志的协助下,在武昌创办了中央农民运动讲习所。同年4月底,毛泽东参加了在这里召开的中国共产党第五次全国代表大会,并提交了重新分配土地的议案,但遭到大会拒绝。

毛泽东预感国内革命形势将会突变,一场血腥劫难就要来临,而自己的正确主张又不被中共中央所接受。毛泽东伫立于长江之滨,啸啸于白云黄鹤之乡,忧心郁愤,心潮起伏,吟成了苍凉沉郁的《菩萨蛮·黄鹤楼》:"茫茫九派流中国,沉沉一线穿南北。烟雨莽苍苍,龟蛇锁大江。 黄鹤知何去?剩有游人处。把酒酹滔滔,心潮逐浪高!"这首词最早发表在《诗刊》1957年1月号,总题为《旧体诗词十八首》,此词题为《黄鹤楼》,未标明写作时间。同年1月29日《人民日报》转载。1963年12月,人民文学出版社出版《毛主席诗词》时,此词题为《菩萨蛮·黄鹤楼》,标明写作时间为"一九二七年春"。

人们一谈论起毛泽东诗词,往往都会提到它视通万里、思接千载、想象丰富、大气磅礴的豪放风格,感叹它慷慨激昂、雄浑豪迈、直抒胸臆、荡气回肠的审美特征。毛泽东诗词也蕴含着苍凉沉郁的悲凉凄苦、浓郁忧愤、沉思孤寂、千虑填胸。豪放恰似激流奔腾,一泻千里;沉郁仿佛海底潜流，厚重深沉。唯其如此，毛泽东诗词才更具饱经沧桑、心纳万境的丰富内涵，更显千回百折、徐疾相间的情感波澜，更有回味无穷、发人深省的思想底蕴。

林克在《忆毛泽东学英语》中写道：1957年5月21日，毛泽东在学英语休息时说："《菩萨蛮·黄鹤楼》是描述大革命失败前夕，心潮起伏的苍凉心境。"①1958年12月21日，毛泽东在《毛主席诗词十九首》的书眉上对《菩萨蛮·黄鹤楼》批注道："心潮：一九二七年，大革命失败的前夕，心情苍凉，一时不知如何是好，这是那年的春季。夏季，八月七号，党的紧急会议，决定武装反击，从此找到了出路。"②

"苍凉"，本义是荒芜悲凉，有寒凉、凄凉、凄惨之意。如唐代皎然《集汤评事衡湖上望微雨》"苍凉远景中，雨色缘山有"；宋代苏轼《浴日亭》"已觉苍凉苏病骨，更烦沉潏洗衰颜"；清代顾炎武《酬归戴王潘四子韭溪草堂联句见怀》"苍凉悲一别，廓落想孤栖"。毛泽东笔下的"苍凉"，是一种寒凉心境，也是一种悲怆诗境。犹如司空图《二十四诗品·悲慨》："大道日丧，若为雄才。壮士拂剑，浩然弥哀。萧萧落叶，漏雨苍苔。"学者们将"悲慨"解释为"悲痛慨叹""悲痛感慨""悲壮慷慨""悲愤感慨"等，一任胸中激愤喷发而出，为之悲苦为之浩叹为之忧伤。《菩萨蛮·黄鹤楼》笔力苍劲，浸透着深沉的寓意、真切的感怀、充盈的激情，充满扣人心弦的力量。

《菩萨蛮·黄鹤楼》上阕写景。纵目远眺，茫茫沉沉，莽莽苍苍，自远而近，宏伟壮彩。"茫茫九派流中国"，迷茫浩渺的长江及其支流汹涌澎湃，自西向东横贯华中地区，"茫茫"，指时空的悠远广大之貌。左思的《魏都赋》云"茫茫终古"，指时间之久远绵长；陆机《叹逝赋》云"仰视天之茫茫"，主要指空间之广大。1959年12月29日，毛泽东在致钟学坤的信中对"九派"解释说："湘、鄂、赣三省的九条大河。

---

① 龚育之、逄先知、石仲泉著：《毛泽东的读书生活》，生活·读书·新知三联书店，2005年1月第1版，第275页。

②《毛泽东文艺论集》，中央文献出版社，2002年4月第1版，第194页。

究竟哪九条，其说不一，不必深究。"①"中国"指华中地区。"沉沉一线穿南北"，绵延如线的京汉铁路和粤汉铁路纵穿大江南北。"流中国"与"穿南北"，一水一陆，恰成对称。

"烟雨莽苍苍"，春天像烟雾般的细雨，给景色刷上了一层迷茫色调。"龟蛇锁大江"，汉阳龟山和武昌蛇山隔江对峙，封锁大江。"锁"字勾勒一幅黑云压城城欲摧的画面，恰如其分地描绘出作者的心境。此"锁"乃为"心锁"，有江断帛裂之感。"茫茫""沉沉""莽苍苍"三个叠词，语意模糊，但折射出作者迷茫困顿的悲凉心境。"锁"寥寥数语，笔调令人感到压抑，充分烘托了撼人心魄的悲剧氛围，准确地表达了毛泽东对大革命遭受挫折的苍凉迷茫、沉重压抑之感。整个上阕，寓情于景，动人心魄，凸显了悲剧美或悲壮美的震撼和魅力。

---

①《毛泽东书信选集》，中央文献出版社，2003年11月第1版，第524页。

毛泽东和苏东坡之"酹"有何不同？

1927年春，面对蒋介石叛变革命，大革命失败的危局，毛泽东吟成苍凉沉郁的《菩萨蛮·黄鹤楼》。1957年1月《诗刊》创刊号发表毛泽东《旧体诗词十八首》，这首词是其中之一。可惜发表稿出现了错字，"把酒酹滔滔"一句误作"把酒酎滔滔"。此后不久，复旦大学中文系二年级学生黄任轲、江苏省泰县一个小学校长、福建省南平县的读者陈治等人，专门致信毛泽东，指出《菩萨蛮·黄鹤楼》中"把酒酎滔滔"中"酎"字，是一个错别字，应该用"酹"字。毛泽东看完后，让中央办公厅秘书室给他们回信，告诉他们所提意见是对的。

这首词的题目是"黄鹤楼"。黄鹤楼，故址在武汉市武昌城西蛇山上的黄鹄矶北端，紧靠江边。黄鹤楼是极富有诗意和神话色彩的历史文化名楼，也是江城武汉具有标志性的名胜古迹。黄鹤楼始见于三国孙吴时，南朝以后，就很著名，有"天下绝景"之称。黄鹤楼在历史上曾几经毁坏修复，沿江而立、居高临下的黄鹤楼，是古往今来人们游览登临的胜地，历代文人墨客在此多有诗词歌赋。

《菩萨蛮·黄鹤楼》的下阕抒情，倚危把酒，怀古思今，应物斯感，由境及心，豪放深沉。"黄鹤知何去，剩有游人处"，借用典故，巧妙地记叙作者的黄鹤楼之游。崔颢《黄鹤楼》诗有句云："昔人已乘黄鹤去，此地空余黄鹤楼。黄鹤一去不复返，白云千载空悠悠。"崔颢美丽苍凉的诗句和它所记载的神话故事，并不能解除毛泽东作为现实主义者的人间痛楚。毛泽东并非为了登楼赋诗，因为当时黄鹤楼已被烧毁，并没有重修，但黄鹤楼的过往胜迹毛泽东是了然于心的。

"把酒酹滔滔，心潮逐浪高"一句，是这首作品的诗眼，是理解这首词的关键点。"酹"字并非常用字，很多人未必认得出，毛泽东出现

"酎"字笔误也在情理之中。"酎"是名词,指反复酿制而成的醇酒;"酹"是动词,指把酒洒浇在地上。"酹"极具中国文化意味。是古代用酒浇在地上祭奠鬼神或对自然界事物设誓的一种习俗。

很多人是通过苏东坡《念奴娇·赤壁怀古》"人生如梦,一樽还酹江月"一句接触到这个"酹"字的。《念奴娇·赤壁怀古》是苏东坡的代表作之一,也是豪放派古词的代表作之一。苏东坡少年时勤奋读书,颇有大志,22岁中进士。王安石变法,苏东坡表示反对。他出任杭州、密州、徐州等处地方官。因"乌台诗案"被捕入狱,后被贬黄州,哲宗时被召回为翰林学士。绍圣初年,新党再度执政,又被贬惠州,后远徙儋州。徽宗立,赦还,死于常州。《念奴娇·赤壁怀古》上阕写景,描绘万里长江极其壮美的景象。下阕怀古,追忆功业非凡的英俊豪杰,抒发热爱锦绣河山、羡慕古代豪杰、感慨自己功业未成。苏东坡一生官场失意,作品也不免悲叹。全词起笔大气磅礴,笔力遒劲,境界宏阔,但整首词的格调却由激扬而压抑,由慷慨而沉闷,落笔苍凉悲观,黯然神伤,感慨人生如梦、无可奈何,令人不胜唏嘘。

柳亚子曾评价《沁园春·雪》"算黄州太守,犹输气概",且不说《沁园春·雪》气魄之大,苏东坡相形逊色。《菩萨蛮·黄鹤楼》之"酹"的执着刚毅,更是《念奴娇·赤壁怀古》之"酹"所望尘莫及。毛泽东把酒浇洒在滔滔滚滚的江水里,表达出两层深刻含义:一是缅怀大革命中壮烈牺牲的革命英烈的祭奠酒;二是继续征战革命到底的壮行酒。只有弄懂了这两层含义,才能真正领会"心潮逐浪高"的丰富寓意。

毛泽东曾为"心潮"作注:"心潮:一九二七年,大革命失败的前夕,心情苍凉,一时不知如何是好,这是那年的春季。夏季,八月七号,党的紧急会议,决定武装反击,从此找到了出路。"[①]作为革命者,眼看着轰轰烈烈的大革命即将失败,毛泽东感到痛心,充满忧虑,心情苍凉,难免有"一时不知如何是好"的迷茫与困惑。但是,毛泽东毕竟是一个伟大的政治家,在中国革命最危急时刻,信念不改,豪情更壮,意志

---

① 《毛泽东文艺论集》,中央文献出版社,2002年4月第1版,第194页。

未衰，仍然满腔热血，激情澎湃，执着地探寻着中国革命的前进道路。正如毛泽东在《论联合政府》中所说："中国共产党和中国人民并没有被吓倒，被征服，被杀绝。他们从地下爬起来，揩干净身上的血迹，掩埋好同伴的尸首，他们又继续战斗了。"①

文化艺术出版社 2008 年 1 月版丁三省编著的《毛泽东诗词精读》这样描述：当日与诗人同行的杨开慧听了这首词说："润之，这首词真好，前几句太苍凉了，后几句一变而显得昂扬、激动，我听了心绪也难平。"毛泽东说："目前武汉的这个局势，叫人心绪怎么静得下来！不过，我想，办法总会是有的。"②"把酒酹滔滔，心潮逐浪高"一句，将整首词的境界由"悲凉"提升到"悲壮"，足见其危急多情、危难多志、险恶不惧、百折不挠的革命家、政治家品格。

---

① 《毛泽东选集》第三卷，人民出版社，1991 年版，第 1036 页。
② 丁三省编著：《毛泽东诗词精读》，文化艺术出版社，2008 年 1 月第 1 版，第 22 页。

《西江月·秋收起义》为何值得高度评价？

秋收起义是毛泽东直接领导发动的第一次军事斗争行动。毛泽东挥毫写下《西江月·秋收起义》："军叫工农革命，旗号镰刀斧头。匡庐一带不停留，要向潇湘直进。 地主重重压迫，农民个个同仇。秋收时节暮云愁，霹雳一声暴动。"

这首词最早非正式发表于 1956 年 8 月出版的《中学生》杂志谢觉哉《关于红军的几首词和歌》一文，词题是《秋收暴动》。1957 年 7 月，《解放军文艺》一篇评论毛泽东诗词的文章也披露了这首词。1986 年 9 月人民文学出版社出版的《毛泽东诗词选》正式发表了这首词，收入"副编"。编者根据毛泽东修改稿，将"修铜"改为"匡庐"，将"便向平浏直进"，改为"要向潇湘直进"，"沉"改为"愁"。

这首词在毛泽东生前没有正式发表，算不上毛泽东的代表作，很多人对其也不很熟悉。但是，它是毛泽东的第一首军旅诗词，是毛泽东最早最直接颂扬中国革命的诗词作品。从中共党史、中国革命史而言，从毛泽东的人生经历和诗词创作而言，《西江月·秋收起义》的标志意义和历史价值是其他毛泽东诗词作品所无法比拟的。

秋收起义是中共党史的重大事件，是中国革命出现转机的重要里程碑。1927 年，蒋介石背叛革命，轰轰烈烈的大革命付诸东流。残酷现实使毛泽东深刻认识到：没有武装的革命就无法战胜武装的反革命，就无法改造中国与世界，他得出一个石破天惊的结论："枪杆子里面出政权。"1927 年 9 月 9 日，毛泽东领导发动秋收起义。因敌强我弱，起义军屡受重创。毛泽东毅然决定改变计划，引兵井冈，建立第一块农村革命根据地，点燃了工农武装割据的星星之火。

《西江月·秋收起义》写于秋收起义初期。"军叫工农革命,旗号镰刀斧头",语言平实,意义非凡。秋收起义部队破天荒地使用了"工农革命军"番号。"旗号镰刀斧头",起义军军旗图样:底色为象征革命的红色,旗中央是代表中国共产党的黄色五角星,五角星内镶着镰刀和斧头,代表农民和工人;旗左边写着"工农革命军第一军第一师"。这面旗帜是中国共产党独立领导工农革命武装力量的重要标志,从此工农阶级有了为自己打天下的工农子弟兵。斧头本应是铁锤,因为铁锤看上去像斧头,人们都误以为是斧头。当年曾有一副这样的对联:"斧头劈出新世界,镰刀割断旧乾坤。""匡庐一带不停留,要向潇湘直进",隐含了进攻长沙的原定计划。"不停留"突出了起义军勇往直前;"直进"表现了直捣敌人要害的坚强意志。

　　下阕着重分析秋收起义的原因、浩大声势与深远影响。"地主重重压迫,农民个个同仇",阶级矛盾异常尖锐,广大农民同仇敌忾。"重重"形容地主压迫繁重,"个个"突出了农民反抗的势力之强。"秋收时节暮云愁,霹雳一声暴动",秋天是收获的季节,农民本应充满获得感,却因地主重重压榨而变得愁思百结,暮云沉沉。"霹雳"是风暴雷雨前的征兆。秋收起义犹如一声疾雷迅猛爆发。

　　青年时代的毛泽东,最大的志愿是当一名教师,其次是记者。1921年,在新民学会讨论"会员个人生活方法"时,毛泽东说:"我可愿做的工作:一教书,一新闻记者,将来多半要赖这两项工作的月薪来生活。"① "长夜难明赤县天,百年魔怪舞翩跹,人民五亿不团圆",旧中国积贫积弱、内忧外患的残酷现实不断激发起毛泽东的救国救民之志,彻底改变了毛泽东最初的职业选择,促使他成为一个致力于"改造中国与世界"的革命家。

　　秋收起义是毛泽东人生经历的一个重大转折。之前,毛泽东做过工人运动、农民运动、学生运动和统一战线工作。然而,"霹雳一声暴动",毛泽东开始带兵打仗。1965年3月23日,他在会见叙利亚客人时所说

---

① 胡哲峰、孙彦编著:《毛泽东谈毛泽东》,中共中央党校出版社,2008年10月第1版,第4页。

的："像我这样一个人，从前并不会打仗，甚至连想也没想到过要打仗，可是帝国主义的走狗强迫我拿起武器。"①1965年，毛泽东在《念奴娇·井冈山》中写道："犹记当时烽火里，九死一生如昨。"南征北战的军旅生涯使毛泽东成为用枪杆子改写中国历史的军事战略家。

就毛泽东的诗词创作而言，《西江月·秋收起义》具有分水岭的意义。此前的毛泽东诗词，写得心潮激荡、慷慨激昂，在为中国的前途命运忧患与呐喊。它们更多的是抒发一种"书生意气"，展示了一个热血男儿的宏图大志和壮怀激烈，寄寓了一个革命志士对崇高事业的深邃思考和积极探索。那种"书生意气"与"马背吟诗"相比，无论在内容、题材还是风格上都存在很大的差异。《西江月·秋收起义》之后，毛泽东诗词为之一变，诗风转入纪实，走向战争。战场硝烟不再是想象中的场景画面，而是他的生存状态，"鼓角""炮声""开战""战地""行军""命令""席卷""枪林""鏖战""弹洞"，等等，这些用于描写战争的字眼，开始在毛泽东诗词中频繁出现。毛泽东军旅诗词，笔力雄健，是他亲历的战争风云的真实写照，成为讴歌人民战争的壮丽史诗，也是中国当代诗歌史上的精彩华章。难怪一位外国友人会这样评价毛泽东："一个诗人赢得了一个新中国。"②

---

① 胡哲峰、孙彦编著：《毛泽东谈毛泽东》，中共中央党校出版社，2008年10月第1版，第107页。

② 胡为雄著：《毛泽东诗赋人生》，中共中央党校出版社，2007年5月第1版，第5页。

毛泽东缘何对井冈山情有独钟？

井冈山，位于湘赣边界罗霄山脉中段，20世纪20年代以前名不见经传。毛泽东在此建立农村革命根据地之后，井冈山声名鹊起。井冈山斗争历时仅两年零四个月，但毛泽东对井冈山却一直情有独钟。1928年秋，毛泽东写下《西江月·井冈山》；1965年又写了《水调歌头·重上井冈山》《念奴娇·井冈山》。三首词均以"井冈山"为题，都提到了"黄洋界"："黄洋界上炮声隆""过了黄洋界，险处不须看""黄洋界上，车子飞如跃"。这一现象在毛泽东军旅诗词中绝无仅有。一再吟咏，思念深厚，诗兴浓郁，激情饱满，足见井冈山在毛泽东心目中的分量之重、感悟之深、情结之浓。

1927年10月，毛泽东引兵井冈，1928年4月，朱毛会师。1928年7月中旬，湘赣敌军联手"会剿"井冈山。而湖南省委代表杜修经等人却附和二十九团中一些人的思乡情绪，指令二十八团、二十九团分兵向湘南冒进，结果遭致"八月失败"。毛泽东当时正在永新指挥三十一团作战，闻讯后当即命其第一营的两个连迅速撤回井冈山，和第三十二团留守，他自己亲率第三十一团第三营到湘南迎回第二十八团。

8月下旬，就在朱德、陈毅率领的第二十八团还在湘南，毛泽东率部前往桂东迎还红军大队之际，湘敌吴尚第八军4个团兵力从酃县向井冈山猛扑而来。8月30日，湘敌开始进攻黄洋界哨口。红军守军不足一营，凭险据守。战士们将一门迫击炮从茨坪军械所搬上了黄洋界。只有三发炮弹，前两发因受潮没有打响，第三发正好落在敌人的指挥所。炮响之后，各个山头吹起军号，军民喊杀声一片。敌人误以为红军主力已经杀回山上，连夜逃之夭夭。

9月26日，毛泽东回到井冈山，了解黄洋界保卫战详情之后，他欣然命笔赋诗《西江月·井冈山》:"山下旌旗在望,山头鼓角相闻。敌军围困万千重,我自岿然不动。早已森严壁垒,更加众志成城。黄洋界上炮声隆,报道敌军宵遁。"

《西江月·井冈山》具体描写黄洋界保卫战。问题是:毛泽东为什么没有以《西江月·黄洋界》为题,而要舍小取大,以《西江月·井冈山》为题呢?特别值得一提的是,毛泽东军旅诗词所反映的军事行动或者战争体验,基本上都是他的亲身经历,要么他直接参与,要么他运筹指挥,唯独黄洋界保卫战他既不在场,也不知情。

单就战争规模、持续时间、激烈程度、战术谋略而言,黄洋界保卫战都并不突出,存在一炮击中敌指挥所而致使敌方判断失误的偶然因素,作战方式也是一些"土阵法",诸如竹钉阵、滚木礌石之类。就是这样一场宏观层面并不起眼的战斗,毛泽东却格外高看一眼,三次赋诗礼赞。要解释这一现象,必须读懂毛泽东《井冈山的斗争》一文的描述:"八月三十日敌湘赣两军各一部乘我军欲归未归之际,攻击井冈山。我守军不足一营,凭险抵抗,将敌击溃,保存了这个根据地。"[①]"八月三十日井冈山一战,湘敌始退往酃县,赣敌仍盘踞各县城及大部乡村。"毛泽东在文中的用词是"井冈山",而不是"黄洋界"。正如1960年春陈毅跋《西江月·井冈山》所云:"是役,井冈山根据地赖以保全,有扭转战局的作用。"[②] 这就不难理解毛泽东着眼全局,以"井冈山"为题,而不以"黄洋界"为题了。

1959年3月5日,谢觉哉初到井冈山时,诗赞井冈山:"祝贺你以前是中国的第一山,今后永远是中国的第一山。"1962年3月5日,朱德重访井冈山时,挥毫题写"天下第一山"。这"天下第一山"的殊荣,是从政治意义而言的。正如毛泽东在《井冈山的斗争》中所说:"边界红旗子始终不倒,不但表示了共产党的力量,而且表示了统治阶级的破

[①]《毛泽东选集》第一卷,人民出版社,1991年6月第2版,第61页。
[②] 杜忠明编著:《诗人兴会——毛泽东以诗会友记趣》,中央文献出版社,2006年1月第1版,第23页。

产，在全国政治上有重大的意义。"①

　　毛泽东把马克思主义的基本原理同中国革命的具体实际相结合，开创了一条适合中国国情的革命道路，即井冈山道路。黄洋界保卫战不是简单的退敌成功，而是保卫了井冈山根据地，捍卫了毛泽东苦苦寻求到的中国革命道路。星星之火，可以燎原。黄洋界之战保卫了井冈山根据地，捍卫了毛泽东"上山"理论的实践成果。没有井冈山斗争的伟大探索，就没有马克思主义中国化的伟大开篇，就没有农村包围城市、武装夺取政权之路的峰回路转；就没有毛泽东军事才能的实践磨砺，就没有人民军队的茁壮成长。所有这一切，是毛泽东具有浓郁井冈情结的根本原因。1933年12月底，冯雪峰到瑞金后，对毛泽东说：鲁迅读过他的《西江月·井冈山》等词，认为有"山大王"气概。毛泽东听后开怀大笑。②鲁迅的点评一语中的，与毛泽东可谓是心有灵犀一点通。

---

①《毛泽东选集》第一卷，人民出版社，1991年6月第2版，第81页。
②王灿楣著：《毛泽东诗词与时代风云》，湖南人民出版社，2006年12月第1版，第86页。

"黄洋界上炮声隆"有何深意？

"黄洋界上炮声隆，报道敌军宵遁"，这是《西江月·井冈山》中的名句。加上《水调歌头·重上井冈山》《念奴娇·井冈山》"过了黄洋界，险处不须看""黄洋界上，车子飞如跃"两个诗句，使黄洋界名扬天下。很多人一到井冈山，首先会想到要去黄洋界，寻访黄洋界保卫战的战场遗迹，去体悟"黄洋界上炮声隆"的历史回响。人们更多地只是就事说事，并没有想到这隆隆炮声有着更深刻的历史韵味，没有想到它与"十月革命的炮声"有何异同，更没有想到它与马克思主义中国化有何内在联系。

1949年6月23日，毛泽东在《论人民民主专政》中指出："中国人找到马克思主义，是经过俄国人介绍的。在十月革命以前，中国人不但不知道列宁、斯大林，也不知道马克思、恩格斯。十月革命一声炮响，给我们送来了马克思列宁主义。十月革命帮助了全世界的也帮助了中国的先进分子，用无产阶级的宇宙观作为观察国家命运的工具，重新考虑自己的问题。走俄国人的路——这就是结论。"[①] 从此，"十月革命一声炮响，给我们送来了马克思列宁主义"成为人们耳熟能详的一句名言。

"十月革命一声炮响"的那门炮，架设在"阿芙乐尔"号舰上。"阿芙乐尔"意为"黎明"或"曙光"。"阿芙乐尔"号巡洋舰原为沙皇俄国波罗的海舰队的军舰。1917年11月7日停泊在彼得格勒涅瓦河上，舰上官兵遵照列宁的指示，炮击资产阶级临时政府冬宫，宣告"十月革命"的开始。从1948年11月起，它作为十月革命的纪念物，永久性地停泊在涅瓦河畔，供人们参观、瞻仰。

---

① 《毛泽东选集》第四卷，人民出版社，1991年6月第2版，第1470—1471页。

"十月革命一声炮响，给我们送来了马克思列宁主义"这句话意味深长。毛泽东以形象化的说法揭示了一个基本事实，即中国共产党真正了解马克思列宁主义，并以它作为自己的理论基础和指导思想是从1917年十月革命后开始的，中国共产党人决心"走俄国人的路"。问题是：这条路具体该怎么走？故宫和东宫有几分相似，所幸的是，人们没有依葫芦画瓢，机械地去炮轰具有象征意义的故宫。"十月革命的炮声"使社会主义由科学理论变为社会现实。但由此也形成了一种较普遍的思维惯性、一种教条主义心态：似乎在中心城市发动工人武装起义，是各国无产阶级革命的唯一模式。一些中国共产党人没能摆脱对十月革命的教条主义式理解，因循十月革命的城市暴动模式，念念不忘"城市中心论"，总是将革命的中心摆放在进攻大城市上，但这条道路并不适合于半殖民地半封建的中国国情。

大革命失败后，毛泽东提出了"上山"的思想，认为"上山可造成军事势力的基础"。毛泽东创造性地运用列宁关于帝国主义经济政治发展不平衡性的原理，深入分析了半殖民地半封建的中国社会经济政治发展的不平衡性，全面论证了红色政权长期存在和发展的原因和条件，由此得出中国革命有利用敌人弱点在农村首先取得胜利的可能性，揭示了中国革命必须走农村包围城市，武装夺取政权的正确道路。毛泽东的创新，在马列主义经典著作中闻所未闻，在国际共运史上也史无前例。

平江起义之前，彭德怀曾赋诗曰："马日事变教训大，革命必须有武装。秋收起义在农村，失败教训是盲动。唯有润之工农军，跃上井冈旗帜新。我欲以之为榜样，或依湖泊或山区。"[1]1928年12月，彭德怀率平江起义部队奔向井冈山。

实践反复证明，将"十月革命的炮"架在城市开火并不奏效，反而一再受挫。而在井冈山开炮，效果就截然不同了。"黄洋界上炮声隆，报道敌军宵遁"，彰显了毛泽东独辟蹊径的实践伟力。中共党史上有个说法，叫"山沟里的马克思主义"，指的是毛泽东思想的产生。这个"山

---

[1] 杜忠明编著：《诗人兴会——毛泽东以诗会友记趣》，中央文献出版社，2006年1月第1版，第33页。

沟"，无疑要从井冈山说起。马克思主义中国化的"开篇"始于井冈山。"开篇"的核心和主旨，就是把马克思主义与中国革命实际相结合，独立自主地走出一条有别于苏俄模式的"农村包围城市、武装夺取政权"的中国特色革命道路。井冈山道路是中国共产党人在大革命失败的白色恐怖中"闯"出来的，是在同国民党军队激烈的搏杀中"打"出来的。

"早已森严壁垒"，是黄洋界保卫战取胜的重要前提。毛泽东在《中国的红色政权为什么能够存在？》中，指出巩固根据地三条方法中的头一条就是"修筑完备的工事"。在《井冈山的斗争》中，毛泽东也说井冈山根据地"山上要隘，都筑了工事"。而"更加众志成城"，则是黄洋界保卫战的制胜法宝，正如《井冈山的斗争》所说："边界的斗争，完全是军事的斗争，党和群众不得不一齐军事化。怎样对付敌人，怎样作战，成了日常生活的中心问题。"[①]

[①]《毛泽东选集》第一卷，人民出版社，1991年6月第2版，第63页。

《清平乐·蒋桂战争》有何言外之意？

据《毛泽东年谱（1893—1949）》记载："（1929年）秋，在红四军攻占上杭之后，有感于闽西工农武装割据的一片大好形势，填词《清平乐·蒋桂战争》一首：'风云突变，军阀重开战。洒向人间都是怨，一枕黄粱再现。 红旗跃过汀江，直下龙岩上杭。收拾金瓯一片，分田分地真忙。'"①《人民文学》1962年5月号发表毛泽东的《词六首》，此词题名《清平乐》，未标明写作时间。1963年12月，人民文学出版社出版《毛主席诗词》时，词题改为《清平乐·蒋桂战争》，并标明创作时间为"一九二九年秋"。在毛泽东所有军旅诗词中，只有这首词明快而又含蓄、简练而又深刻地表现了农村包围城市的光辉思想。这是该词的最大特色，也是其珍贵的史诗价值所在。

这首词上阕揭露军阀混战的恶果，对军阀进行嘲讽。"风云突变，军阀重开战"，时局变幻莫测，军阀又开始混战。军阀之间尔虞我诈，时而妥协言欢，时而火并厮杀，无休无止。"洒向人间都是怨"，"洒"字渲染出战争恶果的严重和深广，"怨"表露出百姓对战祸频繁的强烈不满与深切怨恨。"一枕黄粱再现"，典出唐人沈既济《枕中记》，毛泽东借此来嘲弄各路军阀企图独霸天下不过是白日做梦。

词的下阕描写红军乘势开辟闽西根据地，推进土地革命。"红旗跃过汀江"，喻指红军打过汀江。"直下龙岩上杭"，一举攻下闽西南的龙岩上杭。"收拾金瓯一片"，金瓯，原指杯盆一类的器皿，典出《南史·朱异传》："我国家犹若金瓯，无一伤缺。"红军占领闽西，建立革命根据地。"分田分地真忙"，"真忙"二字极具神韵，写出了土地革命的

---

①《毛泽东年谱（1893—1949）》上卷，中央文献出版社，2013年12月第1版，第286页。

喜人场面。

　　蒋桂战争不是发生于创作该词的"一九二九年秋"，更不是当年爆发的唯一一场军阀混战。毛泽东为什么要专门挑选蒋桂战争作为词题而内容又并未描述其过程和细节呢？很多读者对此难免疑惑不解。郭沫若在《光明日报》1965年2月1日《"红旗跃过汀江"——喜读毛主席〈清平乐·蒋桂战争〉》中指出："我们对于标题可以不必过于拘泥。事实上这首《清平乐》并不是以写军阀战争为主题，而是把重点放在下半段，军阀之间的战争只是陪衬而已。"郭沫若的说法不失为一家之言，但并没有完全解释到位。

　　辛亥革命之后，军阀之间发生的大小战争不计其数，而1929年3、4月间，蒋介石和桂系军阀争夺华中的战争只是其中之一。1928年10月，毛泽东在《中国的红色政权为什么能够存在？》中指出："帝国主义和国内买办豪绅阶级支持着的各派新旧军阀，从民国元年以来，相互间进行着继续不断的战争，这是半殖民地中国的特征之一。"毛泽东敏锐地洞察到"军阀间的分裂和战争，削弱了白色政权的统治势力。因此，小地方红色政权得以乘时产生出来""不但小块红色区域的长期存在没有疑义，而且这些红色区域将继续发展，日渐接近于全国政权的取得"[①]。

　　1930年1月在《星星之火，可以燎原》中，毛泽东提到了1929年4月前委给中央的信，其中写道："蒋桂部队在九江一带彼此逼近，大战爆发即在眼前。群众斗争的恢复，加上反动统治内部矛盾的扩大，使革命高潮可能快要到来。"毛泽东分析了南方数省的力量对比之后，提出向闽赣发展，特别指出："且福建现在完全是混乱状态，不统一。"[②]基于这样的形势判断，毛泽东决心开辟闽西根据地。换言之，1929年3、4月间的蒋桂战争便成为这首词的直接背景，这合理地解释了在若干次的军阀混战中，毛泽东有意识地选择蒋桂战争作为这首词的标题。

　　毛泽东是以一种什么样的心境状态来写这首词的呢？或者说，毛泽东想通过这首词来抒发一种什么样的情感？长期以来，人们偏重于诠释

[①]《毛泽东选集》第一卷，人民出版社，1991年6月第2版，第120—121页。
[②]《毛泽东选集》第一卷，人民出版社，1991年6月第2版，第105页。

这首词的思想内容，而忽视了围绕这种思想所发生的种种纷争以及毛泽东所遭受的人生境遇。很多专家认为这首词是"有感于闽西工农武装割据一片大好形势"的感怀之作，将其定义为"胜利凯歌"。而事实未必全然如此，从某种意义上说，人们可能仍没有完全读懂毛泽东这首词的本意和深意。

1929年1月，朱毛红军主力离开井冈山，创建了赣南闽西革命根据地。就在革命形势日益高涨之时，红四军内部围绕建军原则和根据地发展等一系列重大问题出现纷争，极端民主化等错误思想泛滥。在6月下旬召开的红四军党的七大，9月下旬召开的红四军党的八大，乱象丛生，红四军前途堪忧。而在8月进攻闽中和10月进攻东江的军事行动中，红四军连遭重创。

7月上旬，毛泽东以红四军前委特派员身份到闽西，指导闽西特委工作，推动闽西在600多个乡进行土地改革，80多万贫苦农民分得了土地。在这期间，红四军打破了闽粤赣三省国民党军队对闽西根据地的第一次"会剿"。1929年夏、秋之间，闽西根据地曲折发展。毛泽东的心情十分复杂。一方面，《清平乐·蒋桂战争》"反映了那个时期革命人民群众和革命战士们的心情舒快状态"[①]。另一方面，红四军存在的种种问题使毛泽东心情沉郁。与其说《清平乐·蒋桂战争》是对根据地大好形势的赞颂，不如说是对"工农武装割据"思想的大力宣传和积极倡导，是对"收拾金瓯一片，分田分地真忙"局面的热切希冀和深情呼唤。

[①]《毛泽东文艺论集》，中央文献出版社，2002年4月第1版，第214页。

《采桑子·重阳》如何超越人生逆境？

据《毛泽东年谱（1893—1949）》记载："（1929年）10月11日，农历重阳节，当时临江楼庭院中黄菊盛开，汀江两岸霜花一片，触景生情，填词《采桑子·重阳》一首：'人生易老天难老，岁岁重阳。今又重阳，战地黄花分外香。　一年一度秋风劲，不似春光。胜似春光，寥廓江天万里霜。'"[①] 这首词通过度重阳，咏菊花，赞秋色，抒发人生感慨，舒展博大胸襟。

这首词最早发表在《人民文学》1962年5月号，总题为《词六首》，此词以词牌为词题。1963年12月人民文学出版社出版《毛主席诗词》时，标题为《采桑子·重阳》，标明写作时间为"一九二九年十月"。《人民文学》编辑部寄呈毛泽东审定的传抄稿与正式发表稿有一些差异，"战地黄花分外香"句，传抄稿作"但看黄花不用伤"，后改为"大地黄花分外香"，发表时作"战地黄花分外香"。传抄稿上下半阕的顺序是相反的，下阕在先，先描写秋天的壮美和江天的寥廓，再感悟人生的短暂和宇宙的无限。

1929年毛泽东颇为不顺。6月下旬，在红四军党的七大上，毛泽东的正确意见被否定，被党内严重警告，前委书记落选。7月，毛泽东身患疟疾，到闽西农村养病。9月下旬，红四军第八次党代表大会在闽西上杭召开，前委通知毛泽东出席会议，毛泽东回信说党内是非不解决不能随便参加，兼身体有病。前委给他警告处分并坚持要他参会。10月10日，毛泽东坐担架赶到上杭时，会议已经结束。第二天适逢重阳节，毛泽东倚楼远眺，挥笔写下《采桑子·重阳》。

[①]《毛泽东年谱（1893—1949）》上卷，中央文献出版社，2013年12月第1版，第286页。

起句"人生易老天难老",感叹流年易逝。李贺《金铜仙人辞汉歌》有"天若有情天亦老",这里反用其意。1964年1月27日,毛泽东对英译者口头解释说:"与人间比,天是不老的。其实天也有发生、发展、衰亡。天是自然界,包括有机界,如细菌、动物。自然界、人类社会,一样有发生和灭亡的过程。"①"岁岁重阳",每年都有重阳节。"今又重阳",今天又到了重阳节。唐代刘希夷《代悲白头翁》:"年年岁岁花相似,岁岁年年人不同。""岁岁重阳,今又重阳",既是"天难老"的特点,也是"人生易老"的证明。毛泽东正当年华,但又身处逆境,难免有挥之不去的感喟。

"战地黄花分外香","黄花"即菊花,典出《礼记·月令》:"季月之令,鞠有黄华。"重阳登高赏菊,重阳节也被称作菊花节。此句在不同手迹中有"但看黄花不用伤""野地黄花不用伤""大地黄花分外香",1963年12月《毛主席诗词》才定稿为"战地黄花分外香"。初稿的"但看黄花不用伤"最能反映毛泽东当年写诗时的心境状态,它的境界不如定稿的那样慷慨激昂。但是仔细咀嚼回味,不难体悟到毛泽东的平和心态。他努力克制自己,让烦躁甚至憋闷的情绪稳定下来,全然不见消沉郁闷的牢骚与哀叹。而改成"战地黄花分外香"之后,给读者创造出一个色香俱佳的非凡意境,原来的感伤情绪一扫而空,显得格外开朗洒脱。

"战地黄花分外香",化用杨万里《九日郡中送白菊》"若言佳节如常日,为底寒花分外香",与元好问《壬辰十二月车驾东狩后即事》"高原水出山河改,战地风来草木腥"的句意完全相反,将消沉的情绪转化为激扬的格调。毛泽东笔下的战地菊花,与革命战争联系在一起,经受丹心热血抚育,因而更加芳香四溢。

"一年一度秋风劲,不似春光",一年一度的秋风猛烈地吹来,与春天明媚和煦的春光迥然不同。"劲"字写出了秋天强劲有力的个性,也隐隐透露出诗人的人生追求和价值取向。自古文人"睹落叶而悲伤,感秋风而凄怆",假如逆境中的毛泽东也借秋景表达悲情愁绪,似乎也

---

① 蔡清富、黄辉映编著:《毛泽东诗词大观》,四川人民出版社,2007年4月第4版,第555页。

无可厚非。然而，毛泽东摆脱了"自古逢秋悲寂寥"的窠臼。"胜似春光"一句，打破了肃杀哀婉的文人悲秋传统，高扬了古典诗词中微弱孤寂的赞秋情愫，展现了辽阔豪迈的艺术境界，彰显了豁达激越、超凡脱俗的人格魅力。

"寥廓江天万里霜"，秋高气爽，水天相接，这是对"胜似春光"的具体诠释。虽是绘景写实，却又胸襟宽广，大有"天高任鸟飞，海阔凭鱼跃"的壮阔之感。如果说"战地黄花分外香"是芬芳秀丽的近景，表达诗人对战斗胜利的温馨心境，那么"寥廓江天万里霜"则是辽阔壮丽的远景，"秋水共长天一色"，寄托诗人对革命前途的美好遐思，余韵悠扬。"万里霜"之"霜"不是霜雪之霜，而是秋色的代字，是"霜叶红于二月花"的"霜"，色彩斑斓，绚丽迷人。

这首词最耐人寻味之处，在于毛泽东进行修改时，将传抄稿上、下两阕互易位置。采用这种"挪移法"之后，原先字里行间透出的抑郁情绪锐减，先抑后扬，境界变得更加开阔，更使人感受到生生不息、激越豁达的活力。《采桑子·重阳》表达人生感悟和革命豪情，独具神韵，极富旷古绝伦的艺术魅力。毛泽东以特有的胸怀、气魄和艺术眼光，谱写了一曲革命人生的壮美颂歌、人民战争的精彩华章。

《如梦令·元旦》如何放射古田会议光芒？

据《毛泽东年谱（1893—1949）》上卷记载："（1930年）1月和朱德一起指挥红四军打破闽、粤、赣三省敌军对闽西革命根据地的第二次'会剿'，并连克江西的宁都、乐安、永丰等县。三十日（农历正月初一），将由闽西进入赣南的一路情景吟成一首《如梦令·元旦》：'宁化、清流、归化，路隘林深苔滑。 今日向何方，直指武夷山下。山下山下，风展红旗如画。'"[1]这首小令充分展示了古田会议之后红军队伍斗志昂扬的精神风貌，预示了新的革命高潮即将到来的大好形势，抒发了作者胜利完成战略转移之后的无限喜悦心情。

这首词最早由谢觉哉在1956年8月3日《中学生》杂志发表的《关于红军的几首词和歌》一文中披露，题为《宁化途中》。1957年1月《诗刊》正式发表该词，毛泽东将题目审定为《元旦》。1963年12月，人民文学出版社出版《毛主席诗词》时，毛泽东将其写作时间确定为"一九三〇年一月"。然而，"元旦"是指阳历元旦，还是阴历元旦？

中国古代，每个朝代都有单独的纪年，夏代以正月初一为元旦，商代以十二月初一为元旦，周代以十一月初一为元旦，秦代以十月初一为元旦。直到西汉武帝时，司马迁等人重新制定历法，又以正月初一为元旦，一直沿用到清朝末年。公元1911年，决定使用阳历（实际使用是1912年），并规定阳历1月1日为"新年"，但并不叫"元旦"。1949年9月27日，中国人民政治协商会议第一次全体会议规定"中华人民共和国纪年采用公元"之后，阳历1月1日才正式成为"元旦"，阴历正月初一则改称"春节"。

---

[1]《毛泽东年谱（1893—1949）》上卷，中央文献出版社，2013年12月第1版，第295页。

1929年底,古田会议召开期间,蒋介石组织赣、闽、粤"三省会剿",向闽西革命根据地步步进逼。1930年1月上旬,根据毛泽东"离开闽西,保卫闽西"的策略[①],朱德率领红四军第一、三、四纵队先出发,挺进江西。毛泽东率领第二纵队掩护主力转移后,向北经福建连城、清流、归化、宁化等县,西越武夷山,前去江西与红四军主力会合。1月24日,朱毛所率队伍在江西广昌之西的东韶会师,完成了战略转移。1月30日,阴历元旦,这样的新年可以无酒,却绝不能无诗,于是便有了这首感怀之作。

这首词寥寥数语,语言晓畅,节奏紧促,笔调活泼,叙事写景,情景交融。作者描绘了一幅动人的红军山地行军图:人唱马嘶,红旗飘扬,雄浑壮美。"宁化、清流、归化",描写红军转移的路线。三个县都在闽西,实际的行军顺序是:归化、清流、宁化,出于词律需要而倒置。一口气说出三个地名,类似电影中的蒙太奇手法,形象地反映了红军转移的兵贵神速。"路隘林深苔滑",概括了行军路途的特点。路隘:山路崎岖狭窄。林深:在一片片便于隐蔽的山林之间穿行。苔滑:闽西山林茂密,多雨潮湿,山路长满青苔,一不小心就会滑倒。连用三个词组描绘路况,全然不见征途艰难的愁苦,反而彰显出无所畏惧的勇气与乐观。

"今日向何方,直指武夷山下",一问一答,自问自答,实则方向明确,不容置疑。今日:不能简单理解成"当天",而应视为整个战略转移行动的"当前阶段"。直指:语气斩钉截铁,表现了毛泽东胸有成竹、指挥若定的沉稳和决心,也体现了红军队伍步调一致、勇往直前的凛然气势。武夷山下:实指武夷山麓江西广昌西北一带。

"山下山下,风展红旗如画",抒发战略转移取得成功后的轻松与畅快,并展示出革命根据地将蓬勃发展的美好前景和坚定信心。诗中接连有三个"山下",所指有所不同。"直指武夷山下"中的"山下",指战略转移的目的地。而"山下山下"中的"山下",泛指与武夷山相连的赣南闽西革命根据地的广大区域,这样理解才符合实际,也契合诗

---

① 《毛泽东年谱(1893—1949)》上卷,中央文献出版社,2013年12月第1版,第294页。

意。"风展红旗如画",预示着红四军实现战略转移之后农村武装割据斗争将更加轰轰烈烈的光明前景。

　　这首词是在 1962 年《人民文学》杂志 5 月号刊登《词六首》已经发表,但属于"一九二九至一九三一年在马背上哼成的"作品,也"反映了那个时期革命人民群众和革命战士们的心情舒快状态"①。这首词所记述的军事行动发生在古田会议之后,体现了古田会议对中国革命的重大意义以及对毛泽东心境状态的直接影响。

　　1929 年 12 月 28 日至 29 日,红四军党的"九大"在上杭古田村召开,会议一致通过了《中国共产党红军第四军第九次代表大会决议案》。决议总结了红军创建以来的建军经验,确立了红军建设的根本原则,解决了怎样将红军建设成为一支新型人民军队的根本问题。红四军上下实现了空前的团结,部队的精神面貌为之一振。随后,毛泽东又写了《星星之火,可以燎原》一文,字里行间洋溢着对中国革命必胜的信心。《如梦令·元旦》中"风展红旗如画"一句,正是"星星之火,可以燎原"这一科学论断的诗意表达。这就不难理解,心情舒快成为《如梦令·元旦》一词的情感主基调。品读《如梦令·元旦》的欢快诗句,毛泽东关于中国革命光明前途的伟大预言犹在耳畔回响:"它是站在海岸遥望海中已经看得见桅杆尖头了的一只航船,它是立于高山之巅远看东方已见光芒四射喷薄欲出的一轮朝日,它是躁动于母腹中的快要成熟了的一个婴儿。"②

---

①《毛泽东文艺论集》,中央文献出版社,2002 年 4 月第 1 版,第 214 页。
②《毛泽东选集》第一卷,人民出版社,1991 年 6 月第 2 版,第 106 页。

毛泽东如何"雪里行军情更迫"？

《毛泽东年谱（1893—1949）》上卷在"1930年2月"条目下记载："同月　行军途中，在'马背上哼成'了《减字木兰花·广昌路上》词一首：'漫天皆白，雪里行军情更迫。头上高山，风卷红旗过大关。此行何去？赣江风雪迷漫处。命令昨颁，十万工农下吉安。'"[①]这首词写得既浑厚奔放，又含蓄蕴藉，颂扬了红四军斗志昂扬、雷厉风行的军事作风，刻画了红四军的顽强精神和必胜信心。

1930年2月7日，红四军前委、赣西南特委和红五军、红六军在吉安县东南的陂头召开了联席会议，史称"二七会议"。会议确定了红军目前的首要任务是深入开展土地革命、建立革命政权和发展工农武装。会议还提出"一年争取江西"的计划。攻打吉安，便是实现这一计划的重要步骤。在自广昌向吉安进发的行军途中，天降大雪，面对漫天风雪，毛泽东诗思潮涌，写下了这首豪气冲天的词作。这首词可看作《如梦令·元旦》的姊妹篇。《元旦》写的是突围，《广昌路上》写的是进攻。

当时，党内的情形比较复杂。尽管古田会议解决了红四军内部有关建军原则的一系列重大问题，但党中央对国内革命形势的估计仍然过于乐观，时不时表现出急躁和冒进情绪。据《毛泽东年谱（1893—1949）》上卷记载："（1930年）2月26日中共中央向全党发出七十号通告，把准备武装起义、建立全国政权定为全党的总路线和总任务；决定'在战略与战术上必须向着交通要道中心城市发展'；指责'朱毛与鄂西的红军中还保存有过去躲避和分散的观念'；强调'苏维埃区域的扩大亦必须以组织地方暴动建立城市领导来打破过去苏维埃政权躲避乡

[①]《毛泽东年谱（1893—1949）》上卷，中央文献出版社，2013年12月第1版，第298页。

村或将苏维埃秘密起来之种种取消和保守倾向'；提出'扩大红军的总策略是要建立在集中农民武装，扩大红军向着中心城市发展，以与工人斗争汇合'。"①

词的上阕描写雪里行军的壮景，刻画红军高昂的战斗激情，消灭敌人的急切心情以及行军的雄壮气势。"漫天皆白"，起句脱口而出，境界寥廓。"漫天"形容风雪之大之猛，疾风卷雪。"皆白"显示山川原野，素裹银装，写出冰天雪地一片白的自然景观。

"雪里行军情更迫"，由景物描写转入叙事和抒情。"情更迫"三个字，意在笔先，力透纸背。恶劣天气挡不住英雄红军行军步伐，毅然顶风冒雪行进。"走"是为了"打"，"打"是为了"胜"，"胜"是为了"民"。

"头上高山，风卷红旗过大关"，貌似景句，实则通过景象描述进一步抒写工农红军的斗志与激情。"头上高山"，有山中行军之意。赣南多山，途中群峰叠起，悬崖峭壁，诗人回首来路，展望前程，千丈高山之下，风萧萧，雪漫漫，旗猎猎，人奕奕。一路有"高山""风""大关"阻挡，而"红旗"意象展现了翻山越岭的动人画面，突现出红军战士攻坚克难、一往无前的英雄气概。

词的下阕写红军行军的方向。"此行何去？赣江风雪迷漫处"，交代了红军的战略意向，但又没有具体指明。"命令昨颁，十万工农下吉安"，结句像一声惊雷，刚劲有力，一声令下，军民一齐动员，千军万马齐头并进，生动地烘托出工农武装的革命热情和强大力量，正呈星火燎原之势。

《减字木兰花·广昌路上》是一幅雄壮的雪里行军图。全词只有四十四个字，写雪景的只有两句共八个字，"漫天皆白"和"风雪迷漫"，词语精练，真是大笔写意。漫天风雪中，红旗在翻舞，人马在飞腾，山岳在动摇。

这首词最早发表于1962年《人民文学》5月号。传抄稿与正式发表

---

① 《毛泽东年谱（1893—1949）》上卷，中央文献出版社，2013年12月第1版，第297页。

稿有所不同。传抄稿的词题为《攻吉安·减字木兰花》，"漫天皆白"原为"满天皆白"。"雪里行军情更迫"句，传抄稿和手迹均作"雪里行军情更切"，《人民文学》发表时为"雪里行军无翠柏"，1963年12月人民文学出版社出版《毛主席诗词》时，改为"雪里行军情更迫"。"此行何去"句，《人民文学》发表时句末为逗号，《毛主席诗词》出版时改作问号。"赣江风雪迷漫处"，传抄稿为"赣江云雾迷漫处"，"风卷红旗过大关"，传抄稿和手迹均作"风卷红旗冻不翻"。

关于原先"雪里行军无翠柏"一句，一直以来人们都认为是指柏树。然而，《北京青年报》2002年5月4日徐焰《傅柏翠曾与毛泽东论诗赋》一文，认为"翠柏"是指闽西的傅柏翠。傅柏翠是上杭县蛟洋人，1929年迎接朱毛红军入闽，任红军四纵队司令和前委委员。毛泽东与傅柏翠有过交往，甚至曾经谈诗论赋，但推论这是毛泽东写的藏名诗，说"翠柏"是指傅柏翠，存在明显的望文生义。毛泽东后来改成"雪里行军情更迫"更合情理，因为赣南地区林木茂盛，柏树显然不是主要树种，更不是唯一树种。"情更迫"堪称神来之笔，使英勇红军越是艰险越向前的精神风貌跃然纸上。

东方出版社2004年12月版萧永义《毛泽东诗词史话》披露了一则珍闻：1971年11月15日，新中国代表团首次出席联合国大会，智利驻联合国代表温伯托·迪亚斯·卡萨努埃瓦，在大会上热情洋溢地朗诵了毛泽东的这首《减字木兰花·广昌路上》，赢得各国代表团热烈而长时间的掌声。那白雪、那阵势、那红旗，穿越时空，给中国的代表们，给世界的朋友们送来美好的祝愿：友谊与和平。[1]

---

[1] 萧永义著：《毛泽东诗词史话》，东方出版社，2004年12月第2版，第102页。

《蝶恋花·从汀州向长沙》为何"顾左右而言他"？

《毛泽东年谱（1893—1949）》上卷在"1930年7月"条目下记载："在进军途中作《蝶恋花·从汀州向长沙》：'六月天兵征腐恶，万丈长缨要把鲲鹏缚。赣水那边红一角，偏师借重黄公略。 百万工农齐踊跃，席卷江西直捣湘和鄂。国际悲歌歌一曲，狂飙为我从天落。'"①

这首词没有发现作者留下的手迹。在1962年《人民文学》搜集的传抄稿上题为《蝶恋花·进军南昌》，发表时为《蝶恋花》。《人民文学》编辑部寄呈毛泽东审定的传抄稿与后来的正式发表稿存在不同，"六月天兵征腐恶，万丈长缨要把鲲鹏缚"两句，传抄稿作"六月红兵征腐恶，欲打南昌必走汀州过"，又曾改为"六月天兵临鼠雀，欲打南昌必走汀州过"。"百万工农齐踊跃，席卷江西直捣湘和鄂"两句，传抄稿作"十万工农齐会合，席卷江西，直捣湘和鄂"。"狂飙为我从天落"句，传抄稿作"统治阶级余魂落"，又曾改为"苍天死了红天跃"。

1963年作者主持编辑《毛主席诗词》时，清样稿上开始题为《从福建到湖南路上作》，接着改为《从汀州向长沙路上作》，最后定为《蝶恋花·从汀州向长沙》。词题的举棋不定，折射出毛泽东内心的某种矛盾心理。

1930年5月，军阀蒋、冯、阎爆发了"中原大战"。红军利用这个间隙，壮大队伍，扩大根据地，形势对革命十分有利。然而，这年6月以李立三为首的党中央过于乐观地估计形势，形成了新的"左"倾错误，

---

① 《毛泽东年谱（1893—1949）》上卷，中央文献出版社，2013年12月第1版，第310—311页。

制定了组织全国中心城市总起义和全国红军向中心城市总进攻的冒险计划，提出"会师武汉""饮马长江"的口号，强令红军攻打南昌、九江、长沙等大城市。6月底，毛泽东率领红一军团主力从福建汀州向江西进军。7月下旬，红一军团行至樟树镇后，毛泽东等判断攻打南昌实在冒险，便在附近休整筹款，发动群众。而此时彭德怀率领的红三军团攻入长沙，但不久即遭敌军反扑，被迫退出。中央又令红一军团前往救援，毛泽东遂率部向湖南进军。他一路行军，一路做说服工作，最终改变了中央夺取大城市的冒险计划。在红一军团由汀州出发，进逼南昌，随后攻略长沙的进军途中，毛泽东以十分复杂的心情写下了《蝶恋花·从汀州向长沙》。

词的上阕，毛泽东高度赞扬红军团结一致，誓把反动派彻底消灭的战斗决心和必胜信念。"六月天兵征腐恶"，毛泽东是从汀州出征写起的，"六月"概指出发时间。"天兵"，民间有神奇的天兵天将的传说，既是神兵，又是义兵。反动派总是把革命武装称为"赤匪"，毛泽东则用"天兵"喻指红军乃正义之师。"征腐恶"，正义的讨伐，清除一切腐朽丑恶势力和现象，这正是红军为仁义之师的题中应有之义。

"万丈长缨要把鲲鹏缚"，"缨"的本义指带子，《礼记·曲礼上》："女子许嫁，缨。"指古代女子许嫁时所系的一种彩带。再如"冠缨"，指系在颔下的帽带。《史记·滑稽列传》："淳于髡仰天大笑，冠缨索绝。"后引申为拘系人的长绳。毛泽东借用"长缨"比喻工农武装力量。"鲲鹏"，典出《庄子·逍遥游》："北冥有鱼，其名为鲲；鲲之大，不知其几千里也。化而为鸟，其名为鹏；鹏之背，不知其几千里也；怒而飞，其翼若垂天之云。"毛泽东诗词当中，多次出现鲲鹏意象：《七古·送纵宇一郎东行》"鲲鹏击浪从兹始"；《沁园春·长沙》"到中流击水"；《蝶恋花·从汀州向长沙》"万丈长缨要把鲲鹏缚"；《七律·吊罗荣桓同志》"斥鷃每闻欺大鸟"；《念奴娇·鸟儿问答》"鲲鹏展翅"。只有在"万丈长缨要把鲲鹏缚"之中，"鲲鹏"意指恶魔，指反动派，属于贬义。其他诗句中的鲲鹏形象都是褒义，包括以天下为己任的青年才俊，搏击风浪的热血男儿，经邦济世的治国栋梁。

"赣水那边红一角，偏师借重黄公略。""赣水"，指赣江。"红一角"，指红色区域。"偏师"，指配合主力作战的侧翼部队。黄公略率部在赣西南和赣江流域活动，深入开展土地革命，相对于毛泽东所率主力，属于侧翼部分了。毛泽东没有反映进攻大城市的战况，而是赞美黄公略开辟的根据地搞得红红火火。这是毛泽东在"知其不可为而为之"的特定背景下，依然坚持农村包围城市的正确道路，或者说他以含蓄的方式批评"城市中心论"的错误路线。这句话意味深长，红军要想"征腐恶""缚鲲鹏"，最根本的还是要靠工农武装割据。

下阕继续写"向长沙"的进军活动，而实质上仍然表达自己的一贯主张。"百万工农齐踊跃，席卷江西直捣湘和鄂"，席卷江西，直捣湘鄂，全国红色风暴的到来，必须把千百万工农群众武装起来，使他们踊跃地投身于中国革命的洪流，否则便是一句空话。这同单纯的盲动主义是格格不入的。

"国际悲歌歌一曲，狂飙为我从天落。"高唱国际歌，掀起革命新高潮。这既是一种展望，也是一种信念。何其芳在《毛泽东思想之歌》一文中提到：1961年1月23日下午，毛泽东在谈话中讲："史沫特莱说，听中国人唱《国际歌》和欧洲人不同，中国人唱得悲哀一些。我们的社会经历是受压迫，所以喜欢古典文学中悲怆的东西。"[①]1964年1月27日，毛泽东口头答复外国文书籍出版局《毛主席诗词》英译者说："'悲'是悲壮之意。"[②]

[①] 费枝美、季世昌著：《毛泽东诗词新解》，中央文献出版社，2003年12月第1版，第60页。

[②] 蔡清富、黄辉映编著：《毛泽东诗词大观》，四川人民出版社，2007年4月第4版，第554—555页。

毛泽东如何设伏反"围剿"？

1930年10月，蒋介石纠集十万大军，采取"长驱直入，分进合击"的作战方针，向中央苏区发起第一次"围剿"。红军只有4万余人，在毛泽东、朱德指挥下，诱敌深入，龙冈一役，全歼敌军9000人，张辉瓒束手就擒。据《毛泽东年谱（1893—1949）》上卷记载：1931年春，毛泽东"在第一次反'围剿'胜利之后，第二次反'围剿'之前，作《渔家傲·反第一次大"围剿"》：'万木霜天红烂漫，天兵怒气冲霄汉。雾满龙冈千嶂暗，齐声唤，前头捉了张辉瓒。　二十万军重入赣，风烟滚滚来天半。唤起工农千百万，同心干，不周山下红旗乱。'"[①]

这首词尚未发现作者留有手迹。这首词最早发表在《人民文学》1962年5月号，总题为《词六首》，此词以词牌《渔家傲》为词题，未标明写作时间。1963年人民文学出版社出版《毛主席诗词》时，标题为《渔家傲·反第一次大"围剿"》，写作时间标明为"一九三一年春"。《人民文学》编辑部寄呈毛泽东审定的传抄稿与后来的正式发表稿有如下不同："天兵怒气冲霄汉"句，传抄稿作"红军怒气冲霄汉"，又曾改为"秋来一派风流态"；"二十万军重入赣，风烟滚滚来天半"，传抄稿作"十万大兵重入赣，飞机大炮知何限"；"不周山下红旗乱"，传抄稿作"叫他片甲都不还"，又曾改为"牵来后羿看朝饭"。

词的上阕记述第一次反"围剿"的首战龙冈大捷，再现了这一历史场面。"万木霜天红烂漫"，漫山遍野的枫树，在霜天里火红耀眼。霜天，冬天有霜，叫"霜天"。烂漫：颜色鲜明而美丽，形容枫树成林，秋冬红叶满眼。"天兵怒气冲霄汉"，天兵一样的红军同仇敌忾，豪气冲天。

[①]《毛泽东年谱（1893—1949）》上卷，中央文献出版社，2013年12月第1版，第336页。

霄汉：霄即云气，汉即银河，形容高空。"雾满龙冈千嶂暗"，大雾弥漫龙冈，群峰一片昏暗。龙冈：江西省永丰县的一个小圩镇，位于县城东南一百八十里，周围山峦重叠，前面龙冈河斜贯，中间一条狭长的山谷，易攻难守。《中国革命战争的战略问题》指出："龙冈有优良阵地。"这几句真实记录龙冈战斗的地形、军情、气候，这也是龙冈大捷的有利条件。

"齐声唤，前头捉了张辉瓒"，军民齐声呐喊："抓住张辉瓒了！"张辉瓒，是号称国民党"铁军"师的十八师师长，当时任"围剿"军前线总指挥。正如毛泽东在《中国革命战争的战略问题》中所描述："我们的第一仗就决定打而且打着了张辉瓒的主力两个旅和一个师部，连师长在内九千人全部俘获，不漏一人一马。一战胜利，吓得谭师向东韶跑，许师向头陂跑。我军又追击谭师消灭它一半。五天内打两仗（一九三〇年十二月二十七日至一九三一年一月一日），于是富田、东固、头陂诸敌畏打纷纷撤退，第一次'围剿'就结束了。"①龙冈大捷，创造了我军歼灭战的范例。"围剿"军总司令鲁涤平曾亲拟一电向蒋介石哭诉："龙冈一役，十八师片甲不还。"

词的下阕描写第二次反"围剿"战前敌我双方的态势，并强调红军必胜。"二十万军重入赣，风烟滚滚来天半"，蒋介石不甘心失败，调集20万军队，以军政部部长何应钦兼任司令，再次进攻中央革命根据地，来势汹汹，气焰嚣张。蒋介石狂妄叫嚣："三个月消灭红军。"风烟滚滚，尘土滚滚如烟。天半，半空。唐人李白《观山海图》诗："征帆飘空中，瀑水洒天半。"

"唤起工农千百万，同心干"，动员广大工农群众，同心同德干革命，依靠工农群众的支持，从而战胜敌人。"不周山下红旗乱"，引用中国古代神话传说中"共工怒触不周山"的典故。在中国古代神话传说中，关于共工这个人物，历史文献记载各有不同。在中共中央文献研究室编《毛泽东诗词集》中，毛泽东在"原注"中已经指明"诸说不同。我取

---

①《毛泽东选集》第一卷，人民出版社，1991年6月第2版，第217—218页。

《淮南子·天文训》"并指出共工"没有死""共工是胜利的英雄"。[1]作者把共工看作改天换地、旋转乾坤的英雄人物，看成大闹天宫的孙悟空式的英雄人物，看成旧秩序的造反者、旧世界的破坏者。可见，这里作者是借用中国古代神话传说中英雄人物共工的形象来比喻千百万工农群众和红军，群众才是真正的英雄。

中国革命战争的重要特点，是敌强我弱，双方力量对比的悬殊程度，在世界战争史上堪称罕见。不仅敌我双方在兵力总量上长期敌众我寡，而且在武器装备方面也长期处于敌优我劣的状况。但貌似强大的敌人并不可怕，毛泽东始终"我自岿然不动""横扫千军如卷席"。

毛泽东在对第二次国内革命战争进行总结时，认为"围剿"和反"围剿"是中国内战的主要形式。他指出："十年以来，从游击战争开始的一天起，任何一个独立的红色游击队或红军的周围，任何一个根据地的周围，经常遇到的是敌人的'围剿'。敌人把红军看作异物，一出现就想把它捕获。敌人总是跟着红军，而且总是把它围起来。这种形式，过去十年是没有变化的……红军的活动，采取了反'围剿'的形式。所谓胜利，主要地是说反'围剿'的胜利，这就是战略和战役的胜利。……十年的红军战争史，就是一部反'围剿'史。"[2]《渔家傲·反第一次大"围剿"》正是反映毛泽东战略战术的重要作品。反动派的"围剿"，在用兵如神的毛泽东率领的红军面前，只能是以失败告终。

---

[1]《毛泽东诗词集》，中央文献出版社，1996年9月第1版，第31页。
[2] 毛泽东著：《中国革命战争的战略问题》，《毛泽东选集》第一卷，人民出版社，1991年6月第2版，第192—193页。

毛泽东如何别出心裁评"共工"?

刘勰《文心雕龙·事类》云:"明理引乎成辞,征义举乎人事,乃圣贤之鸿谟,经籍之通矩也。"引经据典是中国文学创作的一个传统,也是毛泽东写诗填词的重要手法。毛泽东善于用典,旁征博引,史籍箴言、古诗名句、神话传说信手拈来,让语言表达深沉浑厚,使作品蕴含回味无穷。古为今用,推陈出新,既彰显出毛泽东活学活用国学经典的深厚底蕴,也洋溢着毛泽东继承发展传统文化的高度自觉。

中华文化源远流长,积淀了浩如烟海的神话传说,为历代文学创作提供了不竭素材。毛泽东诗词植根于传统文化的深厚土壤,蕴含着丰富多彩的中国文化元素,其中也包含对古老神话资源的挖掘与运用。1930年春,红军第一次反"围剿"胜利后,毛泽东写下《渔家傲·反第一次大"围剿"》。1962年《人民文学》发表这首词之前,毛泽东将最后一句"教他片甲都不还"改为"不周山下红旗乱"。"不周山",最早见于《山海经·大荒西经》:"西北海之外,大荒之隅,有山而不合,名曰不周。"

毛泽东引用"共工头触不周山"的典故,还专门写了400多字的注释:

关于共工头触不周山的故事:

《淮南子·天文训》:"昔者共工与颛顼争为帝,怒而触不周之山,天柱折,地维绝。天倾西北,故日月星辰移焉;地不满东南,故水潦尘埃归焉。"

《国语·周语》:"昔共工弃此道也,虞于湛乐,淫失其身,欲壅防百川,堕高堙庳,以害天下。皇天弗福,庶民弗助。祸乱并兴,共工用灭。"（韦昭注："贾侍中〔指后汉贾逵〕云：共工，诸侯，炎帝之后，姜姓也。颛顼氏衰，共工氏侵陵诸侯，与高辛氏争而王也。"）

《史记》司马贞补《三皇本纪》："当其（按：指女娲）末年也，诸侯有共工氏，任智刑以强，霸而不王，以水乘木，乃与祝融战，不胜而怒，乃头触不周山崩，天柱折，地维缺。"

毛按：诸说不同。我取《淮南子·天文训》，共工是胜利的英雄。你看，"怒而触不周之山，天柱折，地维绝。天倾西北，故日月星辰移焉；地不满东南，故水潦尘埃归焉。"他死了没有呢？没有说。看来是没有死，共工是确实胜利了。[1]

这是毛泽东为自己的诗词用典所作的最长的一个注释。共工是中国古代神话中一个性情特别激烈的形象。传说他是炎帝的后裔，又是水神，管理和控制着占大地面积十分之七的海洋、江河、湖泊。共工力大无比，脾气暴躁。他不满颛顼的统治，起而造反，失败之际一头撞向擎天柱不周山，改变了天地的形势。不同史籍和神话对其褒贬大相径庭：有的说他是治水英雄，尊为"三皇"之一；有的说他是一位恶神，最终被禹所杀。

不周山的故事经常出现在古今的文学作品中。鲁迅在《故事新编》借共工的下属说："我后爰以厥首触不周之山，折天地，绝地维，我后亦殂落。"[2] 郭沫若在《女神之再生》中说："群以头颅碰山麓岩壁，雷鸣电火四起。少时发一大雷电，山体崩裂，天盖倾倒，黑烟一样的物质四处喷涌，共工之徒倒死于山麓。"[3] 在他们的笔下，共工最后斗争而死，是一个悲剧形象。

只有毛泽东以其无产阶级革命家的气魄，赋予了这一神话全新的思

---

[1]《毛泽东诗词集》，中央文献出版社，1996年9月第1版，第30—31页。

[2] 郭思敏主编：《毛泽东诗词辨析》，中央文献出版社，2006年10月第1版，第66页。

[3] 郭思敏主编：《毛泽东诗词辨析》，中央文献出版社，2006年10月第1版，第66页。

想内涵。他一反历代史书对共工的非议，把"与颛顼争为帝"的共工演绎成为砸烂旧世界、创造新天地的胜利英雄。面对红军英勇杀敌的壮烈场面，毛泽东眼前幻化出一个更为宏阔的神话世界。共工触倒天柱，断裂地维，挺立于宇宙之间，俨然成为"敢教日月换新天"的形象代表。毛泽东说"共工没有死"，是说他的精神不死。共工精神是坚忍不拔、宁折不弯的钢铁意志，是勇于挑战、敢为人先的创新意识，是义无反顾、舍生忘死的奉献精神。其实，《贺新郎·别友》中"要似昆仑崩绝壁"，也暗含了共工头触不周山的典故。"不周山下红旗乱"把神话故事与现实斗争、不周山与红旗、共工与红军紧密联系在一起，由一次具体战役引向整个中国革命的必然胜利。

"戏法人人都会，各有巧妙不同。"正如柳亚子所赞，毛泽东"才华信美多娇，看千古词人共折腰"，他用典不拘一格，可谓是"运用之妙，存乎一心"。他引经据典，不是为了故作艰深，不是为了附庸风雅，而是让其为我所用，纳入自己的语境，融入自己的情感，表达自己的意志，强化时代的主题。他从不简单照搬，善于"反其意而用之"，取其外壳去其糟粕，化烂熟为生新，化腐朽为神奇，赋予其全新的思想和时代蕴含。

毛泽东诗词用典出神入化，达到了"水中着盐，饮水乃知盐味"的境界，犹如一座巍峨宏丽的艺术殿堂，犹如镶嵌在诗文中的璀璨珠玉，使毛泽东诗词充满着浓郁的民族特色和中国气派。毛泽东赋予神话人物以善恶、正邪、美丑等多种特征，表达了鲜明的爱憎情感和深邃的价值观念。"不周山下红旗乱"的寓意，与这首词意欲表达的内容水乳交融，显示着他对神话原型的透彻理解和把握，反映出他对现实生活的深刻认识和感悟，也彰显了他对神话人物形象独具匠心的改造与超越，从而达到了"器大声宏，志向高远"的诗美境界。

毛泽东如何使"枯木朽株齐努力"?

1931年4月,蒋介石集中20万兵力向中央苏区进行第二次"围剿"。敌人"步步为营,稳扎稳打,分进合击,重重包围",从江西吉安到福建建宁修筑了坚固碉堡,号称"八百里防线"。毛泽东指挥红军主力进发到富田东南东固附近的白云山区,隐蔽了20多天。5月15日,敌王金钰部分三路窜向东固,正好钻进红军"口袋"。5月16日,红军突然从白云山头上猛攻下来,歼敌两个师,首战告捷。红军乘胜追击,向东横扫350公里,又歼敌3万多人。毛泽东欣然赋诗《渔家傲·反第二次大"围剿"》:"白云山头云欲立,白云山下呼声急,枯木朽株齐努力。枪林逼,飞将军自重霄入。 七百里驱十五日,赣水苍茫闽山碧,横扫千军如卷席。有人泣,为营步步嗟何及!"

这首词尚未发现作者留有手迹。这首词最早发表在《人民文学》1962年5月号,总题为《词六首》,此词以词牌《渔家傲》为词题,未标明写作时间。1963年人民文学出版社出版《毛主席诗词》时,标题为《渔家傲·反第二次大"围剿"》,写作时间标明为"一九三一年夏"。《人民文学》编辑部寄呈毛泽东审定的传抄稿与后来的正式发表稿有如下不同:传抄稿原为"三路大军齐进逼,包抄疾,拉朽摧枯如霹雳",正式发表稿改为"白云山头云欲立,白云山下呼声急,枯木朽株齐努力。枪林逼,飞将军自重霄入"。"七百里驱十五日"句,传抄稿作"八百里驱十四日",这是根据郭沫若的意见修改过来的,这便与毛泽东《中国革命战争的战略问题》中"十五天中"的相关战况描述相互一致了。

词的上阕描写在反第二次大"围剿"中具有全局决胜意义的首战,即白云山伏击战。"白云山头云欲立,白云山下呼声急",白云山顶,云怒欲立;白云山下,喊杀声急。这是埋伏、进攻、喊杀的战斗场面,赞扬了军民同仇敌忾、奋勇杀敌的精神，表现了红军的高昂士气、顽强意志、强大威力。"枯木朽株齐努力"，"枯木朽株"本义是指山上的残枝败叶，引申意义是指底层民众，即"草根一族"，典出《古代兵略·天地》："金城汤池，不得其人以守之，曾不及培塿之丘，泛滥之水；得其人，即枯木朽株，皆可以为敌难。"1964年1月27日，毛泽东口头答复外国文书籍出版局《毛主席诗词》英译者："'枯木朽株'，不是指敌方，是指自己这边，草木也可帮我们忙。"①"枪林逼，飞将军自重霄入"，红军似天兵天将突然从天而降，枪密如林，向敌军一齐进逼。毛泽东口头解释："'枪林逼'，也是指自己这边。'枪林逼，飞将军自重霄入'是倒装笔法，就是'飞将军自重霄入，枪林逼'。"在此，毛泽东用来称赞黄公略及其所率红军。

词的下阕描写反第二次大"围剿"的全面胜利，颂扬人民战争的威势和伟力，同时又辛辣地嘲讽一败涂地的敌人。"七百里驱十五日"，十五内，驰驱奔袭七百里。红军从赣江流域的富田地区，由西向东横扫，一直打到福建建宁，历时十五天，行程七百里。"赣水苍茫闽山碧"，赣江旷远迷茫，武夷山山色碧绿。"横扫千军如卷席"，红军所向披靡，像卷草席一样彻底、干净、利落。"有人泣，为营步步嗟何及"，传抄稿作"蒋何泣"，蒋介石"稳扎稳打、步步为营"的战术又遭惨败，只能是一脸哭相，可怜兮兮。毛泽东以山清水秀之景烘托出胜利后的内心喜悦，大战之余得闲品评妖娆江山。该词采用了高度的艺术概括和拟人化的修辞手法，以藐视敌人的豪迈感情，刻画了红军勇猛、神速的战斗精神和十五日长驱七百里横扫千军如卷席的威势。

该词中"枯木朽株齐努力"一句蕴含丰富，这是红军捷报频传的重要因素。毛泽东通过艺术渲染，把根据地男女老少、群策群力、全民皆兵，努力杀敌的人民战争场景，惟妙惟肖地表现出来了。

毛泽东被誉为"人民战争之王"。他有一句至理名言："兵民是胜

---

① 蔡清富、黄辉映编著：《毛泽东诗词大观》，四川人民出版社，2007年4月第4版，第555页。

利之本。"他认为:"战争的伟力之最深厚的根源,保存于民众之中。"①毛泽东阐述说:"真正的铜墙铁壁是什么?是群众,是千百万真心实意地拥护革命的群众。这是真正的铜墙铁壁,什么力量也打不破的,完全打不破的……在革命政府周围团结起千百万群众来,发展我们的革命战争,我们就能消灭一切反革命,我们就能夺取全中国。"②

在革命战争实践中,毛泽东最大限度地动员发动广大人民群众,采用军民整体作战的战略战术,陷敌于人民战争的汪洋大海之中。《减字木兰花·广昌路上》"十万工农下吉安",《蝶恋花·从汀州向长沙》"百万工农齐踊跃",《渔家傲·反第一次大"围剿"》"唤起工农千百万",真切地反映出毛泽东对战争动员的高度重视。"十万""百万""千百万",充分展示了革命力量不断成长壮大的历史进程。从数量词的递进关系中,不仅可以看到毛泽东进行战争动员的工作力度不断加大,更能显示共产党人获得民众支持的效果日益显著。这表明共产党人的正确主张不断深入人心,也表明人民群众同情和支持革命的政治觉悟不断提高,中国革命战争的人民群众基础不断夯实和稳固。"军民团结如一人,试看天下谁能敌?"正因为有了人民群众的真心拥护与支持,中国革命才能无往而不胜,不断创造奇迹,创造辉煌。

---

① 毛泽东著:《论持久战》,《毛泽东选集》第二卷,人民出版社,1991年6月第2版,第509—511页。

② 毛泽东著:《关心群众生活,注意工作方法》,《毛泽东选集》第一卷,人民出版社,1991年6月第2版,第139页。

毛泽东如何三番诗赞黄公略？

毛泽东诗词中，有不少作品的题目或诗句涉及与毛泽东同时代的一些人物，归结起来有六种类型：一是亲属，如母亲文七妹、妻子杨开慧和江青；二是同窗好友，如易昌陶、罗章龙、周世钊；三是诗友，如柳亚子、郭沫若；四是左翼作家，如丁玲、鲁迅；五是国民党将领，如戴安澜、张辉瓒；六是亲密战友，如柳直荀、黄公略、彭德怀、罗荣桓。在这些人物当中，有两个人被毛泽东反复吟咏，一个是杨开慧，另一个就是黄公略。尽管毛泽东没有像对杨开慧那样为黄公略专门写诗，但毛泽东在作品中三次直接或者间接地称赞黄公略。毛泽东的众多战友，只有黄公略获此殊荣。

黄公略，原名黄汉魂，生于1898年，湖南湘乡人。黄公略从小爱读兵书，17岁投奔湘军。1927年考取黄埔军校高级班。黄公略在革命低潮时毅然加入中国共产党，还参加了广州起义。1928年7月，黄公略与彭德怀等领导平江起义，后任红五军第二纵队纵队长等职。同年冬，红五军主力开赴井冈山，他留在湘鄂赣边界地区坚持游击战争，担负起保卫和发展湘鄂赣根据地的任务。在实践中，他创造和总结了"绕南进北、昼伏夜出、彼合我散、彼集我合、彼驻我扰、彼追我圈"等游击战术，还将这些心得写成一本《游击战术》的小册子，在军中广为印发。这是红军历史上第一部研究和阐述游击战术的军事著作。

1929年底，中共赣南特委和中共湘赣边特委将赣西南的独立二、四团及延福、富田纵队等地方部队合编成中国工农红军第六军，黄公略出任红六军军长。此后，朱、毛率红四军再度进入闽西，黄公略则按照总前委"以三个月为期分路进行游击战争"的决定，以东固山为依托，不断开辟新的红色区域，有力地拱卫了以赣南、闽西为中心的中央苏区。

仅仅三个月，黄公略就以其一流的业绩受到了毛泽东的青睐。1930年7月，毛泽东写了《蝶恋花·从汀州向长沙》，诗中有"偏师借重黄公略"一句。黄公略是第一个被写进毛泽东诗词的红军将领，也是毛泽东第一次赋诗称赞黄公略。毛泽东将一个红军将领的姓名直接嵌进自己的诗词中，而且如此热情洋溢地、不加保留地称颂，有幸能享有如此殊荣的只有黄公略和敢于"横刀立马"的彭德怀。

毛泽东对黄公略的赏识由来已久。他们既是同乡，更是同志。毛泽东早就听说黄公略在赣西南创造了一套游击战术，而这套游击战法同朱、毛在井冈山创造的"敌进我退、敌退我追、敌疲我打、敌驻我扰"十六字诀，可谓"英雄所见略同"。

毛泽东与黄公略的第一次见面，是1930年2月上旬在吉安陂头举行的"二七"联席会议上。1930年6月，中央军委统一战略区域的红军编制，红六军改编为红三军，黄公略任军长，与林彪任军长的红四军、伍中豪任军长的红十二军一起组成红一军团。他们三人被称为朱、毛麾下的"军中三骁将"。

第一次反"围剿"战争开始后，红三军在具有决胜意义的龙冈战役中担任正面主攻任务。黄公略率部以寡敌众，为友邻部队迂回包抄争取了时间，红三军歼敌数量占总数的一半，功不可没。敌张辉瓒的师部和两个旅9000余人竟无一人漏网。红军在5天之内，连续取得龙冈、东韶战斗的胜利，共歼敌15000余人。毛泽东《渔家傲·反第一次大"围剿"》一词，没有直接点出黄公略的名字，但"雾满龙冈千嶂暗，齐声唤，前头捉了张辉瓒"的辉煌战绩，首先要归功于黄公略的指挥得力。

在第二次反"围剿"中，黄公略率部设伏于东固白云山一带，隐蔽了20多天。1931年5月15日，敌王金钰部分三路窜向东固，正好钻进"口袋"。5月16日，黄公略指挥红三军突然从白云山头上猛攻下来，喊杀震天，先后歼灭王金钰和公秉藩两个师，首开胜局。《渔家傲·反第二次大"围剿"》中"飞将军自重霄入"的"飞将军"，典故出司马迁《史记·李将军列传》："广居右北平，匈奴闻之，号曰'汉之飞将军'，避之数岁，不敢入右北平。"匈奴把汉代名将李广称为"飞将军"，喻其矫健勇猛。唐代王昌龄《出塞》："但使龙城飞将在，不教胡马度阴山。"毛泽东用来称赞黄公略，于是黄公略赢得了"飞将军"的美誉。

1931年9月初，在第三次反"围剿"作战中，黄公略在行军途中，突遭国民党飞机空袭，不幸壮烈牺牲，时年仅33岁。出师未捷身先死，长使英雄泪满襟。1931年9月16日下午，毛泽东赶到兴国县莲塘村，亲自主持了黄公略的追悼会。他强抑悲痛，写了一副挽联，对其一生作了高度评价："广州暴动不死，平江暴动不死，而今竟牺牲，堪恨大祸从天降；革命战争有功，游击战争有功，毕生何奋勇，好教后世继君来。"[1] 黄公略被飞机扫射而亡，"堪恨大祸从天降"有一语双关之妙，极言黄公略牺牲之突然，令人无法接受。"好教后世继君来"，是鼓励后来者向先烈学习，将革命进行到底。全联语言洗练，节奏感强，读起来掷地有声，悲壮之感、催人奋进之感油然而生。

---

[1] 杜忠明编著：《毛泽东对联赏析》，中央文献出版社，2005年1月第1版，第185页。

"好汉重提当年勇"是什么滋味？

《毛泽东年谱（1893—1949）》上卷记载：1933年夏，毛泽东"重回大柏地，回忆起一九二九年二月同朱德利用山高林密的条件，指挥红四军消灭追敌刘士毅部两个团的胜利战斗，作《菩萨蛮·大柏地》：'赤橙黄绿青蓝紫，谁持彩练当空舞？雨后复斜阳，关山阵阵苍。 当年鏖战急，弹洞前村壁。装点此关山，今朝更好看。'"[1]这首词最早发表在《诗刊》1957年1月号，未标明写作时间。1963年12月，人民文学出版社出版《毛主席诗词》时，写作时间标为"一九三三年夏"，现在所见作者存留手迹一件。

大柏地是离江西瑞金县城北60里的一个小镇。1929年1月，为开辟新的根据地，朱毛红军主力由井冈山向赣南进军，2月10日至11日，在大柏地设伏击败尾随的国民党军刘士毅部，歼敌近两个团，这是朱毛红军离开井冈山后打的第一个大胜仗。

"赤橙黄绿青蓝紫，谁持彩练当空舞？"首句七字珠联璧合，节奏短迫，横空出世，突兀奇妙。下句愈出愈奇，将彩虹比作"彩练"，一个"舞"字独具匠心，使原本静态的彩虹灵动起来。"雨后复斜阳，关山阵阵苍"，雨过天晴，山林如浴，草木郁郁葱葱。

"当年鏖战急，弹洞前村壁"，诗人回想起当年辉煌战事，深感这个景色美丽宜人的根据地来之不易。"装点此关山，今朝更好看"，经过革命战争洗礼的根据地更加美丽壮观。毛泽东不因战争的破坏性而叹息，却着眼于革命战争能够摧毁一个旧世界，催生一个新世界，这就是一个伟大革命家的战争观。

---

[1]《毛泽东年谱（1893—1949）》上卷，中央文献出版社，2013年12月第1版，第401页。

这首词想象独特，笔法奇崛，字面意思并不复杂，无非是借景抒怀。有人认为这首词的主题在于通过回顾以往的战斗胜利，热烈歌颂正确路线，批判王明"左"倾路线。有人认为这首词通过"弹洞"，强调武装斗争的重要性，表达人民战争观。有人认为通过景物描写来赞美根据地的壮美河山。也有人认为这首词通过"装点此关山，今朝更好看"来抒发一种高度乐观的革命情怀。这些解读各有道理，但似乎都没能准确把握创作的特定背景，也没能真正品味出毛泽东的复杂心境。

1958年12月21日，毛泽东在《毛主席诗词十九首》上批注道："一九三四年，形势危急，准备长征，心情又是郁闷的。这一首《清平乐》，如前面那首《菩萨蛮》一样，表露了同一的心境。"[①] 所谓"前面那首《菩萨蛮》"，就是指这首《菩萨蛮·大柏地》。"心情郁闷"是这首词的情感基调。如果觉察不到毛泽东的郁闷心情，严格意义上说，等于没有读懂这首词，都只是隔靴搔痒的望文生义。

1931年1月，王明在六届四中全会上进入中央政治局，逐渐控制了中央领导权，"左"倾盲动主义占据统治地位，毛泽东的处境越来越难。在1931年11月的赣南会议上，毛泽东被批判为"狭隘的经验论""富农路线"等。紧接着，在瑞金叶坪召开的"一苏大"上，毛泽东虽被选为临时中央政府主席和人民委员会主席，但被免去了军事指挥权。此后一个时期内，他一再遭到批判、排挤和打击。后来，他在中共八大预备会上回忆自己的逆境时说："主要是三次'左'倾路线时期，给我的各种处分、打击，包括开除党籍、开除政治局候补委员，赶出红军等，有多少次呢？记得起来的有二十次。"[②] 毛泽东胸襟豁达，忍辱负重，"对于那些冤枉和委屈，对于那些不适当的处罚和错误的处置，比如把自己打成'机会主义'，撤销自己的职务，调离自己的职务等等，可以有两种态度。一种态度是从此消极，很气愤，不满意；另一种态度是把它看

---

① 《毛泽东文艺论集》，中央文献出版社，2002年4月第1版，第194页。
② 毛泽东著：《关于第八届中央委员会的选举问题》，《毛泽东文集》第七卷，人民出版社，1999年6月第1版，第105页。

作一种有益的教育，当作一种锻炼"①。

　　身处逆境的毛泽东重返昔日战场，难免黯然神伤。凭吊战场是古典诗词的一个常见主题，但古人凭吊战场，如苏东坡《念奴娇·赤壁怀古》，往往是置身事外，发思古之幽情。毛泽东则不然，回到大柏地，昔日亲临战场指挥杀敌的场景历历在目，而如今物是人非，自己已经无权过问军事。积聚在内心的烦闷与惆怅，难以言表，外人无法体会。

　　毛泽东有深厚的传统诗学底蕴，熟谙屈原《九章·惜诵》"情沉抑而不达兮，又蔽而莫之白"之本义，也受到杜甫"沉郁顿挫"诗风的熏陶。《菩萨蛮·大柏地》写得意蕴深厚内藏，感情内敛郁积。没有丰富的人生阅历，没有设身处地的换位思考，很难读懂写景抒情背后的孤寂与憋闷。人们往往停留于字面浅尝辄止，不免与毛泽东的深意相去甚远。"赤橙黄绿青蓝紫，谁持彩练当空舞？"色彩斑斓，想象奇特，可在形势日益严峻的反"围剿"战争中，"彩练"不在自己手上，只能望而兴叹。"当年鏖战急，弹洞前村壁"，当年在此创造辉煌战绩，可如今屡遭排挤，被剥夺军事指挥权，远离炮火硝烟，岂能没有"英雄无用武之地"的苦闷？"装点此关山，今朝更好看"，回想当初红军攻坚克难，根据地日益壮大，而眼下错误领导当道，根据地发展不断受挫，今非昔比。好汉重提当年勇，内心苦楚有谁知？

---

　　① 毛泽东著：《关于第八届中央委员会的选举问题》，《毛泽东文集》第七卷，人民出版社，1999年6月第1版，第106页。

"死打硬拼，崽卖爷田"谁心痛？

1934年夏天，毛泽东在中共粤赣省委所在地会昌进行调查研究和指导工作。《毛泽东年谱（1893—1949）》上卷记载："（1934年）夏在会昌作《清平乐·会昌》：'东方欲晓，莫道君行早。踏遍青山人未老，风景这边独好。 会昌城外高峰，颠连直接东溟。战士指看南粤，更加郁郁葱葱。'"① 这首词最早发表在《诗刊》1957年1月号，1963年12月人民文学出版社出版《毛主席诗词》时，标注写作时间为"一九三四年夏"。这是一首写登山的作品，是毛泽东长征之前在中央苏区写的最后一首诗。

上阕写近景及其所引发的感慨。"东方欲晓，莫道君行早"，天快亮的时候，就去登山。"莫道君行早"是借用谚语"莫道君行早，更有早行人"的成句。1964年1月27日，毛泽东对外国文书籍出版局《毛主席诗词》英译者口头答复："'君行早'的'君'，指我自己，不是复数，要照单数译。会昌有高山，天不亮我就去爬山。"② "踏遍青山人未老"，踏遍绿水青山，依然年富力强，一反陆游《渔家傲·寄仲高》"行遍天涯真老矣"诗意。"风景这边独好"，会昌一带的风景独具特色。

下阕写远景以及展望。"会昌城外高峰"，会昌县城外有诸多山峰。"颠连直接东溟"，山峰绵延不断，一直连接到东海，化用李白《当涂赵炎少府粉图山水歌》"峨眉高出西极天，罗浮直与南冥连"。"战士指看南粤，更加郁郁葱葱"，南粤指广东一带，草木青翠茂盛。

---

① 《毛泽东年谱（1893—1949）》上卷，中央文献出版社，2013年12月第1版，第430页。

② 蔡清富、黄辉映编著：《毛泽东诗词大观》，四川人民出版社，2007年4月第4版，第555页。

这首词"只眼前景,口头语,而有弦外音",所写景物都是眼前景象,结伴登山,拂晓启程,高峰挺秀,群山蜿蜒,同游指点,南粤葱茏,没有什么出奇之处。所用语言都是大白话,不用典故。可是在常景常语之中却传达出言外之意、弦外之音。这大概就是宋代姜夔说的:"非奇非怪,剥落文采,知其妙而不知其所以妙,曰自然高妙。"

最早解读这首词的是臧克家,他在中国青年出版社1957年10月版的《毛主席诗词十八首讲解》中指出:"《清平乐》(《会昌》)是行军途中的景色描写和革命战士们心情的抒发。这两者是连在一起写的。"[①]1958年12月21日,毛泽东在《毛主席诗词十九首》上批注道:"一九三四年,形势危急,准备长征,心情又是郁闷的。这一首《清平乐》,如前面那首《菩萨蛮》一样,表露了同一的心境。"[②]这条批注是理解这首词的一把钥匙。

人们在读该词时总觉得比较开阔明朗。有些人认为作品反映了对革命前途的坚定信心和乐观豪迈;有些人认为它歌颂了根据地的壮美景色;有些人认为它赞扬会昌一带的大好形势;有些人认为它表达了作者再创辉煌的宏伟抱负。这些解读与毛泽东的"心情郁闷"相差太远。1957年8月1日,他在《读范仲淹两首词的批语》中说:"人的心情是复杂的,有所偏但仍是复杂的。所谓复杂,就是对立统一。人的心情,经常有对立的成分,不是单一的,是可以分析的。"[③]1973年7月,他在会见杨振宁博士时,说对自己的诗"有些注解不对头",感慨"百把年以后,对我们的这些诗都不懂了。"[④]

对《清平乐·会昌》,人们一味兴叹"踏遍青山人未老"的豪迈,赞赏"战士指看南粤,更加郁郁葱葱"的乐观,却没有觉察到由于错误路线一再干扰,中央苏区北线、东线频遭突破,第五次反"围剿"连连

[①] 郭思敏主编:《毛泽东诗词辨析》,中央文献出版社,2006年10月第1版,第85页。

[②]《毛泽东文艺论集》,中央文献出版社,2002年4月第1版,第194页。

[③]《毛泽东文艺论集》,中央文献出版社,2002年4月第1版,第189页。

[④]《毛泽东年谱(1893—1949)》第六卷,中央文献出版社,2013年12月第1版,第488页。

失利，只有毛泽东直接指导的南线局势相对和缓，误以为"风景这边独好"只是吟咏根据地的壮美河山，而忽视其背后的深深忧患。

当时中央苏区的形势已经十分危急。国民党军队对中央苏区规模空前的第五次"围剿"已持续近十个月。博古、李德执行王明的"左"倾军事路线，拒不接受毛泽东等人的正确主张，采取消极防御的战略，用阵地战代替游击战和运动战，强令红军广筑碉堡，处处设防，以阵地防御结合"短促突击"，死打硬拼。结果是根据地越打越小，红军越打越少，中央苏区东线、北线频频告急。彭德怀激烈地指责"军事顾问"李德瞎指挥，是"崽卖爷田不心疼"。可以想象出有反"围剿"经验、卓越军事才能的毛泽东对整个局势的强烈不满和深深忧虑。

1934年4月至7月，毛泽东在粤赣省委所在地会昌指导地方工作，使中央苏区南线局势相对和缓，但他也难以力挽狂澜。"踏遍青山人未老"，内心苦涩的毛泽东依然在四处奔波，字里行间折射出唐朝诗人唐彦谦《道中逢故人》的感伤："愁牵白发三千丈，踏入青山几万重。"正如清朝沈德潜所云："转作旷达，弥见沉痛矣。""这边风景独好"，与其说是对南线"大好形势"的肯定，不如说是对错误指挥的愤怒声讨；与其说是对根据地风光的热情礼赞，不如说是对中央苏区困境的痛心疾首。"战士指看南粤，更加郁郁葱葱"，心情沉闷的毛泽东视通万里，他把光明"远景"融化在宽广的胸怀和远大的视野之中，诗人的心境也随着眼界的无限拓展而得到些许的宽慰，体现出刚毅的性格和乐观的情怀。

毛泽东在逆境中所写的《清平乐·会昌》，是"左"倾路线对他排挤最严重、根据地前途最堪忧时写的作品。词作所传达出的情感和作者的处境呈现出一种矛盾状态，而呈现在读者面前的却是一种深沉含蓄、乐观豁达的博大胸襟，生动展示了百折不挠的伟人风范，谱写了旷古绝伦的人生颂歌。

毛泽东笔下如何"山外有山"？

毛泽东出生于山区，从小就熟悉山、喜爱山，在几十年的革命生涯中与全国众多的大山结下了不解之缘。山，几乎浓缩了毛泽东一生的足迹。山，是毛泽东人生，也是中国现代革命史的一种现实反映。山在毛泽东诗词中几乎无处不在，大的、小的、高的、低的、虚的、实的、有名的、无名的，令人目不暇接，既是吟咏对象，也是灵感源泉。毛泽东钟情于山，又超越于山，山的深沉厚重、豪迈坚挺和博大精深与他的诗词浑然一体，启人深思、动人心魄。

毛泽东以山为题的作品很多，而包含山意象的诗句则不计其数。创作于1934年到1935年的《十六字令三首》则是毛泽东纯粹咏山的作品："其一：山，快马加鞭未下鞍，惊回首，离天三尺三。""其二：山，倒海翻江卷巨澜。奔腾急，万马战犹酣。""其三：山，刺破青天锷未残。天欲堕，赖以拄其间。"这三首小令最早发表在《诗刊》1957年1月号，编排在《忆秦娥·娄山关》之后，后来出版的几种毛泽东诗词集都沿袭了这一编排，直到1986年9月人民文学出版社出版的《毛泽东诗词选》才按写作时间的顺序，将其排在《忆秦娥·娄山关》之前。

《十六字令三首》是毛泽东在1934年至1935年间在长征途中对所经历的无数山峦峰岭的主观感受，是一种凝练，是一种感慨。有些人在进行解读时，总是抱着"打破砂锅问到底"的态度，试图考证清楚所写的究竟是哪里的山，是哪一座山。这种考证毫无意义，长征途中，红军跋山涉水，经过了无数大大小小、有名无名的山，恐怕作者本人也难以说明白。清代刘熙载《艺概》云："昔人词咏古咏物，隐然只是咏怀。"毛泽东"登山则情满于山"，他用三首小令把山写得各有情态，各具神韵。《十六字令三首》属于联章体，是毛泽东长征组诗的首篇。

"山,快马加鞭未下鞍,惊回首,离天三尺三",这是第一首,写山的高峻。"离天三尺三",《诗刊》发表时,在这句下作了原注:"民谣:'上有骷髅山,下有八宝山,离天三尺三。人过要低头,马过要下鞍。'"1964年1月27日,毛泽东在回答《毛主席诗词》英译者所提诗词问题时曾解释说:"这是湖南常德的民谣。"[1]1996年版的《毛泽东诗词集》,对原注作了订正,称"湖南民谣",并把"八宝山"改为"八面山"[2]。毛泽东借用民谣"离天三尺三"成句,极为夸张地写出山势的高峻。"惊回首",既是因回望极高极险的山而感到吃惊,同时也传达出一种翻越高山后的欣喜,毛泽东幽默地道出山之高耸。他形容山之高却并不直言山的海拔高度,而是采用对比方法。可山再高再陡,也无法阻挡英勇红军,他们非但没有低头下马,反而快马加鞭,飞腾而过,"离天三尺三"的高山不过如此。

"山,倒海翻江卷巨澜。奔腾急,万马战犹酣",这是第二首,写山的磅礴。与第一首把山当作被战胜的对象来写有所不同,而是将其作为力量和气势的象征来礼赞。为了尽情展现山的神韵,毛泽东连续用了两个比喻。山,原本是岿然不动的,毛泽东却化静为动,赋予它生命的律动与活力。作品分明是在描写山,毛泽东却把山变成了水,把千山万壑比作翻江巨浪,用水势的浩荡与奔腾来体现山的绵延和形貌。毛泽东又把山势蜿蜒比作万马齐奔的酣战场面,想象之奇、设喻之妙,令人拍案叫绝。毛泽东的奇思妙想,也是受了前人的启迪。宋代范成大《谒南岳》:"湘中固多山,夹岸万马屯。"宋代辛弃疾《沁园春·灵山齐庵赋》:"叠嶂西驰,万马回旋,众山欲东。"但更大程度上说,这是现实生活的折射,毛泽东戎马倥偬,置身群山之中时,金戈铁马的战斗场面自然会融合到磅礴雄伟的群山意象中来。

"山,刺破青天锷未残。天欲堕,赖以拄其间",这是第三首,写山的坚锐。毛泽东不仅把山的高耸刻画得活灵活现,而且对山的本质把

---

[1] 蔡清富、黄辉映编著:《毛泽东诗词大观》,四川人民出版社,2007年4月第4版,第555页。

[2]《毛泽东诗词集》,中央文献出版社,1996年9月第1版,第44页。

握得入木三分。他把山峰比作刀剑，矗立于天地之间，直指青天，刺破青天，又撑住青天。这高大的剑锋锐不可当，坚挺有力！古代神话中就有"天柱"的想象，后世也有"一柱擎天"的说法，而毛泽东所塑造的山更有现实意义，这种笔法堪称前无古人。壁立千仞，无欲则刚；顶天立地，敢作敢当，这俨然就是中国共产党人的人格写照。中华民族处于生死存亡之际，中国共产党人挺身而出，立志扭转乾坤，挽狂澜于既倒。

在毛泽东心目中，山是客体，是他要努力快马加鞭、一跃征服的对象，从而实现他的志向和抱负；山又是主体，是他融入其中，共同杀敌的山人合一。山更是超越，它不同凡响，象征着理想人格，是要努力去学习、去效仿的目标。

毛泽东才思敏捷，诗艺绝伦，"无山不入诗，入诗成绝唱"。毛泽东以"山"记史，以"山"言志，以"山"造境，把山写得瑰伟雄奇，绚丽璀璨，流动回旋。山，是他的胸怀，是他的性格，又是他的形象。山的深沉，山的坚韧，山的博大精深，与他的诗词浑然一体。一座座大山，带着中国革命的独特印记，带着诗人的绵绵情思，被载入不朽诗篇。在毛泽东笔下，山巍峨，景辽阔，意深远。毛泽东每一次登临大山都有一段灿烂辉煌的历史，都有一个曲折动人的故事，他写山的诗句是特定时代的艺术表现，生动反映了毛泽东与山的情与缘。

毛泽东为何娄山关胜仗后还心情沉郁？

《毛泽东年谱（1893—1949）》上卷记载："（1935年）2月28日，同军委纵队过娄山关，到达大桥。随后，有感于娄山关战斗胜利，作《忆秦娥·娄山关》：西风烈，长空雁叫霜晨月。霜晨月，马蹄声碎，喇叭声咽。 雄关漫道真如铁，而今迈步从头越。从头越，苍山如海，残阳如血。"[①]《忆秦娥·娄山关》是毛泽东的代表作之一，最早发表在《诗刊》1957年1月号。

现有的毛泽东六件手迹中，"长空雁叫霜晨月"句，有两件作"梧桐叶下黄花节"，有一件作"梧桐叶下黄花发"。此外，有两件手迹写有标题《忆秦娥》，有三件手迹各在词末或署名毛泽东，或写有"长征词一首"，或写有"调寄菩萨蛮一九三四"，这当是作者的笔误。

词的上阕写娄山关战斗之前的行军。"西风烈"，起笔点明红军向娄山关进军的节令和时间。"烈"表明风势狂暴。"长空雁叫霜晨月"，早晨严寒，雁声嘹唳，冷霜铺地，弯月当空。"马蹄声碎"，云贵高原地形高低错落，战马在群山乱石间行进，急速而杂乱，蹄声错杂可闻。"喇叭声咽"，军号声被凛冽西风和山野所切割，时断时续，悲壮低沉。"雁叫""马蹄声""喇叭声"以动衬静，以声写人，短短几句把战斗打响前紧张而凝重的氛围表现得淋漓尽致。

下阕抒发战斗取得胜利的感慨。"雄关漫道真如铁，而今迈步从头越"，表达抢关夺隘的万丈豪情。"雄关"与"漫道"不是并列关系，"漫"非漫长，"道"非道路，"漫道"乃"莫说"之意，其意是不要说娄山关固若金汤。"而今迈步从头越"，充分表现红军无坚不摧的钢铁意志。

[①]《毛泽东年谱（1893—1949）》上卷，中央文献出版社，2013年12月第1版，第448—449页。

"苍山如海，残阳如血"，连绵起伏的苍山如同波涛汹涌的大海一样，落日余晖犹如鲜血一样殷红，色彩秾丽，气象壮阔。

1962年5月12日郭沫若在《人民日报》发表的《喜读毛主席的〈词六首〉》指出："主席的诗词虽然人人爱读，而不一定首首都懂。其所以然的缘故，是因为我们没有主席那样的生活经验，而于主席酝酿每一首作品时的客观情景与主观气氛，不容易揣度。"这首词较为难懂，读者未必能真正读出其中深意。很多读者都十分喜爱《忆秦娥·娄山关》，但问及个中缘由，往往又说不出所以然来，不外乎是"这首词大气磅礴""作品充满乐观主义精神"之类的笼统而模糊的感觉，并没有把握到这首词的个性特点。1958年12月21日，在《毛主席诗词十九首》上的批注中，毛泽东写道："万里长征，千回百折，顺利少于困难不知有多少倍，心情是沉郁的。过了岷山，豁然开朗，转化到了反面，柳暗花明又一村了。以下诸篇，反映了这一种心情。"① 这一自注是揣度《忆秦娥·娄山关》心境状态的首要依据。

《忆秦娥·娄山关》是打了胜仗之后的感怀之作，按理说应该是喜形于色的，为什么毛泽东的心情反而仍然是沉郁的？梅白在《毛主席谈杨椒山的诗》中回忆说，1959年7月4日，毛泽东在庐山住处同王任重、刘建勋和他三人谈话时，曾说："写诗就要写出自己的胸怀和情操，这样才能引起读者的共鸣，才能使人感奋。"② 解读《忆秦娥·娄山关》，了解1935年2月前后的历史背景，对于把握毛泽东的"沉郁"至关重要。

1935年1月遵义会议召开，毛泽东回到中央领导岗位，重新执掌兵权。遵义会议对中国革命，对毛泽东人生都具有重大意义。按理说，毛泽东此时的心情应该是轻松、喜悦、惬意的。如果他仅仅是个普通人，可以畅写"人生得意须尽欢"的欣喜。会后稍事休整之后，红军继续长征，但很快就遭遇了土城之战的败仗，原因是情报严重有误。红军被迫折返，重新攻打娄山关，再次占领遵义。这首词是娄山关大胜仗之后写的。

---

① 《毛泽东文艺论集》，中央文献出版社，2002年4月第1版，第195页。
② 刘汉民编著：《毛泽东诗话词话书话集观》，长江文艺出版社，2002年10月第1版，第169页。

须知在当时的情况下，毛泽东太需要一场胜仗，来提振红军士气，来证明遵义会议调整军事指挥权的果断正确，证明他自己军事才能的不负众望。如果毛泽东仅仅是普通人，他可以极言"今日痛饮庆功酒"的酣畅。然而，事实是《忆秦娥·娄山关》写得沉郁凝重，全然不见个人得志的兴奋和胜利畅饮的欣喜。毛泽东是政治家，不会根据个人得失来看待形势；毛泽东是战略家，不会依据一场战役的胜负来判断局势。中国革命的形势依然十分严峻，红军的处境仍然十分危急。娄山关的胜利只能缓解一时，并不足以彻底扭转红军的命运。攻克娄山关远不能扫除肩负重大使命的毛泽东内心深处的忧患。这是《忆秦娥·娄山关》写得心情沉郁的根本原因。

当然，毛泽东在任何困难面前都从不缺乏"雄关漫道真如铁，而今迈步从头越"的乐观豪迈。面对胜利，毛泽东稳健冷静，深沉地吟出"苍山如海，残阳如血"这一千古绝唱。赵朴初在《而今迈步从头越——读〈忆秦娥·娄山关〉》中写道："如果有画家用'苍山如海，残阳如血'作画，可以画出一幅很好的画来。但是对于一个忙乱的人，或者很激动的人，或者是头脑有一点发热的人，即使看到这样美丽的景色，也可能无心领略。只有沉着的、镇静的，经验丰富、信心十足、眼光远大、心胸开阔，既看全国又看世界，既看现在又看未来的人，才能在这样激烈战斗的间隙中领略到自然界开阔绚烂的气象，写出这样情景交融的句子。"[1]赵朴初先生的评析准确到位，入木三分。

---

[1] 臧克家主编：《毛泽东诗词鉴赏》，河北人民出版社，1990年8月第1版，第101页。

《忆秦娥·娄山关》写的是一天还是两天？

《忆秦娥·娄山关》是毛泽东的代表作之一。毛泽东曾对这首词进行过三次自注自解，这种情形并不多见。正如1962年5月12日郭沫若在《人民日报》发表的《喜读毛主席的〈词六首〉》所说："主席的诗词虽然人人爱读，而不一定首首都懂。其所以然的缘故，是因为我们没有主席那样的生活经验，而于主席酝酿每一首作品时的客观情景与主观气氛，不容易揣度。"

"诗无达诂"是文学解读活动的一个重要原则。一般情况下，毛泽东是主张诗人不解诗的。毛泽东关于他自己诗词的注释和评论，只要不涉及原则和史实问题，他往往采取豁达的态度。然而，对社会上各式各样的注解，毛泽东也并非全然不在意。在《毛主席诗词十九首》的批注中，他郑重写道："我的几首歪诗，发表以后，注家蜂起，全是好心。一部分说对了，一部分说得不对，我有说明的责任。"[①]

这首词公开发表后，读者和学术界对词中所写景象究竟是一天还是两天出现不同的理解。1962年3月7日，《羊城晚报》报道郭沫若在广州文艺界诗歌座谈会上的讲话，及同年《人民文学》5月号刊载郭沫若《喜读毛主席〈词六首〉》，都谈到这首词上阕写的是1934年秋天红军长征初期的事，下阕写1935年1月遵义会议后红军第一次攻克娄山关之事。理由是上阕"西风""雁叫""霜晨"写的明显是秋天，而毛泽东写词是不会不顾及时令的。1962年5月18日，《羊城晚报》还发表了陈辽《我对〈娄山关〉一词的理解——与郭老商榷》。文章认为，这首词写的是红军第二次攻克娄山关，而且写的是一天的事。因为"西风烈，长空雁

[①]《毛泽东文艺论集》，中央文献出版社，2002年4月第1版，第193页。

叫霜晨月"恰好是阳历2月底3月初贵州遵义、娄山关一带的典型景色。《贵州文史丛刊》1959年第4期发表的蒋南华《〈忆秦娥·娄山关〉词试析》一文则认为，这首词写作时间是1935年2月27日，写的是两天的事，上阕写今天的霜晨行军，下阕忆写昨天傍晚攻克并越过娄山关的情景。

实际上，郭沫若在发表《喜读毛主席〈词六首〉》前，曾把文章的清样寄送给毛泽东"加以删正"。毛泽东认为《喜读》的解释不符合本意，他从自己的创作意图出发，把这段话大部分删掉了，又以郭沫若的口吻，在清样的四边空白处改写了一段文字（以下简称《改文》）。或许是因为时间关系，1962年5月12日《人民文学》刊出的仍是郭沫若的原稿，毛泽东的《改文》直到1991年12月26日才在《人民日报》刊出。

毛泽东这样写道："我对于《娄山关》这首词作过一番研究，初以为是写一天的事，后来又觉得不对，是在写两次的事，头一阕一次，第二阕一次。我曾在广州文艺座谈会上发表了意见，主张后者（写两次的事），而否定前者（写一天），可是我错了。这是作者告诉我的。""由此看来，我在广州座谈会上所说的一段话，竟是错了。解诗之难，由此可见。"①毛泽东的《改文》不露痕迹，不动声色，委婉含蓄，既表达了对郭沫若的尊重，也表现了他们之间的坦率与真诚。以别人的口吻，谈自己的看法，解释自己的作品，这的确是中国文坛的一段佳话。

上海科技教育出版社2014年出版的《竺可桢全集》披露：时任中国科学院院长的郭沫若，曾向副院长竺可桢求证。1962年6月13日，竺可桢在日记中写道："接郭老函，询问毛主席忆秦娥词《娄山关》有'西风烈，长空雁叫霜晨月。霜晨月，马蹄声碎，喇叭声咽'，这是否阴历二月现象？因红军夺取娄山关是在遵义会议1935年1月初之后，要我证实时间。我查日记知1941年3月2日过娄山关时见山顶有雪。1943年4月13日过娄山关遇雪。另一次（未查明日期）过娄山关，雪冰载途，得回到山下住宿一晚。丁普生同行，有一箱子为小偷窃去。可见二月间，娄山关是有霜雪，而风向在1500公尺高度也应是西风或西南风的。去年

---

① 刘汉民编著：《毛泽东诗话词话书话集观》，长江文艺出版社，2002年10月第1版，第228—229页。

到遵义,展览馆送我一本红军在贵州纪念刊,其中有夺取娄山关一段,说明红军夺取娄山关是在2月26日。27日红军又转返遵义,第二次占有遵义。"①抗日战争期间,浙江大学从杭州迁至贵州,分驻于遵义、湄潭、永兴等处,校长竺可桢为校务多方奔走,来往于贵州和重庆等地之间,他又是地理学家和气象学家,很关注贵州的地理、地形、气象等。

因为《改文》未能及时发表,1964年1月27日,在答复外国文书籍出版局《毛泽东诗词》英译者问时,毛泽东又对该词"上下两阕不是分写两次攻打娄山关,而是写一次"的问题再次作了解释,②内容与一年多前毛泽东的《改文》意见完全一致。如今重温这段故事,的确是意味深长,反映出毛泽东、郭沫若、竺可桢治学态度严谨,确有大师风范。

---

① 散木:《关于毛泽东〈忆秦娥·娄山关〉一词的注解修改》,见《党史博览》2011年第8期。

② 蔡清富、黄辉映编著:《毛泽东诗词大观》,四川人民出版社,2007年4月第4版,第555页。

《七律·长征》如何流传开来？

写于1935年10月的《七律·长征》是毛泽东诗词的代表作之一，流传甚广。诗曰："红军不怕远征难，万水千山只等闲。五岭逶迤腾细浪，乌蒙磅礴走泥丸。金沙水拍云崖暖，大渡桥横铁索寒。更喜岷山千里雪，三军过后尽开颜。"毛泽东史诗般地再现了万里长征的艰难历程，歌颂了红军不怕困难、百折不挠、勇往直前的革命英雄主义和革命乐观主义精神。然而，关于这首诗背后的故事，至今仍众说不一。《七律·长征》是毛泽东的第一首七言律诗，是毛泽东诗词中最早见于出版物的作品，也是首次被翻译成外文流传到国外的诗作。

1936年6月，美国记者埃德加·斯诺到陕北革命根据地进行了4个月的采访。毛泽东与他多次长谈，长征诗就是毛泽东在一次长谈中抄录给他的，并经英语翻译吴亮平帮助他译成英文。斯诺在1958年出版的《复始之旅》一书中讲，1936年10月，在陕北保安，"他为我亲笔抄下了他作的关于红军长征的一首诗。在他的译员的帮助下，我当场用英文意译了出来"①。

1936年10月底，斯诺带着十几本日记和笔记、30卷胶卷回到北平。在其夫人海伦·斯诺的协助下，斯诺把采访手记迅速整理成文，陆续发表在上海的《大美晚报》《密勒氏评论报》《每日先驱报》《太阳报》等报刊上。1937年初，他把这些发表了的英文稿提供给了燕京大学的进步学生王福时。王福时和时任斯诺秘书的郭达、燕京大学学生李放等一起，利用与东方快报社的关系，迅速把这些文稿译成中文，仅用两个多月时间汇编成《外国记者西北印象记》，于1937年4月在北平东方快报

---

① 陈安吉著：《毛泽东诗词版本丛谈》，中央文献出版社、南京出版社，2003年12月第1版，第9页。

印刷厂秘密出版。此书除了从《亚细亚》杂志上翻译过来的一位美国经济学家有关川陕苏区的3篇见闻外,其余的内容都是斯诺的文章和访谈。斯诺还为这本书提供了32幅照片、10首红军歌曲和毛泽东"长征"一诗的手迹。"长征"一诗以《毛泽东所作红军长征诗一首》为标题,单独刊登在《外国记者西北印象记》一书的封三上。在该书《毛泽东——苏维埃的台柱》部分,斯诺写道:"他更提到红军如何举行了向西北的长征。关于这次长征,他写了一首古典的诗。"[①]这是有关毛泽东诗词作品的最早的文字记载。

时隔40多年以后,王福时在20世纪80年代初撰写了题为《抗日战争前夕斯诺帮助出版的一本书》的文章,回忆了《外国记者西北印象记》编译出版的过程,并且特别提到"这本书还第一次发表毛主席著名的长征诗"。[②]

1937年10月,《红星照耀中国》在伦敦戈兰茨出版公司出版。1938年2月,获得斯诺授权的上海抗日救亡人士胡愈之等人以"复社"名义集体翻译、出版《红星照耀中国》的中译本,更名《西行漫记》。在《西行漫记》中《长征》一章,斯诺写道:"我把毛泽东主席关于这一六千英里的长征的旧体诗附在这里作为尾声,他是一个既能领导远征又能写诗的叛逆。"[③]《西行漫记》在几个月内便轰动国内及海外华人。《七律·长征》由此成为第一首在国外发表、随后在国内公开发表的毛泽东诗作。

此后,国内的一些报刊、书籍也曾刊登过"长征"诗。如四川著名爱国诗人梅英主编、1938年3月出版的抗战杂志《血光》;苏北抗日根据地1942年8月1日出版的《淮海报》副刊《文艺习作》;冀南书店1947年10月出版的《二万五千里》一书;1948年7月1日中共东北局

[①] 陈安吉著:《毛泽东诗词版本丛谈》,中央文献出版社、南京出版社,2003年12月第1版,第7页。

[②] 陈安吉著:《毛泽东诗词版本丛谈》,中央文献出版社、南京出版社,2003年12月第1版,第6页。

[③] 埃德加·斯诺著:《西行漫记》,生活·读书·新知三联书店,1979年12月第1版,第181页。

宣传部主持出版的《知识》杂志第七卷第六期（总第42期）"纪念党的生日特刊"刊登了锡金（即蒋锡金）文章《毛主席诗词四首臆释》；1949年6月上海人民出版社出版、群众图书公司发行的《红军长征随军见闻录》等。1949年8月2日上海出版的《解放日报》刊载《毛主席诗词三首》，其中有《七律·长征》，题作《长征诗》，并注明转载自东北《哈尔滨日报》。1954年2月由中共中央宣传部党史资料室编辑出版的《党史资料》（属党内文件）第1期也刊登了这首诗，标题为《毛泽东同志长征诗》。1955年5月由人民出版社出版的《中国工农红军第一方面军长征记》一书（系内部发行）也刊登了这首诗。上述这些出版物登载的"长征"诗，和原稿相比大同小异，但有的在传抄、排版过程中多有误字、错字现象。1957年1月，经作者修改审定，《诗刊》创刊号正式发表《长征》，至此算是完全定型。

在延安，1939年5月，鲁迅艺术学院举行成立周年纪念时，举办了一个一年来的文艺创作与活动展览会，其中展出了《七律·长征》手书稿。这是毛泽东首次以书法形式公开展示自己的诗词作品。

曾任新四军政治部主任的袁国平曾经唱和毛泽东的长征诗。袁国平1941年1月在皖南事变突围战斗中牺牲，说明袁国平的和诗肯定早于1941年1月。袁国平的《和毛主席长征诗》写道："万里长征有何难？中原百战也等闲。驰骋潇湘翻浊浪，纵横云贵等弹丸。金沙大渡征云暖，草地雪山杀气寒。最喜腊子口外月，夜辞茫荒笑开颜。"[①]

长征诗曾经被谱成歌曲，在敌后根据地广为传唱。陈志昂在1996年第4期《音乐研究》上的《论毛泽东诗词歌曲》一文中指出，"抗日战争时期，在敌后根据地流传的，似乎只有七律《长征》，可能这也是最早被谱成歌曲的毛泽东诗词。大约从1940年起，这首由王承骏（久鸣）谱曲的《长征》，在敌后根据地开始传唱"[②]。

[①] 陈安吉著：《毛泽东诗词版本丛谈》，中央文献出版社、南京出版社，2003年12月第1版，第11页。

[②] 陈安吉著：《毛泽东诗词版本丛谈》，中央文献出版社、南京出版社，2003年12月第1版，第11—12页。

《七律·长征》手迹有何珍闻？

中央文献出版社、国际文化出版公司2003年12月版，由费枝美、季世昌著《毛泽东诗词新解》介绍：《七律·长征》现在所见有作者七件手书。中央文献出版社2006年10月版郭思敏主编的《毛泽东诗词辨析》认为：《七律·长征》现在所见存留作者六件手迹。其实，两种说法并无实质性的区别。所谓第七件手迹，其实是根据毛泽东赠送给李银桥的手书改动而成，也就是通常所见的手书，用"万水千山只等闲"中的"水"字放大之后替换"金沙浪拍云岩暖"中的"浪"字。

这首诗的六件手迹与《诗刊》创刊号正式发表稿有诸多不同。"乌蒙磅礴走泥丸"的"磅礴"，有的手迹作"磅薄"。"金沙水拍云崖暖"，手迹作"金沙浪拍云岩暖""金沙浪拍云崖暖""金沙浪拍悬崖暖"。"更喜岷山千里雪"，有的手迹作"最喜岷山千里雪""更有岷山千里雪"。

毛泽东曾经多次把《七律·长征》作为珍贵礼物赠给友人。1961年8月23日至9月16日，中共中央在庐山举行工作会议，其间抽调了江西省的文艺团体来表演节目或是跳舞。邢韵声是江西省农垦局文工团演员，有幸陪毛泽东跳舞，毛泽东对她的印象非常好。邢韵声见毛泽东戴的是一块老掉牙的手表，临别那天早晨，她把自己那块瑞士产的英纳格手表送给了毛泽东。毛泽东略一迟疑，郑重地收下了手表。毛泽东说："小邢，你是个大方人啰，我也不能小气。"他走到办公桌边，拿起练笔时写下的《七律·长征》，说："就送首诗给你吧！"毛泽东还说："好好放好，不要让大家看见。我是作为朋友送给你的。大家都没有，你有，人家会嫉妒的。"后来，毛泽东到南方巡视，又与邢韵声有过几次会面。他发现邢韵声还没有买表，他自己出钱让人通过瑞士驻华使馆，订购了一块瑞士手表，叫吴旭君专门送到她家里，说没有手表怕影响她工作。

毛泽东赠送的诗稿和手表，邢韵声一直珍藏着。①

　　毛泽东还曾将《七律·长征》书赠给李银桥。1962年4月，跟随毛泽东15年的卫士长李银桥要调到天津工作。4月21日，毛泽东在中南海游泳池住地设晚宴，饯别李银桥全家。李银桥《在毛泽东身边十五年》写道："我曾请毛泽东为我写字，老人家已经写好，写在一个很长的折子里。老人家说：'近来没有新诗，抄了一首旧诗送给你吧。'打开看时，是毛泽东1935年10月所作的七律诗《长征》。我很满意，收好折子坐回到沙发上。这时，吕厚民同志给我们全家和毛泽东一道又合了一张影。照片中我手中拿的就是毛泽东的折子。"②邱延生著《历史的真言——李银桥在毛泽东身边工作纪实》也有详细描述。毛泽东的手迹是写在荣宝斋精制的折子上的，诗后落款为"毛泽东一九六二年四月二十日"。李银桥回家发现，"大渡桥横铁索寒"一句少了一个"索"字。第二天，李银桥拿着诗折去见毛泽东。毛泽东笑了笑，提笔在"铁"字旁边加了一个"铁"字六分之一大小的"索"字。离开毛泽东，李银桥又去请刘少奇、周恩来、邓颖超、郭沫若等在毛泽东写诗的折子后面题写了赠言。郭沫若看了毛泽东写的折子，赞不绝口，并说"索"字加写得就如神来之笔，巧夺天工，即兴在后面写了一首律诗。

　　李银桥到天津后，和时任河北省委书记林铁过从甚密。一次，林铁的夫人弓彤轩问李银桥："你离开主席时，主席送了你什么文字纪念啊？"李银桥如实回答："送了我一幅《长征》诗手书。"弓彤轩想欣赏，看过以后，又说要拿回去在报纸上发表，好让更多的人都能欣赏到毛主席的手迹。李银桥虽然心里十分不情愿，但碍于情面，还是答应了。

　　不久，《长征》诗手迹果然在一家省报上首家发表了。随后，李银桥吃惊地发现送还的《长征》诗"手迹"却是一份复制件！其判别根据是：原件的背面有中央领导和郭沫若题签的内容，而送还的"手迹"却没有。李银桥意识到问题严重，于是一次又一次地催讨、索要手迹原件，但始

---

① 孙国林著：《毛泽东〈七律·长征〉轶事》，《湘潮》2011年第9期。
② 汪建新著：《〈七律·长征〉若干问题考辨》，《党性党风党纪研究》2015年第1期，江西人民出版社，2015年6月第1版，第79页。

终未果。当他决心不顾一切要追回手迹时,"文革"开始了。不久,李银桥被造反派关押起来。"罪名"之一就是未经同意擅自发表毛主席《长征》诗手书,捞稿费。毛泽东有一次到天津,关切地问起李银桥,当时的天津市革委会主任解学恭详细汇报了李银桥的"严重"问题,毛泽东只是付之一笑,并限期放人。

1976年毛泽东逝世,李银桥的工作也几经变动:先是从天津调回北京任人民大会堂管理局副局长,后又调公安部任老干部局副局长。他工作繁忙,找寻手迹的事也只得搁置起来。1989年,李银桥离休之后,曾经多方苦苦查找毛泽东手迹下落,但始终毫无结果。这个既有纪念意义,又有艺术价值的国宝,至今不知所终。

如何解读《七律·长征》的深刻蕴含？

中国工农红军二万五千里长征，简称长征。由于王明"左"倾机会主义错误路线领导，导致中央红军（红一方面军）反第五次大"围剿"失败，被迫进行战略转移。长征是中国革命史上的重大历史事件，是人类历史上最伟大的壮举，《七律·长征》是与之相匹配的最伟大诗章。一部长征史波澜壮阔，洋洋洒洒写一百万言也不为多。反映长征的作品不计其数，《七律·长征》只有五十六个字，字字珠玑，高度浓缩，写得概括，写得集中，写得形象生动，堪称典范。它不仅生动表达了毛泽东的浪漫情怀与磅礴气势，而且充分体现了长征的波澜壮阔与精神价值。《七律·长征》显示了中国文字表情达意的神奇曼妙，表现了毛泽东写诗填词的深厚功力，更体现出高瞻远瞩、审时度势、攻坚克难、绝处逢生的中国智慧。

"红军不怕远征难，万水千山只等闲"，首联概括了红军的英雄主义气概，一句话点出全篇的中心思想，奠定了全诗的艺术基调。面对"远征难"，红军硬是"不怕"，迎难而上；"万水千山"是"远征难"的具体化、形象化，红军以"只等闲"的态度淡然视之。"万水千山"并非实数，运用的是"互文见义"的修辞手法。

颔联"五岭逶迤腾细浪，乌蒙磅礴走泥丸"，以五岭和乌蒙山代表"千山"，写对山的征服。这是首联红军藐视一切困难精神风貌的展开，转入长征过程的叙写，但是又写得高度凝练，充满跳跃感。"逶迤""磅礴"两词极为准确地反映出千山的险峻，"腾细浪""走泥丸"与"逶迤""磅礴"形成巨大反差，写出了红军征服崇山峻岭的精神力量。在红军面前，蜿蜒不绝的五岭像是翻腾着浪花的溪流，翻越气势雄伟的乌蒙山就好像小泥团从脚后跟滚过一般。1964年1月27日，毛泽东在回答《毛主席诗词》

英译者问的时候,他对此句解释说:"把山比作'细浪''泥丸',是'等闲'之意。"①当年,《解放军文艺》杂志发表了一篇学习《七律·长征》的文章,认为"五岭逶迤腾细浪,乌蒙磅礴走泥丸"体现了运动战思想。毛泽东得知后一笑,说:"我看不出有运动战思想。"

颈联"金沙水拍云崖暖,大渡桥横铁索寒",以金沙江和大渡河代表"万水",写对水的征服。金沙江两岸悬崖峭壁,湍急的水流拍击两岸的山崖。大渡河上的泸定桥横跨两岸,只剩下十几根铁索露出森森寒光。红军以大无畏的牺牲精神,经历惊心动魄的战斗,付出英勇壮烈的牺牲,巧渡金沙江,飞夺泸定桥。"暖""寒"二字的使用,强化了人们对于长征中艰难困苦的直接感受,显示出红军在精神上的坚强勇猛。

尾联"更喜岷山千里雪,三军过后尽开颜",写红军翻越雪山,最终走出困境。岷山千里积雪不化,是长征最艰难的路段。1958年12月21日,毛泽东在《毛主席诗词十九首》上批注说:"三军:红军一方面军,二方面军,四方面军。不是海、陆、空三军,也不是古代晋国所作上军、中军、下军的三军。"②"更喜"反映了红军对待困难的乐观精神,"过"字不仅指翻越岷山的胜利,"尽开颜"更是呈现出红军征服长征途中一切困难之后的无比欣喜。这是胜利者的欢笑,以此作结,遂使全诗的乐观主义精神得到了进一步的凸显。正如诗人自注中说:"过了岷山,豁然开朗,转化到了反面,柳暗花明又一村了。"③

毛泽东在《论反对日本帝国主义的策略》中指出:"长征是历史纪录上的第一次,长征是宣言书,长征是宣传队,长征是播种机。自从盘古开天地,三皇五帝到于今,历史上曾经有过我们这样的长征吗?"④对于长征这一气吞山河的人间奇迹,一般诗人会着眼于写长征的艰苦卓绝,写得沉郁顿挫或慷慨悲歌。然而毛泽东气魄宏大,通篇用轻快的笔

---

① 蔡清富、黄辉映编著:《毛泽东诗词大观》,四川人民出版社,2007年4月第4版,第555页。
② 《毛泽东文艺论集》,中央文献出版社,2002年4月第1版,第195页。
③ 《毛泽东文艺论集》,中央文献出版社,2002年4月第1版,第195页。
④ 《毛泽东选集》第一卷,人民出版社,1991年6月第2版,第149—150页。

调抒发征服者的豪迈和胜利者的喜悦，尽情挥洒傲视万物、无所畏惧的大无畏气概。《七律·长征》是一幅万里行军图。万水千山是英勇红军不断征服的对象，红军的革命精神借助山川自然显示出来。那些崇山峻岭、激流险滩、雪山冰峰在征服者的眼里，不再是不可逾越的险境，而变成了一种雄奇崇高的美景，升华为撼人心魄的艺术境界。

《七律·长征》突出表现了革命英雄主义和革命乐观主义精神，这种精神是从广大红军与种种困难（自然的、敌人的、物质的、思想的等等）的顽强斗争中体现出来的。2016年10月21日，习近平总书记在纪念红军长征胜利80周年大会上的讲话中指出："长征这一人类历史上的伟大壮举，留给我们最宝贵的精神财富，就是中国共产党人和红军将士用生命和热血铸就的伟大长征精神。""伟大长征精神，是中国共产党及其领导的人民军队革命风范的生动反映，是中华民族自强不息的民族品格的集中展示，是以爱国主义为核心的民族精神的最高体现。"[①]《七律·长征》以革命现实主义和革命浪漫主义相结合的艺术形式，谱写了长征精神的壮美颂歌。《七律·长征》蕴含着中国共产党人"四个自信"特别是文化自信的丰富元素、情感基调和史诗底蕴，它必将激励着一代又一代中华儿女去战胜一切艰难险阻，去完成新长征路上的一个个崇高使命，不断创造中华民族伟大复兴的新的辉煌。

---

① 《习近平谈治国理政》第二卷，外文出版社，2017年11月第1版，第47页。

毛泽东如何评说巍巍昆仑？

昆仑山是我国最大的山脉之一，主峰在新疆和西藏交界之处，西接帕米尔高原，东延入青海境内。分北、中、南三支伸展，东西长约2500公里，海拔6000米左右，多雪峰。我国的许多名山都是它的支脉。昆仑山东段分三支伸展，其南支向东延伸后与岷山相接，红军所经过的岷山也可看作昆仑山的一个支脉。

1935年10月，毛泽东率领红军越过昆仑山支脉岷山后，登高远眺，激情澎湃吟成《念奴娇·昆仑》："横空出世，莽昆仑，阅尽人间春色。飞起玉龙三百万，搅得周天寒彻。夏日消溶，江河横溢，人或为鱼鳖。千秋功罪，谁人曾与评说？ 而今我谓昆仑：不要这高，不要这多雪。安得倚天抽宝剑，把汝裁为三截？一截遗欧，一截赠美，一截还东国。太平世界，环球同此凉热。"《毛泽东年谱（1893—1949）》上卷在记录1935年10月创作《七律·长征》之后，紧接着写道："同月，作《念奴娇·昆仑》。"[①]

《念奴娇·昆仑》最早发表在1957年1月号《诗刊》上。在"飞起玉龙三百万"一句末，有作者自注："前人所谓'战罢玉龙三百万，败鳞残甲满天飞'，说的是飞雪。这里借用一句，说的是雪山。夏日登岷山远望，群山飞舞，一片皆白。老百姓说，当年孙行者过此，都是火焰山，就是他借了芭蕉扇扇灭了火，所以变白了。"[②]东方出版社1996年12月版萧永义所著《毛泽东诗词史话》一书，提供了这个"自注"在作者一幅手书上的另一个文本，有所不同，很值得一读："宋人咏雪诗云：

[①]《毛泽东年谱（1893—1949）》上卷，中央文献出版社，2013年12月第1版，第476页。

[②]《毛泽东诗词集》，中央文献出版社，1996年9月第1版，第53页。

'飞起玉龙三百万,败鳞残甲满天飞'。昆仑各脉之雪,积世不灭,白龙万千,纵横飞舞,并非败鳞残甲。夏日部分消溶,为害中国,好看不好吃,试为评之。"①

词的上阕描写昆仑山高寒多雪以及给人类社会带来的危害。"横空出世,莽昆仑,阅尽人间春色",昆仑山恍如从天外飞来一样突兀高大,莽莽苍苍,像一位历史老人饱览人世沧桑。"飞起玉龙三百万,搅得周天寒彻",化用前人诗句"战罢玉龙三百万,败鳞残甲满天飞",昆仑山终年积雪,蜿蜒不绝,恰似无数白龙在空中飞舞。"搅得周天寒彻",把天上人间都搅得冷透刺骨。"夏日消溶,江河横溢,人或为鱼鳖",夏天气温上升,昆仑积雪不断融化,汇成江河,进而泛滥成灾,殃及苍生。"千秋功罪,谁人曾与评说?"昆仑山的功过是非,有谁评论过呢?

词的下阕评说昆仑,并且剑劈昆仑,表达造福人类的宏大抱负。"而今我谓昆仑:不要这高,不要这多雪",语意直白,态度坚决,完全是不容争辩的命令语气,既是改造自然的愿望,也是改变旧中国苦难状况的决心。"安得倚天抽宝剑",倚靠青天抽出一把宝剑。"把汝裁为三截?"把昆仑山劈成三段。"一截遗欧,一截赠美,一截还东国","遗",赠予之意;"欧",即欧洲;"美",即美洲;"东国",指日本。"太平世界,环球同此凉热","环球",同"寰球",整个地球,整个世界;"凉热",本指凉热适宜的气候,这里喻指整个世界都过上美好的幸福生活。

昆仑山是古代传说中仙人聚居的神山,充满神奇色彩。晋代张华《博物志》卷一引《河图括地象图》:"昆仑山广万里,高万一千里,神物之所生,圣人仙人之所集也。"北魏郦道元《水经注》:"昆仑山三级:下曰樊桐,一名板桐;中曰玄圃,一名阆风;上曰层城,一名天庭。"周振甫在上海文艺出版社1961年12月版的《毛主席诗词浅释》中解释《念奴娇·昆仑》时指出:"关于昆仑山,古代有许多神话,像说仙人西王母就住在昆仑,说那里有玄圃、层城,都是仙家居处。诗人对于这

---

① 萧永义著:《毛泽东诗词史话》,东方出版社,2004年12月第2版,第152—153页。

些神话一概不采用，即景抒情。"①

臧克家在中国青年出版社1990年版的《毛泽东诗词讲解》中这样评点《念奴娇·昆仑》："咏昆仑这样一个题目，实在是不容易下笔，一座昆仑山怎样去写它？它有自己的风貌，它有自己的环境，也有许多说不完的关于它的神话故事。要写这样一座巍然屹立在大地上同时也巍然屹立在历史上的名山，你不觉得难以着笔吗？毛主席从许多可写的东西里抓住了一点，而这一点对于这座高山来说特征是很强大的。这特点是什么？就是'高寒'。"②"高处不胜寒"，《念奴娇·昆仑》的着眼点是"飞起玉龙三百万，搅得周天寒彻"的"高寒"，而着力点则是"夏日消溶，江河横溢，人或为鱼鳖"的灾难。

宋代辛弃疾《沁园春》中云："物无美恶，过则为灾。"毛泽东不是简单地描写昆仑山的自然风貌，而是着眼于昆仑山与人类的关系，从国计民生视角去阐发意蕴。毛泽东对昆仑山之雪负面影响的关注，实质上是对中华民族命运的密切关注和深切忧虑。

面对昆仑山这样的庞然大物，千百年来人们只能俯首听命，而毛泽东却以气吞六合的气概，声震寰宇的威势，和昆仑山对起话来，对其评头论足。措辞强硬的评说，不是为了显示童趣，不是为了表现神话，而是要表达征服自然、兴利除弊的决心。这个"我"是一个比昆仑更为伟岸的"大我"，是百折不挠的中华民族的代表，是无私无畏的共产党人的化身。如此高大威猛的"我"能够倚天抽剑，把昆仑山劈为三截，创造出改造自然、造福人类的旷世奇迹。

---

① 丁力主编：《毛泽东诗词大辞典》，中国妇女出版社，1993年11月第1版，第657页。

② 丁力主编：《毛泽东诗词大辞典》，中国妇女出版社，1993年11月第1版，第656页。

《念奴娇·昆仑》如何体现反对帝国主义主题？

《念奴娇·昆仑》写得瑰玮雄奇，人们对其"描写昆仑、评说昆仑、剑劈昆仑"赞不绝口，惊叹气魄之大、想象之奇，但对其主题的解读却莫衷一是：有的说昆仑象征尚未被征服的自然力，作者要兴利除弊、造福人类；有的说昆仑象征了几千年的剥削制度，作者要推翻反动统治，扭转乾坤；有的说昆仑是历史发展的见证者，作者用它重温过去，解读历史；也有的说昆仑没有象征意义，作者只是触景生情，展开议论。

1958年12月21日《在〈毛主席诗词十九首〉上的批注》中，毛泽东对《念奴娇·昆仑》一词批注道："主题思想是反对帝国主义，不是别的。改一句：一截留中国，改为一截还东国。忘记了日本人是不对的。这样英、美、日都涉及了。别的解释不合实际。"[①] 毛泽东的自注，为《念奴娇·昆仑》的解读一锤定音。可新的问题又来了：《念奴娇·昆仑》中的帝国主义究竟在哪里？如何反对帝国主义？

有的论者煞费苦心地逐字逐句去找寻帝国主义的踪迹，结果昆仑山被当成帝国主义的化身了。戴上了有色眼镜，一切似乎都变了。"横空出世"，它咄咄逼人、凶相毕露；"莽"，其状粗鄙野蛮；"阅尽人间春色"，揭露帝国主义企图霸占人类文明。"飞起玉龙三百万，搅得周天寒彻"，充分暴露了帝国主义的反动本质，用冰雪严寒施展淫威，企图独霸世界。"夏日消溶，江河横溢，人或为鱼鳖"，帝国主义用洪涝水患祸害人间，简直是十恶不赦。于是，作者倚天抽剑，"把汝裁为三截"，决心要彻底推翻帝国主义。按照这样的思路分析，《念奴娇·昆仑》

---

① 《毛泽东文艺论集》，中央文献出版社，2002年4月第1版，第196页。

俨然成了批判帝国主义的战斗檄文，字字揭露，句句声讨。

这种政治图解式的解读，别说作者不同意，恐怕昆仑山本身也要鸣冤叫屈。毛泽东的确曾经把帝国主义比作大山，1945年6月11日，毛泽东在《愚公移山》中指出："现在也有两座压在中国人民头上的大山，一座叫做帝国主义，一座叫做封建主义。中国共产党早就下了决心，要挖掉这两座山。"① 但是，毛泽东并没有把某一座具体大山比作帝国主义，而是一般的"大山"的概念。"横空出世，莽昆仑，阅尽人间春色"，原本是对昆仑山极其传神的描绘，是一种赞叹的语气。这句诗视通万里，思接千载，堪与苏东坡《念奴娇·赤壁怀古》"大江东去，浪淘尽，千古风流人物"诗句比肩，视野广博，底蕴深厚，曲解的结果必然致使这样一句千古绝唱变得索然无味。"千秋功罪，谁人曾与评说"更是无从解释，帝国主义是反面形象，一向反动，罪不容赦，何来有"功"可言呢？况且帝国主义存在的历史不过两三百年，何来的"千秋"呢？怎么可能"阅尽人间春色"？毛泽东说"昆仑各脉之雪，积世不灭，白龙万千，纵横飞舞，并非败鳞残甲。夏日部分消溶，为害中国，好看不好吃，试为评之"。② 其实，昆仑山也有功劳，它是长江、黄河的发源地，对中华民族的繁衍和中华文明的兴盛功不可没。只是毛泽东对昆仑山之"功"是虚写，而对其"罪"是实写。诗人在下阕抒发了改造昆仑的宏伟抱负，而"改造"帝国主义是不可理解的。

1965年7月21日，毛泽东在《致陈毅》中说："诗要用形象思维，不能如散文那样直说，所以比、兴两法是不能不用的。"③ 解诗要"入乎其内，出乎其外"。写诗就是写诗，不同于写文章，毛泽东把主题思想写得十分含蓄，这原本就是艺术创作的规范和特点，只是这样一来对读者解诗也相应地提出了更高要求。正如清代学者章学诚《文史通义·文德》所说："不知古人之世，不可妄论古人之文辞也，知其世矣，

---

① 《毛泽东选集》第三卷，1991年6月第3版，第1102页。

② 萧永义著：《毛泽东诗词史话》，东方出版社，2004年12月第2版，第152—153页。

③ 《毛泽东书信选集》，中央文献出版社，2003年11月第1版，第571页。

不知古人之身处，亦不可遽论其文也。"

这首词写于1935年10月，日本帝国主义的侵华行径不断加剧，中华民族陷于深重苦难。毛泽东把"一截留中国"改成"一截还东国"，说"忘记了日本人是不对的"，体现了中国共产党人爱憎分明、海纳百川的博大胸襟。《礼记·孔子闲居》云："天无私覆，地无私载，日月无私照。"中国古往今来的仁人志士都孜孜以求"天下大同"的社会理想，杜甫希冀"安得广厦千万间，大庇天下寒士俱欢颜"，范仲淹高扬"先天下之忧而忧，后天下之乐而乐"。毛泽东以天下为己任，始终致力于"改造中国与世界"，不仅努力为中国人民造福，也努力为全世界人民造福。

《念奴娇·昆仑》触景生情，思绪层层递进，落笔于"太平世界，环球同此凉热"，表达中国共产党人的宏大抱负。而现实是只要帝国主义存在，"太平世界，环球同此凉热"就根本不可能实现，换言之，要追求并实现这样的崇高理想，就必须坚决反对并彻底推翻帝国主义。中国共产党人的崇高理想坚定执着，毛泽东将"反对帝国主义"作为这首词的主题思想也就顺理成章了。只是这种主题思想是借助艺术语言来体现的，不是通过直白语言或政治口号来表达的。毛泽东的诗情，既有遥望想象的虚幻成分，又有身临其境的现实感受，昆仑的形与神同诗人的情与理形成完美的统一。循着这样的逻辑去理解《念奴娇·昆仑》，自然也就一通百通了。

《清平乐·六盘山》背后有什么故事？

据《毛泽东年谱（1893—1949）》上卷记载：1935 年 10 月 7 日，毛泽东"率陕甘支队顺利地越过六盘山主峰，继续向环县与庆阳之间前进。随后，作《清平乐·六盘山》：'天高云淡，望断南飞雁。不到长城非好汉，屈指行程二万。 六盘山上高峰，红旗漫卷西风。今日长缨在手，何时缚住苍龙？'"①六盘山是中央红军长征翻越的最后一座高山。《清平乐·六盘山》是毛泽东在中央红军长征即将结束时所作的一首词。

这首词曾非正式地在多种报刊上发表。如 1941 年 12 月 5 日，在上海出版的文学刊物《奔流新集之二·横眉》，因系传抄发表，个别文字有误。后来，曾以《长城谣》为题刊登在 1942 年 8 月 1 日的《淮海报》副刊上，以及 1947 年 8 月 1 日《战友报》、1948 年 7 月 1 日出版的《知识》杂志、1949 年 8 月 2 日的《解放日报》等。1955 年，人民出版社编辑出版的《中国工农红军第一方面军长征记》一书中收录了《清平乐·六盘山》一词，题目为《毛泽东同志长征词·清平乐》。

这首词最早正式发表在《诗刊》1957 年 1 月号，标题为《六盘山》，未标明写作时间，排在《念奴娇·昆仑》之前。1963 年 12 月人民文学出版社出版《毛主席诗词》时，标题为《清平乐·六盘山》，标明写作时间为"一九三五年十月"，并改排在《念奴娇·昆仑》之后。

据中央文献出版社 2006 年 10 月版、郭思敏主编《毛泽东诗词辨析》介绍：1938 年 11 月 24 日，李公朴携夫人张曼筠从重庆来到延安。27 日，李公朴拜见了毛泽东。28 日，毛泽东来到招待所看望李公朴夫妇。在谈话中李公朴拿出一本画册请毛泽东题字。毛泽东在张曼筠所作的《长

---

①《毛泽东年谱（1893—1949）》上卷，中央文献出版社，2013 年 12 月第 1 版，第 478 页。

城》画幅上题写了长征时期的词作《清平乐·六盘山》，落款写有"小册有长城图索书旧作一首以应公朴先生之嘱毛泽东"字样。

1959年9月，北京人民大会堂落成，根据周恩来的意见，以全国各省、自治区、直辖市命名了会议厅，并由各省、自治区自己设计布置。宁夏回族自治区委办公厅在讨论人民大会堂宁夏厅的布置方案时，提出用贺兰石刻上毛泽东亲笔题写的《清平乐·六盘山》，再配上一幅毛泽东领导红军长征过六盘山的画，这样新颖别致，又具有地方特色。可是，毛泽东的手稿已查找不到，办公厅便想请自治区领导出面请毛泽东书写，可自治区的领导们也很为难，因为毛主席已不再多题词了。在这种情况下，刚从国家民委调至宁夏担任自治区人民委员会秘书长的黑伯理给时任国家副主席董必武写信，转达了大家的期盼。50年代初期，董必武担任政务院副总理兼政法委员会主任时，黑伯理在政法委员会系统工作过，董老是认识黑伯理的。

董必武非常高兴地答应了。1961年8月25日，董必武致信毛泽东："我受了宁夏自治区人委一位同志之托，他要我转恳你把你在六盘山作的清平乐词写一纸给宁夏，那里的同志将把它刻石立碑于六盘山上以留纪念。受托很久了，总觉得这样的琐事麻烦你太不应该。日前，宁夏来信催问，无奈，只得请你原谅，费神随笔一挥为盼！我从人民文学出版社出版你的诗词十九首中录出清平乐一词如另纸供阅，以省记忆！"[①]

1961年9月8日，在江西庐山召开中央工作会议期间，毛泽东欣然挥毫泼墨，书写了《清平乐·六盘山》，并特意写了"一九六一年九月应宁夏同志嘱书"[②]。《诗刊》发表时，毛泽东曾把"红旗漫卷西风"改为"旄头漫卷西风"，这回书写时，毛泽东将其改回"红旗漫卷西风"。9月30日，《宁夏日报》在头版整版发表毛泽东的手书作品。数月之后，经多方努力终于将刻有毛泽东《清平乐·六盘山》手迹的贺兰石板屏挂在了北京人民大会堂宁夏厅。至今宁夏人民念及此事仍激动不已。

---

① 曾珺编著：《毛泽东书信背后的故事》，浙江人民出版社，2015年1月第1版，第259页。

② 《毛泽东书信选集》，中央文献出版社，2003年11月第1版，第542页。

毛泽东给宁夏人民手书《清平乐·六盘山》之后，还写了几幅字体、内容略有不同的《清平乐·六盘山》，目前所见共写8幅。其中之一是写给侯波的。1961年夏天，中南海有一批同志要调动工作，资深专职红墙摄影师侯波也调到新华社工作。她在毛泽东身边工作了12年，侯波很舍不得。毛泽东也有点伤感，说："你在我们这些人身边工作10多年，人是有感情的，可是你不要难过，以后你要经常来看我。出去以后好好干，有什么困难可以来找我，也可以给我写信……"1962年，侯波生病，此事不知怎么让毛泽东知道了。他很快就让一个卫士前去看望，并专门为她手书《清平乐·六盘山》以示问候。毛泽东逝世后，侯波把毛泽东的珍贵手迹原件送给了中央办公厅。①

"不到长城非好汉"一句，几十年来为人们所广泛传诵，已成为经典之句。新华出版社1993年出版的叶心瑜所著的《毛泽东在1934—1936》中披露了一则佳话：解放战争时期，一支解放军小分队与大部队失去联系，被敌人重重包围，经过浴血奋战，处于弹尽粮绝的境地。战士们下决心作最后的斗争，与敌人同归于尽。他们打开收音机，想最后听一听党中央的声音。谁知一打开收音机。就听到播音员播送毛泽东的《清平乐·六盘山》。播音员那慷慨激昂的声音使战士们热血沸腾。"不到长城非好汉！"大家勇气倍增，斗志昂扬，拼死一搏，终于突出重围，与大部队会合。②

---

① 季世昌著：《毛泽东诗词书法艺术》（上），中央文献出版社，2007年1月第1版，第113—116页。

② 陈东林著：《毛泽东诗史》，中共中央党校出版社，1997年3月第1版，第88页。

为什么说《清平乐·六盘山》言简意深？

《清平乐·六盘山》是毛泽东翻越长征中最后一座高山六盘山后的感怀之作。1942年8月新四军主办的《淮海报》副刊上发表这首词时，标题是《长征谣》，内容大同小异："天高云淡，望断南飞雁。不到长城非好汉，同志们屈指行程已二万！同志们屈指行程已二万！六盘山呀山高峰，赤旗漫卷西风。今日得着长缨，同志们，何时缚住苍龙？同志们，何时缚住苍龙？"[①]1949年8月1日上海《解放日报》发表该词时，作者已有较大改动，不再是歌谣形式，而是按清平乐词牌填的一首词。

六盘山，位于宁夏南部、甘肃东部，南段又称陇山。南北走向，长约240公里，是陕北、陕西两高原的界山，主峰也叫六盘山（当地习称大关山），海拔2928米，在宁夏南部固原县西南。六盘山山路曲折盘旋，上下约30公里。山势险峻，山路曲折险窄，古代盘道六重始达峰顶，故名。人们上山沿着鹿的足迹走，故名"鹿盘山"。又说因此山有鹿故名"鹿盘山"，后取"鹿"之谐音"陆"为"陆盘山"，为书写方便，简化为"六盘山"。这首词是毛泽东的咏怀言志之作，一方面热情歌颂红军是英雄好汉，回顾长征的奋战历程，抒发长征胜利的喜悦情怀；另一方面又乐观展望长征胜利后的新局面，表达反蒋抗日斗争的坚强决心，而这正是这首词的主旨和基调所在。

"天高云淡"，起笔写秋景，秋天的天空显得格外高朗，天空中点缀着淡淡的云朵，化用宋代僧仲殊《减字木兰花》"一般奇绝，云淡天高秋月夜"而来。唐代杜牧《题宣州开元寺水阁》有"六朝文物草连空，天淡云闲古今同"，宋代陈颢《春日偶成》有"云淡风轻近午天，傍花

[①] 陈东林著：《毛泽东诗史》，中共中央党校出版社，1997年3月第1版，第87—88页。

随柳过前川"。天气如此秋高气爽,翻越六盘山,红军长征接近胜利,毛泽东的心情也格外舒畅。

"望断南飞雁",化用唐代王维《寄荆州张丞相》"目尽南飞雁,何由寄一言"和唐代李白《送孟浩然之广陵》"孤帆远影碧空尽,唯见长江天际流"两句诗的意境,表示望得远,望得久,甚至连雁影都望不见了,还在久久凝望。元代王实甫《西厢记》第四本云:"碧云天,黄花地,西风紧,北雁南飞。"古代有雁足传书的说法,红军由南而来,旅雁由北而去,大雁所去之处正是红军所来之路。这是对万里长征的回顾,事不经过不知难。毛泽东的这一回首凝望,一幕幕情景浮现脑海,可谓心潮起伏,寄寓着太多的深情厚谊。长征一路走来,有数以万计的红军战士血洒征程,他们没能看到长征的胜利,怎不令人无限缅怀?第五次反"围剿"失败而丧失的中央苏区现在怎么样了?根据地的百姓会遭受怎样的厄运?留守在根据地坚持斗争的战友和亲人生存状况如何?被张国焘带着南下西康的红军将士们处境怎样?所有这一切,都令毛泽东沉思、遐想、牵挂、感伤。毛泽东在回首眺望之中,多么希望大雁能够带去胜利的消息和不尽的思念。如此绵绵不尽的情感都寓含在"望断"的神态之中。

"不到长城非好汉,屈指行程二万",屈指算来,长征的路程已超过两万里,其中的艰难困苦不计其数,但都被英勇红军克服殆尽,这是"红军不怕远征难"的生动诠释。"不到长城非好汉",长城兼指蜿蜒于中国北方的万里长城和抗日前线,这是一个响彻云霄的战斗口号,表达了不达目的决不罢休的英雄气概和坚强决心。

"六盘山上高峰,红旗漫卷西风",下阕仍然写景。"六盘山"点明题目,诗人的立足点、观察点是六盘山高峰。上阕之景乃远望仰望之景,下阕之景乃近观平视之景。"红旗"为这幅壮美秋景增添了色彩和亮度。红军高举红旗一路走来,如今已经插上六盘山,西风劲吹,红旗招展,这是多么喜人的胜利景象。这是对红旗的描写,更是对红旗的礼赞。

"今日长缨在手,何时缚住苍龙?"化用宋代刘克庄《贺新郎·实之三和有忧边之语，走笔答之》"问长缨，何时入手，缚将戎主？"长缨：指长绳子，典出东汉班固《汉书·终军传》："（终）军自请愿受长缨，必羁南越王而致之阙下。"这里比喻强大的革命武装。苍龙：即青色的龙，古代谓龙与蛇同类，俱为人害。东汉班固《汉书·王莽传》："苍龙癸酉。"唐代颜师古注引汉代服虔曰："仓龙，太岁也。"古代方士以太岁所在为凶方，因称太岁为凶神恶煞。1958年12月21日《在〈毛主席诗词十九首〉上的批注》中，毛泽东注释说："苍龙，指蒋介石，不是日本人。因为当时全副精神要对付的是蒋，不是日。"[1]苏联汉学家尼·费德林在《我所接触的中苏领导人》中写道："毛泽东说：'苍龙是泛指敌人……无论说是日本侵略者还是国民党反动派，都没错。'"[2]毛泽东的这两次解释各有道理，前者是从长征时期的当务之急而言的；后者是从更大视野尤其是长征之后的斗争形势而言的。

《清平乐·六盘山》景物分明，气象阔大，意境优美，感情浓郁。这首词蕴含丰富，每每读起，我们总能从中感受到无限魅力，特别是每当人们想起"不到长城非好汉"这句诗，便会摆脱懈怠情绪，总能从中获得在新的历史条件下继续前行的无穷力量，转而激情澎湃，信心倍增，奋力拼搏。

---

[1]《毛泽东文艺论集》，中央文献出版社，2002年4月第1版，第195页。
[2] 费枝美、季世昌著：《毛泽东诗词新解》，中央文献出版社，2003年12月第1版，第137页。

毛泽东如何诗赞彭德怀？

彭德怀是杰出的无产阶级革命家、军事家、政治家，是中国人民解放军创建人之一。他在近半个世纪的革命斗争中，南征北战，为中国革命战争的胜利、中国人民解放军的成长壮大，为保卫和建设社会主义事业建立了不朽功勋。

毛泽东率领秋收起义部队上井冈山建立农村革命根据地后，彭德怀十分钦佩毛泽东，正如他写给战友黄公略的诗中所言："惟有润之工农军，跃上井冈旗帜新。我欲以之为榜样，或依湖泊或山区。"[①] 彭德怀1928年12月率领平江起义的红五军上井冈山，从此，毛泽东与彭德怀两人之间建立了深厚的战斗友谊。每当关键时刻，彭德怀总是站在毛泽东一边，坚决支持毛泽东的正确主张和英明领导。而毛泽东也十分欣赏彭德怀骁勇善战、顽强拼搏的革命精神和卓越的军事指挥才能。

长征后期，中央红军主力进入陕甘。1935年9月12日，在甘肃迭部县俄界召开中共中央政治局扩大会议，决定红一军、红三军、军委纵队编为中国工农红军北上抗日先遣队，又称陕甘支队，彭德怀任司令员，毛泽东兼政委。1935年10月19日，中央红军主力到达陕北保安的吴起镇。吴起镇是中央红军与陕北红军的会师地，是陕北苏区边防的门户之一。10月20日，宁夏军阀马鸿逵、马鸿宾的骑兵尾随而来。

为了不把敌人带进陕北根据地，毛泽东、周恩来、彭德怀、叶剑英、林彪等召开第一纵队团以上干部会，决定给马家骑兵一个致命的打击，并拟定一份电文，由毛泽东、彭德怀、林彪签署向一、二、三纵队发出战斗命令。彭德怀连夜返回前线指挥作战。电文提到陕甘地形有"山高

[①] 杜忠明编著：《诗人兴会——毛泽东以诗会友记趣》，中央文献出版社，2006年1月第1版，第33页。

路险沟深"的特点。10月21日，由彭德怀指挥，在吴起镇附近的大峁梁打响了"切尾巴"的伏击战，歼灭敌军一个骑兵团，击溃了三个团，俘获敌军约700人，缴获战马约100匹，打胜了中央红军到达陕北后的第一仗，这也是二万五千里长征的最后一仗，使红军陕北会师和开辟新局面有了相对安全的条件和保证，因此这是具有独特的战史、军史、革命史价值的漂亮仗。

毛泽东那天上午亲自来到前线阵地，观察敌情，直到敌人溃退，才离开前线回到驻地。毛泽东抑制不住喜悦心情，当即挥毫成诗《六言诗·给彭德怀同志》："山高路远坑深，大军纵横驰奔。谁敢横刀立马？唯我彭大将军！"战斗结束后，彭德怀来到毛泽东住处，看到桌子上放着这首诗。彭德怀当即拿起笔来，将最末一句的"彭大将军"改为"英勇红军"，然后将诗放回原处。彭德怀的这一改动，不仅文从字顺，更见出他的谦逊胸怀。可惜的是，这首诗的原始手稿，至今还没有在历史档案中找到。

六言诗，是中国古代诗体的一种，全诗每句六个字，句数和平仄并不十分严格。偶句押韵，首句可押可不押。它分古体和近体，不怎么流行。相传始于西汉谷水，一说东方朔已有"六言"。今所见以汉末孔融的六言诗为最早。在唐代，有的近体六言绝句曾经入乐，成为词的一调，有《三台》《塞姑》等词牌。毛泽东这首诗不拘平仄，属于古体。

"山高路远坑深，大军纵横驰奔"，前句写景，后句述事，景事交融，动静辉映。诗人把即目林泉和胸中丘壑熔于一炉，收到了"片言可以明百意，坐驰可以役万景"（刘禹锡语）的效果，反映了彭德怀利用有利的陕北地形，指挥红军急速进军和英勇激战的图景。既可想见红军利用地形灵活机动地打击敌军的威力和气势，也可想见溃散的敌骑兵东突西窜的狼狈情状。纵横驰奔，亦即"纵横驰骋"的变用，典出宋人谢尧仁《张于湖先生集序》："以至唐末诸诗人，雕肝琢肺，求工于一首一字间，在于人力故可以无恨，而概之前数公纵横驰骋之才，则又有间矣。"这里是讲在运用文字上的自如功夫，而毛泽东则用指冲锋陷阵、毫无阻挡之势。

"谁敢横刀立马？"一声设问，万钧雷霆。诗人呼唤"扶大厦于将倾"的英雄之热切心情跃然纸上。横刀立马，亦即"挥戈跃马""横枪跃马""横枪立马"。唐代杜甫《别唐十五诫因寄礼部贾侍郎》诗云："胡星坠燕地，汉将仍横戈。"明代戚继光《马上作》："一年三百六十日，多是横戈马上行。"《三国演义》第二十五回："颜良横刀立马于门旗下；见宋宪马至，良大喝一声纵马来迎。"

"唯我彭大将军！"六个字饱含自豪、骄傲和欣慰。大将军，典出元代郑德辉《三战吕布》第三折："托赖着真天子百灵咸助，大将军八面威风。"1928年底，彭德怀率平江起义部队上井冈山之后，毛泽东与彭德怀始终并肩作战，毛泽东对他一直十分倚重。"彭大将军"，是毛泽东对彭德怀充满敬佩之情的尊称、敬称、爱称。

这首诗，短小精悍，明白晓畅，读来如数鼓点，而寓意深长，字里行间跳动着凯歌的欢快音符，更跳动着革命统帅的那颗"爱将"之心。1983年6月15日，彭德怀传记编写组访问王震时，王震说：1947年8月，彭德怀指挥西北野战军攻打沙家店，歼灭国民党三十六师。战役取得胜利后，在前东原召开旅以上干部会议，毛泽东、周恩来、任弼时等中央领导亲临会场，向大家祝贺胜利。会间休息时，毛泽东再次为彭德怀即席挥毫书写了这首诗。毛泽东两次诗赞彭德怀，是两个战友之间亲密关系的历史见证。

《六言诗·给彭德怀同志》是如何发表的？

《六言诗·给彭德怀同志》最早传抄发表于1947年8月1日冀鲁豫军区政治部主办的《战友报》上，总题为《毛主席的诗》，同时发表的还有《清平乐·六盘山》。编者在注释中将此诗误写为出自腊子口毛泽东发给彭德怀的一份电报。浙江人民出版社2015年1月版曾珺编著的《毛泽东书信背后的故事》描述说：1954年建军节时，一个大军区的报纸再次发表了这首诗，仍沿旧注。时任彭德怀办公室军事参谋的王亚志读到这首诗后，跑去咨询彭德怀具体细节。彭德怀看后说："攻占腊子口战斗是林彪指挥一军团打的，不是我直接指挥的。这首诗也不是在腊子口写的，是在红一方面军到陕甘宁苏区后写的。"[①]1979年2月8日《人民日报》发表王亚志《关于毛主席给彭德怀同志的诗》一文，将诗题写为《电复彭德怀同志》。

直到1981年12月出版《彭德怀自述》，才首次披露了毛泽东赠诗和彭德怀改诗的真实情况，也纠正了腊子口之战留下电报的误传。此诗在《彭德怀自述》中这样记载："山高路险沟深，骑兵任你纵横。谁敢横枪勒马，惟我彭大将军。"[②] 这与1947年8月1日《战友报》刊登的文字有多处不同，可能是记忆偏差所导致的。1995年11月20日《人民日报》所载令狐安的《彭德怀故里行》一文介绍：在彭德怀故居西屋东墙上有一幅龙飞凤舞的毛泽东手迹："山高路险沟深，骑兵任你纵横。谁敢横刀立马，惟我彭大将军。"可惜笔者未曾见过这幅手迹。

[①] 曾珺编著：《毛泽东书信背后的故事》，浙江人民出版社，2015年1月第1版，第184页。

[②] 陈东林著：《毛泽东诗史》，中共中央党校出版社，1997年3月第1版，第93页。

1957年2月6日，由浙江省文联主办的《东海》文艺月刊编辑部致信毛泽东，请求发表《六言诗·给彭德怀同志》，信中仍写道："据说，这是您庆贺彭副司令率兵强攻腊子口时写的一份电报，当时对部队鼓舞很大。"2月15日，毛泽东回信说："记不起了，似乎不像。拉（腊）子口是林彪同志指挥打的，我亦在前线，不会用这种方法打电报的。那几句不宜发表。"[①]《东海》编辑部只好作罢。由于没有看到毛泽东的复信，一个多月后，《解放军文艺》1957年4月号仍刊登了马雪魁的文章《腊子口之战留下的一个电报》，以读者来信的方式发表这首诗。毛泽东看到后，倒也没有追究。由于1957年2月15日毛泽东在致《东海》文艺月刊编辑部的信中明确提出该诗"不宜发表"，1958年文物出版社出版的《毛泽东诗词十九首》未把该诗收入其中。

彭德怀是毛泽东最忠诚、最可靠、最倚重的战将之一，然而，由于种种错综复杂的原因以及性格上的差异，毛泽东与彭德怀产生过一些隔阂。在1959年的庐山会议上，毛泽东错误地发动了对彭德怀的批判，并解除了他的国防部部长职务。如此一来，人们讳莫如深，不再传诵这首诗，不再提起这首诗背后的故事，也不再对该诗的真实性进行考证。人民文学出版社1963年12月出版的《毛主席诗词》和1976年再版增订的《毛主席诗词》，都没有将该诗收入。

这首诗在战争年代就已经非正式发表，是毛泽东诗词较早公开的作品之一，而且流传也很广。但是，它正式发表却是80年代中期的事了，离作品创作已经隔了半个世纪之久。人民文学出版社1986年11月出版的《毛泽东诗词选》，才正式将该诗收入其中，又因为没有经过作者校订而被列入"副编"。随后，1993年12月出版发行的《毛泽东年谱》和1996年9月出版发行的《毛泽东诗词集》均收入了这首诗。

尽管这首诗未见到毛泽东手迹，但是它出自毛泽东手笔则是确信无疑的。彭德怀作为亲历者，他在《彭德怀自述》中提供的记录是最有分量的。而毛泽东和彭德怀诸多战友的回忆，也都可以提供有力的佐证。

[①] 曾珺编著：《毛泽东书信背后的故事》，浙江人民出版社，2015年1月第1版，第184—185页。

1978年12月25日,张爱萍听说彭德怀早已病逝的消息后,悲痛不已,深为彭老总蒙难后,没能见上一面而痛心,他连夜赋词《鹧鸪天·怀念彭总》,词曰:"平江春雷半壁天,井冈星火信燎原。横刀立马中流柱,同拯神州换人间。卫真理,何惧权!刚正与民共尘缘。春风吹散庐山雾,元元追思万斯年。"[1] 词中引用了毛泽东诗中的"横刀立马",这说明张爱萍是知道《给彭德怀同志》这首诗的。

1979年1月3日《人民日报》发表了黄克诚的文章《丹心照日月,刚正垂千秋——怀念我党我国和我军杰出的领导人彭德怀同志》,文中提到这首诗,但仍认为是长征路上毛泽东热情赞扬彭德怀的诗篇。1983年6月15日,彭德怀传记编写组访问王震时,王震提到了沙家店战役之后毛泽东手书诗词赞美彭德怀的情形。1983年10月18日,杨尚昆在答复中央文献研究室关于《给彭德怀同志》一诗的问题时说:"这首诗是毛主席写的。有的。气魄也是毛主席的,是在入吴起镇前打马家骑兵后(写的)。"[2] 并且认为可以写进大百科全书条目。

历史不会随风而去,滚滚向前的时代也不会凭空而来。分歧也罢,错误也罢,终究隔不断毛泽东与彭德怀之间的深厚情谊。一首名诗,把两个为中国革命作出巨大贡献的历史伟人紧紧联系在一起,永远都不会再分开。

---

[1] 王树人著:《毛泽东〈给彭德怀同志〉一诗发表的曲折过程》,《党史博采·纪实》(上),2015年第12期。

[2] 萧永义著:《毛泽东诗词史话》,东方出版社,2004年12月第2版,第164页。

《沁园春·雪》的艺术魅力何在？

　　1935年10月，红军胜利到达陕北。1936年2月，毛泽东率领中国人民红军抗日先锋军东渡黄河，奔赴抗日前线。当时整个西北高原冰雪覆盖，真是既雄伟又壮丽，而冰冻了的黄河别有一番独特景象。毛泽东来到陕西省清涧县高杰村附近的袁家沟，面对银装素裹的大好河山，回顾中华民族灿烂悠久的文明史，不禁豪情满怀，写下了壮丽诗篇《沁园春·雪》："北国风光，千里冰封，万里雪飘。望长城内外，惟余莽莽；大河上下，顿失滔滔。山舞银蛇，原驰蜡象，欲与天公试比高。须晴日，看红装素裹，分外妖娆。　江山如此多娇，引无数英雄竞折腰。惜秦皇汉武，略输文采；唐宗宋祖，稍逊风骚。一代天骄，成吉思汗，只识弯弓射大雕。俱往矣，数风流人物，还看今朝。"

　　《沁园春·雪》吟咏祖国河山笔力雄奇，评点历史人物振聋发聩，是毛泽东诗词中社会反响最大、艺术成就最高的作品。这首词最早正式发表在《诗刊》1957年1月号。1958年7月人民文学出版社出版的《毛主席诗词十九首》将"原驰腊象"改为"原驰蜡象"。这是毛泽东采纳臧克家的建议之后作出的修改。1963年12月，该词收入人民文学出版社出版的《毛主席诗词》，标注时间为"一九三六年二月"。

　　这首词留有作者十件手迹，与正式发表稿略有不同，如："望长城内外"，有作"看长城内外"；"原驰蜡象"，九件作"原驰腊象"；"引无数英雄竞折腰"，有的作"引多数英雄竞折腰"；"一代天骄"，有的作"绝代姿容"。

　　这首词以雪为题，但它不是纯粹的咏物词，写法颇似苏轼《念奴娇·赤壁怀古》，通篇写景抒怀。词的上阕以虚实相间、动静结合、冷暖相映的多转折结构，讴歌北国雪景丰富多彩的美。词的下阕，在上阕歌颂江山多娇的基础上，自然而然地引出对古往今来活跃在这片美丽土地上的英雄人物的评论，作者从指点江山转到评点人物。

"北国风光，千里冰封，万里雪飘"，开篇单刀直入，大笔挥洒，千里坚冰封冻，万里雪花飘扬。"千里冰封"写大地，"万里雪飘"写天空，一静一动，互相映衬，写得气魄宏大。"望长城内外，惟余莽莽；大河上下，顿失滔滔"，长城内外白茫茫一片，黄河上下已经结冰封冻，顿时失掉滔滔滚滚的水势。"莽莽"让人感到大地纯洁，"滔滔"变动为静，使人感到黄河静穆。"长城内外"系南北，"大河上下"属东西，如椽大笔瞬间勾勒出无比辽阔的壮美河山。

"山舞银蛇，原驰蜡象，欲与天公试比高。""原"，作者原注："原指高原，即秦晋高原。"①群山和高原都被冰雪掩盖，一座座山峰绵延起伏，像银蛇在舞动；秦晋高原上的丘陵一个接着一个，像一只只白象在飞奔。典出唐代韩愈《咏雪·赠张籍》："岸类长蛇扰，陵犹巨象豗。""银蛇"写出山之飞动，突出山之逶迤绵延。"蜡象"写出高原之奔腾，突出高原之雄浑高峻。这是化静为动，写雪景的腾挪飞扬。向远处望去，山和丘陵与天相接，像在与天公比试高低了。"天公"，本为天帝，这里指天。清代龚自珍《己亥杂诗》："我劝天公重抖擞，不拘一格降人才。"作者赋予群山和高原以人的情感和意志，要与天公抗衡。"须晴日，看红装素裹，分外妖娆"，待到雪后放晴，红日和白雪映照，宛如浓妆美女披着白色外衣，格外娇媚。前面几句用冷色调写雪中江山的雄浑，这里用暖色调写出雪后江山的艳丽。

"江山如此多娇，引无数英雄竞折腰"，祖国江山如此壮丽，致使古今无数英雄豪杰为之倾倒。宋代苏轼《念奴娇·赤壁怀古》："江山如画，一时多少豪杰。""江山如此多娇"，既包括现实的场景，又包括理想的境界，并引出为江山折腰的英雄来。"折腰"，典出《晋书·陶潜传》："不能为五斗米折腰。"唐代李白《梦游天姥吟留别》亦有："安能摧眉折腰事权贵，使我不得开心颜。"

---

① 《毛泽东诗词集》，中央文献出版社，1996年9月第1版，第60页。

"惜秦皇汉武，略输文采；唐宗宋祖，稍逊风骚。一代天骄，成吉思汗，只识弯弓射大雕。""惜"字领起以下七句，特举出秦始皇、汉武帝、唐太宗、宋太祖和成吉思汗等封建时代的代表人物。他们虽有历史武功，但文治方面都有欠缺。"文采"，本指辞藻、才华；"风骚"，指《诗经》中的《国风》和屈原的《离骚》，后来用以代指《诗经》《楚辞》，又引申为文学作品的代称。对这些封建帝王而言，也指包括经济、政治、文化在内的"文治"。这些功业显赫的封建帝王尚存不足，封建社会其他人物则更是不屑一顾了。

"俱往矣，数风流人物，还看今朝。"以往的英雄豪杰都已成为历史，而主宰国家和民族的命运，还要当今英雄人物来承担。"风流"，本指仪表、风度，后指英俊、杰出。"风流人物"，取自苏轼《念奴娇·赤壁怀古》："大江东去，浪淘尽，千古风流人物。"末三句收放自如，恰如"泉流归海"，既收得尽，又言已尽而意无穷。

历史上咏雪的名篇不少，但无论哪一个大家高手也没有毛泽东的咏雪词写得如此雄浑豪放，气势磅礴。诚如刘勰《文心雕龙》所云："故寂然凝虑，思接千载；悄焉动容，视通万里；吟咏之间，吐纳珠玉之声；眉睫之前，卷舒风云之色。"《沁园春·雪》写景有视通万里之阔，泱泱大国壮美河山尽情礼赞；议论有思接千载之深，悠悠历史显赫帝王任其评说。作品精工而不纤巧，豪放而不粗疏，且一气贯注，气象万千。深邃的思想，宏伟的构思，壮阔的画面，浩荡的诗情，读来荡气回肠，催人奋发向上。

《沁园春·雪》是如何发表的？

1945年8月，毛泽东飞赴重庆和谈，其间少不了与过去的诗友来一点诗词唱和。他把《沁园春·雪》带往重庆，抄赠给友人。词作在山城流传，轰动一时。很多人慨叹：毛泽东不仅能带兵打仗，还会舞文弄墨、吟诗赋词。毛泽东的文采令无数人倾倒折服，在中国诗坛上留下一段佳话。

1945年9月6日，毛泽东专程前去拜访在长沙一师认识的孙俍工先生。孙俍工曾在长沙第一师范任教，书法独树一帜。毛泽东在一师附小任教时，曾慕名听过孙俍工讲课。这次毛泽东前来登门拜访，他把手书的《沁园春·雪》送给孙俍工。孙俍工对毛泽东的诗才卓绝和书法飘逸赞不绝口。

重庆谈判期间，毛泽东把《沁园春·雪》抄赠给柳亚子，这是人所共知的事。但何时抄给柳亚子，却说法不一。一说为1945年9月6日。《毛泽东年谱（1893—1949）》下卷记载：9月6日下午，毛泽东同周恩来、王若飞"到沙坪坝南开中学访柳亚子、张伯苓。以《沁园春·雪》词书赠柳亚子"。[1] 另一说为1945年10月7日。有毛泽东1945年10月7日写给柳亚子的信为证："初到陕北看见大雪时，填过一首词，似与先生诗格略近，录呈审正。"[2] 原来柳亚子的好友林庚白先生准备选编一本《民国诗选》，可惜没有完成便作古了，柳亚子决定续编，他打算收入《七律·长征》。毛泽东不仅仔细订正了《长征》，还亲笔书赠《沁园春·雪》。

---

[1]《毛泽东年谱（1893—1949）》下卷，中央文献出版社，2013年12月第1版，第22页。

[2]《毛泽东书信选集》，中央文献出版社，2003年11月第1版，第243页。

毛泽东给柳亚子题写的《沁园春·雪》有两幅，第一幅题写在"第十八集团军重庆办事处"信笺上，毛泽东没有题下款。于是柳亚子带着自己的纪念册，请毛泽东再次题写一遍，毛泽东这次加上了"亚子先生教正"的上款和"毛泽东"的落款。柳亚子又请毛泽东盖章，毛泽东说没有，柳亚子慨然许诺送给毛泽东一枚。于是，柳亚子请青年篆刻家曹立庵连夜为毛泽东刻了两方，后来盖在毛泽东题写的咏雪词上。

1945年10月25日，柳亚子和青年画家尹瘦石联合举办的诗画联展在坐落于重庆七星岗的中苏文化协会正式开幕。柳亚子展出了毛泽东咏雪词的墨宝，还展出了他的和词："甘载重逢，一阕新词，意共云飘。叹青梅酒滞，余怀惘惘；黄河流浊，举世滔滔。邻笛山阳，伯仁由我，拔剑难平块垒高。伤心甚，哭无双国士，绝代妖娆。才华信美多娇，看千古词人共折腰。算黄州太守，犹输气概；稼轩居士，只解牢骚。更笑胡儿，纳兰容若，艳想浓情着意雕。君与我，要上天下地，把握今朝。"柳亚子还曾写过一篇《跋》，其中写道："毛润之《沁园春》一阕，余推为千古绝唱，虽东坡、幼安，犹瞠乎其后，更无论南唐小令、南宋慢词矣。"[①]

展览会后，柳亚子将毛泽东的咏雪词和自己的和词一并送到《新华日报》请求发表。《新华日报》考虑到发表毛泽东的作品须经本人同意，加上毛泽东本人不愿意叫人知道他能写旧体诗词，他认为旧体诗词太重格律，束缚人的性灵，不宜提倡，故《新华日报》11月11日只将柳的和词刊出。因为柳亚子在小序中云"次韵和润之咏雪之作，不尽依原题意也"，所以读者充满期待，都渴望读到毛泽东的原词。

《新民报》有个副刊《西方夜谭》，吴祖光担任编辑。他设法弄到咏雪词三份抄件，整合出一份完整稿。1945年11月14日，《西方夜谭》副刊率先发表了毛泽东的这首《沁园春·雪》。由于此次披露是以传抄件为底本的，与原作相比错字较多，但吴祖光在《新民晚报》的历史上可谓写下了浓墨重彩的一笔。《新文史资料》第一期载有吴祖光写

[①] 石玉坤、张树德著：《诗词为媒：毛泽东与柳亚子》，中共中央党校出版社，1999年1月第1版，第104—106页。

于1978年7月20日的《话说〈沁园春·雪〉》，吴祖光回忆起这段经历还充满自豪："我想，《新华日报》是中共党报，当然应受党主席的约束；而我编的却是一家民营报纸，发表这首词又有何妨呢？就在这时，《新华日报》却出乎意外的单独发表了柳亚子《和毛润之先生咏雪词》，而毛主席原词却未发表。这显然是在柳亚子先生的极力要求之下，《新华日报》采取的折中办法，但实际上已经违背了毛主席不愿意让人们知道他写作旧体诗词的原意了。既然如此我就也不再顾及什么友人的劝阻，而在11月14日的重庆《新民报》第二版副刊的《西方夜谭》上发表了这首'咏雪'词，题目是《毛词·沁园春》，并在后面加写了一段按语：'毛润之先生能诗词，似鲜为人知。客有抄得其《沁园春·雪》一词者，风格独绝，文情并茂，而气魄之大乃不可及。据毛氏自称，则游戏之作，殊不足为青年法，尤不足为外人道也。'"①

这首词刊出后，立即轰动山城。1945年11月28日重庆《大公报》又将柳亚子的和词与《毛词·沁园春》以醒目的版面再次刊出，又一次引起人们争相传阅。山城的各大报纸竞相转载，并发表了大量的步韵、唱和之作和评论文章。

新中国成立后，毛泽东书赠柳亚子的两幅咏雪词墨迹才得以公开发表。其中，毛泽东题在信笺上的墨迹，最早出现在1950年2月新华书店出版的萧三编著的《毛泽东同志的青少年时代》（第二版）上面；毛泽东题在纪念册上的墨迹，最早出现在1951年1月8日《文汇报》上。这首词最早正式发表在《诗刊》1957年1月号，未标明写作时间。1963年12月人民文学出版社出版《毛主席诗词》时，首次标明写作时间为"一九三六年二月"。

---

① 丁力主编：《毛泽东诗词大辞典》，中国妇女出版社，1993年11月第1版，第696页。

"山城雪仗"是怎么一回事？

1945年11月14日《新民报》晚刊发表《沁园春·雪》，可谓"惊涛拍岸，卷起千堆雪"。据中央文献出版社2007年4月版、杜忠明所著《〈沁园春·雪〉传奇》描述：蒋介石侍从室二处的主任陈布雷向蒋介石报告了此事。他说："毛泽东的这首咏雪词填得非常之得体，气韵高华，词采明丽，同时寄托遥深。现在好多人都在为毛泽东的这首词着迷，不管在朝在野，是敌是友，他们都在唱和着。'雾重庆'快要变成'雪重庆'了。"①蒋介石心里很不是滋味。

国民党中央宣传部立即召开会议，通知各地、各级党部，要求会吟诗作词者，每人都步毛泽东咏雪词原韵来上几首，企图把毛泽东的磅礴气势比下去。国民党御用文人们的作诗运动粉墨登场了。12月4日，国民党中央机关报《中央日报》刊登两首和词。《中央日报》主笔兼副刊编辑王新民化名"东鲁词人"，和词咒骂中共在抗战期间"却倒戈，看杀人掠地，自炫天骄"，称毛泽东为"草莽英雄"，妄劝"勒马悬崖""屠刀放下"。署名"耘实"的和词，称中共"未使太平，翻教陈陆，恣向元元赌射雕。君休矣！把霸图收拾，应在今朝"。

也是在12月4日，国民党军委机关报《和平日报》刊出易君左的和词，污蔑共产党军队是"杀吏黄巢，坑兵白起，几见降魔道愈高？"诬蔑延安边区为"大漠孤烟"，犹如洪水猛兽。因毛泽东曾有诗云"重庆有官皆墨吏，延安无屎不黄金"，易词便说延安"黄金难贮阿娇"，并贬毛词为"冶态妖容"。同一天的《和平日报》还刊登了董令狐的《封建余孽的抬头》和杨依琴的《毛词〈沁园春〉笺释》，对毛词进行曲解

---

① 杜忠明著：《〈沁园春·雪〉传奇》，中央文献出版社，2007年4月第1版，第114页。

和毁谤。《益世报》也刊出张宿恢的和词，称毛词乃"人兽叫嚣，鬼怪离陆，俨然十丈魔道高。如来眼，看黄巾赤裹，丑尚妖娆"，谩骂之词，溢于纸间。《大公报》从12月8日至12日连续5天连载该报总编辑王芸生长文《我对中国历史的一种看法》，自诩是"斥复古迷信并反对帝王思想的文章"，洋洋洒洒万余言，无非是含沙射影、指桑骂槐。1945年12月6日，《合川日报》发表了署名"老丁酸"的和词，这首词毫无新意，无非是堆砌辞藻，他讽刺柳亚子"浑水摸鱼""巴结妖娆"，还污蔑毛泽东与柳亚子是"君君我我"。

据不完全统计，国民党控制的《中央日报》《和平日报》《文化先锋》《益世报》等报刊，前前后后刊登了30多首和词、10多篇文章。它们的立场极为反动，语言尖酸刻薄，艺术手法低劣。曾在台南神学院任教的政论家孟绝子在1984年出版的《狗头·狗头·狗头税》一书中，直率地写道："可惜国民党党徒虽多，但多的只是会抓人、关人、杀人、捞钱的特务贪官，是只会写写党八股的腐儒酸丁级的奴才文官和奴才学者。结果一直到逃离大陆时，国民党连一首'毛泽东级'的《沁园春》都没有写出来。"[①]

就在国民党的酸臭文人舞文弄墨之时，进步阵营的文化人当然也不会漠然视之。而其中最勇猛的一员战将就是郭沫若。郭沫若在1945年12月5日重庆《新民报》晚刊《西方夜谭》、1945年12月29日《客观》第8期连续发表两首和词；在1947年7月在上海出版的《周报》第46期发表《摩登唐吉诃德的一种手法》，抨击反动文人对毛泽东作品的污蔑和歪曲。《客观》上的和词这样写道："说甚帝王，道甚英雄，皮相轻飘。看古今成败，片言狱折；恭宽信敏，无器民淘。岂等沛风？还殊易水，气度雍容格调高。开生面，是堂堂大雅，谢绝妖娆。传声鹦鹉翻娇，又款摆扬州闲话腰。说红船满载，王师大捷；黄巾再起，蛾贼群骚。叹尔能言，不离飞鸟，朽木之材未可雕。何足道，纵漫天弥雾，无损晴朝。"[②]

[①] 萧永义著：《毛泽东诗词史话》，东方出版社，1996年12月第1版，第171页。
[②] 杜忠明著：《〈沁园春·雪〉传奇》，中央文献出版社，2007年4月第1版，第176页。

重庆的这场"雪仗"波及全国。陈毅1946年2月在山东接连赋词三阕，邓拓也在晋察冀边区赋词《沁园春·步毛泽东原韵》。此外，1946年第8期《萌芽月刊》所载聂绀弩《毛词解》；1946年10月20日晋冀鲁豫解放区出版的《人民日报》刊登范文澜《沁园春译文》，同时刊登周沛然为《沁园春·雪》配制的曲谱。他们都极力捍卫毛泽东及其诗词，回击反动文人的诋毁与诬蔑。

　　对于这场由《沁园春·雪》所引发的文坛大战，毛泽东本人自然也很关注，不过他的态度是轻松的。当时，王若飞曾将重庆报刊上与《沁园春·春》有关的和词与文章搜集起来寄往延安。毛泽东看后，在1945年12月29日致著名教育家黄齐声（王若飞的舅父）的信中，这样写道："若飞寄来报上诸件付上一阅，阅后乞予退还。其中国民党骂人之作，鸦鸣蝉噪，可以喷饭，并付一观。"① 由此可见，毛泽东对国民党报刊所发表的那些诬蔑之词不屑一顾。

　　有关《沁园春·雪》引发的"雪仗"，实际情形要比以上所述热闹得多。一首114个字的词作，竟然引发一场词坛文坛论战，发生一系列惊心动魄、曲折离奇的故事，的确是世界文化史上的一大奇观。随着岁月的流逝，这些故事的主人公一一离去，但历史早有定论：清者自清、浊者自浊。《沁园春·雪》的思想境界和艺术魅力，绝不是几个酸腐文人所能诋毁和抹杀的。

---

① 《毛泽东书信选集》，中央文献出版社，2003年11月第1版，第244页。

如何把握《沁园春·雪》的思想主题？

毛泽东一生钟情于漫天飞雪，诗词作品中也多次咏雪，诸如"雪里行军情更迫""更喜岷山千里雪""不要这多雪""飞雪迎春到""雪压冬云白絮飞""梅花欢喜漫天雪""傲霜雪"。在毛泽东笔下，雪既是一种自然现象，也是一种困难的象征，还是一种斗志和信心的象征。人们对这些诗句中的"雪"理解上并无太大分歧，唯独对《沁园春·雪》的"雪"存在不同的理解。《沁园春·雪》问世之后，注家蜂起，仁者见仁，智者见智。

关于《沁园春·雪》中的"雪"，有些人认为是当时政治形势的象征，是反面的、否定性形象。郭沫若1947年7月在上海出版的《周报》第46期《摩登唐吉诃德的一种手法》中解释说"那是说北国被白色的力量所封锁住了，其势汹汹"，并和封建帝王"争夺江山"相联系，他显然把北国雪景当成否定性形象。1946年第8期《萌芽月刊》所载聂绀弩《毛词解》也认为："用雪，用白色，用寒冷来象征残酷的统治……早已成为世界的常识了。"他认为毛词上半阕"不过铺列那些强盗们、汉奸们、封建余孽们在中国的土地上'群魔乱舞'，而且说他们主观上以为可以靠武力胜利，想以武力扭转历史发展法则，这一点评论家反说作者欲与天公试比高，完全胡扯"。湖南文艺出版社1993年5月版《毛泽东文艺思想研究》（第8册）所载车晓彦《崇高壮美，气贯长虹——毛泽东诗词概观》指出："《沁园春·雪》从字面上看，是写北国冬天的景象，实际上写的是政治形势。……'须晴日'是指革命成功。'分外妖娆'意在预示革命胜利后祖国到处是一派欣欣向荣的美好景象。"将"雪"视为反面否定性形象的观点，用意虽好，但不符合原作的意向和境界。更多注家认为词中的雪是正面的肯定性形象，作者通过对雪景的描绘，歌颂祖国的大好河山，评点中国历史。

这首词有两处容易产生歧义。其一是"欲与天公试比高"一句，这是最具毛泽东天赋个性与精神品格的诗句。孟子曰："吾善养吾浩然之气。"这种浩然之气在《沁园春·雪》中体现得十分充盈，而"欲与天公试比高"堪称诗眼。毛泽东笔下的山超凡脱俗，俨然是毛泽东的人格化身。有《十六字令·三首》其三为证："山，刺破青天锷未残。天欲堕，赖以拄其间。"山把天都捅破了，然而锋芒完好无损，真乃"壁立千仞，无欲则刚"，这是使命感、责任感、道义感使然。毛泽东赋予群山高原以高尚的人格，寄寓着对伟大的中国人民崇高精神的高度赞扬，体现着毛泽东在《论反对日本帝国主义的策略》中所说的："我们中华民族有同自己的敌人血战到底的气概，有在自力更生的基础上光复旧物的决心，有自立于世界民族之林的能力。"[①] 正是这种洋溢于胸中的浩然之气，成就了毛泽东的气魄，成就了他的诗作，更成就了他的千秋伟业。

另一处更为费解的是下阕对几个历史人物的评点。生活·读书·新知三联书店1986年9月版《毛泽东读书生活》一书中林克《忆毛泽东学英语》一文写道："一九五七年五月二十一日，他在学英语休息时说，《沁园春·雪》这首词是反封建的，'惜秦皇汉武，略输文采；唐宗宋祖，稍逊风骚'，是从一个侧面来批判封建主义制度的，只能这样写，否则就不是写词，而是写历史了。"《在〈毛主席诗词十九首〉上的批注》中，毛泽东如是说："雪，反封建主义，批判二千年封建主义的一个反动侧面。文采、风骚、大雕，只能如是，须知这是写诗啊！难道可以谩骂这一些人们吗？别的解释是错的。末三句，是指无产阶级。"[②]

鲁迅先生曾借《狂人日记》"狂人"之口说："我横竖睡不着，仔细看了半夜，才从字缝里看出来，满本上都写着两个字：'吃人'。"毛泽东酷爱读史，熟读《二十四史》《资治通鉴》，他对中国历史有独特判断，也是两个字："骗人"。早在少年时代读《三国演义》《水浒传》《精忠传》时，毛泽东就发现书中一味渲染文官武将、才子佳人，从来

[①]《毛泽东选集》第一卷，人民出版社，1991年6月第3版，第161页。
[②]《毛泽东文艺论集》，中央文献出版社，2002年4月第1版，第196页。

没有人把农民作为小说的主人公去正面塑造。《新华文摘》1994年第2期所载卢荻《毛泽东读二十四史》一文描述说，1975年毛泽东同卢荻谈二十四史时说道："一部二十四史大半是假的，所谓实录之类也大半是假的。但是，如果因为大半是假的就不去读了，那是形而上学。"

毛泽东也敬慕英雄，并不简单否定历史人物本身，仅秦始皇在他眼里就很了不起，他甚至说过自己是"马克思加秦始皇"。但毛泽东坚决反对主张帝王将相、英雄人物创造历史的英雄史观。1964年春《贺新郎·读史》"五帝三皇神圣事，骗了无涯过客"也是如此。毛泽东心中有三皇五帝，但不同意说他们创造了历史。"有多少风流人物？盗跖庄蹻流誉后，更陈王奋起挥黄钺"，前者是奴隶起义的首领，后者是农民起义的领袖，毛泽东认为这些人才是推动历史发展的"风流人物"。这也就不难理解毛泽东解释《沁园春·雪》时说"末三句，是指无产阶级"，[①] 这是信奉人民史观，厚今薄古、重视当下的必然结论。

[①]《毛泽东文艺论集》，中央文献出版社，2002年4月第1版，第196页。

如何理解"纤笔一枝谁与似"？

丁玲，原名蒋冰之，1904年出生在湖南临澧，早年在长沙岳云中学读书的时候，是杨开慧的同学。她在1927年开始发表小说。1932年加入中国共产党，曾任中国左翼作家联盟党团书记。因从事革命文学活动，1933年5月，丁玲被国民党特务绑架，囚禁在南京长达3年之久。1936年9月18日，在国内著名人士宋庆龄、蔡元培、鲁迅等人的抗议和党组织的帮助下，丁玲终于逃离南京。她秘密经上海、北平、西安，11月抵达陕北保安，来到了她向往已久的革命圣地。中共中央宣传部在一座大窑洞里设宴欢迎她，表达对知识分子追求光明、追求理想、愿为国家民族作贡献的极大赞许。毛泽东、周恩来、张闻天等出席，席间有文艺表演，气氛十分热烈。一时间，一大批有志于民族解放事业的中华优秀儿女纷至沓来。

随后，丁玲被分配到陇东前线的总政治部工作。丁玲到前线后，写下了《记左权同志话三城堡之战》和《彭德怀速写》等赞颂红军将领的作品，发表在《红中副刊》油印小报上，影响很大。对丁玲的热情与业绩，毛泽东非常赞赏。据《毛泽东年谱（1893—1949）》上卷记载：1936年12月，"作《临江仙·给丁玲同志》：'壁上红旗飘落照，西风漫卷孤城。保安人物一时新。洞中开宴会，招待出牢人。 纤笔一枝谁与似？三千毛瑟精兵。阵图开向陇山东。昨天文小姐，今日武将军。'这首词毛泽东用电报发给随红一方面军赴三原途中的丁玲"[1]。

1937年春，丁玲陪史沫特莱从前线回到延安，毛泽东又当场将这首词写下来赠给丁玲。丁玲一直活跃在革命斗争的第一线，发起成立了中

---

[1]《毛泽东年谱（1893—1949）》上卷，中央文献出版社，2013年12月第1版，第636页。

国文艺协会，领导西北战地服务团，倡导并坚持"民族革命战争的抗日文艺"的正确方向。她主编的《战地丛书》宣传党的抗日民族统一战线政策，团结人民，打击敌人。她的"纤笔一枝"，胜似"三千毛瑟精兵"。

这首词最早发表于1980年第7期《新观察》，同时发表了作者的手迹，未标明题目和写作时间。1986年9月人民文学出版社出版《毛泽东诗词选》时，收入"副编"，题为《给丁玲同志》，时间为"一九三六年"。1996年9月中央文献出版社出版《毛泽东诗词集》，此词收入"副编"，并标明时间为"一九三六年十二月"。这首词属于寄赠诗，叙事与抒情兼而有之，情因事发，事由情牵，但毛泽东的寄赠方式很特别，先以电文拍发到前线，后又以亲笔书笺相赠，这在毛泽东人际关系史上属于特例。这首词写得通俗易懂，符合古典诗词走向大众化的发展方向。

词的上阕描写欢迎会的场面。"壁上红旗飘落照，西风漫卷孤城"，窑洞的壁上红旗在夕阳中漫卷，"壁"与"孤城"是静景，被西风漫卷的红旗给它带来了生气与活力，条件艰苦，但充满着自由的空气。"保安人物一时新"，丁玲新到保安，带来了一股清新之气。"洞中开宴会，招待出牢人"，点明宴会地点和招待对象，说明对丁玲到来的高度重视。

词的下阕是对丁玲的赞扬。"纤笔一枝谁与似，三千毛瑟精兵"，"毛瑟"是德国毛瑟工厂生产制造的步枪和手枪。孙中山曾在1922年8月24日《与报界的谈话》中说："常言谓：一支笔胜于三千毛瑟枪。"1939年12月9日在《一二·九运动的伟大意义》的讲话中，谈到笔杆子与枪杆子的问题时，毛泽东说："拿破仑说，一支笔可以当得过三千支毛瑟枪。但是，要是没有铁做的毛瑟枪，这个笔杆子也是无用的。"[①]丁玲是女作家，称"纤笔"更加形象恰当。"阵图开向陇山东"，丁玲跟随杨尚昆领导的前方总政治部到了陇东前线。"昨天文小姐，今日武将军"，言简意赅地写出了丁玲角色的重大转换，这是对丁玲所作选择的高度赞扬。在"女子无才便是德"的旧中国，丁玲的成长无疑是一种巨大的进步。

[①]《毛泽东文集》第二卷，人民出版社，1993年2月第1版，第257页。

毛泽东非常重视文艺在革命斗争中的作用。作家丁玲是最早从国统区到达陕北的文艺家之一，这在当时并不是一件小事。丁玲的到来，为根据地革命文艺事业的开展增添了新的力量，也有利于党开展文艺界的统一战线工作，吸引、团结更多的国统区文艺工作者。中共中央及时抓住这一有利时机，开始酝酿在文艺方面采取大的行动。丁玲建议成立正式文艺团体。1936年11月22日召开了文艺工作者协会成立大会，毛泽东亲临大会，他提议该会取名为"中国文艺协会"。丁玲还当选为"中国文艺协会"的主任，与徐梦秋等人一起创办我党党报第一个文艺副刊《红中副刊》，亲撰《刊尾随笔》作为代发刊词。

在延安，毛泽东曾风趣地说：我们有两支军队，一支是朱总司令的；一支是鲁总司令的。[1]1938年1月，为了纪念"一·二八"抗战六周年，一些过去在上海活动、全面抗战爆发后来到延安的戏剧工作者演出了一出抗日的戏剧。毛泽东看了演出后，说：戏演得好，这些人不要散了。最初打算办一戏剧训练班，后来办了一个艺术学校，取名鲁迅艺术文学院。毛泽东是第一个签名的发起人。在党中央和毛泽东的直接关怀下，鲁艺建成延安第一所培养各种高、中级文艺人才的学校，为革命文艺事业的繁荣作出了重要贡献。

---

[1] 李颖著：《文献中的百年党史》，学林出版社，2020年11月第1版，第162页。

《临江仙·给丁玲同志》手迹是如何保存的？

丁玲是一位很幸运的女作家，两位伟人先后为她赋诗作词。1933年5月14日，丁玲在上海寓所被捕，6月谣传她已被害。鲁迅听到谣传后，为其作挽诗《悼丁君》："如磐夜气压重楼，剪柳春风导九秋。瑶瑟凝尘清怨绝，可怜无女耀高丘。"《临江仙·给丁玲同志》是毛泽东于1936年12月以电报形式题赠给丁玲的。1937年春，丁玲陪史沫特莱从前线回到延安，毛泽东又当场将这首词写下来赠给丁玲。而围绕毛泽东给丁玲的这份手迹，发生了很多令人感叹不已的传奇故事，这在毛泽东诗词手迹中也是绝无仅有的。

1939年，国民党掀起第一次反共高潮，陕甘宁边区受到很大威胁。丁玲在行军转移之际，很为毛泽东赠给自己的词手迹担忧。在"左联"时，丁玲曾与胡风共事，她在延安也常读胡风主办的刊物。丁玲也知道胡风当时正待在相对安全的重庆。胡风的夫人梅志在《四十一年话沧桑》一文中回忆："为了珍藏这份史料，丁玲当时把这首词及其他一些稿件，一并寄到重庆，委托胡风保存。胡风收到这首词后，感到责任重大，把它装在办《七月》时自费印的牛皮纸信封里，并在信封上用墨笔写上'毛笔'两个大字。当时他说如果被国民党特务逮捕抄家时，查出它来，就说这是用毛笔写的，不至于让他们怀疑是毛主席亲笔的，这样可能得以留下。"[①] 胡风又将信封藏在自己装稿件的小皮箱里，每每随身携带。

1941年"皖南事变"后，胡风离开重庆去香港。担心路上不安全，他把包括毛泽东手迹在内的一些重要文稿书籍，存放在重庆远郊的亲戚

[①] 刘汉民著：《毛泽东诗词佳话》，人民出版社，2013年10月第1版，第100页。

家。毛泽东的手迹，当时夹在胡风的日记本里。胡风夫人梅志在装手迹的信封上用钢笔写了"丁存"两个字。两年之后，胡风夫妇又返回重庆，从亲戚家取回存物。抗战胜利后，毛泽东手迹又随胡风一起从重庆到了上海。

1949年，随着全国解放，胡风与丁玲两位文化人经常见面了。在东北、在北京，他们有过愉快的长谈。但有意思的是，俩人都没有提到毛泽东手迹的事。胡风夫人梅志分析：可能是新的感受太多，要做的事太多，暂时把它忘了。1953年下半年，胡风全家搬到了北京。收拾东西时，又将毛泽东手迹寻了出来。他们便将这个信封从日记本中取出，放进胡风的书桌抽屉，想找个合适机会将它亲自交还丁玲。

1955年，批判胡风运动开始，且步步升级，由反党集团终成为"胡风反革命集团"。胡风被捕，家里有文字的东西多被抄走。毛泽东的手迹，与胡风的日记、书信、文稿及其他杂物一并被搜查取走，被尽数存进了公安部的档案柜中。这一放，就是十年。这虽属意外，可手迹却相对安全了。直到1965年胡风才被判刑，判刑之后，按程序一些东西可以领回，毛泽东的手迹也与其他一些杂物一起被胡风夫人梅志领了回来。梅志见到毛泽东手迹，真是百感交集。

胡风判刑后，被羁押到四川，毛泽东的手迹也随着他们到了四川。1967年，胡风再次被关进监狱。手迹等物件便留在了梅志手头。她将装有手迹的信封放在皮包的夹层里，上面放了一些胡风的诗稿、文稿等等。1968年夏天，成都的红卫兵来到梅志待的芦山县劳改局苗溪茶场，抄了她的家。抄完家后，梅志被训斥一顿，接着就让她收拾一下东西去参加劳动。她意外地发现那个皮包被扔在地上没人要，梅志长长地松了口气，她把皮包放进被抄得空空如也的衣柜里。

之后，胡风夫妇又经过多次搬迁和检查，尤其是1973年初，因为要让梅志到监狱去护理胡风，便又是一次大检查，这个皮包又躲过一劫。这一来，又是五六年，胡风夫妇几乎不敢翻动这历经艰辛的手迹存件了。一直到粉碎"四人帮"，梅志才敢将它取出放在抽屉里。看到这手迹，胡风夫妇真是感慨万千。

1979年初，胡风夫妇接到通知，说可以出狱了。收拾东西时，梅志仍将信封放回那个伴随他们几十年的皮包夹层中。1980年3月，他们回到了北京，同年9月，中央宣布为"胡风反革命集团"案平反，他们才算真正获得了新生。梅志将当年丁玲托付保存的东西交由中国作家协会转交丁玲。她还写了一封短信，说明因为东西长期放在皮包夹层，四川山区又很潮湿，其中一张受潮有点破碎。梅志感慨地说：不能说是完璧归赵，总算是物归原主了。

　　作家宏羽在研究丁玲创作生涯过程中，从一本外文的《今日中国》上，看到美国人丽夫写的《丁玲在西北》的文章，说毛泽东有一首词赠给丁玲。沿着这条线索，宏羽开始寻访。见到毛泽东手迹后，宏羽立即写了《毛泽东同志一九三六年写给丁玲的一首词》，连同《临江仙》手迹，一并发表在1980年10月出版的《新观察》杂志第七期上。由此，这首毛泽东写于1936年的作品，才得以为人们所知。毛泽东所书的手迹，并无题目和词牌，后来收入1986年9月人民文学出版社出版的《毛泽东诗词选》时，才由编者拟题《临江仙·给丁玲同志》。

　　当年丁玲和胡风并无很深交往，出于信任，丁玲情急之下把毛泽东手迹托付给胡风保管。而胡风夫妇即使历经坎坷也没有辜负这份信任。毛泽东的手迹写于陕北，穿越了四十多年风风雨雨。读到这份手迹，我们不能不为它得以保存特别惊叹。

毛泽东如何挽诗赞颂戴安澜？

《五律·挽戴安澜将军》："外侮需人御，将军赋采薇。师称机械化，勇夺虎罴威。浴血东瓜守，驱倭棠吉归。沙场竟殒命，壮志也无违。"该诗是根据1943年戴安澜将军追悼会挽联挽诗登记册刊印的。它最早非正式发表于解放军文艺出版社1982年4月版黄济人著《将军决战岂止在战场》，后又非正式发表于1983年12月28日《人民政协报》天逸的《"东瓜"和"棠吉"——毛泽东悼戴安澜将军诗中的两个典故》。1996年9月中央文献出版社出版《毛泽东诗词集》时收入"副编"，标明写作时间为"一九四三年三月"。

戴安澜，1904年生，安徽省无为县人，字衍功，号海鸥，黄埔军校第三期毕业生，曾参加北伐战争。他是杰出的国民党抗日爱国将领，在长城古北口抗战、台儿庄大战、武汉大会战、昆仑关争夺战等重大战役中，屡立战功。1942年3月，他率二〇〇师出师缅甸，孤军深入，英勇奋战。他在给妻子的信中说："现在孤军奋战，决心全部牺牲，以报国家养育！为国家战死，事极光荣。"在给日寇重创以后，他率师归国，途中遭日军伏击，身负重伤，于5月26日殉国。

戴安澜将军牺牲后，国共两党高度评价其英雄业绩。1943年4月1日，国民政府在广西全州的香山寺为戴安澜将军举行国葬。当时国共两党的主要领导人都送了挽联或挽幛。中国共产党人给这位抗日名将很高的评价。周恩来称他为"黄埔之英，民族之雄"。朱德和彭德怀在挽联中说："将略冠军门，日寇几回遭重创；英魂羁缅境，国人无处不哀思。"据1943年戴安澜将军追悼会挽联挽诗登记册，毛泽东从延安拍去电报，在"海鸥将军千古"六字后面，题写《五律·挽戴安澜将军》，表达了热烈的赞许、崇高的敬意和深挚的哀悼。

戴将军灵柩在全州厝葬，后因日寇进占广西，1944年移葬于贵阳花溪河畔的葫芦坡。1947年迁葬于与其故乡一江之隔的安徽芜湖。新中国成立后，中央人民政府内务部于1956年9月追认戴安澜将军为革命烈士。安徽省和芜湖市人民政府多次修葺烈士墓。墓碑上"戴安澜将军之墓"六个大字为民革中央主席王昆仑所题。左侧的碑上刻写着毛泽东、周恩来、朱德、彭德怀、邓颖超题赠的挽诗、挽词和挽联。

　　"外侮需人御"，首先揭示了日寇侵略，国难当头的历史背景。"将军赋采薇"运用典故称颂戴安澜将军慷慨出征、勇赴国难的英勇气概和爱国精神。"赋"指兵，古时是按田赋出兵，所以称兵为兵赋。《论语·公冶长》："千乘之国，可使治其赋也。""采薇"是《诗经·小雅》的篇目，是戍边的士兵们所唱的歌曲，内容是说戍边的士兵采薇以食，而念归期之远。从写作看，内容雍容朴实，文辞高古典雅。"师称机械化，勇夺虎罴威"，戴安澜所率部队为机械化师，装备精良，将士勇猛，大灭了日本侵略者的威风，大长了抗日军民的士气，写得气韵生动，神采飞扬。

　　"浴血东瓜守，驱倭棠吉归。"东瓜、棠吉都是缅甸的地名。东瓜之战发生在1942年3月18日，戴将军率部奋战12昼夜，歼灭日军5000余人，掩护了英军撤退，迟滞了日军北进。这一战役的胜利，震撼了世界。发生在1942年4月23日的棠吉之战，也是一个大胜仗。当时棠吉告急，戴部奉命驰援，激战两昼夜，击退日军，收复棠吉。这一句叙述戴师艰苦顽强的战斗历程，称赞戴安澜将军战功卓著，扬威国外。可谓笔酣墨绝，悲壮淋漓。"沙场竟殒命，壮志也无违"，对戴安澜将军不幸牺牲深表震惊和痛惜，把英雄牺牲的意义提升到"壮志"这个人生哲学高度，称赞戴将军为抗战报国而死，死得重于泰山。同时勉励人们继承烈士壮志，坚持团结，一致抗日，同心同德，前赴后继，彻底打败日本侵略者。情真而意切，语短而心长。

　　《五律·挽戴安澜将军》从抗日民族统一战线的立场出发，热烈赞颂国民党抗日名将抗战报国的义举，表明中国共产党人以民族大义为重，支持一切爱国力量抗日救亡的正义行动，光明磊落，坦荡无私，也向世人表明中国共产党人是团结抗战的模范，是全民族最大利益的忠实代表者，与国民党反动派不顾民族利益和抗战大局，悍然制造"皖南事变"掀起反共浪潮，形成鲜明对比。

这副挽联是毛泽东诗词中少有的几首五言律诗之一。毛泽东在1965年7月21日致陈毅的一封信中说："我对五言律，从来没有学习过，也没有发表过一首五言律。"[1]有人根据这番话而质疑这首诗是毛泽东写的，这种怀疑显然缺乏证据。毛泽东的话只是一种自谦之词。其实，毛泽东曾经写过多首五言律诗，如写于1947年的《五律·张冠道中》《五律·喜闻捷报》，写于1955年的《五律·看山》。《五律·挽戴安澜将军》与其他作品相比，艺术水准毫不逊色。从整体看，这首五言律诗内容饱满，情感激越，语言精练，形象鲜明，气势如虹。既有"赋采薇"那样的古典，又有"机械化"这样的新词，作者还把当代外国地名与中国古典相结合，使人产生非常丰富的联想，增强了诗的表现力，增加了诗的思想感情容量。整首诗是一首英雄的赞歌，这英雄是戴安澜，但又不只是戴安澜，包括戴安澜所部的英勇战士，更包括所有誓死抗战的中华英烈。

---

[1]《毛泽东书信选集》，中央文献出版社，2003年11月第1版，第571页。

《五律·张冠道中》是真是伪？

1947年3月中旬，胡宗南指挥国民党军队大举向中共中央所在地延安发动进攻。在敌强我弱的形势下，毛泽东于3月18日率领中共中央机关撤离延安。此后，他在陕北延川、清涧、子长、靖边等县转战，采取机动灵活的战略战术，与敌人周旋。张冠道，是毛泽东当年3月至4月间转战陕北途中经过的一条道路，其间写了《五律·张冠道中》："朝雾弥琼宇，征马嘶北风。露湿尘难染，霜笼鸦不惊。戎衣犹铁甲，须眉等银冰。踯躅张冠道，恍若塞上行。"

这首诗描写转战陕北期间穿雾迎风、披霜带露的行军感受。农谚云："清明断雪，谷雨断霜。"陕北的三四月，天气还是有几分寒意的，何况为了隐蔽行踪，必须晓宿夜行、昼伏夜出，艰苦情形不难想见，此诗可视为我军当年艰苦转战的生活纪实。"朝雾弥琼宇，征马嘶北风"，大雾弥天，寒气袭人，战马嘶鸣，寥寥数语烘托出硝烟弥漫的战地氛围。"露湿尘难染，霜笼鸦不惊"，从细小之处来写，露水繁重，鸦鹊不惊，严霜覆地，扬尘不起，天地笼罩于一片清冷静寂之中，突现出当时行军环境的艰苦。"戎衣犹铁甲，须眉等银冰"，战士的衣衫被露水和汗水浸湿，夜寒风冷，冻结起来了，穿在身上的感觉就像铁制的铠甲那样梆硬而冰凉。"踯躅张冠道，恍若塞上行"，为了冲破敌人的围追堵截，行军时不得不忽进忽退，来回穿梭，好像行走在有天然的崇山峻岭作屏障的险要关塞上一样。这首诗是渲染外在环境氛围和内在心理体验的诗作，展示出一个苍茫浑阔的诗境。

这首诗最早发表于1996年9月中央文献出版社出版的《毛泽东诗词集》，收入"副编"，根据毛泽东办公室秘书林克保存的抄件刊印，写作时间根据抄件标明为"一九四七年"。此诗因为没有作者留存的手迹，刊印的抄件又未经作者审定，致使此诗一经公开便引起了诸多争议。其中最大的争议是怀疑此诗系伪作。比如，《上海大学学报（社会科学版）》1998年第5期丁毅、景方《〈毛泽东诗词集〉误收他人之作》一文认为：此诗是根据"抄件"刊印的，而"毛泽东练习书法爱抄古人今人以及他人的诗词，而身边工作人员鉴别水平有高有低，所以仅根据'抄件'而未经作者审定的一些诗必须严加考证才能断定是毛泽东本人所作，否则就会误入他人诗作"。他们根据《毛泽东年谱》，1947年毛泽东转战陕北并没有经过"张冠"这个地方，进而推定"张冠道"不在陕北。同时，他们认为这首诗所反映出来的时令特点不符合毛泽东撤离延安时的气候变化状况。《老年报》2001年1月22日韩丹《〈张冠道中〉亦非毛泽东诗》，《百年潮》2002年第2期韩发明《谈毛泽东两首五律的真伪问题》，也是从"季节不合"与"地点不合"来说明这不是毛泽东的作品。

而《粤海风》2002年第4期彭明道《不要损害毛泽东的诗名清誉——〈张冠道中〉及〈喜闻捷报〉探微》一文，认为毛泽东的诗词创作并不擅长五律，而在"撤离延安"和"转战陕北"这样艰难险阻的困境中，"很难想象毛泽东能够选定一种他并不擅长的形式，去吟咏那种'露湿尘难染，霜笼鸦不惊'的闲适情怀"。另外，"踯躅张冠道，恍若塞上行"这两句诗也揭示出诗人自身并不在"塞外"之地。彭明道查阅党史资料，没有找到"张冠道"这个地方，而且诗歌所体现的审美趣味也不符合毛泽东通常在诗歌中显示出的性情。他甚至认为，抄件的保存者林克"未经组织授权，也未经主席本人同意，私下抄录，应是违纪行为"。由此，他认为这首诗属于伪作，可能是毛泽东的麾下将领创作，又经过辗转传送到毛泽东手中的作品。

面对种种质疑，中央文献研究室吴正裕研究员2001年10月在《〈毛泽东诗词集〉所收两首五律〈张冠道中〉〈喜闻捷报〉绝非伪作》一文中作了一些解答。他列举了林克在提供抄件时所写的《关于毛泽东几首诗的说明》的摘录，具体说明抄件的来源情况。对于诗中所写季节与当时毛泽东转战的气候的差异，他认为："当了解到此诗是通过描写陕北春天昼夜间特有的气候变化，反映作者转战陕北初期夜行昼宿的一段特殊经历时,可能怀疑就会冰释。"①

  平心而论,认为这首诗不是出自毛泽东之手,缺乏强有力的证据。不能因为毛泽东说过自己不擅长五律,就简单否认毛泽东也会写五律,更不能断言毛泽东就不能用自己不擅长的五律来抒发艰难困苦时期的主观体验。毛泽东转战陕北,走过的路很多,这些路的名称在党史资料中难以查考,应该也是一种正常现象。而诗中描写的气候特点与实际情形有差异,似乎也不能证明这首诗就是伪作,诗词作品原本就是虚虚实实的。迄今为止,没有任何证据表明这首诗出自某位古人或者某位现代人的手笔。林克得到抄件的具体情形,外人不得而知,他作为毛泽东身边的工作人员,不可能不懂规矩,怀疑他的行为"违纪"根本站不住脚。他完全没有必要将别人的作品当作毛泽东的作品提供出来。而质疑他的鉴别能力也只是主观臆断。即便他不是诗词专家,他只要知道作品是毛泽东写的即可,而作品高下他可以不作评判。

---

① 吴正裕:《〈毛泽东诗词集〉所收两首五律之真伪考辨》,《华中科技大学学报(社会科学版)》2006年第3期。

如何解读《五律·喜闻捷报》？

《毛泽东年谱（1893—1949）》下卷在"1947年"条目下写道："本年作《五律·张冠道中》（略）。又作《五律·喜闻捷报》：'秋风度河上，大野入苍穹。佳令随人至，明月傍云生。故里鸿音绝，妻儿信未通。满宇频翘望，凯歌奏边城。'"[①] 这首诗最早发表于中央文献出版社1996年9月出版的《毛泽东诗词集》，收入"副编"，注明"根据抄件刊印"。这首诗的小序为："中秋步运河上，闻西北野战军收复蟠龙作。"这原是此诗的标题，因同全书其他标题体例不一致，故将其做了小序，另拟题《喜闻捷报》。这首诗是毛泽东转战陕北时期所作的两首五言律诗之一，也是备受学界关注和争论的一首，特别是它的真伪问题是争论的焦点。

萧永义在《毛泽东思想论坛》1997年第1期《霜月秋风塞上行——读毛泽东转战陕北诗二首》中认为，这首诗的体裁介乎古风和律诗之间，并不严依近体诗的平仄和粘对要求，与毛泽东审定的其他作品差别很大。丁毅、景方在《上海大学学报（社会科学版）》1998年第5期《〈毛泽东诗词集〉误收他人之作》中从分析小序入手，认为毛泽东1947年中秋节是在陕西的神泉堡度过的，此地不存在运河。小序中的"闻西北野战军收复蟠龙作"与"凯歌奏边城"存在矛盾，因为神泉堡比蟠龙更靠近长城。"故里鸿音绝，妻儿信未通"与毛泽东的真实生活不符，因为毛泽东当时家中已经没有亲人健在，而江青以及子女毛岸英、毛岸青、李讷等人要么生活在一起，要么有书信联系。而1947年9月中旬也不存在收复蟠龙的战事。郭发明在《百年潮》2002年第2期的《谈毛泽东两

[①]《毛泽东年谱（1893—1949）》下卷，中央文献出版社，2013年12月第1版，第261—262页。

首五律的真伪问题》文中认为，这首诗微露一种孤寂之气，所表现出的作者处境与心境和当时毛泽东满怀兴奋、豪气冲天的精神绝不相类，也和毛泽东的一贯风格不符。另外，长春出版社2001年9月版公木所著《毛泽东诗词鉴赏》，彭明道在《粤海风》2002年第4期《不要损害毛泽东的诗名清誉——〈张冠道中〉及〈喜闻捷报〉探微》，朱康倬在《关于〈毛泽东诗词集〉中两首五律的真伪问题与吴正裕等同志再商榷》等著作或论文，也都根据对小序的质疑，对"运河"的考证而认为这首诗是伪作。

面对种种质疑，一些专家学者纷纷著文进行解释或说明这是毛泽东的作品。2001年10月，王健虎在《如椽巨笔决胜负，俯仰之际示小诗》中认为，"河"指黄河，而"运"字则写出了毛泽东流连忘返，怡然自得的精神状态。他据《汪东兴日记》推断，收复蟠龙的时间应当在1947年10月16日、17日，"喜闻捷报"应当是1947年10月21日。1947年的中秋是9月29日，根据保育员韩桂馨的回忆，1947年10月30日江青、李讷到达佳县吕家坪和毛泽东团聚，王健虎认为"妻儿信未通"反映的应当是毛泽东见到家人前的急迫心情。

新华出版社2000年7月版邸延生著《历史的真言——李银桥在毛泽东身边工作纪实》中记载：1949年1月11日晚上，也就是人们在得到淮海战役捷报的第二天，毛泽东将在转战陕北途中写的两首五言诗《五律·张冠道中》《五律·喜闻捷报》抄给了李银桥、韩桂馨夫妇。吴正裕在其主编的《毛泽东诗词全编鉴赏》中也对这首诗，特别是小序进行了考辨。他认为"步运河上"可有两种判读："步/运河上"和"步运/河上"，而"步运"可引申为步行、散步，而"河上"可指黄河附近。他认为，旧体诗词中标题和小序一般都是文言，这个小序也是文言，这样理解符合诗歌的整体文意和传统的阅读习惯。

《喜闻捷报》只是一首小诗，字面的意思并不复杂。"秋风度河上，大野入苍穹"，凉爽秋风从河面拂过，茫茫原野与黛色苍天平静相对。"佳令随人至，明月傍云生"，中秋佳节伴随心意而至，圆月伴着云团轻悬夜空。"故里鸿音绝，妻儿信未通"，毛泽东远离韶山，思念故乡也在情理之中。"妻儿",可指江青和岸英、岸青、李敏、李讷,也不排除思念起贺子珍,毕竟是"烽火连三月,家书抵万金"。"满宇频翘望,凯歌奏边城",作者在期盼什么呢?距延安不远的蟠龙镇已经收复,边关的战争不断奏起胜利凯歌。

  如果"抄件"本身的真实性不存在问题,那么对其解读大可不必过于严苛。诗词作品不是科学论文,艺术鉴赏也不是科学研究。写诗就是抒发一种情怀、一种感触,往往只可意会不可言传。读诗当然也需要严谨,但不能太较真,否则便会像毛泽东所说的"注家蜂起,全是好心。一部分说对了,一部分说得不对"。比如,关于《七律·登庐山》"云横九派浮黄鹤"的"九派",1959年12月29日,毛泽东在《致钟学坤》中说:"九派:湘、鄂、赣三省的九条大河。究竟哪九条,其说不一,不必深究。"[1] 毛泽东的解释的确道出了作品解析应有的一种尺度和态度。

---

[1]《毛泽东书信选集》,中央文献出版社,2003年11月第1版,第524页。

《七律·人民解放军占领南京》如何变废为宝？

1964年1月4日，郭沫若在《人民日报》《"百万雄师过大江"——读毛主席新发表的诗词之一》一文中称："这一首诗是纪念南京解放、庆祝革命胜利的万古不磨的丰碑。"刘白羽在河北人民出版社1990年8月版臧克家主编《毛泽东诗词鉴赏》的《创造新世界的颂歌——读〈七律·人民解放军占领南京〉》中写道："这首七律，是毛主席一组战争题材诗词中最后一篇，也是寓意十分深切，气象十分宏伟，格调十分崇高的珍贵的诗篇。"这首诗是毛泽东用典最密的诗作之一，其运用既贴切又深刻。然而，人们所不知道的是，这样一首寓意深刻、好评如潮的作品，险些变成垃圾而化为乌有，是田家英特别有心，使其得以起死回生、广为流传。

1949年4月1日至15日，国共双方和谈代表在北平经过半个月磋商，拟定了《国内和平协定（最后修正案）》。但4月20日，南京政府受蒋介石操纵，拒绝在协定上签字，和谈宣告破裂。4月21日，毛泽东和朱德发布《向全国进军的命令》，命令中国人民解放军"奋勇前进，坚决、彻底、干净、全部地消灭中国境内一切敢于抵抗的国民党反动派，解放全国人民，捍卫中国领土主权的独立和完整"[1]。一声令下，人民解放军在东起江阴，西至湖口，长达500公里的战线上，以排山倒海之势向长江南岸的敌人发起猛烈攻击，国民党苦心经营三个半月之久的"长江防线"，顷刻间土崩瓦解。

《毛泽东年谱（1893—1949）》下卷记载："（1949年）4月23日

---

[1]《毛泽东选集》第四卷，人民出版社，1991年6月第3版，第1451页。

人民解放军解放南京，国民党反动派统治宣告灭亡。四月下旬，毛泽东作《七律·人民解放军占领南京》：'钟山风雨起苍黄，百万雄师过大江。虎踞龙盘今胜昔，天翻地覆慨而慷。宜将剩勇追穷寇，不可沽名学霸王。天若有情天亦老，人间正道是沧桑。'"[1]据逄先知、金冲及主编的《毛泽东传》（卷二）记述："（1949年）四月二十三日，解放军占领国民党的统治中心南京。'第二天下午，毛泽东起床后，手里拿着《人民日报》号外，从屋里来到了院落的凉亭里。他坐在藤椅上，看起报纸来。因为报纸上登的是人民解放军占领南京的消息，所以他看报纸时是很高兴的。看完报纸，也没有在院子里散步，也没有和任何人交谈，他就回到办公室里去了。在办公室里，又把报纸看了一遍，边看边在报纸上画了一些杠杠和圈圈。'看完报纸，他就给刘伯承、邓小平写了贺电，又写了一首《七律·人民解放军占领南京》（略）。"[2]这段文字是参考中国青年出版社1986年10月版的阎长林著《在大决战的日子里》的回忆而写的，据此推断，这首诗写于1949年4月24日下午。

当年，毛泽东书写这首诗时，也许是觉得不够满意，随手揉成一团，扔进了字纸篓里，被田家英捡了起来，细心地加以保存。幸亏田家英是个有心人，他从废纸篓里捡回了一件"国宝"。1963年，田家英在帮毛泽东编辑《毛主席诗词》时，将《七律·人民解放军占领南京》的抄稿送给了毛泽东。毛泽东看罢，哈哈大笑说："嗬，我还写过这么一首诗！写得还可以，收进去吧。"[3]据中央文献出版社2003年12月版吴正裕主编《毛泽东诗词全编鉴赏》考辨："作者在抄件上给田家英作批示说：'此诗打清样两份，你一份，我一份。看看如何，再定。'落款所署时间为1963年11月29日，这已是《毛主席诗词》付梓的前夕了。同年12月5日，作者给田家英作批示说：'钟山风雨一诗，似可加入诗词集，

---

[1]《毛泽东年谱（1893—1949）》下卷，中央文献出版社，2013年12月第1版，第487页。

[2] 逄先知、金冲及主编：《毛泽东传》第二卷，中央文献出版社，2011年1月第2版，第938—940页。

[3] 刘汉民著：《毛泽东诗词佳话》，人民出版社，2013年10月第1版，第140页。

请你在会上谈一下，酌定。'"①后来就收入了当年12月人民文学出版社出版的《毛主席诗词》。

上海三联书店2014年11月版徐四海、夏勤芬著《细读毛泽东诗词》写道："4月23日人民解放军占领国民党反动派的首都南京。当天下午，毛泽东在北平香山别墅看了《人民日报》关于人民解放军占领南京的'号外'后，心情异常振奋，挥毫写下了《七律·人民解放军占领南京》。"这种说法显然有违史实，因为解放南京的战斗在23日夜间才结束，《人民日报》不可能在23日出"号外"，毛泽东也不可能在23日看到"号外"报纸。据周炳钦考证："毛泽东在北平香山双清别墅凉亭中所看的报纸为《进步日报》，而不是《人民日报》号外，或其他报纸的单页捷报、号外。"②也有人认为毛泽东是24日早上看到"号外"的，如中共中央党校出版社2014年9月版胡为雄著《毛泽东诗传》指出："4月23日早晨，毛泽东仍在办公室工作，秘书叶子龙拿着一张报道'南京解放'的《人民日报》号外匆匆走来，高兴地向毛泽东报告：'主席，南京解放了！'"随后便描绘毛泽东看报及写诗的情形。按这一说法，这首诗写于4月24日上午。当然，究竟是写于上午还是写于下午，纯属细节，无关宏旨。

这首诗作者留有手迹一件，无标题、竖写、无标点符号。此手迹有两处异文：第三句作"虎据龙盘今胜昔"，第七句作"天未有情天亦老"。后来经过技术处理，改"据"为"踞"，改"未"为"若"，这样就形成了手迹的原件和技术处理件，但只能看作一幅手迹。另有一件作者修改审定的抄件，只改一字，即将首句"苍皇"改为"苍黄"，并加上了标题《人民解放军占领南京》。

---

① 吴正裕主编：《毛泽东诗词全编鉴赏》，人民文学出版社，2017年9月第1版，第154页。

② 周炳钦：《毛泽东在香山双清别墅凉亭中看的是什么报——对一幅知名照片说明词的辨正》，见《百年潮》2019年第3期。

《七律·人民解放军占领南京》如何"慨而慷"？

从1948年9月12日至1949年1月31日，人民军队取得了辽沈、淮海、平津三大战役的胜利，在长江以北歼灭蒋军主力154万人，使国民党赖以维持其反动统治的主要军事力量基本上被摧毁，为中国革命在全国的胜利奠定了基础。而1949年，在中国历史上，是决定中国历史走向的一年。

1949年元旦，毛泽东在为新华社写的新年献词《将革命进行到底》中写道："中国人民要在伟大的解放战争中取得最后胜利，这一点，现在甚至我们的敌人也不怀疑了。""一九四九年中国人民解放军将向长江以南进军，将要获得比一九四八年更加伟大的胜利。"[1] 在中共七届二中全会上，毛泽东又不失时机地向全党发出了"打过长江去，解放全中国"的号召。在毛泽东的指挥下，渡江的各项准备工作已基本就绪。不过，毛泽东仍然希望给蒋介石、李宗仁以最后的合作机会，争取和平解放全中国，共建富强国家。

蒋介石却企图借和谈之机拖延时间，以期卷土重来。毛泽东渡江作战的态度异常坚决，谈得成，唱着歌过去；谈不成，开着炮过去。4月20日，南京国民党政府拒绝在《国内和平协定（最后修正案）》上签字。于是，中国人民解放军百万大军，根据毛泽东和朱德的命令，统一组成3个集团，在长江中下游地区发起渡江战役。

"钟山风雨起苍黄"，钟山：山名，在南京城东面，山势险峻，蜿蜒如龙，因多紫页岩层，阳光照耀，远望浮金耀紫，故也名紫金山。这

---

[1]《毛泽东选集》第四卷，人民出版社，1991年6月第3版，第1372—1379页。

里指代南京。南京，曾作孙吴、东晋、宋、齐、梁、陈六朝的帝都。风雨：比喻政治形势。苍黄：通"仓皇"，突然、急遽的样子。唐代杜甫《新婚别》："誓欲随君去，形势反苍黄。"南京瞬起的暴风骤雨，使之发生了激烈的动荡。此句与《清平乐·蒋桂战争》的"风云突变"用法相同，喻指南京突然遭到了渡江战役暴风雨般的袭击，政治局势发生了根本性变化。

"百万雄师过大江"，写出了人民解放军在长江千里战线上千帆竞发、万炮齐放、杀声震天的雄壮场面，这是南京政局发生巨变的原因。百万雄师：指英勇的人民解放军。元代伯颜《咏鞭》："虽然三尺无锋刃，百万雄师属指挥。"大江：指长江。渡江部队以摧枯拉朽之势强渡长江，攻破长江防线。"过大江"是针对不过江、"划江而治"而言的。一个"过"字，既显示了渡江作战的迅猛气势，更彰显了人民军队要解放全中国的坚强决心。

"虎踞龙盘今胜昔"，虎踞龙盘：一般作"龙蟠虎踞"。《太平御览·州郡部·叙京都》引晋张勃《吴录》记载：三国时诸葛亮看到吴国都城建业（今南京市南）的地形时曾赞叹道："钟山龙盘，石头虎踞，此地王之宅也。"后人诗词中常用"虎踞龙盘"形容南京地形的雄伟险要，或用来代指南京城。北周庾信《哀江南赋》："昔之虎踞龙盘，加以黄旗紫气。"唐代李白《永王东巡歌》："龙蟠虎踞帝王州，帝子金陵访古丘。""今胜昔"三字，充满了强烈的感情色彩，既是对旧时代的否定，更是对新时代的颂扬。1977年9月15日《新华日报》编辑部文章《毛主席啊，我们江苏人民永远怀念您》说："毛主席在一次亲临南京的讲话中，深刻而又风趣地说：南京这个地方，我看是个好地方，龙盘虎踞。但有一个先生，他叫章太炎，他说龙盘虎踞'古人之虚言'，是古人说的假话。看起来，这在国民党是一个虚言，国民党在这里搞了二十年，就被人民赶走了，现在在人民手里，我看南京还是个好地方。"[①]

"天翻地覆慨而慷"，天翻地覆：指形势发生了巨大变化，南京解

[①] 费枝美、季世昌著：《毛泽东诗词新解》，中央文献出版社，2003年12月第1版，第178页。

放标志着国民党政权大势去矣。唐代刘商《胡笳十八拍》其六："天翻地覆谁得知，如今正南看北斗。"慨而慷："慷慨"一词的拆文倒装，中间加连词"而"，有强化语气的作用，指胜利捷报令人慷慨而激昂。在旧体诗词创作中，为适应诗律、词律的要求，有时将合成词拆开、倒装或者加衬字，如三国曹操《短歌行》："慨当以慷，忧思难忘。"

渡江战役进程中，发生了一段震惊中外的"插曲"。英国海军远东舰队"紫石英"号护卫舰无视人民解放军公告1949年4月20日外国舰船撤离长江的期限，擅自闯入我军前线预定渡江江段，拒不听从警告，遭到人民解放军炮击，"紫石英"号重伤搁浅。4月20日下午至21日，人民解放军炮兵又将先后赶来增援的英国海军远东舰队"伴侣"号驱逐舰、"伦敦"号重巡洋舰、"黑天鹅"号护卫舰击退。这一事件表明中国人民捍卫国家主权的坚定决心和强大勇气，增强了"天翻地覆慨而慷"的划时代意义，既宣告了蒋家王朝的败局已定，也标志着西方列强"炮舰外交"的彻底终结。

中国人民解放军占领南京是中国革命进程中的重要里程碑。随后，上海、杭州、南昌、武汉、西安被相继解放。正如1949年6月15日毛泽东在新政治协商会议筹备会议上的讲话所指出的那样："这是中国人民的胜利，也是全世界人民的胜利。整个世界，除了帝国主义者和各国反动派，对于中国人民的这个伟大的胜利，没有不欢欣鼓舞的。"[①]

[①]《毛泽东选集》第四卷，人民出版社，1991年6月第3版，第1464—1465页。

"天翻地覆"后毛泽东如何深谋远虑？

中华民族饱经沧桑，自古就有"生于忧患，死于安乐"的忧患意识。《周易·系辞下传》有云："君子安而不忘危，存而不忘亡，治而不忘乱，是以身安而国家可保也。"孔子主张"君子忧道不忧贫"，孟子强调"忧以天下""忧民之忧"。毛泽东一生志存高远、心忧天下。他注重学习中国历史，特别注意从中国历史上的兴衰治乱中汲取政治智慧。早在延安时期，他就把"学习我们的历史遗产，用马克思主义的方法给以批判的总结"作为党的一项重要任务，提出"我们是马克思主义的历史主义者，我们不应当割断历史。从孔夫子到孙中山，我们应当给以总结，承继这一份珍贵的遗产"[①]。在中国革命即将取得全国胜利的前夜，毛泽东无比欣喜和兴奋，也十分清醒和忧虑。

安旗在1964年6、7月号《四川文学》的《毛主席〈七律·人民解放军占领南京〉评析》一文中指出："这首诗是写解放南京，但又不仅仅是写这件事情。毛主席诗词每一首差不多都是这样，写什么而又不只是写什么，总是兴发于此而又归于彼，通过一件具体事情，表达出作者的伟大的革命精神。"人民解放军占领南京，"天翻地覆慨而慷"，薄海欢腾，毛泽东也十分欣喜，但毛泽东马上发出"宜将剩勇追穷寇，不可沽名学霸王"的号召和警示。这是一种将革命进行到底的革命精神，是一种戒骄戒躁的谨慎态度，是一种居安思危的忧患意识。

毛泽东是一个高瞻远瞩的政治家，总是比别人站得更高，看得更远，想得更深。在七届二中全会上的讲话中，毛泽东语重心长地说："夺取全国胜利，这只是万里长征走完了第一步。如果这一步也值得骄傲，那

[①]《中国共产党在民族战争中的地位》，《毛泽东选集》第二卷，1991年6月第2版，第533—534页。

是比较渺小的，更值得骄傲的还在后头。"①面对南京解放这样的喜讯，毛泽东保持了心态的沉稳和思想的深邃。南京解放不等于全国解放，万里长征的第一步都还没有走完，毛泽东运筹帷幄，在思虑未来，筹划着万里长征的第二步、第三步。

"宜将剩勇追穷寇"，应当一鼓作气，乘胜追击已经陷入穷途末路的敌人。《孙子兵法·军争篇》："穷寇勿迫，此用兵之法也。"《后汉书·皇甫嵩传》："兵法（指司马兵法）：穷寇勿迫，归众勿迫。"按照兵法古训的说法，穷寇莫追。但毛泽东异常清醒，在1949年元旦的新年献词中，他特意引用了古希腊《农夫和蛇》的寓言故事：一个农夫在冬天看见一条冻僵的蛇，将其放在自己胸口上。那蛇受了暖气苏醒了，等到恢复了知觉，便把它的恩人咬死了。农夫临死的时候说：我怜惜恶人，应该受这个恶报。毛泽东意在告诫人们千万不要姑息顽固不化的阶级敌人，除恶务尽。"中国人民决不怜惜蛇一样的恶人，而且老老实实地认为：凡是要着花腔，说什么要怜惜一下这类恶人呀，不然就不合国情，也不够伟大呀等等的人们，决不是中国人民的忠实朋友。""确是有这么一种'国民党的自由主义人士'或非国民党的'自由主义人士'，他们劝告中国人民应该接受美国和国民党的'和平'，就是说，应该把帝国主义、封建主义、官僚资本主义的残余当作神物供养起来，以免这几种宝贝在世界上绝了种。但是他们决不是工人、农民、兵士，也不是工人、农民、兵士的朋友。"②毛泽东在新政治协商会议筹备会上的讲话中警示人们："我认为有必要唤起人们的注意，这即是：帝国主义者及其走狗中国反动派对于他们在中国这块土地上的失败，是不会甘心的。他们还会要互相勾结在一起，用各种可能的方法，反对中国人民。"③一言以蔽之，对待反动势力决不能姑息，不能抱有任何幻想，必须毫不懈怠，戒骄戒躁，将革命进行到底。

进入北平以后，毛泽东喜欢看京剧《霸王别姬》。当看到西楚霸王

---

① 《毛泽东选集》第四卷，人民出版社，1991年6月第3版，第1438页。
② 《毛泽东选集》第四卷，人民出版社，1991年6月第3版，第1377—1378页。
③ 《毛泽东选集》第四卷，人民出版社，1991年6月第3版，第1465页。

项羽同他的虞姬生离死别一幕,毛泽东睫毛颤抖着,眼里湿漉漉的。他对警卫员说:"不要学西楚霸王。我不要学,你也不要学,大家都不要学!"①他号召所有领导干部都要看看《霸王别姬》。"不可沽名学霸王",这是毛泽东从西楚霸王项羽败于刘邦的惨痛教训中生发出的胆识和智慧。毛泽东多次指出项羽的失败原因在于不懂政治,说"项王非政治家"。②1964年1月7日,毛泽东在谈话中说:"项羽有三个错误,一个是鸿门宴不听范增的话,放跑了刘邦;一个是楚汉订立了鸿沟协议,项羽认真了,而刘邦却不以为然,不久就违反协定东进攻楚;再一个就是他建都徐州,位置没有选好。"③虽然项羽曾经是叱咤风云的一员猛将,但却由弱而强,由强而弱,最后自刎乌江。毛泽东诗词中提到项羽,其意义不在于抒发情怀,也不在于表达对项羽的评价,而是关系到中华民族前途命运的一项重大决策。"宜将剩勇追穷寇,不可沽名学霸王",思的是楚汉之争的历史教训,用的则是"打倒蒋介石,解放全中国"的军国大计。中国智慧给了毛泽东文韬武略,忧患意识使毛泽东深谋远虑,体现出高度的政治敏锐性、政治鉴别力和政治坚定性,誓将革命进行到底,从而使苦难深重的中华民族获得新生,这才有了中华人民共和国的横空出世与长治久安。

---

① 路浩编著:《毛泽东楹联名句趣事》,解放军文艺出版社,2003年1月第1版,第259页。

② 陈锋、王翰主编:《毛泽东瞩目的帝王将相》,长江文艺出版社,2009年10月第1版,第126页。

③ 赵以武主编:《毛泽东评说中国历史》,广东人民出版社,2000年3月第1版,第78页。

"人间正道"蕴含怎样的历史逻辑？

毛泽东的第一首军旅诗词《西江月·秋收起义》写的是"匡庐一带不停留，要向潇湘直进"，秋收起义原本是要去攻打省会城市长沙，但因敌强我弱，不得不放弃原计划而引兵井冈。《七律·人民解放军占领南京》是毛泽东最后一首军旅诗词，写的是一举攻占国民政府的首都。这一头一尾之中，这一退一进之间，有着艰难曲折的道路探索，有着义无反顾的流血牺牲，有着波澜壮阔的战争风云，有着发人深省的历史逻辑，有着不可逆转的历史规律。南京解放是一个重大历史事件，它昭示着蒋家王朝已走到穷途末路，可以宣告中国革命总体上取得成功，夺取全国胜利指日可待，已经没有任何悬念。而诗的尾联"天若有情天亦老，人间正道是沧桑"，恰好是毛泽东对中国革命历史进程所作的诗化总结。

"天若有情天亦老"，语出唐代李贺《金铜仙人辞汉歌》"衰兰送客咸阳道，天若有情天亦老"。汉宫的铜人因汉室倾颓而被"魏宫"迁到魏都去，李贺写了铜人离开汉宫时的凄凉情景，其意是说苍天如果有感情，看见铜人因辞别汉宫而哭泣，也会为之悲伤而变得衰老。毛泽东借用李贺诗句有何用意呢？1964年1月27日，毛泽东口头答复外国文书籍出版局《毛泽东诗词》英译者问："天若有情天亦老：这是借用李贺的句子。与人间比，天是不老的。其实天也有发生、发展、衰亡。天是自然界，包括有机界，如细菌、动物。自然界、人类社会，一样有发生和灭亡的过程。社会上的阶级，有兴起，有灭亡。"[1]1964年1月4日，郭沫若在《人民日报》的《"百万雄师过大江"——读毛主席新发表的诗词之一》一文中认为："主席把这个成语用到这里，意思是蒋匪帮的

---

[1]《毛泽东文艺论集》，中央文献出版社，2002年4月第1版，第221页。

作恶太长久了，内战内行，外战外行，残民卖国，向帝国主义效忠者已经二十二年；自然界如果有意识，连自然界也会感觉着太难忍受了，不能让它得到喘息的机会，以便卷土重来。"

"人间正道是沧桑"，郭沫若在上述文章中把"人间正道"解释为人们正在说；把"是"解释为指示代词"这"，将全句解释为人民正在欢呼这场革命的胜利。但在同年3月21日，他又在《光明日报》发表的《毛泽东诗词集句对联》一文中，说自己解释错了，说"人间正道"是指人类社会发展的规律是不断变革、不断革命。郭沫若将前文的解释"人民对于南京解放的看法也认为是沧桑巨变"，更正为"'人间正道'是说人类社会发展的正常规律，'沧桑'就是变化"。此后，大家都遵从其后说了，只是分析得更加细致、深入而已。"人间正道是沧桑"，是毛泽东最后一首军旅诗词的最后一句话，正好与毛泽东第一首军旅诗词《西江月·秋收起义》第一句话"军叫工农革命"前后呼应，意味着中国革命道路已经走通、已经走成。

从国际共产主义运动经验看，马克思、恩格斯曾经提出无产阶级革命的一条基本原则，就是一切围绕成功地组织城市工人武装起义，这与他们所处时代的欧洲发达资本主义国家的政治经济状况是相适应的。列宁领导的俄国十月革命，就是在中心城市举行武装起义，然后把胜利扩大到农村，取得了全面的胜利。而毛泽东则从多次起义的失败中总结经验教训，他清醒地认识到，中国走城市中心的革命道路根本行不通。中国无产阶级的人数和力量十分弱小，中国是一个农业国，农民是革命的主力军。敌人在城市的统治无比强大，弱小的革命力量无力直接夺取大城市，即使夺取了，也无法坚持下去。农村包围城市，武装夺取政权，最后夺取全国胜利，这是中国革命的唯一正确道路。道路决定命运。毛泽东坚持把马克思列宁主义的基本原理同中国革命的具体实际相结合，开创了一条适合中国国情的革命道路。这是他一生最伟大的历史功绩。

用毛泽东的三句诗，就可以勾勒出中国革命道路探索的历史进程，而且能够从中感悟出毛泽东激情澎湃的道路自信。第一句诗出自《沁园春·长沙》："问苍茫大地，谁主沉浮？"毛泽东的志向是要改造中国与世界，但没有现成而又管用的道路可走。在大革命的历史时期，毛泽东仍然在积极思考，在努力探索。中国革命究竟应该走什么样的道路，中国究竟应该由哪一个阶级、哪一个政党、哪一股势力来主宰、来领导，他还没有找到那个令人满意的答案。第二句诗出自1927年春写的《菩萨蛮·黄鹤楼》："把酒酹滔滔，心潮逐浪高。"毛泽东后来在解释"心潮"时写道："心情苍凉，一时不知如何是好，这是那年的春季。夏季，八月七日，党的紧急会议，决定武装反击，从此找到了出路。"[1]面对大革命失败的危局，毛泽东毅然发动湘赣边界秋收起义，并引兵井冈，建立井冈山革命根据地，走工农武装割据的道路，中国革命的局面从此焕然一新。第三句诗就是"人间正道是沧桑"。中国革命沿着井冈山道路一路前行，南京解放意味着中国革命已经胜券在握。实践已经雄辩地证明：中国革命道路是人间正道，它符合历史发展规律，符合中国国情，符合马列主义基本原理，符合中华民族的根本利益，因而它无坚不摧，无往不胜。

---

[1]《毛泽东文艺论集》，中央文献出版社，2002年4月第1版，第194页。

"饮茶粤海未能忘"是怎么回事？

《毛泽东年谱（1893—1949）》下卷记载：1949年4月29日，"作《七律·和柳亚子先生》：'饮茶粤海未能忘，索句渝州叶正黄。三十一年还旧国，落花时节读华章。牢骚太盛防肠断，风物长宜放眼量。莫道昆明池水浅，观鱼胜过富春江。'"①当时，南京刚刚解放不久，毛泽东要指挥向全国进军的军事行动，还要谋划建立新中国的一系列重大决策，可谓是事务繁杂、日理万机。但毛泽东还是腾出手来，与柳亚子进行诗词唱和。这其中有民主建国的政治需要，也有他和柳亚子交往甚深的情感因素。诗中"饮茶粤海未能忘，索句渝州叶正黄"，讲的是他们过去的交往经历。

柳亚子（1886—1958），初名慰高，后更名弃疾，字安如、亚庐、亚子，江苏吴江人，是我国颇具声望的诗人，也是著名爱国民主人士。1909年11月，他发起成立了中国近代史上最大的一个革命文学团体——南社。早在1926年5月在广州举行的国民党二届二中全会期间，他们就相识了。当时，毛泽东当选为国民党中央候补执行委员，柳亚子当选为国民党中央监察委员会委员。蒋介石用卑劣手段制造"中山舰事件"，又抛出排斥共产党人的"整理党务案"。柳亚子深知蒋介石阴险狡诈，他曾劝说中共代表恽代英设法除掉蒋介石，恽代英认为共产党不搞阴谋而未同意。柳亚子又约毛泽东到茶楼晤谈，一起品茗，一起商量刺杀蒋介石。毛泽东与恽代英的态度不谋而合。但彼此见面相互欣赏，各自都留下了深刻印象。这便是他们后来诗中反复提到的"珠江粤海惊初见""粤海难忘共饮茶""饮茶粤海未能忘"。

---

①《毛泽东年谱（1893—1949）》下卷，中央文献出版社，2013年12月第1版，第492页。

毛泽东引兵井冈后，开展农村武装割据。但他的正确主张遭到"左"倾错误路线的排挤，一度离开红军领导岗位，而国民党报刊乘机大肆造谣，谎称毛泽东被击毙或病亡。1929年，柳亚子赋诗《存殁口号》："神烈峰头墓草青，湖南赤帜正纵横。人间毁誉原休问，并世支那两列宁。""两列宁"一语，柳先生特意注明："孙中山、毛润之。"①这是毛泽东第一次被别人写进诗里。柳亚子独具慧眼，是第一位预见毛泽东将成为领袖的人。1932年，毛泽东领导的反"围剿"战争节节胜利，柳亚子又写下热情洋溢的《怀人四载》："平原门下亦寻常，脱颖如何竟处囊。十万大军凭掌握，登坛旗鼓看毛郎。"他用毛遂自荐的典故来称颂毛泽东，对毛泽东的革命实践充满信心。这在中国革命处于低潮的黑暗年代，就显得更加难能可贵了。

1937年6月25日，毛泽东在致何香凝的信中，这样评价柳亚子："看了柳亚子先生题画，如见其人，便时乞为致意。像这样有骨气的旧文人，可惜太少，得一二个拿句老话说叫做人中麟凤。"②从"人中麟凤"的赞语来看，毛泽东对柳的人格是颇为赏识的。

抗战期间，柳亚子对蒋介石坐视山河遭人蹂躏，悍然制造国共分裂的恶行予以抨击。蒋介石恼羞成怒，开除了柳亚子的国民党党籍。柳亚子毫不退缩，他在香港发表宣言，以老同盟会会员和国民党元老的身份，宣布正式开除蒋介石国民党党籍。柳亚子的举动惊世骇俗，毛泽东对柳亚子更加钦佩。1944年底，柳亚子在重庆出席郭沫若举行的宴会时，他又一语惊人："世界的光明在莫斯科，中国的光明在延安。"③1944年11月21日，毛泽东致信柳亚子："广州别后，十八年中，你的灾难也受得够了，但是没有把你压倒，还是屹然独立的，为你并为中国人民庆贺！'云天倘许同忧国，粤海难忘共饮茶'，这是你几年前为我写的诗，

---

① 石玉坤、张树德著：《诗词为媒：毛泽东与柳亚子》，中共中央党校出版社，1999年1月第1版，第49页。

②《毛泽东书信选集》，中央文献出版社，2003年11月第1版，第96页。

③ 石玉坤、张树德著：《诗词为媒：毛泽东与柳亚子》，中共中央党校出版社，1999年1月第1版，第94页。

我却至今做不出半句来回答你。看见照片，样子老一些，精神还好吧，没有病吧？很想有见面的机会，不知能如愿否？"[1]

抗战胜利之后，为争取国内和平，毛泽东飞赴重庆，与蒋介石进行和谈。在重庆的43天中，毛泽东除主持谈判外，还同社会各界朋友广泛接触。毛泽东与柳亚子久别重逢，相谈甚欢，毛泽东把《沁园春·雪》书赠柳亚子，柳亚子欣喜若狂，赞其为"千古绝唱"，称"虽东坡、幼安，犹瞠乎其后，更无论南唐小令、南宋慢词矣"，[2] 进而在山城引发"雪战"。

1948年1月，国共和谈破裂后，柳亚子、何香凝等在香港成立"中国国民党革命委员会"，柳亚子出任"民革"中央常委兼秘书长。1949年2月，毛泽东电邀柳亚子赴北平共商建国大计。3月18日，柳亚子等一大批民主人士到达北平。3月23日，毛泽东等中央领导离开西柏坡，25日晨抵达北平。当天下午，毛泽东在西苑机场与柳亚子等各界代表及民主人士亲切会面。当晚，毛泽东在颐和园益寿堂举行宴会，柳亚子应邀出席，可谓春风满怀，感慨良多，当夜就写了三首七律，其中有一首云："二十三年三握手，陵夷谷换到今兹。珠江粤海惊初见，巴县渝州别一时。延水鏖兵吾有泪，燕都定鼎汝休辞。推翻历史三千载，自铸雄奇瑰丽词。"然而，仅仅过了三天时间，即3月28日夜，柳亚子却写了满腹牢骚的《感事呈毛主席》。毛泽东高度重视柳亚子的情绪变化，于是便有了情真意切的《七律·和柳亚子先生》一诗，"牢骚太盛防肠断，风物长宜放眼量"一句，显示出毛泽东对柳亚子这位诗友、挚友、党外民主人士的真挚情谊和善意规劝。

---

[1]《毛泽东书信选集》，中央文献出版社，2003年11月第1版，第221页。
[2] 石玉坤、张树德著：《诗词为媒：毛泽东与柳亚子》，中共中央党校出版社，1999年1月第1版，第106页。

柳亚子"牢骚太盛"为哪般？

《七律·和柳亚子先生》写于1949年4月29日，这是毛泽东在新中国成立前写的最后一首诗词作品。其直接诱因是3月28日夜柳亚子写了一首满腹牢骚，表达"退隐"之意的《感事呈毛主席》："开天辟地君真健，说项依刘我大难。夺席谈经非五鹿，无车弹铗怨冯驩。头颅早悔平生贱，肝胆宁忘一寸丹！安得南征驰捷报，分湖便是子陵滩。"柳亚子在诗后加了小注："分湖为吴越间巨浸，元季杨铁崖曾游其地，因以得名。余家世居分湖之北，名大胜村。弟宅为倭寇所毁。先德旧畴，思之凄绝！"[1]

柳亚子自诩有"夺席谈经"的学问，但是并非像前汉五鹿充宗那样是个依附权势、徒具虚名的人，还借古代故事表示自己对待遇的不满。《战国策·齐策四》载：冯谖（《史记·孟尝君传》作冯驩）投靠孟尝君门下的田文。田文将门下的食客分为三等，下等吃粗饭，中等吃鱼，上等有车坐。冯谖被列为下等，一再弹着剑柄发牢骚，"长铗归来兮，食无鱼。"田文听到后，把他列为中等。他还是不满意，又弹剑高唱："长铗归来兮，出无舆。"企图列为上等，出入有车坐。同时，柳亚子还借东汉初严子陵隐居子陵滩的故事，表示自己有回乡归隐之意。1912年元月，柳亚子在南京总统府任临时大总统孙中山的骈文秘书，他对总统府与袁世凯议和的气氛不满，就托病辞职，临走时写了《感事》诗，最后两句也是说到归隐："不如归去分湖好，烟水能容一钓舟"，与"分湖便是子陵滩"如出一辙。

几十年来，关于柳亚子的"牢骚"众说不一，可谓"注家蜂起"。

---

[1] 石玉坤、张树德著：《诗词为媒：毛泽东与柳亚子》，中共中央党校出版社，1999年1月第1版，第229页。

最早谈及此事的是臧克家,他在中国青年出版社1962年4月版的《毛主席诗词讲解》中写道:"'牢骚'的具体内容,我们不得而知。由此可以推测柳亚子先生对有些问题的看法,可能不免从个人的立脚点出发,心胸显得狭窄些。"[1]张惠让在《〈七律·和柳亚子先生〉赏析》(见《毛泽东诗词鉴赏》,河北人民出版社1990年8月版)中认为,由于柳自视甚高,认为怀才不遇,最后干脆不想参政,决定回故乡隐居。

郭隽杰在《随笔》1994年第3期《关于柳亚子的"牢骚"》中提供了柳亚子学生陈迩冬的说法:柳亚子当时想搞一个北平文史探讨委员会,得到了华北人民政府主席董必武的批准。由于鱼龙混杂,有许多前清遗老、北洋政客也混进来了,后被周恩来叫停。于是柳亚子心生埋怨。

曾彦修在1994年第6期《中共党史研究》的《我所知道的柳毛赠答诗中"牢骚"问题的事实背景》介绍:柳亚子曾向田家英提出在解放江南以后,回江南某省任职。因种种原因,田家英对其工作愿望难以明确态度,"牢骚"的关键是个人出路问题。冯锡刚在1995年第11期《党史文汇》的《〈离骚〉屈子幽兰怨——对〈七律·和柳亚子先生〉中"牢骚"的史实背景之我见》一文中认为:"牢骚"的关键在于"说项依刘我大难"。既然自己的正行直道受阻遭挫,那还不如去做一个隐士吧。"牢骚"的产生虽有感情冲动的因素,但究其根本在于"说项依刘我大难"的诤友风格。

赵自立在1996年第1期《人物》的《柳诗"牢骚"的前前后后》认为:柳亚子曾在10天之内数次要求去碧云寺恭谒孙中山先生之灵堂,然诸多因素未能成行,又无人向他解释。另外,柳亚子对那些曾追随蒋介石而在革命胜利时转向革命阵营的人也表示怀疑,认为他们是见风使舵。

陈东林在1996年11月15日《北京日报》的《毛泽东和柳亚子诗中的"牢骚"指什么》则认为:1949年3月26日,电台广播一条重要消息,说中共代表团将于4月1日在北平与国民党政府代表团举行和平谈判,柳亚子感到极度不能理解,第二天便写出"感事"诗。

---

[1] 郭思敏主编:《毛泽东诗词辨析》,中央文献出版社,2006年10月第1版,第140页。

孙有光在2004年第6期《炎黄春秋》的《周恩来批评柳亚子牢骚太盛》中，提供了"牢骚"的一些具体诱因："柳亚子先生是1949年3月底由六国饭店搬进颐和园住的，他的生活管理和警卫工作全归我们便衣队管。因此，我亲眼目睹了柳亚子先生发牢骚、打门卫、骂哨兵和打管理员，周恩来副主席对柳亚子的批评及田家英同志给柳亚子先生送毛主席写的《七律·和柳亚子先生》的经过。"孙文发表后，2004年10月12日《团结报》刊出毛安澜《质疑孙有光的〈周恩来为何批评柳亚子牢骚太盛〉》，11月12日《文汇读书周报》刊出张明观《严重失实的〈周恩来批评柳亚子牢骚太盛〉》的文章。他们认为柳亚子是1949年4月25日后移居颐和园的，而不是3月29日，孙有光所述几件事与事实有误差。《炎黄春秋》也先后收到钱听涛、柳光辽、李海珉等同志来信，对孙文提出了不同意见。

柳亚子的"牢骚"，已成为过眼云烟，现今的人们已经很难正本清源了。其实，事情并不复杂。柳亚子是著名民主人士，但毕竟也是一个旧文人，存在这样或那样的缺点与不足，思想出现波动，丝毫不足为怪。还是毛泽东英明，倾情和诗，好言相劝，使其欣然投身于新中国建设大业。新中国成立后，柳亚子积极参政议政，先后任中央人民政府委员、政务院文教委员会委员、中央文史馆副馆长等。

毛泽东如何化解柳亚子的"牢骚"？

毛泽东收到柳亚子1949年3月28日写的《感事呈毛主席》之后，觉察到柳亚子的言外之意。湖南人民出版社2004年1月版唐春元、黄先健编著的《毛泽东的说服与攻心之道》写道，毛泽东曾对身边的工作人员说："我这位老诗友的倔脾气又上来了，要退隐是假，有牢骚才是真，看来还得好好和他谈谈，以便更好地发挥他的积极性啊！"[①]1949年4月29日，毛泽东写了情真意切的《七律·和柳亚子先生》："饮茶粤海未能忘，索句渝州叶正黄。三十一年还旧国，落花时节读华章。牢骚太盛防肠断，风物长宜放眼量。莫道昆明池水浅，观鱼胜过富春江。"

这首诗最早发表于《诗刊》1957年1月号，诗题为《赠柳亚子先生》，未注明写作时间。1963年12月人民文学出版社出版《毛主席诗词》时，将诗题改为《七律·和柳亚子先生》，并加上了写作时间"一九四九年夏"。1964年4月重印时，写作时间明确为"一九四九年四月二十九日"。这首诗现存两件手迹，一件诗末写有"奉和柳亚子先生三月廿八日之作　敬祈教正　毛泽东　一九四九年四月廿九日"字样。[②]"落花时节读华章"句，两件手迹均作"暮春时节读华章"。"牢骚太盛防肠断"句，有件手迹作"牢愁太盛防肠断"。

"饮茶粤海未能忘"，1926年在广州一起品茗论政的情景依然历历在目，至今令人难以忘怀。毛泽东从1941年柳亚子《寄毛主席延安》诗中"粤海难忘共品茶"化出此句，亲切自然，易引起对方的联想。"索句渝州叶正黄"，写的是毛泽东与柳亚子在重庆谈判期间的交往。柳亚

[①] 汪建新：《毛泽东与柳亚子诗文唱和》，《中国纪检监察报》2016年12月26日。
[②] 郭思敏主编：《毛泽东诗词辨析》，中央文献出版社，2006年10月第1版，第138页。

子向毛泽东"索句"求诗，毛泽东以《沁园春·雪》相赠，轰动山城，进步阵营为之欢欣鼓舞，反动势力为之惶恐不安，演绎了中国诗坛一段千古佳话。

"三十一年还旧国"，1958年12月21日《在〈毛主席诗词十九首〉上的批注》中，毛泽东写道："三十一年：一九一九年离开北京，一九四九年还到北京。旧国：国之都城，不是State也不是Country。"①1912年4月至1927年6月，北京曾是北洋军阀政府统治下的"中华民国"的首都。后改北平。新中国成立后，又改称北京。这句诗不仅说明了作者与北京（北平）的分聚，更标志着翻天覆地的时代变化。"落花时节读华章"，"落花"原为"暮春"，改后由抽象而具体，更加形象生动。"华章"蕴含着赞美之意，应当包括3月25日至28日柳亚子所写的几首作品。毛泽东对一向肝胆相照的左派民主人士柳亚子应电邀来"旧国"参与筹备建国大业的政治态度与行动，是予以热情赞扬的。中国共产党人和毛泽东本人，始终没有忘记柳亚子等民主人士过去同情共产党人，赞助革命，为反蒋统一战线效力的革命功劳。

"牢骚太盛防肠断"，在叙旧、沟通感情的基础上，毛泽东当然也没有忘记写诗的初衷，转而对柳亚子提出批评。针对老友自命清高、自负才学、退隐归乡的念头，毛泽东坚持我党对民主党派和民主人士的一贯政策：既要"同党外民主人士长期合作"，又要"从团结他们出发，对他们的错误和缺点进行认真的和适当的批评或斗争，达到团结他们的目的"（《在中国共产党第七届中央委员会第二次全体会议上的报告》）。②寥寥几个字，说明了问题的严重性与危险性，寓严责于"太"，寄婉劝于"防"，语重心长，耐人深思。"风物长宜放眼量"，看待一切事物要用宽阔的胸怀和远大的眼光。"风物"，本指自然风光和景物，此处为双关语，兼指社会上的一切事物。如果说前句是从反面予以否定的话，那么这一句则是从正面进行积极引导。

"莫道昆明池水浅，观鱼胜过富春江"，这是针对柳亚子"安得南

---

① 《毛泽东文艺论集》，中央文献出版社，2002年4月第1版，第196页。
② 《毛泽东选集》第四卷，人民出版社，1991年6月第3版，第1437页。

征驰捷报,分湖便是子陵滩"而发的。柳亚子以"分湖"代替富春江的"子陵滩",暗用东汉光武帝时严光隐居的故事,表示回乡隐居。毛泽东借用"昆明池水"的景致,拾取"观鱼胜过富春江"的意趣,劝其参政、议政,取消归隐念头。通过"莫道""胜过"的对比,评论了"分湖便是子陵滩"的失算。"莫道"之后用一"浅"字,用得非常巧妙,一层意思是说昆明湖的水并不浅,留在北京大有可为,另一层意思是说党和人民对柳亚子的感情并不浅,语意双关,意味深长,体现出规劝柳亚子留在北京的一片真诚。

  柳亚子是一位颇有声望的民主人士,他对革命有所贡献,但也存在一些缺点。如何正确对待他这样的人物,需要很高的政策水平和人际艺术。毛泽东没有纠缠于柳亚子究竟为什么牢骚郁闷,更没有半点歧视排斥之意。作品既肯定了柳亚子的历史功绩,又批评了他的错误思想,体现了"风度元戎海水量"的宽广胸怀。《七律·和柳亚子先生》以情感人,以理服人,平易亲切,和善真诚,读来如望霁月,如沐春风,堪称"以平易见精深"的精品。柳亚子读到这首诗后,很受感动,心悦诚服地接受了毛泽东的批评与规劝。

"诗人兴会更无前"是何种盛况？

《毛泽东年谱（1949—1976）》第一卷在1950年10月3日条目下记载："晚上，在中南海怀仁堂观看西南各民族文工团、新疆文工团等联合演出歌舞。柳亚子经毛泽东提议，即席赋词《浣溪沙》。随后，毛泽东步其韵奉和一首，题名《浣溪沙·和柳亚子先生》：'长夜难明赤县天，百年魔怪舞翩跹，人民五亿不团圆。 一唱雄鸡天下白，万方乐奏有于阗，诗人兴会更无前。'"[1]

这首词最早披露于1951年1月23日《文汇报》题为《毛主席新词》的报道，后正式发表于《诗刊》1957年1月号，以词牌"浣溪沙"为题，未注明写作时间，但附有一个"小序"："一九五〇年国庆观剧，柳亚子先生即席赋浣溪沙，因步其韵奉和。"《诗刊》将"万方乐奏有于阗"句的"乐奏"刊印为"奏乐"。1958年12月21日，毛泽东在文物出版社同年9月刻印的线装大字本《毛主席诗词十九首》的书眉上批注："乐奏：这里误植为奏乐，应改。"1963年12月人民文学出版社出版《毛主席诗词》时，增加了词题《和柳亚子先生》，注明时间为"一九五〇年十月"，并附录了柳亚子的原词，按毛泽东的意见，将"奏乐"修改为"乐奏"。

在中国共产党领导下，中国人民经过几十年艰苦卓绝的革命斗争，终于推翻了帝国主义、封建主义和官僚资本主义的反动统治，获得解放。新中国成立，揭开了中华民族历史的新篇章。正如1949年9月21日毛泽东在中国人民政治协商会议第一届全体会议上的开幕词中所说的那样："我们有一个共同的感觉，这就是我们的工作将写在人类的历史上，它

---

[1]《毛泽东年谱（1949—1976）》第一卷，中央文献出版社，2013年12月第1版，第203—204页。

将表明：占人类总数四分之一的中国人从此站立起来了。"[①] 在毛泽东的"中华人民共和国各族人民团结起来"的伟大号召下，在党的民族政策的光辉照耀下，全国各族人民迅速消除反动统治集团所制造的民族歧视和民族隔阂，紧紧团结在党中央周围，积极投身于社会主义革命和建设。短短一年时间内，中国大陆除西藏以外全部解放，战胜了各种自然灾害。在城市，先后没收了全部官僚资本及帝国主义国家在华资产；在农村，土地改革正在有计划地展开，国民经济大为好转。

1950年10月1日，是中华人民共和国的第一个国庆节，举国上下一派欢乐景象。10月3日，158名参加国庆盛典的代表在中南海怀仁堂举行隆重的献礼大会。他们来自内蒙古、西北、西南、中南、华东、东北、华北等7个地区，代表蒙古、回、藏、彝、维吾尔、壮等42个兄弟民族。西南各民族文工团、新疆文工团、吉林省延边文工团、内蒙古文工团的200多位团员，也参加献礼大会。中央领导人、各界知名人士参加了大会。代表们兴高采烈地向毛泽东和其他党和国家领导人献旗献礼，为他们披挂本民族华贵衣冠，表达获得新生的喜悦和对党的爱戴。

献礼完毕，各少数民族文工团纷纷登台演出文艺节目。他们表演了新疆哈萨克族的圆月舞、西康藏族的旋子舞、大凉山彝族的舞蹈、蒙古族的鲜花舞、朝鲜族的洗衣舞等。这些精彩生动的表演，歌颂共产党和毛泽东的英明领导，颂扬各民族兄弟般的团结，抒发对美好生活的热爱和祝愿，赢得全场的阵阵掌声。

毛泽东等中央领导同志、柳亚子等民主人士一同观看演出。柳亚子恰巧坐在毛泽东的前排，毛泽东兴致勃勃地对他说："这样的盛况，亚子先生为什么不填词以志盛呢？我来和。"柳亚子抑制不住兴奋，即席赋诗《浣溪沙》："火树银花不夜天，弟兄姊妹舞翩跹。歌声唱彻月儿圆。不是一人能领导，哪容百族共骈阗？良宵盛会喜空前！"他还作了个"小序"："十月三日之夕于怀仁堂观西南各民族文工团、新疆文工团、吉林延边文工团和内蒙文工团联合演出歌舞晚会。毛主席命填是阕，用纪

[①]《毛泽东文集》第五卷，人民出版社，1993年2月第1版，第343页。

大团结之盛况云尔！"[1]

柳亚子的《浣溪沙》描绘国庆晚会的热烈气氛，记述各族人民大团结的空前盛况。"火树银花不夜天"，形容国庆之夜灯火灿烂辉煌，如同白昼。"弟兄姊妹舞翩跹"，各兄弟民族姊妹翩翩起舞，表明各民族人民亲如一家，也指参加演出的各少数民族文工团。"歌声唱彻月儿圆"，歌声嘹亮，响彻云霄。柳亚子原注："新疆哈萨克族民间歌舞有《圆月》一歌云。"唱的人歌声嘹亮，听的人激动兴奋。"不是一人能领导，哪容百族共骈阗？"没有毛泽东的英明领导，哪里会有今天全国各族人民欢聚一堂？骈阗：也作"骈填""骈田"，是聚会、会集的意思。"良宵盛会喜空前"，在这样美好的夜晚举行如此盛大的联欢晚会，令人欣喜异常。

晚会结束后，毛泽东回到菊香书屋。他意犹未尽，依柳亚子原韵填了《浣溪沙·和柳亚子先生》。次日，毛泽东书赠柳亚子。柳亚子又和词一首以呈："落魄书生戴二天，每吟嘉句舞翩跹，愿花长好月长圆。平等自由成合作，匈奴南诏更于阗，骅骝开道着鞭前。"柳亚子还欣喜地把毛泽东的和词装裱起来，配上镜框，挂在客厅里，供友人观瞻。

---

[1] 季世昌著：《指点江山：毛泽东诗词故事》，当代中国出版社，2014年1月第1版，第112页。

毛泽东怎样描写"新旧社会两重天"?

《浣溪沙·和柳亚子先生》是毛泽东写于1950年10月3日的唱和之作:"长夜难明赤县天,百年魔怪舞翩跹,人民五亿不团圆。一唱雄鸡天下白,万方乐奏有于阗,诗人兴会更无前。"这首词从庆祝国庆的歌舞晚会的盛况触景生情,沉痛地回顾了旧中国各族人民的悲惨生活,同时又热情洋溢地歌颂了新社会的美好景象,上阕、下阕形成鲜明对照,使人一目了然。

2021年7月1日,在庆祝中国共产党成立100周年大会上的讲话中,习近平总书记指出:"一百年前,中华民族呈现在世界面前的是一派衰败凋零的景象。今天,中华民族向世界展现的是一派欣欣向荣的气象,正以不可阻挡的步伐迈向伟大复兴。"新中国一经成立,欣欣向荣的新气象便已初现端倪。《浣溪沙·和柳亚子先生》抚今追昔,纵横捭阖,把旧中国与新中国、黑暗与光明、苦难与幸福、分裂与统一加以鲜明对照,更加凸显了中华人民共和国成立的划时代意义,更加彰显了中国共产党"为有牺牲多壮志,敢教日月换新天"的神圣崇高。

词的上阕是对旧中国长期黑暗统治的揭露与批判。"长夜难明赤县天",用象征手法高度概括旧中国的暗无天日。长夜:化用相传春秋齐宁戚所作《饭牛歌》诗句:"长夜漫漫何时旦?"旧中国长期被封建制度统治着,正如毛泽东在《中国革命和中国共产党》中所言:"这个封建制度,自周秦以来一直延续了三千年左右。"[①] 赤县:赤县神州的略语,中国的别称。西汉司马迁《史记·孟子荀子列传》记战国邹衍所言:"中国名曰赤县神州,赤县神州内自有九州。"毛泽东由现实联想到旧中国

---

① 《毛泽东选集》第二卷,人民出版社,1991年6月第3版,第623页。

的社会状况，感慨深沉，设色黯淡，既强调了中华民族的灾难深重，又可见人民盼望光明的无比急切，手法巧妙，控诉有力。

"百年魔怪舞翩跹"，自鸦片战争开始，帝国主义及其走狗在中国横行霸道，好像群魔乱舞。百年：从1840年鸦片战争到1950年，已有110年的时间。正如习近平总书记在庆祝中国共产党成立100周年大会上的讲话中所说："1840年鸦片战争以后，中国逐步成为半殖民地半封建社会，国家蒙辱、人民蒙难、文明蒙尘，中华民族遭受了前所未有的劫难。"魔怪：指帝国主义、封建主义、官僚资本主义及各种反动势力。翩跹：本义指轻快、轻盈的舞姿，意指为所欲为，无恶不作。毛泽东由眼前国庆联欢的表演舞台联想到旧社会的政治舞台。

"人民五亿不团圆"，旧中国各民族相互割裂，黎民百姓流离失所。"不团圆"三个字，深刻地揭露旧中国给中华民族和中国人民造成的无穷苦难。这也从侧面揭示了中国人民为什么要奋起反抗，进行不屈不挠的斗争。毛泽东在《关于帝国主义和一切反动派是不是真老虎的问题》中指出："中国人民为消灭帝国主义、封建主义、官僚资本主义在中国的统治，花了一百多年的时间，死了大概几千万人之多，才取得一九四九年的胜利。"[①]

下阕毛泽东笔锋一转，与上阕的黯淡色调形成鲜明对照。"一唱雄鸡天下白"，化用唐代李贺《致酒行》诗句："我有迷魂招不得，雄鸡一声天下白。少年心事当拏云，谁念幽寒坐呜呃！"李贺原句虽然雄奇，但只是在个人名利里打圈子，象征个人一旦得志，便可名扬天下；而毛泽东则古为今用，推陈出新。唱：指鸡鸣。白：天亮。"天下白"与"长夜难明"相呼应，写出了中国革命的伟大胜利。郭沫若在1958年第11期《文艺报》的《"一唱雄鸡天下白"》一文中对此大加赞赏："这里的'雄鸡'已经不是李贺诗句里的个人英雄主义的'雄鸡'，而是象征着以马克思列宁主义为旗帜的党。'雄鸡'的'一唱'也就象征着党所领导的人民革命的凯歌。这意思是多么深远宏阔呵！所谓'点石成金'，

[①]《毛泽东文集》第七卷，人民出版社，1993年2月第1版，第456页。

要拿来比拟这一番的点化过程，显然是不那么恰当的。因而我把这一点化说为飞跃性的点化，这里表现着时代的飞跃、思想的飞跃、艺术的飞跃。"

"万方乐奏有于阗"，普天同庆，全国各族人民欢欣鼓舞。万方：指全国各地，四面八方。乐奏：指文艺表演，喻指欢天喜地。于阗：古西域国名，在今新疆维吾尔自治区南部和田一带，本意指新疆文工团。言下之意，连古称"于阗"的偏远之地都派来代表参与国庆联欢，难道不正是"万方乐奏"的盛世景象？

"诗人兴会更无前"，回应主题，作者的视线从国庆晚会的艺术舞台转移到台下的观众。此句实指柳亚子和自己诗情迸发，泛指一切爱国诗人或文艺工作者。兴会：不仅是一般的兴致、兴趣，更特指触景兴怀、情来神会的创作灵感引发诗思泉涌，诗人情不自禁，激情澎湃讴歌新社会。

这首词视野广阔，纵贯几千年，横跨数万里，两个社会两重天，两种境遇两样心。河北人民出版社1990年8月版臧克家主编的《毛泽东诗词鉴赏》所载蔡清富《雄鸡一唱遍寰宇——读〈浣溪沙·和柳亚子先生〉》一文，对此诗这样评价："新中国成立以来，描写新旧社会对比的诗词不计其数，但最简练、最深刻、最形象、气魄最宏大的篇章，恐怕莫过于毛泽东的《浣溪沙·和柳亚子先生》了。"显然，蔡清富的这一赞语也是迄今为止对这首词最精准的定位和评论。

"万方乐奏有于阗"有何新篇?

毛泽东《浣溪沙·和柳亚子先生》"万方乐奏有于阗"一句，是因为新疆文工团表演的节目而引发的联想与感慨。"于阗"二字，有着厚重的历史底蕴。毛泽东以"于阗"，对柳亚子"那容百族共骈阗"中的"骈阗"，堪称神来之笔，不仅表现了机敏睿智的诗才，更彰显了对传统文化的谙熟于心。毛泽东从国庆晚会的文艺舞台，回溯到"往事越千年"的历史舞台，既颂扬了新中国的巨大变化，也体现了源远流长的中华文明正焕发出勃勃生机。可毛泽东也没有想到，"要骑着毛驴上北京"的库尔班大叔与"于阗"有特殊关系，其中的机缘巧合，使"万方乐奏有于阗"有了更深刻的历史意味和时代价值。

"于阗"是汉代西域的国名，有着厚重的历史底蕴。相传春秋时代，老子骑青牛前往函谷关，奉关守尹喜之命，写下《道德经》。其后不知所终，据说他最后到了于阗。于阗在汉代即被纳入中央政权的版图，唐代时更作为"安西四镇"之一。于阗为古代中西陆路必经之地，今属新疆维吾尔自治区和田一带。此间出产的羊脂玉"白如凝脂"，历史悠久。我国古代边疆与中原、东西方文化与商贸交流的第一个媒介，既不是丝绸，也不是瓷器，而是和田玉。于阗还曾是佛教东传进入中国的第一站，许多著名高僧，如东晋法显、北魏宋云、唐代玄奘都曾涉足于阗。从汉代《于阗佛曲》传入中原，到南北朝时，于阗乐舞风靡中原，唐朝国乐《十部乐》中，就收录了《于阗乐》。清朝初年，改"于阗"为"和阗"。清光绪八年（1882年）置于阗县，今为新疆和田地区的一个下辖县。

无巧不成书，享誉全国的库尔班大叔就是新疆于阗人。20世纪50年代，新疆老农库尔班·吐鲁木"骑着毛驴上北京去见毛主席"的故事，在全国广为流传。库尔班·吐鲁木，1883年生，新疆于阗县托格日尕孜乡人。他自幼父母双亡，饱受地主的剥削、压榨和凌辱，被逼得妻离子散，曾在大漠深处过了17年的"野人"生活。新疆解放使库尔班获得新生。1952年土改时，他分到了14亩耕地和一所大房子，过上了幸福日子。

库尔班对党和政府充满感恩之情，萌生了一个强烈愿望：这辈子一定要亲眼见到毛主席。他托人给毛泽东写了7封信，还寄去了杏干和桃干等。1955年秋收后，年逾七旬的库尔班大叔打了上百斤馕，要骑着毛驴上北京去看毛主席，因路途太远，被干部劝了回去。骑毛驴去不了，老人又到公路上去拦汽车，想搭车去北京。1957年春，新疆维吾尔自治区党委书记王恩茂到于阗视察工作，专程到家里看望老人，勉励他好好生产，答应有机会一定让他到北京去。从此，库尔班的生产积极性更加高涨。

1958年6月，库尔班作为和阗专区的劳模代表，终于等来了上北京的机会。一路上火车每到一站，他就问："这里离毛主席住的地方还有多远？"在北京参观的日子里，他心情急切，又托人给毛泽东写了两封"寄得最快"的航空信。6月28日，库尔班和全体代表进了中南海，幸福的时刻终于到来了！见到和蔼可亲的毛泽东和中央首长，他无比激动。一起合影时，大家都看着镜头，只有他扭过头去凝望毛主席。毛泽东走到他面前，和他亲切握手，留下了珍贵的合影。库尔班当场向毛主席敬献了自己生产的新疆特产。第二天，毛泽东还特意派人给他送来了10米条绒布。

1959年，库尔班大叔当选自治区第二届人大代表，光荣入党，并出席新中国成立10周年国庆大典，第二次见到毛泽东。毛泽东亲自把"于阗"县简化为"于田"县，对这片热土寄予了无限深情与厚望。1964年，库尔班大叔在给毛泽东的信中写道："我要教育下一代，永远跟着党和您走。"无论是在工作还是生活中，他都向乡亲们积极宣传党的政策，像爱护自己的眼睛一样维护民族团结。库尔班还曾被授予全国劳动模范称号，当选为第四届全国人大代表。库尔班于1975年去世，享年92岁。

1958年8月21日，《人民日报》刊登通讯《库尔班·吐鲁木见到了毛主席》，人民教育出版社1960年3月将其编入了小学语文课本。

1959年，新疆话剧团据此编写音乐话剧《步步跟着毛主席》，其中由王洛宾创作的歌曲《库尔班大叔你上哪》，经克里木演唱后不胫而走。40年后，刀郎用现代配器的方式将其演绎成《萨拉姆毛主席》，曾风靡一时。"萨拉姆毛主席"就是"敬爱的毛主席"的意思。2002年，天山电影制片厂摄制的彩色故事片《库尔班大叔上北京》，成为向党的十六大献礼的全国唯一一部少数民族重点题材影片。

如今，库尔班大叔的子孙已有上百人，他们都把老人的高尚情怀和光荣传统作为传家宝。2017年1月13日，习近平总书记给库尔班·吐鲁木的长女托乎提汗·库尔班回信，向她和家人及乡亲们送上祝福，并希望各族群众像石榴籽一样紧紧抱在一起，像库尔班大叔那样，做热爱党、热爱祖国、热爱中华民族大家庭的模范，在党的领导下共同创造新疆更加美好的明天。"万方乐奏有于阗"，是中华文明繁荣昌盛的历史见证，也是新中国各族人民翻身得解放的现实例证，是人民和领袖心连心的诗意表达，是全国各族人民大团结的壮丽画卷。

"正和前线捷音联"是什么情况?

1950年，新中国第一个国庆节期间，10月4日、5日晚上，柳亚子一连两个晚上在中南海怀仁堂观看中央戏剧学院歌舞团演出的舞剧《和平鸽》。该剧由欧阳予倩编剧，戴爱莲女士导演兼饰主角，表演非常精彩。柳亚子又词兴大发，仍以《浣溪沙》再填词一首。11月，毛泽东读了柳亚子词，颇有感触。当时又恰逢中国人民志愿军在朝鲜定州、积香山、新兴洞、妙香山等地击败以美帝国主义为首的侵朝敌军，取得第一次战役的捷报传回中国，毛泽东心情激荡。《毛泽东年谱（1949—1976）》卷一记载：1950年11月上旬，"作《浣溪沙·和柳亚子先生》：'颜斶齐王各命前，多年矛盾廓无边，而今一扫纪新元。 最喜诗人高唱至，正和前线捷音联，妙香山上战旗妍。'"[1] 这是1950年毛泽东与柳亚子之间的第二次诗词唱和。

这首词最早发表于人民文学出版社出版的《毛泽东诗词选》，标题为《浣溪沙·和柳（亚子）先生》，收入"副编"，注明"这首词根据手稿刊印"。1996年9月中央文献出版社出版的《毛泽东诗词集》，标题改为《浣溪沙·和柳亚子先生》，仍收入"副编"。

柳亚子的原诗《浣溪沙》内容是："白鸽连翩奋舞前。工农大众力无边。推翻原子更金圆。战贩集团仇美帝，和平堡垒拥苏联，天安门上万红妍。"诗前附有小序："中央戏剧学院歌舞团演出《和平鸽》舞剧，欧阳予倩编剧，戴爱莲女士导演兼饰主角，四夕至五夕，连续在怀仁堂奏技。再成短调，欣赏赞美之不尽矣！"[2]

---

[1]《毛泽东年谱（1949—1976）》第一卷，中央文献出版社，2013年12月第1版，第239页。

[2]《毛泽东诗词集》，中央文献出版社，1996年9月第1版，第164页。

柳词上阕每句句末均用句号，表示各句之意相对独立。"白鸽连翩奋舞前"，首句点明是在观看舞剧《和平鸽》。"工农大众力无边"，柳亚子对以"工农大众"为根基的新中国反抗侵略、捍卫和平的无穷威力充满信心。"推翻原子更金圆"，"原子"代指以原子弹为威慑力的美帝国主义势力；"金圆"，指蒋介石政府1948年8月19日开始发行的一再贬值的"金圆券"，此句的意思是说美帝国主义和国民党反动统治已被推翻。柳词下阕着重写抗美援朝运动。"战贩集团仇美帝"，美国和其他帝国主义国家竭力煽动新的世界战争，从而使军火商得利，被称为战贩集团。"和平堡垒拥苏联"，以苏联为首的社会主义国家反对侵略战争，拥护世界和平。"天安门上万红妍"，天安门城楼上红旗迎风招展，寓意着新中国在风风雨雨中胜利前进。

柳亚子的这首词传到毛泽东手中的时候，已经是11月了。当时朝鲜战争已经开始，我人民志愿军已经奔赴朝鲜战场，而且不断从前方传来捷报。毛泽东十分欣慰，于是又填了这首和词。毛泽东对柳亚子的人格骨气和充满反帝爱国热情的词作表示由衷的赞赏，并以精约的笔墨概括了中国共产党领导中国人民经过长期艰苦的斗争，战胜以蒋介石为代表的国民党反动派的伟大胜利，表达了对中国人民志愿军抗美援朝旗开得胜的无限欣喜与自豪。毛泽东这首词言简意深，意境高远，雄浑豪放，气势磅礴。

上阕着重称赞柳亚子过去抗蒋、反蒋的政治立场。"颜斶齐王各命前"，颜斶，战国时齐国人。《战国策·齐策四》称，齐宣王召见颜斶，说："斶前！"斶也说："王前！"齐宣王不高兴。斶说："夫斶前为慕势，王前为趋士。与使斶为慕势，不如使王为趋士。"这是比喻蒋介石要柳亚子听从他的反革命主张，柳亚子要蒋介石听从他的革命主张。此句借用典故称赞柳亚子刚直不阿的政治品格，欣赏他反对蒋介石反动统治的立场一贯鲜明坚决。"多年矛盾廓无边"，"廓"，指广大。具体指柳亚子与蒋介石的矛盾根深蒂固，不可调和，喻指多年以来革命与反动之间的矛盾太深太广，势不两立。"而今一扫纪新元"，新中国成立，过去那些执政党与非执政党的矛盾，与持不同政见者的矛盾，都一扫而光，新中国开创了中华民族历史的新时代，开创了人民当家作主的新纪元。

　　下阕则着重称赞柳亚子积极拥护抗美援朝战略决策的政治态度，并将抗美援朝的捷报转告柳亚子。"最喜诗人高唱至"，"最喜"，形容诗人极度欣喜兴奋的心情。"高唱"，盛赞柳亚子的词作高超激昂。毛泽东和柳词时，心情是十分舒畅的。"正和前线捷音联"，柳亚子的佳作正巧与志愿军抗美援朝旗开得胜的捷报同时而来，可谓喜上加喜。"妙香山上战旗妍"，与柳词"天安门上万红妍"回应。妙香山是朝鲜西北部的著名山脉，中国人民志愿军的战旗在妙香山上迎风招展，向全世界宣告：侵略者必败，被侵略被压迫的人民必胜。"战旗妍"三字，洋溢着胜利的喜悦和自豪感。

　　毛泽东和柳亚子是近现代中国诗坛上的双子星。从1926年相识共同反蒋，到1950年同心抗美，两人可谓几十年如一日，心心相印，肝胆相照，同舟共济。他们两个人在气质上有着共同点：一个是具有诗人气质的政治家，一个是具有政治家气质的诗人。他们仿佛心有灵犀，很多复杂的问题，无须过多的言谈，不必过多的文字，一唱一和之间就达成了共识。两人之间一再唱和，生动表现了当年党对民主人士和知识分子的殷切之情，以及那种生动活泼的政治局面，给我们留下了一段词坛佳话。

毛泽东如何北戴河迎潮搏浪？

《毛泽东年谱（1949—1976）》卷二记载："（1954年）7月26日乘专列从北京到北戴河，住一号楼。""（1954年）8月20日由北戴河回到北京。""（1954年）夏在北戴河作《浪淘沙·北戴河》：'大雨落幽燕，白浪滔天，秦皇岛外打鱼船。一片汪洋都不见，知向谁边？ 往事越千年，魏武挥鞭，东临碣石有遗篇。萧瑟秋风今又是，换了人间。'"[①]这首词最早发表在《诗刊》1957年1月号，未注明写作时间。1963年12月人民文学出版社出版《毛主席诗词》时，注明写作时间为"一九五六年六月"。据《毛泽东年谱》判断，"一九五六年六月"，毛泽东没有到北戴河，《毛主席诗词》所标注的这一时间显然有误，至于毛泽东究竟哪一天写的不得而知。1956年12月4日，毛泽东致信黄炎培，信中说："去年和今年各填了一首词，录陈审正，以答先生历次赠诗的雅意。"人民出版社1983年12月版《毛泽东书信选集》编者注："这里的'去年'应为'前年'，即一九五四年。这一年填的一首词是《浪淘沙·北戴河》。'今年'即一九五六年填的一首词是《水调歌头·长江》，公开发表的题目改为《水调歌头·游泳》。"

毛泽东一生酷爱游泳。早年他在韶山的池塘、水库游过泳。长沙求学期间，青年毛泽东到湘江游过泳，"曾记否，到中流击水，浪遏飞舟"。他曾留有诗词残句："自信人生二百年，会当水击三千里。"1923年毛泽东写的《贺新郎·别友》"要似昆仑崩绝壁，又恰像台风扫寰宇"一句，在一件手迹中曾写成"我自欲为江海客，再不为昵昵儿女语"。"我自欲为江海客"，的确表达了毛泽东意欲纵横江海，搏击风浪的雄心壮志。

[①]《毛泽东年谱（1949—1976）》第二卷，中央文献出版社，2013年12月第1版，第262—270页。

从湖南第一师范学校毕业后，毛泽东走上了革命道路，有关他游泳的故事几乎没有了。到达陕北以后，黄土高原不比南方的水乡泽国，没有了中流击水的自然环境。尤其是戎马生涯，战事频频，毛泽东渐渐淡忘了游泳。

新中国成立后，毛泽东日理万机，国务繁忙，用于运动的时间就更少了。保健医生和工作人员都很担心他的健康状况。他们想了很多办法，比如动员他散步、跳舞、打乒乓球，但这些办法的效果都不明显，大家这才想到了游泳。

身边的人并不知道毛泽东是游泳高手，保健医生在与他散步时拐弯抹角地试探："地球上的生命起源在哪里？"毛泽东感到诧异，说："起源于大海呀！"医生又问："生命的最佳运动是什么？"毛泽东认为是散步。医生说："不对，是游泳。"接着，医生费了一大番口舌，谈论接触自然、全身运动、锻炼心肺、老少皆宜等好处。这大圈子兜得见效了，毛泽东说游泳可以去。于是在清华大学的室内游泳池，毛泽东进京后第一次下了水。保健医生见他在深水区一会儿侧泳，一会儿仰泳，如鱼得水。①

自从在清华大学游泳后，毛泽东恢复了对游泳的兴致，一发不可收，与中南海游泳池结下了不解之缘，入夏后一有空就到那里去游泳。毛泽东每次来这里一般游个把小时，然后躺在藤椅上休息，一边抽烟、喝茶，一边看人们游泳。后来，毛泽东还把中南海游泳池作为接待外宾和国内重要人士的场所，如苏联驻华大使尤金、苏共总书记赫鲁晓夫、原国民党副总统李宗仁夫妇等。游泳成了毛泽东的特殊运动、休息方式，他身边的工作人员都感到十分高兴。

1954年盛夏，毛泽东在北戴河边工作，边休养。这是他第一次去北戴河避暑办公。有一次，北戴河接连几天大风大雨，涛声像隆隆炮响，从大海那边一阵阵传来。雨刚停，毛泽东就提出要出去观看海潮。到了海边，突然狂风大作。毛泽东望着变得浊黄的波涛，来了兴致，说："下

---

① 边学祖编著：《中流击水——毛泽东游泳纪事》，中央文献出版社，2013年6月第1版，第2—3页。

海去!"

海面如此波涛汹涌,卫士长李银桥等工作人员极力劝阻。可这似乎反而成了激将法。"风浪越大越好,可以锻炼人的意志,增强一个人战胜困难的勇气。"说着,毛泽东脱了外衣,问:"怎么,你们害怕了吗?"他边说边径直向大海走去。警卫人员赶紧脱了衣服,紧跟着他下了水。毛泽东一直往深海处游,迎面的海水山一样起伏,带着白沫的海浪一下子把他掀到峰顶,一下子又把他抛向谷底。十几个卫士和工作人员吓坏了,在海中拼命地围护着他。毛泽东却不慌不忙:"不要慌,现在是涨潮,不会被拖到海里去,现在是考验你们的胆量呢!"[1]

直到风平浪静,他们才游回来。毛泽东身上已被海里的贝壳划出了血迹。他却说:"游得真痛快!"上岸后,保健医生朱仲丽说:"主席,风浪太大,以后就不要冒这样的险了。"毛泽东说:"你们不要怕冒什么险,凡事不冒险,就不会成功,许多成功就是通过冒险才取得的。这取决于一个人有没有勇气,敢不敢排除万难。我说你们要有决心和信心。大凡世界上凶恶的东西就是这样,你表现得怯懦,你就会遭到凌辱,世界上一切反动派看起来样子是可怕的,其实并没有什么了不起。"[2]在这次迎潮搏浪之后,毛泽东诗兴勃发,抚今追昔,吟成光辉诗篇《浪淘沙·北戴河》。

---

[1] 汪建新著:《毛泽东诗传》,中国工人出版社,2020年9月第1版,第247页。
[2] 汪建新著:《毛泽东诗传》,中国工人出版社,2020年9月第1版,第248页。

如何解析《浪淘沙·北戴河》？

古往今来，会写诗的人很多，会游泳的人更多，会游泳的诗人也不少，但是把游泳体验入诗的诗人却很少，毛泽东当属凤毛麟角。《浪淘沙·北戴河》是1954年夏毛泽东畅游北戴河之后的咏怀之作："大雨落幽燕，白浪滔天，秦皇岛外打鱼船。一片汪洋都不见，知向谁边？　往事越千年，魏武挥鞭，东临碣石有遗篇。萧瑟秋风今又是，换了人间。"这是一个游泳者的体验，但内容又显然不局限于游泳，由大海想到社会，由现实想到历史，抒天地之感慨，发思古之幽情。

1954年盛夏，毛泽东来到北戴河。他时常到海边沙滩漫步，嘴里时常念念有词地吟诵曹操的《观沧海》。在夜里工作疲劳后，稍作休息，出门观海，有时也低声吟诵这首词。他游览了碣石山，还找来地图查证，认为曹操来过这里，说曹操在建安十二年五月出兵征乌桓，九月班师经过碣石山写出《观沧海》。

曹操自古以来就是有争议的人物。有人说他为"治世之能臣，乱世之奸雄"，主要是他参加镇压了黄巾农民起义军；"挟天子以令诸侯"，有称王称霸之野心；"宁可我负天下人，不教天下人负我"，人品恶劣。特别是随着《三国演义》的广泛流传和戏剧舞台上对曹操造型的奸相脸谱化，曹操被视为"旷世奸雄"似乎是铁定的既成事实。卢弼的《三国志集解》就有这种倾向。

毛泽东历来不满于历史上对曹操的歪曲，不称赞戏剧舞台上对曹操形象的脸谱化，极力主张为他翻案。他充分肯定曹操所建立的政治功业，也非常欣赏曹操的文学创作。这次到北戴河之前，毛泽东曾于7月23日致信李敏、李讷："北戴河、秦皇岛、山海关一带是曹孟德（操）到过的地方。他不仅是政治家，也是诗人。他的碣石诗是有名的。妈妈那里有古诗选本，可请妈妈教你们读。"①1959年，毛泽东曾对邵华说："我喜欢曹操的诗。曹操的诗词，直抒胸臆，豁达潇洒，应当学习。比如他的《龟虽寿》《短歌行》《观沧海》等篇章，更是脍炙人口。"②在中南海故居藏书中，有四种不同版本的《古诗源》和一本《魏武帝魏文帝诗注》，其中曹操的《短歌行》《观沧海》《龟虽寿》《却东门西行》，毛泽东多次圈画。毛泽东自己的诗词风格，也属于"沉雄俊爽""豁达通脱""气魄雄伟"一路，与曹操相隔千余年却心有灵犀一点通。

　　文化艺术出版社2008年1月版丁三省编著的《毛泽东诗词精读》介绍：1954年夏，毛泽东写作《浪淘沙·北戴河》前后，同保健医生徐涛说：李煜的《浪淘沙》"用词、意境都很美，但是情调柔弱、伤感。婉约派的作品我不大喜欢。你看曹操的诗气魄雄伟，给人鼓舞。真男子气，是大手笔"。据林克撰写的《忆毛泽东学英语》一文回忆：1962年4月21日，毛泽东谈到《浪淘沙·北戴河》一词写作的缘由。他说："李煜写的《浪淘沙》都是婉约的，没有豪放的，因此，他以《浪淘沙》的词牌写了一首豪迈的词。③《浪淘沙·北戴河》抒发游泳之后的感慨，不外乎为了显示有别于李煜的靡弱诗风，同时表达对曹操的推崇与追思。

　　词的上阕描绘作者下海游泳的触景生情，写得刚健雄豪。"大雨落幽燕，白浪滔天"，刻画出一幅惊天动地的海天风雨图。先特书大雨滂沱，然后带出落雨的地点。幽燕，是河北北部的古地名。"秦皇岛外打鱼船，一片汪洋都不见"，反映出毛泽东游泳时的关注点。因为风雨交加，海上的打鱼船基本都停止作业，回港躲避了。当年在北戴河公安局工作、奉命保卫毛泽东游泳的刘杰回忆：一次游泳返回时遇到一只渔船，毛泽东还上了渔船，与渔民攀谈，并买了他捕捞的螃蟹，上岸后请工作人员美餐了一顿。由潇湘电影制片厂拍摄的八集电视艺术片《诗人毛泽东》当中也有相关的情节。毛泽东游泳时间很长，打鱼船逐渐消失，"知

---

① 季世昌主编：《毛泽东家书解读》，商务印书馆，2019年1月第1版，第233页。
② 毛岸青、邵华：《回忆爸爸勤奋读书和练书法》，《瞭望》1993年第12期。
③ 龚育之、逄先知、石仲泉著：《毛泽东的读书生活》，生活·读书·新知三联书店，2005年1月第1版，第275页。

向谁边"一问，反映出对渔民状况的一种关切之情，浸透着诗人与普通百姓息息相关的深厚情感，也给读者以极大的想象空间。

词的下阕是借古抒情，借古颂今。曹操在北戴河一带留下过足迹，留下了诗篇，这自然使毛泽东在避暑以外增添了另外一番情趣。而在海浪中游泳，又使毛泽东产生把这种情趣转化成诗句的冲动与激情。"往事越千年，魏武挥鞭，东临碣山有遗篇"，畅游大海之后的毛泽东想起曹操登碣石山观海的历史往事和他那首千古名篇《观沧海》。"往事越千年"将时空迅速倒转，作者追怀往昔，其实是为了歌颂今天的美好。曹操说"秋风萧瑟"，毛泽东说"萧瑟秋风今又是，换了人间"。景物依旧，而时代不同，社会剧变。"换了人间"实乃画龙点睛之笔，曹操的功业是根本不能和中国人民在共产党的领导下所成就的伟大事业相提并论的。它揭示了全篇的主旨，抒发了革命豪情，给人以广阔的联想空间，拓展了无限深远的意境，沟通古今，对比鲜明。

毛泽东在北戴河畅游大海，是有意与大自然搏斗。他像李煜那样以《浪淘沙》填词却反其道而行之，变婉约为豪迈，是有意与李煜较劲；毛泽东欣赏曹操的诗风豪情，但所颂扬的时代风貌却远远超越曹操笔下的破败景象。这是毛泽东挑战性格在艺术创作上的表现，既有继承传统，更有突破创新。

毛泽东与周世钊有何诗交？

从现存文献考证，毛泽东交往最多、通信最多、唱和最多的老同学是周世钊。两人既是经常作诗填词应对唱和的诗友，又是相处融洽无话不谈的知己。这位曾被毛泽东称为"贤者与能者可以兼的人"，[①] 与毛泽东有着许多共同的观点、思想和经历，但是他也从不掩饰自己与毛泽东的不同观点与思想，是毛泽东的同学、诤友、畏友。透过毛泽东寄给他的几十封书信以及周世钊的部分遗稿，我们能更加真实地感知到毛泽东的伟人气魄，体会到他们之间那种同学、朋友、同志之间的拳拳情谊。

周世钊，1897年3月12日生，字敦元，别号敦元、东园，湖南省宁乡县人。9岁入学。1913年春考入湖南省立第四师范学校，后并入湖南省立第一师范学校，1918年秋毕业，与毛泽东同窗五载。毛泽东学识广博，有非凡的胆识与才干，被师生称为"伟器""智囊"。周世钊好老庄哲学，诗词造诣深厚，为人谦和礼让，亦深得师生器重与爱戴。在1917年6月一师开展的"人物互选"活动中，按德智体三方面六个项目的得分，毛、周同登金榜，分列第一、第二名。毛泽东这时与他既是同桌又是诗友。毛泽东在校时赠给周世钊的诗竟有50首之多，可惜后来都失传了，如今只剩下残句"自信人生二百年，会当水击三千里"。

1918年4月，毛泽东等人创办新民学会，周世钊是第一批会员。他们从一师毕业后，毛泽东到北京、上海筹办赴法勤工俭学事宜，而周世钊则到长沙修业小学教国文。1919年4月，毛泽东从北京返回长沙，周世钊邀他同住，并帮他谋却了在修业小学担任历史教员的差事，解决了生计问题。1920年3月14日，毛泽东在致周世钊的信中这样写道："惊

[①] 文工：《周世钊："贤者在位与能者在职"兼得的爱国民主人士》，《湖南省社会主义学院学报》2011年第1期。

悉兄的母亲病故！这是人生一个痛苦之关。像吾等长日在外未能略尽奉孝之力的人，尤其发生'欲报之德，昊天罔极'之痛！这一点我和你境遇，算是一个样的！"①"欲报之德，昊天罔极"出自《诗经·小雅·蓼莪》中的第三段："父兮生我，母兮鞠我。拊我畜我，长我育我。顾我复我，出入腹我。欲报之德，昊天罔极。"1921年新民学会把"改造中国与世界"作为宗旨，毛泽东主张走俄国十月革命和劳农专政的道路，而周世钊主张教育救国，促进社会进化。之后，他们走着不同的救国道路，周世钊一直从事教育，但他们的深厚友谊从未中断。

1949年，长沙解放后，已任湖南第一师范学校校长的周世钊，联合一些老新民学会会员和教师联名向毛泽东致贺电贺信。1949年10月15日，毛泽东亲笔给周世钊写信，表达他对周世钊常年教书育人的充分肯定："兄过去虽未参加革命斗争，教书就是有益于人民的。""兄为一师校长，深庆得人，可见骏骨未凋，尚有生气。倘有可能，尊著旧诗尚祈抄寄若干，多多益善。"②新中国成立初期的一段时间里，毛泽东经常委托周世钊关心、照顾他们昔日的师长、朋友。1950年国庆前夕，毛泽东邀请周世钊到北京参加国庆观礼。9月29日，赴京途中，车到许昌，周世钊寻访曹操遗迹，渺无可得，吟成《五律·过许昌》一首："野史闻曹操，秋风过许昌。荒城临旷野，断碣卧斜阳。满市烟香溢，连畦豆叶长。人民新世纪，谁识邺中王！"

1955年6月，毛泽东回湖南视察工作，与周世钊相聚。周世钊陪同毛泽东游览了岳麓山，登临岳麓山书院前的赫曦台。周世钊激情涌动，诗兴勃发，写下《从毛主席登岳麓山至岳麓宫》一首："滚滚江声走白沙，飘飘旗影卷红霞。直登云麓三千丈，来看长沙百万家。故国几年空兕虎，东风遍地绿桑麻。南巡已见升平乐，何用书生颂物华。"周世钊所作的诗借纪游而颂盛世，描述长沙解放后繁荣兴旺的新景象，记述毛泽东南巡长沙，赞美革命的胜利和大好形势，歌颂毛泽东对长沙人民的关怀。毛泽东回京后，周世钊致信毛泽东，其中附有自吟诗词多首。毛

---

① 《毛泽东早期文稿》，湖南人民出版社，2013年11月第1版，第427页。
② 《毛泽东书信选集》，中央文献出版社，2003年11月第1版，第318页。

泽东接到信和诗后，于10月4日回信，信中附了《七律·和周世钊同志》："春江浩荡暂徘徊，又踏层峰望眼开。风起绿洲吹浪去，雨从青野上山来。尊前谈笑人依旧，域外鸡虫事可哀。莫叹韶华容易逝，卅年仍到赫曦台。"①

1956年12月5日，毛泽东在给周世钊的信中写道："时常记得秋风过许昌之句，无以为答。今年游长江，填了一首水调歌头，录陈审正。"②信中附上了《水调歌头·长江》，正式发表时标题改为《水调歌头·游泳》。

1961年，毛泽东的三位老朋友周世钊、乐天宇、李达在长沙相聚，三人商定送几件纪念品给毛泽东。周世钊送了一幅内有东汉文学家蔡邕文章的墨刻；李达送了一支斑竹毛笔和一首咏九嶷山的诗词；乐天宇送了一幅元代剧作家高明《琵琶记》中主人公蔡伯喈的《九嶷山铭》的复制品，以及自己写的《七律·九嶷山颂》。三人还共同送了一根九嶷山的斑竹。毛泽东睹物见诗，如遇故人，诗意盎然，赋诗《七律·答友人》："九嶷山上白云飞，帝子乘风下翠微。斑竹一枝千滴泪，红霞万朵百重衣。洞庭波涌连天雪，长岛人歌动地诗。我欲因之梦寥廓，芙蓉国里尽朝晖。"1961年12月26日，毛泽东生日这天，他致信周世钊，写道："'秋风万里芙蓉国，暮雨千家薜荔村'。'西南云气开衡岳，日夜江声下洞庭'。同志，你处在这样的环境中，岂不妙哉？"③

---

①《毛泽东年谱（1949—1976）》第二卷，中央文献出版社，2013年12月第1版，第446页。
②《毛泽东书信选集》，中央文献出版社，2003年11月第1版，第476页。
③《毛泽东书信选集》，中央文献出版社，2003年11月第1版，第545页。

《七律·和周世钊同志》抒发怎样的感慨？

《毛泽东年谱（1949—1976）》卷二记载，1955年10月4日，毛泽东致信周世钊，写道："读大作各首，甚有兴趣，奉和一律，尚祈指正。春江浩荡暂徘徊，又踏层峰望眼开。风起绿洲吹浪去，雨从青野上山来。尊前谈笑人依旧，域外鸡虫事可哀。莫叹韶华容易逝，卅年仍到赫曦台。"①这首诗随信最早发表于人民出版社1983年12月出版的《毛泽东书信选集》。1986年9月人民文学出版社出版的《毛泽东诗词选》和1996年9月中央文献出版社出版的《毛泽东诗词集》，均收入"副编"。

1955年6月19日至20日，毛泽东回湖南调研考察。6月20日上午，他想到湘江中畅游。老同学周世钊劝阻说："今日江水混浊，似乎不适合游泳。"毛泽东答道："水清水浊，不是决定适合不适合游泳的主要条件，你说的这一点可以不必考虑。"周世钊又说："湘江水涨，江面又宽又深，游泳也不方便。"毛泽东说："你不要说外行话！庄子不是说过吗，'水之积也不厚，则其负大舟也无力'。水越深，浮力越大，游泳起来当然越要便利些，你怎么反说不便呢？"他从长沙南郊湘江东岸猴子石下水，游至岳麓山下牌楼口登岸。接着，他又登上岳麓山直至云麓宫。周世钊看毛泽东畅游湘江，健步登岳麓山，心中感慨万千，欣然赋诗《七律·从毛主席登岳麓山至云麓宫》。毛泽东这次回湖南，最快意的事就是湘江游泳和岳麓山登高。毛泽东收到老同学的诗作后，也欣然和诗。②

---

① 《毛泽东年谱（1949—1976）》第二卷，中央文献出版社，2013年12月第1版，第446页。

② 边学祖编著：《中流击水——毛泽东游泳纪事》，中央文献出版社，2013年6月第1版，第21—22页。

首联"春江浩荡暂徘徊，又踏层峰望眼开"，从游踪写起。诗人旧地重游，先畅游湘江，又健步登峰，可见游兴之浓。"春江"使人想起"春江水暖鸭先知"和"春来江水绿如蓝"。这里的"春"不是季节的纪实，而是作者的主观感受，因为游览是在6月份，而作此诗是在10月份。"徘徊"显示出作者活动的从容自在，作者在江水中时而侧泳，时而仰泳，恰似安卧在微波软浪之上，乐趣无穷。"暂徘徊"，表现出毛泽东对滚滚江水的一种迷恋和向往，反映出他畅游湘江的喜悦心情和意犹未尽的些许遗憾。"又踏层峰"与周世钊原诗中"直上云麓"相应和，毛泽东在湘江游过泳和在橘子洲头逗留一阵子后，又登上岳麓山远望，开阔的视野使长沙城的景色尽收眼底。工作人员准备了轿子，他不坐，带头走在前面，还同陪同的人说说笑笑，一步步登上了矗立在岳麓高峰的云麓宫。

颔联"风起绿洲吹浪去，雨从青野上山来"，接着写极目远望的景色，把读者带进一个无限深远，而又十分亲切、生机勃勃、充满希望的绿色世界。"绿洲"，指湘江中的水陆洲，是一个美丽狭长的小岛。"青野"，泛指诗人眼底所收之碧绿青翠的田野。两句互文见义，泛指湘江两岸、岳麓山一带的自然条件，使人联想到神州大地风调雨顺，春意盎然，蒸蒸日上。

颈联"尊前谈笑人依旧，域外鸡虫事可哀"，描写友人欢聚的情景，触景生情，导入于浮想。中央文献出版社2003年版吴正裕主编的《毛泽东诗词全编鉴赏》描绘说："中午在山巅望湘亭用餐，谈笑甚欢。""尊前谈笑"生动地描绘了老同学老朋友相聚亲切融洽，畅所欲言的热烈气氛。而"域外鸡虫事可哀"，"鸡虫事"指鸡毛蒜皮的小事。老同学叙旧不免会谈起漂泊海外的另一个老同学萧子升。

萧子升是毛泽东在东山高等小学堂和湖南一师时的校友，互相倾慕，交往很多。在《毛泽东早期文稿》中，仅1915年和1916年两年，毛泽东写给萧子升的书信就达十二封之多。1917年他们两人曾一起在湖南五个县开展游学。新民学会成立后，萧子升赴法勤工俭学。因萧子升主张温和的革命，倾向于无政府、无强权的所谓蒲鲁东式革命。毛泽东逐步成为马克思主义者,两个人分道扬镳。后来萧子升孤居乌拉圭。解放后萧子升在国外发表过一些攻击毛泽东的言论和文章,但毛泽东宽宏大量,仍念旧情。毛泽东曾嘱新民学会老同学写信要萧子升回国,遭萧子升回绝。1955年我国一个文艺代表团到乌拉圭演出,毛泽东特意让代表团团长向萧致意,请萧回来看看,但萧拒绝会见团长。毛泽东认为国外的某些事像鸡虫得失一样渺小,根本不值得纠缠。

尾联"莫叹韶华容易逝,卅年仍到赫曦台",作者在抒发人生咏叹。唐代白居易《香山居士写真》诗有"勿叹韶华子,俄成皤叟仙"之句,宋代秦观《江城子》词有"韶华不为少年留,恨悠悠,几时休?"在作者看来,不必慨叹时光无情,人生易老。这既是对友人的劝勉,也是对自己的自励。赫曦台在岳麓山顶,在长沙求学期间,岳麓山是他多次登临的地方,此番是故地重游,"卅年"当属虚写,既表达对长沙的深深眷恋,也体现出作者"自信人生二百年,会当水击三千里""踏遍青山人未老"的精气神依然不减当年。

周世钊的原诗写得有声有色有气势,是一首不可多得的佳作,但偏于写实。而毛泽东的和诗,思维更开阔活跃,意境更悠长灵动,风格也更飘逸洒脱,更为含蓄精练,耐人寻味。全诗充满了青春的气息,青春的活力,青春的豪情。这是大自然的青春之歌,是真挚动人的友谊之歌,也是永葆青春的人生之歌。

《五律·看山》体现了何种闲情逸致？

新中国成立后，杭州是毛泽东外出视察到得最多的地方之一。毛泽东从北京到地方，政务之余，适当休闲放松、调养身体也是应有之义。他喜欢爬山，几乎爬遍了西湖附近的大小山峰。中央文献出版社2011年版的由逢先知、金冲及主编的《毛泽东传》第三卷记载1954年毛泽东在杭州的情形时写道："这样坚持不懈，不仅游览了西湖名胜，还锻炼了身体，体重减轻了将近十斤。这对身躯高大偏胖的毛泽东来说，也是一个意外收获。"[1] 毛泽东登山览胜，为秀丽山水所吸引、所感染、所陶醉，诗意盎然，不断经营着他的"诗词余事"。

《五律·看山》是毛泽东在杭州写的一首咏山之作："三上北高峰，杭州一望空。飞凤亭边树，桃花岭上风。热来寻扇子，冷去对佳人。一片飘飖下，欢迎有晚鹰。"这首诗最早发表于1993年第6期《党的文献》的《诗四首》。三联书店1986年9月版《毛泽东的读书生活》所载林克《忆毛泽东学英语》最早披露了这首诗。由于是根据回忆而整理，这次披露的诗句存在讹误，"飘飖"误作"飘飘"，"晚鹰"误作"晚莺"。1996年9月中央文献出版社出版的《毛泽东诗词集》将其收入"副编"，标注写作时间为"一九五五年"。

"三上北高峰"，首句开门见山。"三上"，只是言其多，未必是实数，表明游兴之高。"北高峰"，在杭州灵隐寺后，与南高峰相对峙，为西湖群山之一。"杭州一望空"，这个"空"字，绝非虚无之意。柳永《望海潮》曾盛赞杭州："东南形胜，三吴都会，钱塘自古繁华，烟柳画桥，风帘翠幕，参差十万人家。云树绕堤沙，怒涛卷霜雪，天堑无涯。""重

---

[1] 逢先知、金冲及主编：《毛泽东传》第三卷，中央文献出版社，2011年1月第2版，第1289页。

湖叠巘清嘉。有三秋桂子，十里荷花。"北高峰上林木葱茏，绵延二十余里。自北麓至峰顶，石磴数百级，修篁夹道，曲折三十六弯。登峰远眺，杭州风景一览无余。正如中央文献出版社2000年版的杨庆旺著《指点江山》（下册）所写："毛泽东说：'爬山是全身运动，既能增强体质，又能观赏风景，还可以使人心胸开阔。只有站得高，才能看得远嘛！这是一举三得。'"

"飞凤亭边树，桃花岭上风。""飞凤亭"，指北高峰东面、西湖北岸宝石山上的来凤亭。宝石山远望像一只凤凰，山顶的保俶塔则像凤凰头上的羽毛，亭之命名，取义于此。"宝石凤亭"被列为西湖十八景之一。"桃花岭"，指北高峰东面、西湖西北角岳飞墓后的栖霞岭。飞凤亭边的修竹嘉树青翠，桃花岭上的桃花盛开，翠林红花交相辉映。毛泽东由前者可能联想到了关于凤凰的传说。相传凤凰为百鸟之长，性行高洁，非梧桐不栖，非竹实不食，所以特别突出飞凤亭边的修竹嘉树。后者则可能是由桃花岭联想唐人崔护"人面不知何处去，桃花依旧笑春风"之句，所以特意点出桃花岭上春风拂面。

"热来寻扇子，冷去对佳人"，作者曾有自注："诗中的'扇子'指扇子岭，'佳人'指美人峰。"考虑到平仄的需要，把"美人"改成了"佳人"。这是北高峰附近的两处景点，其意是说夏日炎炎之时就去寻游扇子岭，秋凉时节就去观赏美人峰。此句以情带景，情景交融，"扇子"与"美人"语义双关，读来饶有情趣，巧妙地把季节和名胜联系起来。这种笔法古时就有，如欧阳修《三桥诗》有云："何处偏宜望？清涟对女郎。"句中"清涟"指清涟阁，"女郎"指女郎台。

"一片飘飘下，欢迎有晚鹰"，"飘飘"同"飘摇"，飘荡、飞扬的样子，描绘鹰盘旋向下而飞。"晚鹰"，可能是借喻灵鹫峰。灵鹫峰又叫飞来峰，在北高峰南，灵隐寺前。作者登北高峰，傍晚归来，经过灵隐寺前，飞来峰正好迎面。"下"是从高空而下，动感强烈，颇有气势。作者的联想丰富奇特，化静为动，把灵鹫峰写得活灵活现，使景物与人物互动，增添了游山之乐趣。

关于这首诗的含义，浙江人民出版社2006年版的《王芳回忆录》提供了另一种解读。王芳曾任浙江省公安厅厅长，毛泽东视察浙江时，多由他担任保卫工作。毛泽东登山途中，见不到多少当地居民和游人。保卫部门事先疏散了群众，毛泽东心里很不高兴，于是便有了"三上北高峰，杭州一望空"这样的诗句。一次，路过一户农舍，门户紧闭，忽然从房后跳出一只大公鸡，它见人也不害怕，迎面走过来，真是"一片飘飘下，欢迎有晚鹰"。王芳写道："大家都说毛主席这首诗是对杭州的湖光山色的赞美。如果光从字面上看，是无可非议的，也是可以接受的，其实不然，主席是在批评我们的警卫工作。主席对我们在搞警卫工作中脱离群众的做法十分不满，用写诗的方法提出了严肃的批评。"[①] 王芳的理解不无道理，符合政治逻辑，但就解诗而言，未必符合艺术思维的逻辑，并不可取。

郭沫若曾称赞毛泽东"经纶外，诗词余事，泰山北斗"。人们在解读毛泽东诗词时，往往偏重于解读其"经纶"中的微言大义，而忽视了写诗填词毕竟只是他经邦济世之外的"余事"。毛泽东政暇赋诗，既展示了"器大声宏，志高意远"的领袖风采，也体现出他移情山水的单纯，迷恋自然的洒脱，以诗自娱的情趣，以诗抒怀的儒雅。

[①] 金延锋、徐斌、王祖强著：《共和国命运的抉择与思考：毛泽东在浙江的785个日日夜夜》，浙江人民出版社，2009年10月第1版，第49页。

《七绝·莫干山》如何游山归途抒游兴？

《七绝·莫干山》也是毛泽东在杭州览胜之后写的咏怀之作："翻身复进七人房，回首峰峦入莽苍。四十八盘才走过，风驰又已到钱塘。"这首诗最早披露于林克《忆毛泽东学英语》，最早发表在1993年第6期《党的文献》的《诗四首》一文。1996年中央文献出版社出版《毛泽东诗词集》时，收入"副编"，标注写作时间为"一九五五年"。此诗现在所见有5件手迹，其中一件"翻身复进七人房"一句，作"翻身复入七人房"。

中国绘画艺术界流传着两段佳话，其一是宋徽宗赵佶喜爱书画，创建并主管了世界上最早的皇家画院。有一次考试，他出的题目是"深山藏古寺"。有幅作品画的是崇山峻岭之中，山泉边有个老和尚，正舀泉水倒进桶里，巧妙表达出"藏"的意思。其二是齐白石91岁时，为老舍画了一张水墨画：两壁山涧，溪流湍急，画有6只顺水而下的蝌蚪，把《蛙声十里出山泉》画得趣味盎然。两幅作品异曲同工，笔意俱全，含而不露。

相比较而言，《五律·看山》是以"群山""众山"为诗题，而《七绝·莫干山》是以"莫干山"一山为诗题，分别书写了游览众山与游览一山的体验。莫干山在浙江省清德县西北，离杭州80余公里，相传是春秋时吴国干将、莫邪铸剑之处，并因此而得名，与庐山、鸡公山、北戴河齐名，为我国著名的避暑胜地之一，素有"清凉世界"美誉。这里山势巍峨，怪石峥嵘，云雾缭绕，在万绿丛中点缀着星罗棋布的亭台别墅和名胜古迹。《七绝·莫干山》是一首咏山的即兴之作，作品没有涉及莫干山的美景和登山过程本身，而描绘登山游览后的愉悦心情和闲适心境。作品未经雕琢，未臻上乘，但写法含蓄，诗句轻快，诗趣盎然，别出心裁。诗句并没有蕴含多少人们期待的"微言大义",呈现出一个"踏遍青山人未老"的本真毛泽东。

"翻身复进七人房",首句由登车返程写起。"翻身",反过身来。"七人房",指作者使用的卧车,可坐七人,这一比喻避免了直露性,体现了幽默诙谐的风趣和轻松惬意的心情。徒步登山,观赏美景,心满意足,下得山来,找到自己乘坐的轿车,敏捷地钻进车子。"翻身复进",体现了行动的矫健和精力的充沛,畅游莫干山之后依然兴致勃勃,毫无倦意。"复"字原为"跃",但相对于进入有顶棚的小轿车,用"跃进"似乎略欠得当,"复进"更显平易妥帖,这是专门针对游玩之后启程返回杭州而言的。

"回首峰峦入莽苍","回首",回过头来看,表达作者对莫干山的依依不舍之情。下山途中,作者再回头看车窗外的青峰翠峦,因为车子渐行渐远,莫干山渐渐隐没在一片迷茫之中,点染出莫干山的雄浑旷远。"莽苍",形容景色迷茫,如孟郊《古别曲》:"荒郊烟莽苍,旷野风凄切。"山景如何美,游山如何乐,可以想见,诗人沉浸在畅游莫干山的美感之中,余兴未尽,回味无穷,他将所见所感说到但不说开,给读者更多想象空间。无论"回首"的对象是整座山还是山的局部,均意在显示对颇具传奇色彩的名山胜景恋恋不舍的心情和难以忘怀的心境。

"四十八盘才走过,风驰又已到钱塘",写乘车下山的情景。"四十八盘",实指上或下莫干山的盘山公路,极写山路的迂曲险峻,也突出了山势的巍峨峥嵘。此句颇似于《七律·登庐山》"跃上葱茏四百旋"中的"四百旋",一个是登上庐山的急迫心情,一个是离开莫干山的不舍心理。"才走过",是说汽车刚才还在山间公路上蜿蜒前行。诗人在车上除见到山景之外,还写到山路。山路、山形、山色,是作者笔下莫干山形象的三个要点,都是"回首"之所见。"风驰",写车速,极言速度之快,这与车子快速行驶在平坦宽广的公路上的路况也相适应,但主要体现作者意犹未尽的主观感觉。"钱塘",古时指钱塘县,这里指杭州。之所以感觉这么快,是因为诗人上车后始终沉浸在赏景的回味与喜悦之中,一幕一幕在脑海中回放,沉迷其中,不知不觉之间车子就已经到了杭州。

任何完整的游程都包括往返，这首诗侧重写返程，包括乘车下山和下山后继续返回住地。这首诗以山为题，但只有中间两句写山，而且写的是一片迷茫的远景。作者的重点不是写山，而是写登山游览后的愉悦心情和闲适心境。这首诗语句轻快，诗中所写的空间转换也快。这种写法古代诗歌中也有，比如李白《早发白帝城》："朝辞白帝彩云间，千里江陵一日还。两岸猿声啼不住，轻舟已过万重山。"杜甫《闻官军收河南河北》："白日放歌须纵酒，青春作伴好还乡。即从巴峡穿巫峡，便下襄阳向洛阳。"诗人都是在不知不觉之中到达了目的地，完全沉浸在轻松快乐之中。通过归途的快捷来反衬登山游览的畅快，是《七绝·莫干山》的一大特色，入乎其内，出乎其外，体现出毛泽东移情山水的单纯，迷恋自然的洒脱，以诗自娱的情趣，以诗抒怀的儒雅。

《七绝·五云山》如何"听得野莺啼"?

毛泽东爱登山,也爱写山,山是毛泽东记史、言志、抒情的艺术载体。毛泽东 1955 年夏秋在杭州办公,忙里偷闲,登上五云山。登山后,他写下单纯写景的游兴之作《七绝·五云山》:"五云山上五云飞,远接群峰近拂堤。若问杭州何处好,此中听得野莺啼。"这既表明了作者这段时间心情舒畅,有闲情逸致徜徉于杭州美景之中,专事写景,写闲适情怀,也表明了毛泽东诗词风格的丰富多样,不仅有恢宏磅礴之气势,也有平淡闲适之雅致。《七绝·五云山》描绘了湖光山色中蕴含的自然美,犹如一幅生动的山色图,用精粹的语言将五云山的声、色、态和作者的情致融为一体。

这首诗最早发表在《党的文献》1993 年第 6 期《诗四首》一文,注明"根据手稿刊印",但未发表手稿。1996 年 9 月中央文献出版社出版《毛泽东诗词集》时,收入"副编"。这首诗现在所见有作者两幅手迹。"远接群峰近拂堤"句,一件手迹作"远接群峰近拂衣",一件手迹作"远接遥岑近拂堤"。"若问杭州何处好"句,一件手迹作"试问杭州何处好"。"此中听得野莺啼"句,一件手迹作"这里听得鹧鸪啼"。

五云:原指黑、白、青、赤、黄五种颜色的云。古人常以云之色卜测收成,认为五云是天上的瑞云,五云出则天下祥瑞。五云山,在杭州西南,北临西湖,南临钱塘江,因有五彩之云萦绕山顶经时不散而得名。五云山是杭州比较偏远的一个景点,山上有寺庙,上下山有 50 里,从山脚到公路还要步行十几里。出身于偏僻山区又长期在山区生活战斗的毛泽东自然不嫌偏远,对其有一种亲切的回归感,甚至情有独钟,认为这里是杭州的最佳去处。

"五云山上五云飞",起笔开门见山,直接写五云山的五云,点出五云山的显著特色。七字中接连两两重复，却不嫌重复，"字不重犯"本是中国古典诗词创作的一大原则，但作者不拘泥于此，尤显诗情丰饶，与李白《登金陵凤凰台》诗之首句"凤凰台上凤凰游"有异曲同工之妙。一个"飞"字动感强烈，使五色瑞云在作者笔下活灵活现，它的运用展现了整个画面动态中的美，形象活跃飞动，出神入化。五云山高耸入云，山顶上彩云萦绕，随风飘飞。这是毛泽东眼前之景，为实景实写。这是登临览胜之作，按传统习惯，一般都会写所见所闻，以景寓情，或者直抒观感。五云山的云是五云山的核心，就是因为有五色云，才有了五云山。才有了山的一切。五彩云霞飘逸，诗人信手拈来，写出了五云山的特色，富有韵味。

"远接群峰近拂堤"，写登高所见。"群峰"，指西湖西面和南面诸峰，如北高峰、南高峰、美人峰、灵峰山、月桂峰、白鹤峰等。"接"为连接，"拂"为轻轻擦过。诗人站在五云山上放眼望去，彩云连接着远处的群峰；俯瞰山下，彩云又飘拂过钱塘江堤。具体实写出云的动态、范围、气势，使人历历在目，如临其境。诗人用彩云把远方的群峰与近处的钱塘江堤连接起来，统一在一个画面之中，为读者展示出一幅充满动感又色彩斑斓的图画，十分传神。在作者的移情作用下，随风舞动的彩霞，摇曳身姿迎接群峰，轻拂江堤，旖旎的景象顿时展现在读者眼前，作者愉悦欢快的心情表露无遗。

"若问杭州何处好，此中听得野莺啼"，前一句是设问，后一句是自答，这是提示，也是过渡。诗人笔锋一转，用设问给人们造成一个悬念，激起人们探究的兴趣，起到突出加重末句，为末句蓄势的作用。唐代白居易《忆江南》三首其二："江南好，最忆是杭州。""此中"，即五云山中。"野莺啼"，野外的黄莺啼叫。末句揭示答案，画龙点睛，在这里听呖呖悦耳的黄莺鸣啼才是最令人惬意的事。杭州西湖有"柳浪闻莺"著名景点，"莺啼"是江南也是杭州标志性的景观。人们常用"杂花生树，群莺乱飞"来描写江南的风光。唐代戎昱《移家别湖上亭》："黄莺住久浑相识，欲别频啼四五声。"宋代徐元杰《湖上》："花开江树乱莺啼，草长平湖白鹭飞。"唐代白居易的《钱塘湖春行》也用"几处早莺争暖树"

来描写杭州西湖早春的景象。

然而，在游人如织、人声嘈杂的西湖边闻莺，与在偏远清幽的五云山山野闻莺是不可同日而语的。五云山山野莺啼，因为环境幽静，加上四周山峦的回应，更加清丽婉转，优美动听，在这里闻莺更有一种远离闹市回归自然的野趣。五云山绚丽多彩的景色与美妙动听的莺啼，构成一种有声有色、充满活泼生机的美好境界，使人感到五云山的确是杭州绝佳的去处。

这首《七绝·五云山》是一处景点的特写，错落有致，不仅是对大自然的颂歌，也是诗人内心一首欢畅之曲。这首诗语艺圆熟，用字精确传神，诗风闲适平淡，格调清新俊逸，韵律和谐，读来朗朗上口。作者看到了明媚春光映衬下的五彩祥云，听到了黄莺婉转清脆的啼叫，一派自然清纯的江南春色展现在读者面前，可以看出作者当时的心境是何等轻松舒畅、怡然自得。《七绝·五云山》以口语入诗，一气呵成，平直晓畅。写景由高至低，由远及近，动静结合，诗境幽深，有如一幅色彩艳丽的山水画，引人入胜，意趣盎然。

毛泽东如何"万里长江横渡"?

《毛泽东年谱（1949—1976）》卷二记载："（1956年）5月31日　晨七时二十分，由长沙乘专机到达武汉。上午八时四十分，在长江船上听取关于武汉长江大桥工程情况的汇报，罗瑞卿、杨尚昆、王任重、张体学、宋侃夫、陈再道、李达等参加。随后，毛泽东下水游泳，从蛇山北边游到汉口的淡水池附近，约十五公里，历时两小时。这是毛泽东第一次横渡长江。""6月2日下午，第二次游长江，在武汉长江大桥以上一千五百米的汉阳岸下水，从大桥第一、二号桥墩之间穿过，游到徐家棚以北上岸，约十五公里。对陪同游泳的王任重说：这是多么好的游泳场所，应当号召人们到大江大河里去游水，可以锻炼人们的意志。有些人害怕大的东西，美国不是很大吗？我们碰了它一次（指抗美援朝战争——编者注），也没有什么了不起。""6月3日下午三时半，再次游长江一小时。""6月4日下午，乘专机回到北京。""6月作《水调歌头·游泳》：'才饮长沙水，又食武昌鱼。万里长江横渡，极目楚天舒。不管风吹浪打，胜似闲庭信步，今日得宽馀。子在川上曰：逝者如斯夫！　风樯动，龟蛇静，起宏图。一桥飞架南北，天堑变通途。更立西江石壁，截断巫山云雨，高峡出平湖。神女应无恙，当惊世界殊。'"①

这里不惜篇幅详细引述的相关记载，目的在于澄清两个事实：第一，《毛泽东年谱》没有写明《水调歌头·游泳》的创作日期，应该在5月31日至6月4日之间。第二，毛泽东第一次游长江是5月31日，《激扬文字——告诉你一个真实的毛泽东》（史一帆编著）、《魅力毛泽东》（刘继兴编著）、《毛泽东诗词鉴赏》（王鹏编著）、《毛泽东诗词辨析》

---

① 《毛泽东年谱（1949—1976）》第二卷，中央文献出版社，2013年12月第1版，第582—590页。

（郭思敏主编）、《毛泽东诗词大观》（蔡清富、黄辉映编著）等书，都说是1956年6月1日，这种说法显然不准确。

1956年，毛泽东第一次游长江是在武昌的新亚码头下的水。他显得轻车熟路，轻松自如，时而奋臂侧游，搏击风浪；时而踩水前进，信步于万顷波涛之上；时而仰卧水面，双手放在脑后，头枕波峰；时而双手交叉放在胸前，顺流而下，悠闲安详。毛泽东一边游泳，一边与周围护游的人谈笑风生。一个浪头扑来，毛泽东从容地吐了一口水。大家关心地问他是不是喝了水。毛泽东风趣地说："长江里的水好甜！"游了一个多小时后，跟随毛泽东游泳的一些同志已体力不支了，有的中途几次上船休息。而毛泽东继续往前游，一直游到汉口湛家矶的江面才起水上船，游程近13公里。上船后的毛泽东脸色红润，精神饱满，毫无倦意。这一年，毛泽东已63岁。

6月2日，他第二次畅游长江，考察了建设中的武汉长江大桥，这一次他游了14公里。6月3日，毛泽东第三次游长江时，在造船厂码头下水，有船厂职工认出了毛泽东，消息迅速扩散，人们奔走相告，越聚越多，他这次只游了一个小时。

1988年12月26日《人民日报》（海外版）董保存《蒙哥马利和毛泽东的会见》一文，记载了一段趣事。1961年9月，二战名将、英国陆军元帅蒙哥马利再度访华。9月23日晚，在武汉，毛泽东会见蒙哥马利。谈话中，蒙哥马利见毛泽东抽烟，就送给他一盒英国的"555"牌香烟。9月24日下午，毛泽东再度约见蒙哥马利，并邀蒙哥马利乘船游览长江，观看他在长江里游泳。那天，毛泽东游了近一个小时。晚上，毛泽东又到蒙哥马利下榻的胜利饭店为他饯行，把亲笔手书的《水调歌头·游泳》赠送给蒙哥马利，署名"毛泽东"，并写有"又词一首，赠蒙哥马利元帅"字样。这是毛泽东当天早晨4点钟起床后写的。

据统计，1956年至1966年10年间，毛泽东先后18次畅游长江。1966年7月16日，武汉三镇长江两岸彩旗飞舞，人头攒动，声势浩大的武汉市第十一届横渡长江的比赛在这里举行。毛泽东登上一艘快艇，检阅了参加渡江的游泳大军。由郭沫若陪同前来参观比赛的亚非作家协会代表被这一盛况深深感动。这一天，73岁高龄的毛泽东最后一次畅游了长江。1966年7月25日，《人民日报》刊登了毛泽东畅游长江的实况报道和照片，并专门配发社论《跟着毛主席在大风大浪中前进》。

1960年6月28日，毛泽东与埃德加·斯诺再次见面。毛泽东畅游长江的事，斯诺已有耳闻。他对毛泽东说："记得在那时掀起了一场群众性的游泳运动，由于参加渡江游泳的人极为踊跃，以至于外界传言中国准备攻打台湾。"毛泽东回答说："那个报道也太夸张了嘛，我们也没落后到要用游泳的力量去解放台湾，外国的舆论也真是不可信。"斯诺又补充了一句："1936年在保安的时候，你曾告诉我渴望到美国一游，看看大峡谷和黄石公园。现在还有这个兴趣吗？"毛泽东答道："我仍希望在不太老之前，到密西西比河和波达麦河中畅游一番。但这是一厢情愿。我想你不反对，华盛顿就可能会反对。"斯诺问："如果他们同意呢？"毛泽东则说："如果那样的话，我可以在几天之内就去，完全像一个游泳者。我们不谈任何政治，只在密西西比河游泳，并且在河口游泳而已。"[①] 人们无法想象，在那样的冷战时代，一个东方大国领袖前往一个西方大国，不谈政治，专事游泳，这会是一种怎样的外交奇观？

[①] 汪建新著：《毛泽东诗传》，中国工人出版社，2020年9月第1版，第262—263页。

毛泽东如何浓情抒发畅游长江？

在浩如烟海的中国古典诗词中，鲜见有以"游泳"为题而书写游泳乐趣与心得的名篇。孔子给弟子们传授的"六艺"，即"礼、乐、射、御、书、数"，显然没有游泳项目。古代文人自诩为"衣冠学子"，不屑于游泳，或许觉得光膀子泡在水中有"斯文扫地"之嫌。而终生酷爱游泳的毛泽东却在作品中一再吟咏到湘江"中流击水，浪遏飞舟"，到"白浪滔天"的北戴河迎潮斗浪，表达"自信人生二百年，会当水击三千里"的人生豪迈，他更以《游泳》为题填词，抒发"万里长江横渡，极目楚天舒。不管风吹浪打，胜似闲庭信步"的壮怀雅趣。这首词的独特之处在于用豪迈语言抒发畅游长江的直接体验和所见所思。

1956年12月4日、5日，毛泽东分别致信黄炎培、周世钊，并以作品《水调歌头·游泳》相赠。1956年12月5日，毛泽东致函周世钊说："两次惠书均已收到，情意拳拳，极为高兴。……时常记得秋风过许昌之句，无以为答。今年游长江，填了一首水调歌头，录陈审正。"[①]1957年1月号《诗刊》发表时，改题为《水调歌头·游泳》。这首词留有作者手迹四件，书赠黄炎培的手迹中，"逝者如斯夫"的"夫"为"乎"。1956年12月6日，毛泽东又致信黄炎培说："逝者如斯乎的'乎'字错了，请改为'夫'字。"1961年9月24日，他书赠蒙哥马利的手迹中，"截断巫山云雨"写作"切断巫山云雨"。

词的上阕抒发在风浪中横渡长江的豪情。"才饮长沙水，又食武昌鱼"，交代行踪，表明到武汉游长江的急迫心情。《在〈毛主席诗词十九首〉上的批注》中写道："民谣：常德德山山有德，长沙沙水水无

[①]《毛泽东书信选集》，中央文献出版社，2003年11月第1版，第476页。

沙。所谓无沙水,地在长沙城东,有一个有名的'白沙井'。武昌鱼:三国孙权一度从京口(镇江)迁都武昌,官僚、绅士、地主及其他富裕阶层不悦,反对迁都,造作口号云:宁饮扬州水,不食武昌鱼。那时的扬州人心情如此。现在变了,武昌鱼是颇有味道的。"需要指出的是,毛泽东此处引典有误。据《三国志·吴书》记载,吴主孙皓一度从建业(故城在今南京市南)迁都武昌,反对迁都者造的童谣是:"宁饮建业水,不食武昌鱼。"太白文艺出版社2007年10月版麓山子编著的《毛泽东诗词全集赏读》写道:1975年5月3日,毛泽东在一次政治局会议快结束时,顺口念了一首民谣:"无锡锡山山无锡,平湖湖水水平湖,常德德山山有德,长沙沙水水无沙。"然后解释《游泳》说:"'才饮长沙水'就是白沙井的水。武昌鱼不是今天的武昌,是古代的武昌,在现在的武昌到大冶之间,叫什么县,我忘了,那个地方出鳊鱼,所以说'才饮长沙水,又食武昌鱼'。"[1]

毛泽东1956年5月30日从广州到长沙,当天游了湘江,次日到的武汉,"才饮长沙水,又食武昌鱼"由此而来。其实,"武昌鱼"是从长沙带到武汉的。据湖南人民出版社2009年9月版由中共湖南省委党史研究室编的《毛泽东五十次回湖南》记述:"当时在长沙,厨师李锡吾和程汝明突然接到通知:'快做准备,马上出发,去武汉。'程汝明赶紧把准备在长沙烹制的武昌鱼收拾起来,冷藏在用冰块自制的'冰箱'里,匆匆赶到武汉,马上取出武昌鱼,加入紫苏、料酒、盐等调料,烧制得十分清淡。毛泽东吃得很可口。"[2]

"万里长江横渡,极目楚天舒",武汉一带,旧属楚地,故谓之"楚天"。浮游在江面上放眼望去,天空格外广阔高远。1956年12月4日,毛泽东为"答先生历次赠诗的雅意",书赠这首词给黄炎培。黄炎培曾对"极目楚天舒"提出质疑。1957年2月11日,毛泽东又致信黄炎培,

---

[1] 麓山子编著:《毛泽东诗词全集赏读》,太白文艺出版社,2007年10月第1版,第230页。
[2] 于来山、陈克鑫、夏远生主编:《毛泽东五十次回湖南》,湖南人民出版社,2009年9月第1版,第43—44页。

特意做了解释:"游长江二小时飘三十多里才达彼岸,可见水流之急。都是仰游侧游,故用'极目楚天舒'为宜。"①

"不管风吹浪打,胜似闲庭信步,今日得宽馀",搏击风浪与闲庭信步原本是两件截然不同的活动,诗人通过对比进一步抒写了畅游长江的美好感受。陈毅《冬夜杂咏·长江》曰:"有人雄古今,游泳渡长江,云此得宽馀,宇宙莽苍苍。"正是为此词作了脚注。"宽馀"二字表达了畅游长江的总体感觉,用作者自己的话说:"一是不受任何限制,天高海阔,自由自在,其乐无穷;二是紧张的工作之馀,转而全身心地投向大海,动了筋骨,舒了身心,全身得到了放松。"②这样一种体会既是他一生斗争生涯的生动写照,也是他乐观坚定的人格意志的自然流露。

"子在川上曰:逝者如斯夫!"置身于"不尽长江滚滚流",不由得想起《论语·子罕》中的话:"子在川上曰,逝者如斯夫,不舍昼夜。"孔子的原意是说过去的时光像滔滔河水一样不停地流逝,毛泽东看到滚滚向前的流水想到的或许是浩浩荡荡的时代潮流,顺之者昌,逆之者亡;或许是时光飞逝,时不我待,及时当勉励;或许是社会主义建设事业如潮水一浪高过一浪;或许是滚滚长江向东流,一切都在变化,必须自强不息。毛泽东诗思敏捷,学识渊博,他从身边的流水想到了古代先贤的哲语,使游泳时的感悟一下子显出历史的厚重。而与孔夫子不同的是,毛泽东的感慨之中没有一丝一毫的哀婉和悲观,胸中洋溢着奋力拼搏的豪情和创造奇迹的乐观。

---

① 《毛泽东书信选集》,中央文献出版社,2003年11月第1版,第481页。
② 汪建新著:《毛泽东诗传》,中国工人出版社,2020年9月第1版,第481页。

毛泽东如何畅游长江"起宏图"？

毛泽东的宏伟志向是改造中国与世界。中国革命致力于砸烂一个旧世界，新中国面对的是一个近百年战乱频仍、千疮百孔、百业凋敝的烂摊子，中国共产党人致力于建设一个新社会。1949年3月5日，在中国共产党第七届中央委员会第二次全体会议上的报告中，毛泽东豪迈地宣告："我们不但善于破坏一个旧世界，我们还将善于建设一个新世界。"[①]新中国成立后，毛泽东千方百计调动人民群众的积极性和创造性，努力改变一穷二白的落后面貌，要把中国建设成一个繁荣昌盛的社会主义国家。毛泽东诗词也告别炮火硝烟，转向描绘如火如荼的社会主义建设。

《水调歌头·游泳》在上阕抒发一个泳者畅游长江的舒快之后，并没有局限于描绘游泳本身的过程和体验，词的下阕歌颂新中国建设事业的成就，讴歌了长江大桥的兴建，憧憬未来发展的美好前景，鼓舞中国人民改造自然、奋发图强。"风樯动，龟蛇静，起宏图"，诗人漂游江面，看到不少帆船在长江上行驶，而汉阳的龟山和武昌的蛇山在长江两岸驯服地静卧着，似乎在欣赏新中国建设的宏图大幕不断展开。作者视通万里，神游未来。一"动"一"静"，相映成趣。一"起"则耸然挺拔，充分表现了中国人民建设祖国、改造山河的极大热情。毛泽东在《菩萨蛮·黄鹤楼》中也曾提到龟山和蛇山，"龟蛇锁大江"，一个"锁"字，形象地表达了毛泽东面对大革命失败"心情苍凉"的精神状态。这与《水调歌头·游泳》中"龟蛇静"的"静"字所表达的感触截然不同。在新中国，龟山和蛇山俨然两位"阅尽人间春色"的历史老人，怡然自得地默默欣赏着新中国的巨大变化。

[①]《毛泽东选集》第四卷，人民出版社，1991年6月第3版，第1439页。

"一桥飞架南北，天堑变通途"，当时作者眼前的长江大桥建设帷幕刚刚拉开，还处在施工阶段，可是作者却已经想到了大桥建成，沟通南北的雄伟景象。这是纪实又是预想，"飞架"二字不仅写出了大桥凌空而起的气势，也反映出作者快马加鞭迅速改变中国面貌的渴望和希冀。毛泽东1927年《菩萨蛮·黄鹤楼》"沉沉一线穿南北"之句，"一线"指京汉铁路和粤汉铁路，这"一线"长期不连贯，到武汉长江大桥贯通之后，"一线"才贯通为京广铁路，成为新中国的交通大动脉。

"更立西江石壁，截断巫山云雨，高峡出平湖"，如果说把刚开工的长江大桥马上"竣工"还有一点纪实色彩的话，那么在长江三峡构筑拦河大坝则是十足的远景规划了。在三峡筑坝拦水，把奔腾了千万年的长江拦腰截断，建成一个水利工程，这是中国人历时百年的世纪愿望，1919年孙中山在《建国大纲》中就提出了相应的设想。可在诗人的浪漫情怀中却一蹴而就。"更"字表示更进一层，称建大坝为"立石壁"，不仅凸显了大坝的高大雄伟，而且使大坝更具气势和立体感，也更形象、更富有诗意。一"截"一"出"，要改造山川，中国人民那种战天斗地、征服自然、造福人类的宏伟气魄、巨大力量一下子跃然纸上。如今，毛泽东当年的畅想曲已然变为现实，浩大的三峡工程于1995年开工，历来桀骜不驯的江水正在被转换成巨大的电能，这真是世界罕有的人间奇迹。

"神女应无恙，当惊世界殊"，最后借用神话来赞颂新中国翻天覆地的巨大变化和举世瞩目的惊人成就。神女，既指神话传说中的巫山神女，也指巫山神女峰。据陆游《入蜀记》和范成大《吴船录》等古籍记载，神女名瑶姬，赤帝女儿，在巫山助禹治水，死后葬于巫山南面，成为巫山神女。战国时代楚人宋玉《高唐赋》中说楚襄王在游云梦泽的高唐时，曾梦遇巫山神女，神女自称"旦为朝云，暮为行雨，朝朝暮暮，阳台之上"。又传说神女已化为神女峰，巫峡北岸有十二峰，以神女峰最为峭拔壮美，神女立于峰顶，守望三峡并为来往三峡的船只导航。毛泽东在此化用这个典故，增加了词的浪漫色彩，在险山恶水之处拦水筑坝，工程之浩大之艰难可以想见，在峰顶上寂寞地独处了亿万年的神女，如果安然无恙的话，见到三峡巨型工程的宏大场面，应该不会受到惊吓吧！看到人间如此巨变，她一定会惊叹赞美中国人民勤劳、勇敢、智慧。她是历史最好的见证人。"当惊世界殊"五字作为全词的归结，其旨趣之高迈，诗味之隽永，真是匪夷所思，令人拍案叫绝。

这首词写长江之辽廓、长江之波涛、长江之风物、长江之建设、长江之未来，全篇触景生情，缘情布景，奇想迭出，令人应接不暇。全词情趣浓郁，辞藻瑰丽，引用古谣，引用古语，引用古典，贴切浑成，不露斧凿痕迹。这是一篇现实主义与浪漫主义相结合的作品，作者驰骋想象的翅膀，忽而写眼前景致，忽而发思古之幽思；忽而描写大桥建设的现实，忽而又畅想未来三峡工程的蓝图；忽而抒写人间的建设风貌，忽而又幻想神女对人间的关注与惊喜。就像作者在滔滔江水中纵横驰骋，他也在历史与现实、当今与未来、人间与仙界之间来回穿梭，不但使读者领略了诗人的击水情怀，也让人们感受到诗人思维活跃、思路开阔的浪漫气质。而诗中迸发出来的对人生的进取精神和对美好未来的憧憬，更是激人奋发的无穷力量。

《蝶恋花·答李淑一》是如何发表的?

李淑一(1901—1997),湖南长沙人。她与杨开慧曾在长沙私立福湘女子中学同窗并结为挚友。经杨开慧介绍,1924年与毛泽东的战友柳直荀结婚。1927年大革命失败后,柳直荀辗转各地,从事革命斗争,1933年英勇就义。1957年1月《诗刊》创刊号上第一次集中公开发表了毛泽东的18首诗词作品。李淑一时任长沙第十中学语文教员,她捧读毛泽东的诗词作品,爱不释手。当年杨开慧曾给她看过毛泽东写的《虞美人·枕上》,但是18首作品中并没有这首词。而几十年后,李淑一只记得"堆来枕上愁何状,江海翻波浪"这两句了。

1957年2月7日,正值春节期间,李淑一致信毛泽东,谈了她读毛泽东诗词的感受,请求毛泽东把那首词抄赠给她,信中还写道:"一九三三年夏,道路传言直荀牺牲,我结想成梦,大哭而醒,和泪填《菩萨蛮》一首。"《菩萨蛮·惊梦》:"兰闺索寞翻身早,夜来触动离愁了。底事太难堪,惊侬晓梦残。 征人何处觅?六载无消息。醒忆别伊时,满衫清泪滋。"

毛泽东收信后,心潮跌宕起伏,几十年来的新思旧念,一齐涌上心头。1957年5月11日,毛泽东回信给李淑一,写道:"大作读毕,感慨系之。开慧所述那一首不好,不要写了吧。有《游仙》一首为赠。这种游仙,作者自己不在内,别于古之游仙诗。但词里有之,如咏七夕之类。我失骄杨君失柳,杨柳轻飏直上重霄九。问讯吴刚何所有,吴刚捧出桂花酒。寂寞嫦娥舒广袖,万里长空且为忠魂舞。忽报人间曾伏虎,泪飞顿作倾盆雨。"毛泽东还嘱托道:"暑假或寒假你如有可能,请到板仓代我看一看开慧的墓。此外,你如去看直荀的墓的时候,请为我代致悼意。"[1]

---

[1]《毛泽东书信选集》,中央文献出版社,2003年11月第1版,第486页。

1992年1月4日《湖南日报·周末增刊》以及人民出版社2003年11月版易孟醇、易维著的《诗人毛泽东》一书介绍说：李淑一接到信和词，自然十分激动，十分珍重。她给班上的同学们讲解了这首词。当时在长沙十中实习的湖南师院中文系的学生张明霞等人是文学爱好者，从李淑一手中得到毛泽东这首词的抄件后，也深为感动。她们很想在学生们办的油印刊物《鹰之歌》上刊登这一作品。5月28日，张明霞写信征求毛泽东的意见。过了半年，她意外地接到毛泽东写于1957年11月25日的回信："张明霞同志：来信早收到，迟复为歉！《蝶恋花》一词，可以在你们的刊物上发表，'游仙'改'赠李淑一'。祝你们好！"[1]

　　毛泽东在青年学生呈送的直行抄件上，逐句打上了标点；在上下阕之间画上一条竖线，注上"空一行"三字；又用红笔将抄错的"所处"改为"何所"；将抄得不好的"我"字重新写正；还将简体字的"泪飞"改成繁体字的"淚飛"。但不久，《鹰之歌》的编辑中有几个青年学生被打成"右派"，刊物也被迫停刊。他们反复要求再出一期《鹰之歌》，以便发表毛泽东的新词，但未获批准。学生们为求词作早日面世，只好将首发"专利"转让。1958年元旦，在学院党委的支持下，湖南师范学院院刊《湖南师院》"元旦特刊"最先非正式发表了这首词，但在编者按中隐去了"可以在你们的刊物（指《鹰之歌》）"这一重要事实。这是毛泽东诗词中唯一一首先在地方刊物尤其是内部刊物上发表的诗词作品。

　　1958年1月5日《文汇报》正式发表了这首词。随后，《人民日报》等报刊陆续转载。1958年1月号《诗刊》刊载时，词题为《蝶恋花·游仙（赠李淑一）》。1958年文物出版社刻印《毛主席诗词十九首》时，将其题为《蝶恋花·游仙，赠李淑一》。1959年6月27日，毛泽东在长沙亲切接见了李淑一，并当着湖南省委的领导同志说："她就是李淑一，是开慧的好朋友。前年，她把悼念柳直荀的词寄给我，我就写了《蝶恋花·答李淑一》这首词和她，完全是照她的意思和的。"[2]李淑一在《菩

---

[1] 易孟醇、易维著：《诗人毛泽东》，人民出版社，2003年11月第1版，第72页。
[2] 杜忠明编著：《诗人兴会——毛泽东以诗会友记趣》，中央文献出版社，2006年1月第1版，第223页。

萨蛮》中写道："征人何处觅？六载无消息。"毛泽东回答了"征人"的去处："杨柳轻飏直上重霄九。"1963年，这首词被收入《毛主席诗词》，并根据作者意见，删除了"游仙"二字，词题确定为《蝶恋花·答李淑一》，并注明写作时间为"一九五七年五月十一日"。

毛泽东说"开慧所述那一首不好"，并不是说《虞美人·枕上》真的写得不好，他肯定不会忘记那是他一生中最早写下的一首情诗。但是，经过三十余年的洗练，毛泽东的感情已经更加深沉含蓄，何况他此时已是全党的领袖，他或许不愿意披露他当年的儿女之情。

毛岸青、邵华在《滚烫的回忆》一文中描述：1963年9月1日，他们俩请求毛泽东书赠《蝶恋花·答李淑一》，毛泽东将"骄杨"写成"杨花"，两人唯恐笔下有误，提醒毛泽东："不是'骄杨'吗？"毛泽东沉思片刻，答道："称'杨花'也很贴切。"毛岸青、邵华写道："称'骄杨'表达了爸爸对妈妈的赞美。称'杨花'，又表达出爸爸对妈妈的亲近之情。"[①]

1963年3月，章士钊在所撰《杨怀中传》中说："越二十余年，毛公填词，有我失骄杨句。吾乃请益毛公，何谓骄？公曰：女子革命而丧其元，焉得不骄？"[②]"骄杨"的确饱含着毛泽东对杨开慧的高度礼赞和不尽思念。

[①] 易孟醇、易维著：《诗人毛泽东》，人民出版社，2003年11月第1版，第76页。
[②] 费枝美、季世昌著：《毛泽东诗词新解》，中央文献出版社，2003年12月第1版，第221页。

《答李淑一》如何礼赞"杨柳"?

《蝶恋花·答李淑一》是一首悼亡诗。何谓悼亡？顾名思义，是悼念死去的人。在中国文学史上，悼亡被赋予了特定的含义，即悼念已经去世的妻妾，这在《诗经》中便已经出现。但直到西晋潘岳的《悼亡诗》出现后，悼亡诗才正式形成，并得到文学家的认可。这一题材具有一个规定性，即不能随便将悼亡之题用于妻妾以外的其他人。东方出版中心2010年4月第1版胡旭著的《悼亡诗史》一书认为，在中国古代文学中，凡以悼亡为题的作品，大多没有违反这一规定性。如元稹的《遣悲怀三首》、李商隐的《房中曲》、苏轼的《江城子》都是如此。

毛泽东的《蝶恋花·答李淑一》与古悼亡诗有所不同，他追念的不仅是亡妻杨开慧，还有李淑一的亡夫柳直荀，二人不但是毛泽东的亲人和挚友，更是革命队伍中的同志。这就决定了毛泽东的追思必然超越个人私情，而升华到更高更广更宏伟的境界。整首词格调美好而又悲壮，凄凉而又高蹈，充满了矛盾色彩而又温柔缠绵。

毛泽东说《蝶恋花·答李淑一》"作者自己不在内，别于古之游仙诗"[①]。游仙之诗，古已有之。《昭明文选》中晋人何劭、郭璞的《游仙诗》，是这类作品较早的代表。它们或写山林之士的得道成仙，或描述仙人们逍遥无虑的生活，表达的是嫌恶浊世、藐视权贵、厌弃功名利禄、一心向往仙界的幻想，游仙的主人公是作者自己。词中也有写游仙的，毛泽东所指的《咏七夕》，借歌咏牛郎织女故事表达的同情，作者本人一般不在内。当然，也有作者在内的游仙词，如柳永《巫山一段云》、李调元《雨村词话》等。显然，毛泽东只是借用了古人游仙诗词的形式，

---

① 《毛泽东书信选集》，中央文献出版社，2003年11月第1版，第486页。

借以丰富诗境,升华情思,而彻底扬弃了他们企图逃避现实的思想倾向。

词的上阕写杨、柳两烈士牺牲后,他们的忠魂上天受到月宫中的吴刚欢迎的情景。一个"失"字表明了亲人的损失、爱情的损失、友谊的损失、革命的损失,包含着深切的怀念和痛悼的深情。一个"骄"字,寓意着坚贞不屈,刚毅伟岸,人民则因为革命事业有了他们而感到骄傲和自豪。"杨柳"堪称天造地设,奇妙异常,而且天然产生了双关意味,杨开慧、柳直荀两位烈士的忠魂和杨花柳絮轻盈飘飞的样子。而"重霄九"既有烈士浩气长存之感,又有雄姿英发的特征。接下来作者展示了一个神奇而幽凉的神话世界,仙人吴刚为二位忠魂"捧"出桂花酒,这本是仙人自己独享的佳酿,见到忠魂飘来也肃然起敬,虔诚地以美酒款待。一个"捧"字,较之"取""拿""递""送""端""提"等字迥然有异,不难想见两位烈士受到何等的尊重和敬仰。

词的下阕描写月宫嫦娥给烈士忠魂献舞及人间传来革命胜利消息时的情景。无私无畏的人间英雄唤起了一向孤寂难耐的嫦娥的极大热情,给他们献上最优美最出色的舞姿。革命胜利的消息从人间传来,两位忠魂和神仙们都激动万分,欢欣鼓舞,喜极而泣。一个"忽"字,既反映出革命胜利的迅猛之势,也形象地表达出胜利捷报传递之快。一个"飞"字惟妙惟肖地写出人们激动到极点时泪如泉涌,霎时间变成了倾盆大雨。这既有烈士忠魂因为反动派被彻底推翻而欢喜的热泪,有仙人们为烈士飞洒的同情之泪和喜闻人间天翻地覆的庆贺之泪,也有人民群众欢呼解放的幸福之泪。

纵观全词,天上与人间交织,现实与想象混成,悼念与赞颂融合,悼念没有悲哀情绪,赞颂则不落俗套。作者通过想象两位烈士进入仙境的情景,又把他们同人间联系在一起,使天上人间感情相通,从而说明烈士的精神永垂不朽。这首词意境开阔、豪迈、乐观、豁达,正如郭沫若在《红旗》杂志1958年第3期《浪漫主义和现实主义》一文中所言:"这里有革命烈士(杨开慧和柳直荀)的忠魂,有深化传说的人物,有月里的广寒宫和月桂,月桂还酿成了酒,欢乐的眼泪竟可以化作倾盆大雨,时而天上,时而人间,人间天上打成了一片。不用说这里丝毫也没有旧式词人的那种靡靡之音，而使苏东坡、辛弃疾的豪气也望尘却步。这里使用着浪漫主义的极夸大的手法把现实主义的主题衬托得非常自然生动、深刻动人。这真可以说是古今的绝唱。"

四川人民出版社1979年1月版《回忆周总理谈文艺》一书中引述周恩来对这首词的评论："《蝶恋花·答李淑一》是伟大领袖毛主席的光辉作品，表达了毛主席缅怀革命先烈，热情歌颂革命先烈的奋斗牺牲精神，受到了广大人民的喜爱。前赴后继的革命力量，已经把旧世界打得落花流水，建立了伟大的中华人民共和国。先烈们的英灵得到了慰藉，同我们一起洒着激动的泪花，欢庆人民革命的胜利。毛主席革命的现实主义和革命的浪漫主义相结合的创作手法，在这首词中运用得非常好。""对于我们的革命先烈寄予如此崇高的怀念之情，没有比这首词更深切、更激昂慷慨，因此也就更动人心弦的了。'泪飞顿作倾盆雨'，是嫦娥之泪？是吴刚之泪？还是作者之泪？是普天下革命人民洒下的倾盆热泪。只有革命的现实主义和革命的浪漫主义相结合，文学艺术才能达到像这样高的境界。"[①] 这是迄今为止对该词主题思想阐述得最准确最深刻的评论。

[①] 易孟醇、易维著：《诗人毛泽东》，人民出版社，2003年11月第1版，第77—78页。

《七绝·观潮》如何呈现"千里波涛"？

1957年9月11日，毛泽东从杭州来到海宁盐官镇郊的七里庙观潮。中午12时20分，潮水奔涌而来，借着风势，发出沉闷的隆隆巨响。毛泽东凝视大潮，拍手赞叹。观潮结束后，毛泽东兴致勃勃地写下气势磅礴、独树一帜的《七绝·观潮》："千里波涛滚滚来，雪花飞向钓鱼台。人山纷赞阵容阔，铁马从容杀敌回。"

这首诗最早发表在《党的文献》1993年第6期《诗四首》，注明"根据作者修改件刊印"。1996年9月中央文献出版社出版《毛泽东诗词集》时，收入"副编"。此诗留存作者修改过的林克的抄件，第二句将"雪花冲向钓鱼台"改为"雪花飞向钓鱼台"，第三句将"人山争看阵云阔"改为"人山纷说振云阔"。同时，还留存作者审定过的吴旭君用毛笔誊清的抄件，第三句作"人山纷赞阵容阔"。

钱塘江在杭州市南面，是浙江省的第一大江，入海口呈喇叭形，江口阔大而江身狭窄。起潮时，海水从宽达100公里的海口涌入，受两旁渐狭的江岸约束，形成涌潮。涌潮又受江口拦门沙坎的阻拦，波涛后推前阻，涨成壁立江面的一道水岭。钱塘江涌潮自古蔚为壮观，早在汉唐已有观潮的习俗，成为杭州一大盛事，历代均有诗文佳作。南宋周密《武林旧事·观潮》记载："浙江之潮，天下之伟观也。自既望以至十八日为最盛。方其远出海门，仅如银线；既而渐近，则玉城雪岭，天际而来。大声如雷霆，震撼激射，吞天沃日，势极雄豪。"清代诗人黄景仁《观潮行》："才见银山动地来，已将赤岸浮天外。"

《七绝·观潮》描写钱塘潮涌的浩大声势以及观潮的盛况，抒发作者内心奔涌激荡的澎湃心情。"千里波涛滚滚来"，起笔就紧扣观潮之"观"，具体描绘钱塘潮涌的情形，写海潮初涨的实景。"千里"，极写钱塘江口外海面的辽阔。"滚滚",既形海潮奔涌之状,又摹波涛隆隆之声。千里壮阔的波涛汹涌澎湃,滚滚翻腾而来,恰如杜甫《登高》:"无边落木萧萧下,不尽长江滚滚来。"

"雪花飞向钓鱼台",描写潮水浩大的气势。"雪花",即浪花,喻指潮水。李白《横江词》:"浙江八月何如此,涛似连山喷雪来。"柳永《望海潮》:"怒涛卷霜雪,天堑无涯。"苏东坡《念奴娇·赤壁怀古》:"乱石穿空,惊涛拍岸,卷起千堆雪。"苏东坡《望海楼晚景》:"海上涛头一线来,楼前指顾雪成堆。"毛泽东《七律·答友人》也有"洞庭波涌连天雪"之句。这些都是以雪花形容潮水。"钓鱼台",即钓台,在钱塘江中段的富春江边,相传为东汉卢光隐居垂钓之处。"飞向",极言潮头之高,来势之迅猛。海潮涌入钱塘江口逆江而上,涌积相推形成滔天巨浪,溅起雪白的浪花,好像要飞洒到钱塘江上游600里外的钓鱼台一样。此中景象本来就惊心动魄,加之诗人以如椽巨笔,把滚滚而来的海潮比作雪花翻飞,赋予自然景物以崇高的美感,又以夸张的手法状写潮来天际,潮去极远,磅礴气势令人惊叹。这样,就将钱塘涌潮写得波澜壮阔、雄伟迅猛,给人以身临其境之感。

"人山纷赞阵容阔",诗人用笔忽然一转,不正面写潮而写观潮之人,使人山与江潮两相映衬,更显壮观。观潮的人们对钱塘潮的浩荡气势赞叹不已。"人山",表明观潮时人山人海的场面。"纷赞",生动地描绘了人们面对钱塘大潮指点评说,"阵容阔",江潮喧腾,像千军万马排列成的阵容,显示出钱塘潮的神奇魅力和人们观潮的惊心动魄,体现了人对大自然的主体地位和主体意识。诗人是"人山"中的一分子,众人的赞叹也正是诗人自己的强烈感受。

"铁马从容杀敌回",回落的江潮波光闪耀,犹如身披铁甲的战马从容不迫地杀敌回来。"铁马",披有铁甲的战马,形容雄师劲旅。宋代陆游《十一月四日风雨大作》:"夜阑卧听风吹雨,铁马冰河入梦来。"毛泽东缘情体物,把自己的满腔豪情都融注在潮来潮涌之中。毛泽东久经沙场、南征北战,炮火硝烟时常萦绕于怀。在长征途中《十六字令三首》咏山时,情不自禁地用大海波澜形容山势,以战场画面来状写山景,"山,倒海翻江卷巨澜。奔腾急,万马战犹酣"。面对钱塘大潮,曾经指挥千军万马的大诗人,不免又似乎置身于金戈铁马的战场,就像看到了"横扫千军如卷席"的铁血雄师凯旋,那样熟悉,那样欣慰。这就不难理解,1965年重上井冈山时,他在《念奴娇·井冈山》中慨叹:"犹记当时烽火里,九死一生如昨。"

《七绝·观潮》属即兴之作,但风格雄浑,笔力刚健,纵横捭阖。毛泽东把"千里波涛"化作漫天雪花,由壮阔阵容想到"铁马从容杀敌回",一气呵成。当时,社会主义革命和社会主义建设正进入高潮,也许诗人缘情体物,把自己的宏伟计划和满腔热血都融注在潮来潮涌。这首诗既见物又见人,不仅生动地描写了钱塘潮的浩大气势,而且写出了人们观潮的壮观场面,绘声绘色,新颖生动。作品在艺术表现上虚实结合,写了潮起潮落的全过程,既有眼前实景,又有极度夸张,相得益彰。这样的诗作,未必有微言大义,却让人们真切领略到了毛泽东诗词深沉、深刻之外的清新自然、闲适飘逸、瑰丽奇特。

毛泽东因何"欣然命笔"《七律二首·送瘟神》?

血吸虫病,俗称"大肚子病",是由血吸虫寄生于人体所引起的一种疾病,在我国流行甚久。考古发现,20世纪70年代在长沙出土的马王堆西汉古墓尸体中已检测出血吸虫卵,晋隋以来就有关于血吸虫病的文献记载。新中国成立初期,血吸虫病在我国南部及长江沿岸一带蔓延,遍及南方12个省(市、自治区),患病人数达1000多万人,受感染威胁的人口超过1亿人,严重危害着人民群众的生命安全,群众称之为"瘟神"。

1949年,人民解放军在渡江作战和水上练兵时有大批指战员感染了血吸虫病,一度造成不少非战斗性减员。1950年冬,血吸虫病重灾区之一的上海市郊任屯村农民联名给毛泽东写信,要求尽快治好血吸虫病。不久,毛泽东派出的医疗队就到了任屯村,不分昼夜查病治病,抢救了不少病人。

1953年9月,最高人民法院院长沈钧儒给毛泽东写信,反映长江中下游血吸虫病流行的严重疫情,引起毛泽东高度重视。他立即回信:"血吸虫病危害甚大,必须着重防治。"毛泽东点将政务院秘书长习仲勋负责处理中央层面血吸虫病防治工作。①

1955年11月17日至18日,毛泽东在杭州召集华东、中南地区省委书记开会研究农业问题时,专门听取卫生部副部长徐运北关于防治血吸虫病情况的报告后,发出"一定要消灭血吸虫病"的伟大号召,并指

---

① 余银先、卢大有:《毛泽东缘何题诗余江——纪念毛泽东〈七律二首·送瘟神〉发表60周年》,《党史文苑》2018年第11期。

示卫生部"要把消灭血吸虫病作为当前的政治任务"。[1]

根据毛泽东的提议,中央迅速成立由中共中央上海局主要领导和江苏、浙江、福建、江西、安徽、广东等重点疫区的省委书记或省长以及卫生部、农业部的负责同志组成的中央防治血吸虫病九人领导小组(简称"中央血防九人小组"),统一领导南方12个血吸虫病流行省(市、自治区)的血防工作。领导小组甫一成立,立即于11月23日至25日在上海召开第一次全国防治血吸虫病工作会议,提出"一年准备,四年战斗,两年扫尾"的七年消灭血吸虫病的总体部署。12月27日,毛泽东在《中国农村的社会主义高潮》一书的序言中写道:"许多危害人民最严重的疾病,例如血吸虫病等等,过去人们认为没有办法对付的,现在也有办法对付了。"欣喜之情溢于言表。[2]

1956年1月23日,中央政治局讨论通过《一九五六年到一九六七年全国农业发展纲要(草案)》,把消灭血吸虫病摆在了"消灭危害人民最严重的疾病"的首位。2月17日,毛泽东在最高国务会议上再次针对血吸虫病发出"全党动员、全民动员,消灭血吸虫病"的战斗号召。2月28日,中国科学院水生动物专家秉志写信提出,用火焚烧的办法对消灭钉螺更有效。毛泽东见信后立即批示卫生部重视此意见,并叮嘱"开会时可邀秉志先生前往参加"。3月20日至28日,第二次全国防治血吸虫病工作会议在上海召开。4月20日,毛泽东把徐运北给中央关于第二次全国防治血吸虫病工作会议的报告,批转给时任中共中央秘书长、国务院副总理的邓小平,并给该报告加了"关于消灭血吸虫病问题的报告"的标题,批示分发给党内外高级干部及各省省委书记。[3]

1957年2月6日,中共中央批转中央血防九人小组《关于第三次防治血吸虫病工作会议的报告》和《1957年防治血吸虫病工作要点》。为

---

[1] 余银先、卢大有:《毛泽东缘何题诗余江——纪念毛泽东〈七律二首·送瘟神〉发表60周年》,《党史文苑》2018年第11期。

[2] 史春林:《建国后毛泽东关于卫生防疫的思想》,《毛泽东思想研究》2005年第2期。

[3] 张晓丽:《论毛泽东与新中国血吸虫病防治事业的发展》,《党史文苑》2014年第4期。

了加强对防治血吸虫病工作的具体组织，卫生部正式设立血吸虫病防治局，与领导小组办公室合署办公。4月20日，国务院发出《关于消灭血吸虫病的指示》，明确要求建立各级防治委员会。

毛泽东提出的自上而下建立专门领导小组和防治机构的举措，开创了中国防治传染性疾病的独特领导模式，形成了血吸虫病防治的领导机构体系，为统筹领导防治工作提供了强有力的组织保障。毛泽东关于消灭血吸虫病的一系列讲话和指示，形成一股巨大的精神力量，广大干部群众掀起了轰轰烈烈的消灭血吸虫病的人民战争。

江西省余江县是全国血吸虫病流行最为严重的地区之一，仅新中国成立前的30年间，患病死亡就达2.9万余人，毁灭村庄42个，2万多亩良田变成荒野，竟成为"头年人种田，二年人肥田"的"棺材田"。1951年3月，毛泽东即派血防人员到余江县调查，首次确认余江县为血吸虫病流行县。1953年4月，他又派医务人员驻余江县马岗乡进行血防的重点实验研究。1956年，他指示中央血防九人小组和卫生部两次派专家考察组到余江县考察血防工作。

在毛泽东的亲自关心下，余江县人民响应毛泽东"一定要消灭血吸虫病"的号召，下定决心"半年准备、一年战斗、半年扫尾"，掀起了一场消灭血吸虫病的群众运动。从1955年冬至1958年春，余江县共发动人民群众3.6万多人，投入劳动日231.4万个；填旧沟347条，长191千米；挖新沟87条，长117千米；填旧塘503口；完成土方416.4万立方米，基本上完成了大面积的灭螺任务。1958年5月10日，《江西日报》发表余江县委书记李俊九的《我们是怎样根除血吸虫病的？》文章。6月1日《根除血吸虫病鉴定书》在《江西日报》刊发，宣告余江在全国率先消灭了血吸虫病，创造了世界血吸虫病防治史上的奇迹。《人民日报》对此进行了专门报道，读到报道之后，毛泽东有感而发，欣然写下《七律二首·送瘟神》。

《七律二首·送瘟神》是如何发表的？

1958年6月30日，《人民日报》发表长篇通讯《第一面红旗——记江西余江县根本消灭血吸虫病的经过》和社论《反复斗争，消灭血吸虫病》。当晚，时刻惦念着疫区人民疾苦的毛泽东，在读罢这则通讯后，心潮起伏，深深被人民群众在中国共产党领导下在这么短的时间内所创造的伟大奇迹所感动。据《毛泽东年谱（1949—1976）》卷三记载：1958年7月1日，"作《七律二首·送瘟神》。其一：'绿水青山枉自多，华佗无奈小虫何！千村薜荔人遗矢，万户萧疏鬼唱歌。坐地日行八万里，巡天遥看一千河。牛郎欲问瘟神事，一样悲欢逐逝波。'其二：'春风杨柳万千条，六亿神州尽舜尧。红雨随心翻作浪，青山着意化为桥。天连五岭银锄落，地动三河铁臂摇。借问瘟君欲何往，纸船明烛照天烧。'毛泽东为这两首诗写有小引说：'读六月三十日《人民日报》，余江县消灭了血吸虫。浮想联翩，夜不能寐。微风拂煦，旭日临窗。遥望南天，欣然命笔。'"①

毛泽东实在是太兴奋了，他意犹未尽，又特意为这两首诗专门写了一段后记："六月三十日《人民日报》发表文章说：余江县基本消灭了血吸虫，十二省、市灭疫大有希望。我写了两首宣传诗，略等于近来的招贴画，聊为一臂之助。就血吸虫所毁灭我们的生命而言，远强于过去打过我们的任何一个或几个帝国主义。八国联军，抗日战争，就毁人一点来说，都不及血吸虫。除开历史上死掉的人以外，现在尚有一千万人患疫，一万万人受疫的威胁。是可忍，孰不可忍？然而今之华佗们在早几年大多数信心不足，近一二年干劲渐高，因而有了希望。主要是党抓

---

① 《毛泽东年谱（1949—1976）》第三卷，中央文献出版社，2013年12月第1版，第381页。

起来了，群众大规模发动起来了。党组织，科学家，人民群众，三者结合起来，瘟神就只好走路了。"①

一般情况下，毛泽东不太乐意发表诗词作品，正如1957年1月12日他致臧克家等人的信中所说："这些东西，我历来不愿意正式发表。因为是旧体，怕谬种流传，贻误青年。"②《七律二首·送瘟神》可算是一个特例。1958年7月1日是中国共产党成立37周年，作为党的主席，他深知这是为血防工作振臂一呼的好时机。他希望借此进一步推动如火如荼的"送瘟神"人民战争，最好不让它冷火。于是，毛泽东当即致信胡乔木："睡不着觉，写了两首宣传诗，为灭血吸虫而作。请你同《人民日报》文艺组同志商量一下，看可用否？如有修改，请告诉我。如可以用，请在明天或后天《人民日报》上发表，不使冷气。灭血吸虫是一场恶战。诗中坐地、巡天、红雨、三河之类，可能有些人看不懂，可以不要理他。过一会，或须作点解释。"③

毛泽东的心情很迫切，但这两首诗没有如毛泽东所希望的在两三天后发表。1993年第6期《党的文献》所载徐及之《毛泽东与胡乔木的诗词交往》一文说："推迟的原因不是别的，而是作者自己反复修改所致。"三个月之后，这两首诗才在1958年10月3日《人民日报》和1958年10月号《诗刊》发表，诗题为《送瘟神二首》。1963年12月人民文学出版社出版《毛主席诗词》时，标题改为《七律二首·送瘟神》，并在第二首正文的前面补写了"其二"二字。

以上发表的文字稿中有一句均为"千村薜荔人遗矢"。两首诗发表后，胡乔木收集到一些读者的建议，1966年4月5日，胡乔木致信毛泽东："《七律·送瘟神》中的'千村薜荔人遗矢'据读者来信建议和查阅有关典籍结果，拟作'千村薜荔人遗矢'（荔只用于薜荔，系十字

---

① 《毛泽东年谱（1949—1976）》第三卷，中央文献出版社，2013年12月第1版，第381页。
② 《毛泽东书信选集》，中央文献出版社，2003年11月第1版，第480页。
③ 《毛泽东年谱（1949—1976）》第三卷，中央文献出版社，2013年12月第1版，第381—382页。

花科植物，即藜菜；蓬字不与薛连用，亦不单用）。"①毛泽东阅后对胡乔木说，把"荔"写成"荔"是笔误，同意按读者的建议改正。1966年9月人民文学出版社出版《毛主席诗词》（横排版）时，已将其改为"千村薜荔人遗矢"。

这两首诗现在所见作者手迹三件，手迹与发表稿存在诸多差异。"绿水青山枉自多，华佗无奈小虫何！"有两件手迹句末作问号，1963年版《毛主席诗词》将其改为感叹号。"坐地日行八万里，巡天遥看一千河。牛郎欲问瘟神事，一样悲欢逐逝波"，有件手迹反复改动，最后作"坐地日行三万里，巡天遥渡一千河。牛郎若问家中事，一样悲欢逐逝波"。"借问瘟君欲何往"，有件手迹句末用问号。"纸船明烛照天烧"，有件手迹作"纸船蜡烛满天烧"。

长期以来，不少人认为这两首诗写于杭州，如：东方出版社1996年12月版萧永义著《毛泽东诗词史话》；吴正裕主编《毛泽东诗词全编鉴赏》；中共中央党校出版社1997年版的陈东林所著《毛泽东诗史》；人民出版社2003年11月版易孟醇、易维著《诗人毛泽东》；中国当代出版社2006年版陈晋撰稿的大型文献艺术片解说词《独领风骚——诗人毛泽东》，等等，都说"正在杭州视察"的毛泽东写了这两首诗。这可能是记忆偏差所致，1955年11月，毛泽东在杭州发出"一定要消灭血吸虫病"的号召。而直接原因是人们往往依据毛泽东诗词论著来研究毛泽东诗词，导致人云亦云。其实，只要一查阅《毛泽东年谱（1949—1976）》卷三便知：1958年5月2日毛泽东从武汉乘专机回到北京，至8月4日乘专列离开北京，在此期间，毛泽东一直待在北京，根本不可能在杭州写诗。特别是浙江、江西是相邻省份，杭州和余江县不是南北关系，不存在"遥望南天"的情形。

---

① 郭思敏主编：《毛泽东诗词辨析》，中央文献出版社，2006年10月第1版，第187页。

《七律二首·送瘟神》如何情系民生？

《七律二首·送瘟神》为联章体诗，全诗由"其一""其二"两章组成。这两首诗是毛泽东进行自注次数比较多的作品，其内容和1950年10月初写的《浣溪沙·和柳亚子先生》上下阕颇为相似，即先写旧中国的悲惨状况，再写新社会的喜人变化，将二者进行鲜明的对比。

第一首诗写瘟神猖獗、人民遭殃的悲惨景象，旧中国血吸虫病长期肆虐，广大农村凄凉萧条，表达了对劳动人民命运的深切关怀和对旧社会的强烈愤恨。

"绿水青山枉自多，华佗无奈小虫何"，旧中国社会腐败黑暗，血吸虫使大好河山萧条黯淡，神医华佗也无法根治这种顽疾。作者含有对祖国美好山水的赞叹之情，但根本用意在于揭示在漫长历史时期里，中国对小小血吸虫无可奈何。华佗是东汉著名医学家，精通内、外、妇、儿、针灸各科，但由于社会黑暗和统治阶级的不作为，华佗这样的神医也难有作为。

"千村薜荔人遗矢，万户萧疏鬼唱歌"，村落不见庄稼，到处杂草丛生，千家万户人丁稀少，只有鬼在哀号，一片凄惨景象。诗句饱含着对深重苦难的劳动人民的深切同情，同时也是对黑暗旧社会的强烈控诉。"薜荔"，属桑科藤本植物，或趴于地面，或爬于墙壁，这里比喻杂草丛生的荒芜景象。"遗矢"，典出《史记·廉颇蔺相如列传》："赵王使使者视廉颇尚可用否。廉颇之仇郭开多与使者金，令毁之。"受郭开重金贿赂的赵使"还报王曰：'廉将军虽老，尚善饭，然与臣坐，顷之三遗矢矣。'赵王以为老，遂不召"。毛泽东借用此典故喻指慢性血吸虫病晚期的腹泻症状。1958年10月25日，毛泽东在给周世钊的信中说：

"血吸虫病，蛊病，俗名鼓胀病，周秦汉累见书传。"①

"坐地日行八万里，巡天遥看一千河"，由于虫害长期肆虐，人们只好坐在地球上，随着地球的公转茫然地巡视太空。毛泽东对人民的关切之情随着想象飞到天外，遨游广阔宇宙长河之中。人们到哪里去寻求帮助他们解脱疾病、消灭瘟君的救星呢？1958年10月25日，毛泽东在给周世钊的信中对这句专门进行了解释："坐地日行八万里……是有数据的。地球直径约一万二千五百公里，以圆周率三点一四一六乘之，得约四万公里，即八万华里。这是地球的自转（即一天时间）里程……巡天，即谓我们这个太阳系（地球在内）每日每时都在银河系里穿来穿去。银河一河也，河则无限，'一千'言其多而已。我们人类只是'巡'在一条河中，'看'则可以无数。"②

"牛郎欲问瘟神事，一样悲欢逐逝波"，牛郎十分关注瘟神肆虐之"事"，如何回答牛郎的发问呢？诗人的答词是：一切悲欢离合都随着时光的流逝而成为过去了。血吸虫祸害人间，是天怒人怨。古典诗词中，吟咏牛郎织女相思之苦的作品不计其数，可在毛泽东笔下，牛郎不再是爱情悲剧的主人公。他出身农民，或许自己就染过血吸虫病，上天之后自然要过问"瘟神"情况。几千年来深受血吸虫病之害的，都是要下田下水干活的贫苦农民。但牛郎的关心也只是枉然，悲者自悲，欢者自欢。

第二首诗写新社会人民当家作主、改天换地的壮举和人民幸福安康、瘟神被逐的情景，深情歌颂了伟大的时代和英雄的人民，情绪热烈、语调高亢，与第一首感情抑郁、语气哽咽形成了鲜明的对比。

"春风杨柳万千条，六亿神州尽舜尧"，春风荡漾，杨柳轻拂，生机盎然。《孟子·告子下》曰："人皆可以为尧舜。"翻身解放之后，六亿中国人民都能成为尧舜那样的圣贤人物，奋发有为，勠力同心，什么人间的奇迹都可以创造出来。"红雨随心翻作浪，青山着意化为桥"，暮春的落花飘入水中，随人的心意翻着锦浪，一座座青山相互连接，就像专为人们搭起的凌波之桥。毛泽东是在盛夏时节写这首诗的，却沉浸

---

① 《毛泽东书信选集》，中央文献出版社，2003年11月第1版，第506页。
② 《毛泽东书信选集》，中央文献出版社，2003年11月第1版，第505—506页。

在浪漫的春天世界里。

"天连五岭银锄落，地动三河铁臂摇"，"五岭"，指湘赣粤桂之间的山系，泛指山脉；"三河"，旧指黄河、淮河、洛河，泛指河流，代表了整个中国。"银锄落""铁臂摇"，指农民大力兴修水利。作者写"送瘟神"，并没有具体写打针吃药以及消灭血吸虫的过程，而是将其放到全国人民轰轰烈烈改天换地的伟大实践中去，从而使诗作具有更深广的思想意义。

"借问瘟君欲何往，纸船明烛照天烧"，试问瘟神，你要到哪里去呢？人们已焚化纸船，点燃蜡烛，火光照耀天际，送走瘟神。瘟神逃脱不了灭亡的下场，最终会被送上西天。旧时祭送鬼神时，有点蜡烛、烧纸船的习俗。这与第一首中的"华佗无奈小虫何"遥相呼应，表达了对瘟神的蔑视和嘲笑，生动表现了胜利者的自豪和喜悦。

在所有毛泽东诗词作品中，《七律二首·送瘟神》独树一帜，是纯粹以民生问题为主题，具体又以防治血吸虫病疫情为题材的诗词作品。作品想象丰富，对比鲜明，语言生动，情致高昂，既有理想，又有现实；既有科学，又有神话；既有对旧时代人民苦难生活的叹息，又有为新时代人民壮举的喝彩。两首诗浑然一体，以始终如一的爱民思想和超凡脱俗的艺术魅力，给后人以战胜瘟神、战胜邪恶、战胜一切艰难险阻的无穷力量。

毛泽东缘何诗赞"中唐俊伟"刘蕡？

1958年3月，成都会议，毛泽东始终处于一种意气风发、诗情昂扬的兴奋之中，他发表了六次长篇讲话，还在听各省汇报时不断插话，古今中外，经史子集，诗词曲赋，旁征博引，真可谓思如泉涌，浮想联翩，气贯长虹，催人奋进。他提出建设社会主义的"总路线"，号召全党、全国各族人民鼓足干劲，力争上游，尽快把我国建设成为一个有现代工业、现代农业和现代科学文化的社会主义国家。为此，他提出要破除迷信，解放思想，敢想敢干，大干快上。

正是基于这样的愿望和心理，他创作了《七绝·刘蕡》："千载长天起大云，中唐俊伟有刘蕡。孤鸿铩羽悲鸣镝，万马齐喑叫一声。"这首诗所评点的是一个敢于直言犯上、具有独特见解的小人物。从中唐开始，唐朝逐渐由盛而衰。尤其是唐穆宗以后，宦官专权，政治日益变得黑暗。刘蕡处在这样一个时代，可谓生不逢时。

刘蕡（？—842年），字去华，唐幽州昌平（今北京市昌平）人。据《旧唐书》和《新唐书》记载，刘蕡"博学善属文，尤精《左氏春秋》。与朋友交，好谈王霸大略，耿介嫉恶，言及世务，慨然有澄清之志。"又说，他"明《春秋》，能言古兴亡事，沈健于谋，浩然有救世意"。在中唐大和二年（828年）的举贤良方正的对策中，刘蕡针对其时宦官专权的现状，大胆上策，秉笔直书："宫闱将变，社稷将危""阉寺持废立之权""四凶在朝，虽强必诛"。他痛陈宦官专权，能废立君主，危害国家，劝皇帝诛灭他们。考官虽然赞赏刘蕡的才华，但是迫于宦官集团的权势，不敢录用他。所以刘蕡一生怀才不遇，官职只做到了秘书郎，最后被宦官诬陷，遭贬谪为柳州司户参军，客死浔阳。

敢于把矛头直指当时炙手可热的宦官，刘蕡的胆识确实非同寻常。

其论述亦切中时弊，不愧为唐一代之俊杰。难怪同时代"虚负凌云万丈才，一生襟抱未曾开"的诗人李商隐一连写了四首诗哭吊刘蕡。其《哭刘蕡》有"上帝深宫闭九阍，巫咸不下问衔冤""平生风义兼师友，不敢同君哭寝门"之句；其《哭刘司户蕡》有"路有论冤谪，言皆在中兴"之句，为人传诵。

刘蕡敢于直谏的政治品格和怀才不遇的坎坷遭遇，引起毛泽东的共鸣与同情。毛泽东在读到《新唐书·刘蕡传》时，很赞赏刘蕡犀利俊逸的文风，尤其欣赏策论的开头几句："臣诚不佞，有匡国致君之术，无位而不得行；有犯颜敢谏之心，无路而不得进。"毛泽东读罢，在一旁批了三个字："起特奇。"① 赞美之情，溢于言表。

刘蕡在历史上是个小人物，终生遭宦官诬陷，抑郁而终。但是，毛泽东并不以成败论英雄，也没有因为刘蕡地位低微而忽略他的存在。恰恰相反，通观《七绝·刘蕡》，在毛泽东笔下，刘蕡是一位顶天立地的英雄，并对他被黑暗势力摧挫压抑的不幸遭遇表示极大的同情与义愤。毛泽东赞扬刘蕡主张正义，敢于向黑暗势力挑战的斗争精神，抨击宦官专权的黑暗统治。

起句"千载长空起大云"，写远在千年之前，辽阔的天空风起云涌，黑沉沉的浓云铺天盖地是那么昏暗险恶，又那么压抑沉闷。喻指历代宦官专权总是把朝野内外搞得乌烟瘴气，把天下搅得动荡不安，这是中唐社会与时局的真实写照。诗人用比兴象征的手法描绘了中唐以后宦官专权、藩镇割据及朋党相争所形成的尖锐复杂的社会矛盾，动荡险恶的时局及压抑沉闷的政治空气。

"中唐俊伟有刘蕡"，"俊伟"指才智超群、人格伟岸之人。毛泽东认为中国历史上自有宦官专权以来，迟至中唐才出现了刘蕡这样敢于直言抨击宦官专权时弊的贤能之士。据《旧唐书·刘蕡传》记载："时对策者百余人，所对止循常务，唯蕡切论黄门太横，将危宗社。"真乃中唐末年之一代伟丈夫也，足成大器之伟岸之才也。

---

① 郭思敏主编：《毛泽东诗词辨析》，中央文献出版社，2006年10月第1版，第430页。

"孤鸿铩羽悲鸣镝"，孤鸿，孤单失群的大雁，喻指刘蕡直斥宦官之害的特立独行。铩羽，指羽毛受到外力伤害、摧残而脱落，这里比喻受挫、失意。鲍照《拜侍郎上疏》中有"铩羽暴鳞"之句，拔下活鸟之羽，刮下活鱼之鳞，形容境遇之惨。鸣镝，也叫响箭，这里比喻宦官对刘蕡的中伤和打击。在那样的社会条件下，刘蕡这样的人物势单力薄，纵有天大的本事，面对宦官的中伤和打击，也只能是发出无可奈何的悲叹。此句饱含了作者对刘蕡一类人物的同情，也表达了作者对封建专制的憎恨与控诉。

"万马齐喑叫一声"，字面上是说在万马哑然无声之时，一匹骏马却奋力发出一声嘶鸣，冲破了沉闷的空气。作者用激昂的语调结束全诗，以骏马喻指刘蕡，赞颂他敢说敢干的大无畏精神。"万马齐喑"，亦作"万马皆喑"，出自龚自珍《己亥杂诗》之"万马齐喑究可哀"，比喻沉闷的局面，无人敢言。叫一声，喻指刘蕡在宦官专权的高压之下，挺身而出，公然发表言论猛烈抨击宦官。

这首七绝用仅仅28个字，咏叹古人古事，评说中唐时事之黑暗，慨叹封建官场之险恶，赞叹刘蕡人格之伟岸。《七绝·刘蕡》是一首咏史诗，但读者从中感受到的，绝不仅仅是历史。作者是在借咏史抒怀，是对百家争鸣的政治气候的呼唤，是对美好未来的憧憬。

《七律·到韶山》有何独"到"之意？

《毛泽东年谱（1949—1976）》卷四记载："（1959年）6月下旬作《七律·到韶山》：'别梦依稀咒逝川，故园三十二年前。红旗卷起农奴戟，黑手高悬霸主鞭。为有牺牲多壮志，敢教日月换新天。喜看稻菽千重浪，遍地英雄下夕烟。'在这首诗的前面，毛泽东写有小引：'一九五九年六月二十五日到韶山。离别这个地方已有三十二周年了。'"[①]这首诗最早发表于1963年12月人民文学出版社出版的《毛主席诗词》。这首诗看似并不费解，可问题在于：毛泽东回到魂牵梦绕的韶山，为什么不按照常人的做法，以《回韶山》、《归韶山》或《还韶山》为题，而要用一个普普通通的"到"字？

1893年12月26日，毛泽东诞生于湖南省湘潭县韶山冲。1902年春起，毛泽东先后就读于南岸、关公桥、桥头湾、钟家湾、井湾里、乌龟颈、东茅塘等私塾。但山村的偏远闭塞和天生的不羁个性，促使他想要离开韶山。1910年秋，毛泽东考入湘乡县立东山高等小学堂，从此他走向外面的世界。行前，他给父亲留言："孩儿立志出乡关，学不成名誓不还。埋骨何须桑梓地，人生无处不青山。"表达一介书生志在四方的意愿和决心。

其后，他曾几次回过韶山。1915年2月，他回乡过春节。1916年6月至7月，他回乡探望患病的母亲。1919年10月，因母亲病逝回到韶山。1921年春节过后，他回韶山动员毛泽民、毛泽覃、毛泽建舍弃家业而外出革命。1925年2月，毛泽东携妻儿回韶山开展农民运动，创办夜校和农协组织，成立中共韶山党支部。1927年1月，毛泽东回韶山考察

[①]《毛泽东年谱（1949—1976）》第四卷，中央文献出版社，2013年12月第1版，第81页。

农民运动，临别时，毛泽东满怀深情地对乡亲们说："我搞革命不是为了自己，是为了无产阶级的革命事业！我所爱的和我所交的朋友是穿草鞋的没有钱的穷人。我们的革命事业才开始，打了几个土豪、几个劣绅，好比在指甲缝里排污泥，还只挑去一点点。要彻底消灭封建地主和土豪劣绅，打倒军阀，赶走帝国主义，还得要二三十年的时间。二三十年革命不成功，我毛润之就不回韶山了！"[1] 此后，立志"改造中国与世界"的毛泽东戎马倥偬，南征北战，离家乡越来越远。

东汉文学家王粲《登楼赋》云："人情同于怀土兮，岂穷达而异心。"新中国成立，意味着中国革命已经成功，他可以回故乡面见父老乡亲了。而随着岁月的流逝和年龄的增长，毛泽东对韶山的思念日益浓郁。他通过邀请家乡人到北京做客或写信等方式关心着韶山的变化，惦记着乡亲们的生活。1952年春节，他邀请姨表兄王季范到北京做客。此后，陆续被邀请或主动到北京的家乡人还有韶山冲的毛家人，如族兄毛宇居、堂弟毛泽连；唐家圫的文家人，如表兄弟文涧泉、文云昌等。

1954年仲夏，第一次全国供销社工作会议期间，韶山人邹祖培、庞柱中、毛继生联名给毛泽东写信求见。会后，毛泽东把他们接到北戴河的住处。三个人激动地对毛泽东说："主席已有二十六七年没有回去了，家乡人民都念着您老人家，希望您回去看看呢！"毛泽东也深情地说："难为家乡人的好意啊！请你们捎个信给乡亲们，过几年我一定回去看望他们的。"[2] 毛泽东思乡心切，但又抽不出时间，只好先派毛岸英回乡探亲。1950年5月，毛岸英按照父亲的叮嘱回到故乡。谁知，他这次回韶山是第一次也是最后一次。

1959年6月24日，毛泽东从武汉来到长沙，提出要回韶山看一看。1959年6月25日，毛泽东从湘潭乘轿车于下午5时44分抵达韶山，下榻在招待所松山一号楼。关于这次回韶山的过程和细节，中共湖南省委党史研究室编《毛泽东五十次回湖南》；张莳、张德兵著《毛泽东五回

---

[1] 张莳、张德兵著：《毛泽东五回韶山》，陕西人民出版社，2009年5月第1版，第212—213页。

[2] 汪建新著：《毛泽东诗传》，中国工人出版社，2020年9月第1版，第13页。

韶山》；王华、车广永著《1959毛泽东回韶山》等都有详细记叙。毛泽东终于回到了日思夜想的韶山。这是一个志存高远的游子的故乡之行，一个学有所成的学子的故乡之行，一个救国救民的革命家的故乡之行，一个成就千秋伟业的领袖的故乡之行，一个激情澎湃的伟大诗人的故乡之行。

据《史记·项羽本纪》记载：项羽灭秦后，有说者进言，关中地势险要，物产富庶，劝西楚霸王占据中原，独霸天下。项羽却说："富贵不归故乡，如衣绣夜行，谁知之者！"项羽心里念念不忘衣锦还乡，在江东父老面前显露炫耀。这一去，给了刘邦喘息之机，结果失掉了锦绣江山，最终乌江自刎。公元前195年，刘邦平叛途中，大军路过家乡沛县，遂下令召集父老子弟，置酒高会。酒酣兴起，吟成《大风歌》："大风起兮云飞扬，威加海内兮归故乡，安得猛士兮守四方！"表露出张狂和得意。唐天宝三年（744年），86岁高龄的贺知章辞官归乡时，赋诗一首《回乡偶书》："少小离家老大回，乡音无改鬓毛衰。儿童相见不相识，笑问客从何处来。"

毛泽东回到家乡，没有项羽衣锦还乡那样炫耀，没有刘邦"威加海内兮归故乡"那般张狂，也没有贺知章"儿童相见不相识"那种慨叹。他回乡的心情急迫，韶山在他的内心分量很重，但一个"到"字又显得轻描淡写，给人以低调朴实之感。他不想让人觉得他回韶山是值得大书特书的事，不过是他巡视祖国大江南北所"到"的一个点。一个"到"字看似平淡，却充分体现出一个心怀天下、情系全国的大国领袖的独特情怀。

毛泽东如何抒发故园情？

《七律·到韶山》从写成到公开发表，经历4年多时间，作者多次征求意见并作修改。1959年7月7日，毛泽东将这首诗和《七律·登庐山》抄送给胡乔木，请"予斟酌，提意见，书面交我，以便修正"。同年9月7日，他致信胡乔木："诗两首，请你送给郭沫若一阅，看有什么毛病没有？加以笔削，是为至要。"郭沫若反馈意见后，9月13日，毛泽东又致信胡乔木："沫若同志两信都读，给了我启发。两诗又改了一点字句，请再送郭沫若一观，请他再予审改，以其意见告我为盼！"[①]

这首诗现存作者两件手迹。其一诗末有："登韶山一首，一九五九年六月五日"字样，时间当有笔误。其二题为《诗一首》，署名"毛泽东"，诗前写有小序："一九五九年六月二十五日到韶山，离别这个地方已有三十二周年了。"[②]手迹二与1963年版《毛主席诗词》文本有多处不同。"别梦依稀咒逝川"，手迹二为"哭"。据说庐山会议期间，毛泽东曾向湖北省委秘书长梅白征求意见，梅白提出将"哭"改为"咒"，毛泽东大为叫好，称他为"半字之师"。[③]"红旗卷起农奴戟"，手迹二为"红旗飘起农奴戟"。"遍地英雄下夕烟"，手迹二为"人物峥嵘变昔年"。上海人民出版社1997年版陈晋著《文人毛泽东》一书介绍，末句曾先后改为"始使人民万万年""人物峥嵘胜昔年"。

序文"一九五九年六月二十五日到韶山，离别这个地方已有三十二

[①] 郭思敏主编：《毛泽东诗词辨析》，中央文献出版社，2006年10月第1版，第208页。

[②] 郭思敏主编：《毛泽东诗词辨析》，中央文献出版社，2006年10月第1版，第208页。

[③] 郭思敏主编：《毛泽东诗词辨析》，中央文献出版社，2006年10月第1版，第208页。

周年了",蕴含着诗人对故乡深厚的情感。32年前,即1927年1月,毛泽东回韶山进行农民运动的实地考察。而这次回来,新中国已经成立10个年头,故乡也发生了翻天覆地的变化。对历史长河而言,32年不过是"弹指一挥间"。32年间,中国人民经历了无数艰难困苦,进行了波澜壮阔的不懈斗争,见证了翻天覆地的沧桑巨变,是特别值得缅怀和总结的。《光明日报》1978年12月29日杨建业《在毛主席身边读书——访北京大学中文系讲师卢荻》一文写道:"主席说,人对自己的童年,自己的家乡,过去的朋侣,感情总是很深的,很难忘记的,到老年就更容易回忆、怀念这些。随后又说,他写《七律·到韶山》的时候,就深深地想起了三十二年前许多往事,对故乡是十分怀念的。"

首联"别梦依稀咒逝川,故园三十二年前","别梦依稀"抒写了诗人对故乡的深深眷恋。李商隐《春雨》有"残宵犹得梦依稀",张泌《寄人》有"别梦依稀到谢家",鲁迅《无题》有"梦里依稀慈母泪",都带有难以割舍的感情色彩。"逝川"典出《论语》:"子在川上曰:'逝者如斯夫!不舍昼夜。'"孔子用河水不停流逝来比喻世事变化无穷。一个"咒"字,不仅仅表达出对时光飞逝的慨叹,更强烈地抒发了对旧中国黑暗统治的无比憎恨。

颔联"红旗卷起农奴戟,黑手高悬霸主鞭",形象生动地描绘了中国共产党领导下轰轰烈烈的农民革命运动图景,也无情地揭露了以蒋介石为首的国民党反动派对革命力量所进行的疯狂镇压。"红旗"与"黑手"的对立,"农奴戟"与"霸主鞭"的抗争,是光明与黑暗、革命与反革命、解放与压迫的斗争,是不可调和的阶级矛盾。这是整个中国革命斗争的缩影。"黑手"一词,有人认为它指"农民"。诚然,毛泽东在《湖南农民运动考察报告》中说过:"他们(指农民,引者)举起他们那粗黑的手,加在绅士们头上了。"[1]在《在延安文艺座谈会上的讲话》中,毛泽东说:"最干净的还是工人农民,尽管他们手是黑的。"[2]但此处,如此解读显然不妥,"黑手"应理解为黑心肠的国民党反动派。1959年

---

[1]《毛泽东选集》第一卷,人民出版社,1991年6月第3版,第18页。
[2]《毛泽东选集》第三卷,人民出版社,1991年6月第3版,第851页。

9月13日，毛泽东在《致胡乔木》中解释："'霸主'指蒋介石。这一联写那个时期的阶级斗争。通首写三十二年的历史。"①

颈联"为有牺牲多壮志，敢教日月换新天"，是对韶山、湖南乃至全国那些英勇就义的革命烈士的赞颂。中国革命要彻底推翻压在中国人民头上的"三座大山"，这是改天换地、扭转乾坤的伟业，而要奋斗就会有牺牲。仅韶山地区，就有144位革命烈士，其中当然也包括他自己的6位亲人，包括韶山第一届党支部的5位党员：毛福轩、庞叔侃、李耿侯、毛新枚、钟志申诸同志。回归故里时，毛泽东想到的不是功成名就，不是光宗耀祖，而是深情缅怀为革命抛头颅、洒热血的无数先烈。

尾联"喜看稻菽千重浪，遍地英雄下夕烟"，热切期盼农业丰收，辛勤的农民在炊烟袅袅中收工回家。"喜"字与开头"咒"字形成强烈对比。无数革命先烈前仆后继不懈追求的不就是"换了人间"的好日子吗？不就是能够在祥和、充实、幸福的氛围中劳动和生活吗？

《七律·到韶山》内容丰富，突破了时空的限制，概括了32年波澜壮阔的革命斗争历史，充分展示了毛泽东深厚的艺术功底。作品语言简洁，极富层次感，处处照应，结构完整。首联写回乡的心情，颔联和颈联写对往事的回忆，尾联写对未来的展望。全诗脉络清晰，给人一个完整印象。"为有牺牲多壮志，敢教日月换新天"，把议论的内容写得形象逼真，既有震撼力，又有说服力。这种雄浑豪迈的诗句，反映了诗人刚毅执着的人格精神和宏大磅礴的胸襟气魄，具有感人肺腑的艺术感染力。

---

①《毛泽东书信选集》，中央文献出版社，2003年11月第1版，第520页。

如何解读"喜看稻菽千重浪"？

《七律·到韶山》所引典故不多，用语平实简洁，表面上看并不费解。然而，即便权威专家们也未必真正读懂了毛泽东的本意。尤其是对"喜看稻菽千重浪"一句，一直存在严重误读。人们对其解释凭着自己的主观想象，望文生义，进行先入为主的推论，简单地将其理解成"歌颂'大跃进'的大好形势"，以至于长期以来对《七律·到韶山》的整体把握存在偏差。究其原因，人们往往只是就诗读诗，就诗解诗，对毛泽东的这次韶山之行的相关细节未作深入了解，更缺乏深入思考。

1964年2月8日，郭沫若在《人民日报》的《"敢教日月换新天"——读毛主席新发表的诗词〈七律·到韶山〉》一文中写道："一九五九年韶山已经成立了人民公社，六月是农忙时节，主席所见到的情景正是这农忙时节的景象，丰收在望了！满望的稻田和陇亩上所种的豆类，含着新生的希望和新生的快乐，像海洋一样或像湾港一样，荡漾着千层万叠的绿色的波浪。而从这绿色的海洋中或湾港中，无数农业战线的英雄们，满怀着劳动后的舒适，带着黄昏时分的烟雾，从工地里下来，走回公社或走回自己的家里。这是一幅多么壮美的新天地中的新农村景象呵！"

中国青年出版社1990年版《毛泽东诗词讲解》中，臧克家写道："当年革命的红花，结下了今天幸福的甜果。到处稻菽翻浪，遍地是劳动英雄，新的现实生活，看了叫人多么高兴呵！"安期在《四川文学》1964年第6、7月号的解析文章中说："毛主席1959年到韶山时，正是在全国人民大生产高潮中。'稻菽'不仅指稻子和豆类，也可以兼指一切农作物，'稻菽千重浪'，形容农业战线上一派新气象。'遍地英雄'指劳动人民；'下夕烟'，从暮色苍茫的田野中回来。伟大的领袖看见农业战线上一片新气象，看见劳动人民的英雄气概不减当年，看见改天换地的革命精神在社会主义建设中鼓舞着人民前进，因而感到十分高兴。"

然而，事实果真如此简单而肯定吗？毛泽东这次回韶山的行踪大致是：25日下午回到韶山；26日上午看父母的墓，看旧居，看老邻居，看韶山学校，看毛氏祠堂；下午到韶山水库游泳，沿途视察生产情况；晚上宴请乡亲，饭后又同客人交谈生产生活情况，是夜写了这首诗；27日上午，几十里路外的许多老同学、老熟人和老人赶到韶山来看他；27日下午1时离开韶山到长沙。《七律·到韶山》是在26日深夜和27日凌晨写定初稿的。

1959年，毛泽东非常急迫地推动了"大跃进"的热潮，但他很担心"大跃进"会导致政策偏差。和到其他地方一样，毛泽东回韶山也想深入调查研究。他到韶山之前，就对公安部部长罗瑞卿约法三章：一不要派干部去韶山，特别是不要派公安人员去；二要在行动上给予自由；三到了韶山要让他广泛接见群众。在乡亲们面前，毛泽东一口家乡话，态度和蔼，笑容可掬，平易近人。他特别关心乡亲们的生产、生活状况。一开始，基层干部和乡亲们在他面前有些顾忌，涉及集体大食堂、农业经营形势等敏感话题时，总是吞吞吐吐，欲言又止。毛泽东心里多少有些不高兴。[1]

6月26日晚，毛泽东在松山一号楼的餐厅请客，摆了八张方桌。客人主要是四个方面的：一是韶山的老党员和大革命时期的革命群众；二是烈士家属和老贫农；三是文家亲戚；四是旧友和地方干部。见到这么多人齐聚一堂，毛泽东很兴奋。开席后，毛泽东起身敬酒。但他走到各桌时，发现已是风卷残云，局面有些尴尬。有些人是带了碗去的，把好一点的菜拣到碗里准备带回去给家里人吃，正所谓边吃边打包。毛泽东还是向诸位乡亲敬酒，并说："不要急，慢点吃，后面还有几个菜！"饭后，大家提议要和毛泽东合影，他痛快地答应了。但照相时，他表情严肃，几乎一言不发，刚才乡亲们狼吞虎咽地吃饭的场面和桌上杯盘狼藉、残羹不剩的情景挥之不去，家乡父老"公社食堂填不饱肚皮"之类

---

[1] 于来山、陈克鑫、夏远生主编：《毛泽东五十次回湖南》，湖南人民出版社，2009年9月第1版，第81—121页。

的埋怨依然在他耳边萦绕。①

客人们走后,毛泽东带着沉思步入卧室,整宿没有入睡。两天来,他接触群众3000多人次,韶山在家的男女老少几乎都受到了毛泽东的接见,80%的人与毛泽东握了手,他的手几乎被握肿了。这些热闹的场面浮现在他眼前,几十年的往事一齐涌上心头。解放十个年头了,可乡亲们的日子还过得如此艰难。早在1919年7月14日,毛泽东在《〈湘江评论〉创刊宣言》中指出:"世界什么问题最大?吃饭问题最大。"②民以食为天,悠悠万事,唯此为大。如今几十年过去了,解放也已经有十个年头,农业农村农民还面临很多困难,政策也存在不少偏差,老乡们的吃饭问题还没有真正解决好。家乡是如此,其他地方又能好到哪里去?"喜看稻菽千重浪"中的"喜",与"更喜岷山千里雪"的"喜",语意并不完全相同。这不是毛泽东实际看到的情景,韶山当时的经济形势显然没有这么好,而是他热切期盼着能够看到的情景。一个是现实,一个是理想。现实很无奈,理想很美好。这两者之间不能简单画等号。现实让毛泽东揪心,寝食难安。这其中体现着一个革命家心系民生的忧患意识,寄寓着一个政治家为民造福的崇高追求。

---

① 张茜、张德兵著:《毛泽东五回韶山》,陕西人民出版社,2009年5月第1版,第260—261页。

② 《毛泽东早期文稿》,湖南人民出版社,2013年11月第1版,第270页。

毛泽东《七律·登庐山》如何抒怀？

《毛泽东年谱（1949—1976）》第四卷记载："（1959年）7月1日晨，在九江下船登岸，乘汽车上庐山，住180别墅（美庐）。"7月1日，"作《七律·登庐山》：'一山飞峙大江边，跃上葱茏四百旋。冷眼向洋看世界，热风吹雨洒江天。云横九派浮黄鹤，浪下三吴起白烟。陶令不知何处去，桃花源里可耕田？'"①

庐山位于江西北部，耸立于鄱阳湖、长江之滨，又名匡山、匡庐，相传因殷周间有匡姓兄弟七人结庐隐居而得名。庐山以雄、奇、险、秀闻名于世，素有"匡庐奇秀甲天下"之誉，历代文人骚客吟咏不绝。《七律·登庐山》描绘了毛泽东立于庐山之巅，极目四方，看到了一个雄奇壮阔的世界，抒发登上庐山的所见所感。

据李锐《庐山会议实录》记述："《登庐山》还有小序：'1959年6月29日登庐山，望鄱阳湖、扬子江，千峦竞秀，万壑争流，红日方升，成诗八句。'"②湖南省委第一书记周小舟看过此诗，建议删去小序，毛泽东采纳了他的建议。迄今为止，几乎所有有关毛泽东诗词的书籍在解析《七律·登庐山》时，都引用了这段话作为佐证。李锐回忆毛泽东的登山日期与《毛泽东年谱》颇有出入，但至少可以证明这首诗就是一首即景抒怀的山水诗。

这首诗现在所见留有作者四件手迹，最早发表于人民文学出版社1963年12月出版的《毛主席诗词》。毛泽东曾多次请包括郭沫若在内

---

① 《毛泽东年谱（1949—1976）》第四卷，中央文献出版社，2013年12月第1版，第82—83页。

② 萧永义著：《毛泽东诗词史话》，东方出版社，1996年12月第1版，第279—280页。

的友人帮助润色修改，因而发表稿与手迹有诸多不同之处。"跃上葱茏四百旋"，有手迹作"欲上逶迤四百旋""跃上青葱四百旋"；"热风吹雨洒江天"，有的作"热风飞雨洒南天""热肤挥汗洒江天"；"冷眼向洋看世界"，有的手迹作"冷眼望洋看世界"；"陶令不知何处去，桃花源里可耕田"，手迹曾作"陶潜不受元嘉禄，只为当年不向前"。

首联"一山飞峙大江边，跃上葱茏四百旋"，写庐山的雄伟壮丽以及登山的情景。庐山山势高峻，巍然凌空拔地而起，恰似天外飞临长江边。乘车盘旋而上，飞驰在青翠浓茂的崇山峻岭之间。"葱茏"，指草木青翠繁茂，诗中指山顶。"四百旋"，指庐山盘山公路的转弯数，显示出庐山的高耸。上山之前，毛泽东听取了江西省省长邵式平介绍庐山公路的建设情况，说到盘山公路全程24公里，有396道弯。上山时，毛泽东让警卫员准备了4盒火柴，每盒整整100根，每转过一道弯，就丢一根火柴。车子抵达庐山牯岭街时，4盒火柴正好丢完。途中毛泽东抽烟用了4根火柴，正好396道弯。这个细节说明毛泽东有几分较真，更有几分逸趣。

颔联"冷眼向洋看世界，热风吹雨洒江天"，写登高远望，环视天下，眼前所见和心中所感浑然一体。毛泽东用冷静的眼光面向重洋观察世界，一阵热风吹起疾风骤雨，洒向寥廓的江天。他是用"冷眼"来看，颇似元代杨显之《潇湘雨》杂剧中的"常将冷眼观螃蟹，看你横行得几时"，既冷静冷峻，又轻蔑鄙视。之后，他的视线由远而近，看到普降喜雨，一派生机盎然。盛夏风雨美景的描绘，使人不免心生"风景这边独好"的慨叹。

颈联"云横九派浮黄鹤，浪下三吴起白烟"，继续写登高远眺，所不同的是驰骋想象翅膀沿着大江上下游远眺。1959年12月29日，毛泽东在致庐山疗养院护士钟学坤的信中写道："九派，湘、鄂、赣三省的九条大河。究竟哪九条，其说不一，不必深究。三吴，古称苏州为东吴，常州为中吴，湖州为西吴。"[1]作者西望长江上游，远及有黄鹤楼名胜的

---

[1]《毛泽东书信选集》，中央文献出版社，2003年11月第1版，第524页。

武汉三镇。"黄鹤",崔颢有名句"黄鹤一去不复返,白云千载空悠悠",因此武汉被称为"白云黄鹤的地方"。白云笼罩,水天相接,武汉三镇仿佛飘浮其上。作者继而东眺长江下游,浪涛滚滚,一泻直下三吴,一片迷迷茫茫水雾,气象雄奇。

尾联"陶令不知何处去,桃花源里可耕田",作者把思绪收回到庐山,洞察古今之变。东晋诗人陶渊明曾做过80多天的彭泽县令,因"不为五斗米折腰"而弃官归隐,在家乡浔阳柴桑"躬耕自资"。彭泽和柴桑都在庐山附近,毛泽东很自然地联想到陶渊明和他的《桃花源记》。1964年,毛泽东对《毛主席诗词》英译者解释:"陶渊明设想了一个名为'桃花源'的理想世界,没有租税,没有压迫。"①

《七律·登庐山》一诗曾被过度解读。郭沫若在1964年2月2日《人民日报》的《"桃花源里可耕田"——读毛主席新发表的诗词七律〈登庐山〉》中,解释"一山飞峙大江边":"这使你庐山飞跃起来了,不仅使你有了生命,而且使你能够飞……这就是大跃进精神的诗的表现呵。"他解释"跃上葱茏四百旋":"这就是你庐山身上自有历史以来所没有过的一项重大变化,也就是大跃进的一项形象化。"他解释"热风吹雨洒江天":"这儿的风和雨,在我看来,不单指自然界的风和雨……但有更现实的眼前风光,则是大跃进的气氛,共产主义的风格,使劳动英雄们在田园中,在工地上,银锄连天,铁臂撼地,'挥汗成雨'。这样便把自然界和精神界扣合了起来,表现出了大跃进的气势。"郭沫若的解读影响深远,至今仍有不少人未能完全摆脱政治图解的窠臼。

---

①《毛泽东文艺论集》,中央文献出版社,2002年4月第1版,第222页。

《七律·登庐山》怎么就成了斗争工具？

1959年7月1日，毛泽东第一次登上庐山，纵目远眺，诗思泉涌，欣然写下《七律·登庐山》。据《毛泽东年谱（1949—1976）》卷四记载，这一天，毛泽东的心情是颇为轻松的："上午，同林克读英语。其间谈到李白的诗《庐山遥寄卢侍御虚舟》和苏轼的《题西林壁》。"[①]1959年7月2日至8月1日和8月2日至16日，毛泽东在庐山主持召开中共中央政治局扩大会议和中共八届八中全会，合称"庐山会议"。因为《七律·登庐山》的写作日期和庐山会议的时间紧挨着，而庐山会议上"左"倾错误盛行，有些人把原本只是即景抒怀的《七律·登庐山》和庐山会议挂起钩来，赋予过多的不恰当的政治意味，以致对这首诗的解读严重偏离了艺术鉴赏的正常轨道。如今，关于庐山会议已经有了历史定论。回溯那段历史，不仅能摆脱刻意曲解的窠臼，真正回归诗词的艺术审美，也有助于人们更理性地看待庐山的历史风云。

庐山会议的原定议题是进一步总结1958年以来工作中的经验教训，统一全党对形势的认识，调整部分计划指标，以实现1959年的继续跃进。会议前期，毛泽东把国内形势概括为"成绩伟大，问题不少，前途光明"，他还提出读书、当前形势、今后任务等19个问题要大家座谈讨论。会议之初，毛泽东细心研读《庐山志》和《庐山续志稿》，了解当地的历史沿革和风土人情；把《楚辞》搬出来精心研究；和周小舟、梅白等人讨论《七律·到韶山》《七律·登庐山》的修改；游览花径、仙人洞等景点；到庐山水库游泳，甚至专程下九江去游长江。参会人员的心情也都比较放松，领导们议政之外，便是看戏、游山、吟诗。毛泽东的诗一出，

[①]《毛泽东年谱（1949—1976）》第四卷，中央文献出版社，2013年12月第1版，第82页。

唱和者接踵而至，一时诗风很盛。会议中虽有不同意见，但并无火药味，真有点"神仙会"的风韵。

7月14日，彭德怀给毛泽东写了一封信，陈述他对1958年以来"左"倾错误及其经验教训的意见。7月16日，毛泽东以"彭德怀同志的意见书"这样一个标题，批示印发与会者讨论。黄克诚、张闻天、周小舟等人支持彭德怀的意见。7月23日，毛泽东指责此信表现了"资产阶级的动摇性"，是向党进攻。此后，会议发生转向，"神仙会"变成了批判会。正如《关于建国以来党的若干历史问题的决议》所指出的："庐山会议后期，毛泽东同志错误地发动了对彭德怀同志的批判，进而在全党错误地开展了'反右倾'斗争。八届八中全会关于所谓'彭德怀、黄克诚、张闻天、周小舟反党集团'的决议是完全错误的。"[①]

王国维《人间词话》云："以我观物，故物皆着我之色彩。"毛泽东是诗人政治家、政治家诗人，他的作品带有鲜明的政治色彩，必然会反映出他的思想意识和政治主张。在当时的背景下，"跃上葱茏""热风吹雨"明显存在对总路线、"大跃进"、人民公社这"三面红旗"的主观赞许。以这样的尺度去解读，本身也无可厚非。但如果将每个词、每个意象都和政治术语挂钩，难免会陷于生拉硬扯。比如，中央文史出版社2004年1月版亦老编著的《毛泽东诗词鉴赏》认为这是一首政治诗，并把诗的写作与批判彭德怀等同起来。该书认为这首诗的核心内容是颔联"冷眼向洋看世界，热风吹雨洒江天"，诗人登高望远，看到了国际国内不同的政治环境，一方面对国际反华势力横眉冷对，另一方面鼓励继续"大跃进"。

但是，硬说这首诗是针对彭德怀的，实在难以自圆其说。从写作时间看，该诗写于庐山会议召开之前，更在彭德怀写信之前。从会议主题看，会前，毛泽东把这次会议称作"神仙会"，他本人也已决心纠正"大跃进"的一些具体偏差，要到会的高级干部放下包袱、畅所欲言。所有会议代表，包括毛泽东本人都未曾预料到会风会出现如此巨大的逆转。这首诗

[①]《关于建国以来党的若干历史问题的决议》，中共党史出版社，2010年3月第1版，第76页。

原有"小序"："望鄱阳湖、扬子江，千峦竞秀，万壑争流，红日方升，成诗八句。"很显然，这不过是一首写景抒怀的山水诗而已。

会后不久，《诗刊》杂志向毛泽东索要诗稿。9月1日，毛泽东致信臧克家、徐迟："信收到。近日写了两首七律，录上呈政。如以为可，可上诗刊。"信中强调两首诗是为反击"右倾机会主义猖狂进攻"，甚至说"我这两首诗（指《七律·到韶山》《七律·登庐山》）也是答复那些忘八蛋的"，①措辞犀利，火气十足。这在毛泽东所有有关诗词的自注批注中，是绝无仅有的一次，这已经远远超出谈诗论词的范畴。毛泽东曾在《毛主席诗词十九首》的书眉上对《沁园春·雪》批注道："雪：反封建主义，批判二千年封建主义的一个反动侧面。文采、风骚、大雕，只能如是，须知这是写诗呵！难道可以谩骂这一些人们吗？别的解释是错的。"②以此类比，《七律·到韶山》《七律·登庐山》也只是因景因情的即兴之作，后来被当成批判的"武器"，是对创作意图的曲解，只能说这是特定年代的特殊现象。毛泽东是政治家诗人，诗人政治家，"非政治化"的解读无法读懂毛泽东诗词，但是逐字逐句地"纯政治化"图解同样会扭曲对毛泽东诗词的解读和赏鉴。

---

① 易孟醇、易维著：《诗人毛泽东》，人民出版社，2003年11月第1版，第337—338页。

② 《毛泽东文艺论集》，中央文献出版社，2002年4月第1版，第196页。

毛泽东为何倡导"不爱红装爱武装"？

《毛泽东年谱（1949—1976）》卷四记载："（1961年）2月 作《七绝·为女民兵题照》：'飒爽英姿五尺枪，曙光初照演兵场。中华儿女多奇志，不爱红装爱武装。'"[1] 这首诗最早发表于1963年12月人民文学出版社出版的《毛主席诗词》，写作时间标明为"一九六一年二月"。

1991年第10期《家庭》霄林、戚鸣《毛泽东一首诗的诞生》，《湘潮》2009年5月上半月版覃波根据李原慧口述整理的《毛泽东〈为女民兵题照〉其人其事》，2012年6月30日出版的旬刊《兰台内外》戚鸣《毛泽东〈为女民兵题照〉一诗的由来》等文章，都介绍了《七绝·为女民兵题照》一诗的来龙去脉，但相关细节出入很大。大致情况是：1959年10月1日新中国成立10周年时，毛泽东等中央领导在天安门城楼检阅了首都民兵师、民兵方队。毛泽东身边的机要员李原慧也在其中，她还全副武装地照了相。

中央文献出版社1998年11月版郭永文主编的《毛泽东诗词故事》描述：1961年2月的一天，小李送一沓文件到菊香书屋给毛泽东，看见他正在窗前沉思。这时，毛泽东转过身来，忽然问道："小李，你参加民兵了吗？"小李连忙回答："参加了。"毛泽东又问："你为什么要参加民兵？"小李说："响应主席的号召，全民皆兵呗。"为了让毛泽东相信自己确实是一个女民兵，她从衣服口袋里掏出一个笔记本，取出里面夹着的那张照片给毛泽东看。她原以为毛泽东看一眼就会很快把照片还给她，没想到平日工作那样紧张的毛泽东，却在接过照片后，很有兴致地坐在椅子上欣赏起来。毛泽东看着照片称赞说："好英雄的模样

---

[1]《毛泽东年谱（1949—1976）》第四卷，中央文献出版社，2013年12月第1版，第547页。

哟。"他随意取了一本他看过的地质常识书,翻到一处,有半页空白,便在上面龙飞凤舞地挥写了四句诗。接着说:"你们年轻人就是要有志气,不要学林黛玉,要学花木兰、穆桂英噢!"[1]

这首绝句是毛泽东为女民兵背枪小照题的诗,自然和民兵有关。20世纪50年代后期,毛泽东提出:要全民皆兵,要大办民兵师。1958年8月29日,毛泽东在北戴河中央政治局扩大会议上的讲话中指出:"必须在全国范围内把能拿起武器的男女公民武装起来,以民兵组织形式,实行全民皆兵。"[2]1958年9月29日,毛泽东对新华社记者发表谈话时说:"帝国主义者如此欺负我们,这是需要认真对付的。我们不但要有强大的正规军,我们还要大办民兵师。这样,在帝国主义侵略我国的时候,就会使他们寸步难行。"[3]

《七绝·为女民兵题照》篇幅很小,用典很少,语言铿锵,旋律欢快,色彩艳丽,形象鲜活,读来朗朗上口,过目难忘。该诗有如一首题画诗,亦如一首即景诗,用精练爽朗的语言,通过对女民兵演练的勾画,描绘她们练兵习武时的飒爽英姿,赞美她们巾帼不让须眉的英雄气概,颂扬了新一代中国妇女的精神风貌,同时也表达了兵民是胜利之本的光辉思想。

"飒爽英姿五尺枪",女民兵矫健威武,英姿焕发,手握五尺钢枪。典出唐代杜甫《丹青引赠曹将军霸》:"褒公鄂公毛发动,英姿飒爽来酣战。"又见杜甫《画鹘行》:"高堂见生鹘,飒爽动秋骨。"又见清代黄宗宪《题黄佐廷赠慰遗像》:"不将褒鄂画凌烟,飒爽英姿尚凛然。""五尺枪"不仅强化了飒爽英姿的巾帼形象,而且人因枪威,枪因人灵,使女民兵形象更加英武动人。

"曙光初照演兵场",清晨的阳光刚刚照射到演兵场上。曙光,清

---

[1] 郭永文主编:《毛泽东诗词故事》,中央文献出版社,1998年11月第1版,第196页。

[2] 费枝美、季世昌著:《毛泽东诗词新解》,中央文献出版社,2003年12月第1版,第255—256页。

[3] 《毛泽东诗词疏证》,西南师范大学出版社,2016年1月第4版,第292页。

晨的阳光，唐代唐彦谦《早行遇雪》："鸡犬寂无声，曙光射寒色。"演兵场，泛指军事训练的场所。"演兵场"把人引入特定的场景，由此而激发起人们的丰富想象，有着画面难以包含的众多意味。"曙光初照"表明女民兵勤于苦练，也衬托出女民兵的蓬勃朝气。

"中华儿女多奇志"，中华新一代儿女有着不平凡的远大志向。儿女，当然包括男、女，但这里显然侧重指女性，而就"题照"而言，显然指女民兵。唐代李白《越女词》其一："长干吴儿女，眉目艳新月。"奇志，不同凡响的志向。早在长沙求学期间，毛泽东就常对人说，丈夫要为天下奇，即读奇书、交奇友、创奇事、做个奇男子。同学们用谐音给他起了个外号，叫"毛奇"。毛奇（Molkt）是普鲁士一个很有学问的将领。这句诗使女民兵的意象得到升华，即从对形体身姿的赞美，上升为对精神意志的赞美。

"不爱红装爱武装"，女民兵不追求艳丽华美的装束打扮，却喜欢练兵习武，一身戎装。红装，应指女儿装，也即妇女的传统装束。"红装"与"武装"是对比，不是对立，两者都是美，一个阳刚，一个阴柔。在特定时期，有所偏重，是需要，是策略。1994年第1期《党的文献》所载徐中远《毛泽东读〈红楼梦〉》一文写道：1951年秋天的一个夜晚，毛泽东接见几位在北京的湖南教育界人士时说："贾宝玉是阔家公子，饮食起居都要丫头照料，自己不肯动手；林黛玉多愁善感，最爱哭泣，只能住在大观园的潇湘馆中，吐血，闹肺病。这样的人，怎么能革命呢？你们办学校，不要把我们的青年培养成贾宝玉、林黛玉式的人。我们不需要这样的青年。我们需要坚强的青年，身体和意志都坚强的青年。""不爱红装爱武装"透露出毛泽东对新女性精神气质的审美理想，带有那个时代鲜明的烙印。

何必争辩《七律·答友人》究竟答谁？

乐天宇（1901—1984），是湖南省宁远县人，1919年，就读于长沙第一中学的乐天宇成了毛泽东的密友，积极参与了毛泽东领导的驱汤（乡铭）驱张（敬尧）运动。1924年他加入中国共产党，在湖南组织农民运动，曾在安源将宁远农军交与毛泽东。以后因被捕，一度与中共失去联系。1939年在延安任林业局局长，与毛泽东经常见面。因为他的家乡有一座九嶷山，毛泽东常称他为"九嶷山人"。新中国成立后，他出任北京农业大学第一任校长。李达是湖南醴陵人，1921年他和毛泽东一起参加了中共一大。后因复杂原因，他在国统区担任大学教授，宣讲马克思主义哲学，两人天各一方。解放后，李达又成为毛泽东的座上宾，两人经常在一起促膝长谈。而周世钊则是毛泽东在湖南一师的同窗挚友。

1961年秋天，乐天宇带一个科研小组在家乡的九嶷山区考察。后与周世钊以及亦在湖南做社会调查的李达相遇了。他们都是湖南人，又都是毛泽东早年结识的好朋友。老友相聚，免不了想起他们共同的友人毛泽东。三人商定送几件九嶷山的纪念品给毛泽东。刚好，乐天宇的家乡宁远县有人送来了几根斑竹，色黑鲜亮，斑点分明，是斑竹中的上品。乐天宇说，毛泽东曾对他讲很喜欢九嶷山的斑竹，还以未上九嶷山而感到惋惜。三个人决定送一根九嶷山的斑竹给毛泽东。周世钊送了一幅内有东汉文学家蔡邕文章的墨刻；李达送一支斑竹毛笔，又写了一首咏九嶷山的诗词；乐天宇送了一幅元代剧作家高明《琵琶记》中主人公蔡伯喈的《九嶷山铭》的复制品，以及自己写的《七律·九嶷山颂》，落款是"九嶷老人"。

毛泽东是伟人，也是常人。他具有伟人胸襟，也有常人情怀。在日理万机的国务活动中，仍乡情殷殷，友情深挚。他住在繁华的北京城，仍然十分眷恋故乡友人。毛泽东收到三位好朋友的信和纪念品后，非常高兴。睹物见诗，如遇故人，遂引发毛泽东对故乡和故人的无限遐思，诗意盎然，赋诗一首："九嶷山上白云飞，帝子乘风下翠微。斑竹一枝千滴泪，红霞万朵百重衣。洞庭波涌连天雪，长岛人歌动地诗。我欲因之梦寥廓，芙蓉国里尽朝晖。"

这首诗最早发表于人民文学出版社1963年12月出版的《毛主席诗词》，标题为《七律·答友人》，关于这首诗所答的"友人"究竟是谁，历来颇有争议。有的说最初标题为《七律·答周世钊、李达、乐天宇同志》，有的说该诗手迹原标题为《七律·答周世钊同学》，后改为《七律·答友人》。一种意见认为"友人"是指"周世钊、乐天宇、李达"三人。1982年第1期《高校图书馆工作》的《毛泽东同志一九六一年所作的光辉诗篇〈七律·答友人〉所指的友人是谁》，1982年10月13日《湖南日报》的《毛主席友人的原作是什么——记乐天宇教授一席话》，1983年第1期《信阳师范学院学报》哲学社会科学版的《芙蓉国里尽朝晖——毛主席〈七律·答友人〉试解》，1983年11月1日《羊城晚报》的《"友人"仅是乐天宇？——〈七律·答友人〉所指的友人究竟是谁》，1984年第3期《潇湘文艺》的《斑竹泪——悼乐天宇同志》，四川人民出版社1998年2月版蔡清富、黄辉映编著的《毛泽东诗词大观》，中央党史出版社2003年10月版臧风宇编著的《智读毛泽东诗词》等文章、著作，都认为"友人"指的是周世钊、李达、乐天宇三个人。

另一种观点，持"一人说"，认为所答"友人"就是周世钊。河北人民出版社1994年7月版臧克家主编的《毛泽东诗词鉴赏》，中央文献出版社2003年12月版吴正裕主编的《毛泽东诗词全编鉴赏》等著作，都赞同"一人说"。1998年1月出刊的《新文化史料》第7期吴美潮、周彦瑜、吴起英《毛泽东诗中"友人"考证记》一文说：其一，文章作者整理周世钊遗物时，发现了作品发表后不久胡愈之给周世钊的信函，其中说据北京人士称，诗中的友人就是周世钊。其二，1964年1月27日，毛泽东口头答复外国文书籍出版局《毛主席诗词》英译者提问时说："'友人'指周世钊。"其三，1996年9月中央文献出版社出版《毛泽东诗词集》时，注释中说："友人即周世钊。本诗作者手迹原题为'答周世钊同学'，后改为'答友人'。"

两种说法各执一端，各有各的依据，各有各的道理。这种争辩本身意义并不大，无助于对这首诗内容的理解。过分地拘泥于"一人说"或者"三人说"，偏离了真正的诗词鉴赏，甚至可以说是本末倒置。两说之间，根本就不存在非此即彼的对立关系。不管持哪种观点，都无法改变这首诗的创作缘起和情感表达。这首诗不是凭空而来，而是毛泽东收到三个友人的礼物而引发诗情。毛泽东与周世钊有长期的诗词唱和，就算毛泽东写诗本身是针对周世钊一个人，但这丝毫不能否认毛泽东"答友人"所表达的友情和三个人都有关系。换言之，毛泽东写诗给周世钊，答谢三个人的友情。这样的区别，实在无关宏旨，完全没有必要非得争出个子丑寅卯来。只要能够准确读解这首诗的思想主旨和情感蕴含，也就水到渠成了。至于其他，不必过于纠缠。

《七律·答友人》抒发何种情怀？

周世钊、李达、乐天宇三位老友给毛泽东寄赠的九嶷山特色纪念品，激发了他的无限情思。《七律·答友人》在毛泽东的全部诗词作品中，是别具风采与情韵的一首，它是友谊之歌、怀乡之曲，也是现实与理想的双重变奏。诗的前几句借用与九嶷山有关的神话故事，写湖南解放后的美好景象和湖南人民投身社会主义建设的热情，并鲜明地写出家乡人民今昔生活的巨大变化，表达了对故乡亲人的缅怀。诗的后几句写湖南波澜壮阔的社会主义建设热潮，湖南人民高昂的革命斗志和湖南友人高度的政治热情，以及由此而联想到的湖南和全国光辉灿烂的美好未来。

"九嶷山上白云飞，帝子乘风下翠微"，高耸入云的九嶷山上朵朵白云飘过，轻盈美丽的女神从青翠的山峰乘风而下。明代李氏《登楼》有"明月不知沧海暮，九嶷山下白云多"之句。"九嶷山"，也作"九疑山"，在湖南省南部宁远县城南六十里，据说山有九峰，形状相似，故而得名。《水经·湘水注》："九嶷山盘基苍梧之野，峰秀数郡之间，罗岩九举，各导一溪，岫壑负阻，异岭同势，游者疑焉，故曰九嶷山。"《山海经·海内经》："南方苍梧之丘，苍梧之源，其中有九疑山，舜之所葬，在长沙零陵界中。"《史记·五帝本纪》载："践帝位三十九年，南巡狩，崩于苍梧之野，葬于江南九疑。"如今九嶷山上还有舜庙。"帝子"，指舜的两个妃子娥皇、女英。相传舜死于苍梧，二妃追至，投湘水而死，成为湘水女神。《楚辞》："帝子降兮北渚。"王逸注："帝子谓尧女也。尧二女娥皇女英，随舜不反，堕于湘水之渚，因为湘夫人。""翠微"，山之高处旁陂，远望有一片微薄青翠之色。杜牧《九日齐山登高》："江函秋影雁初飞，与客携壶上翠微。"九嶷山一扫去烟云雾雨，呈现出一派明丽的景色。在毛泽东笔下，"帝子"精神焕发，朝气蓬勃。

"斑竹一枝千滴泪，红霞万朵百重衣"，帝子手里的竹枝染有千滴泪痕，身上穿的是万朵红霞化成的百重彩衣。"斑竹"，又称泪竹、湘妃竹。晋代张华《博物志》："尧之二女，舜之二妃，舜崩，二妃啼，以涕挥竹，竹尽斑。"中唐诗人刘禹锡《潇湘神》："斑竹枝，斑竹枝，泪痕点点寄相思。"清代洪升《黄式序出其祖母顾太君诗集见示》："斑竹一枝千点泪，湘江烟雨不知春。"或许是潇湘大地的沧桑巨变，引得两位美丽的湘江女神从苍翠高远的九嶷山驾着洁白的云朵，手持斑竹，身穿红霞彩衣飘然而至，激起毛泽东的无尽遐思。1978年12月2日《光明日报》杨建业《在毛泽东身边读书——访北京大学中文系讲师卢荻》一文写道，毛泽东在对此诗作解时说："人对自己的童年，自己的故乡，过去的伴侣，感情总是很深的，很难忘的，到老年就更容易回忆、怀念这些。……'斑竹一枝千滴泪，红霞万朵百重衣'就是怀念杨开慧的。杨开慧就是霞姑嘛！可是现在有的解释却不是这样，不符合我的思想。"毛泽东的思绪是跳跃的，但并不是说整首诗的主题就是怀念杨开慧，更不是说可以把"帝子"和杨开慧相提并论。

　　"洞庭波涌连天雪，长岛人歌动地诗"，八百里洞庭波涛浩渺，白浪滔天，湖南人民正高歌猛进，大干快上，再也不必像帝子那样用排箫吹奏幽怨的曲子了。"长岛"，即橘子洲，长岛人，指湖南人民，亦指湖南友人。"动地诗"，李商隐的《瑶池》诗云："瑶池阿母绮窗开，黄竹歌声动地哀。八骏日行三万里，穆王何事不重来。"鲁迅《无题》诗曰："万家墨面没蒿莱，敢有歌吟动地哀。心事浩茫连广宇，于无声处听惊雷。"此处所说动地诗化用了李商隐和鲁迅的诗句，但取意相反，这歌声无半点哀色，乃解放之歌、胜利之歌、欢乐之歌。

　　"我欲因之梦寥廓，芙蓉国里尽朝晖"，来自家乡的喜人消息，令诗人心花怒放，浮想联翩。作者化用李白《梦游天姥吟留别》诗句："我欲因之梦吴越，一夜飞渡镜湖月。"毛泽东诗词中曾三次使用"寥廓"一词，另两次是"怅寥廓，问苍茫大地，谁主沉浮"和"寥廓江天万里霜"，只是这次在"梦"中，作者由此向更广阔的宇宙驰骋想象。"芙蓉国"是湖南的代称，五代谭用之《秋宿湘江遇雨》云："秋风万里芙蓉国,暮雨千家薜荔村。"毛泽东既想到历史,又想到现实,更想到未来,对家乡充满了赞美和希冀。毛泽东在1961年12月26日生日这天,致信周世钊:"'秋风万里芙蓉国,暮雨千家薜荔村'。'西南云气开衡岳,日夜江声下洞庭'。同志,你处在这样的环境中,岂不妙哉?"[1]

毛泽东的这首诗以神话起,以梦想结,诗中全部运用湖南的风物、传说、文化,将远古的浪漫神话、湖南的山光水色、当前的盛世光景和未来的美好前景,紧密地联系在一起,构成一幅浑然天成的绚丽图画。作品神思飘逸,奇幻多彩,意境高华绝俗,语言精纯凝练。这首诗既蕴含诗人对故土的热恋和故人的追思,又充满诗人对未来的憧憬和希望;既有浓厚的浪漫主义气息,又有丰富的现实主义色彩,堪称革命的浪漫主义与革命的现实主义相结合的典范。

---

[1]《毛泽东书信选集》,中央文献出版社,2003年11月第1版,第545页。

《七绝·为李进同志题所摄庐山仙人洞照》有何神秘之处？

1961年8月23日至9月16日，为贯彻党的八届九中全会制定的"调整、巩固、充实、提高"八字方针，研究解决工业和高等教育等方面的问题，毛泽东在庐山主持召开中共中央工作会议。上山之前，毛泽东对秘书田家英说："这次要开一个心情舒畅的会。"[①] 其间，毛泽东心情轻松，闲游了含鄱口、仙人洞等名胜。9月9日，他赋诗《七绝·为李进同志题所摄庐山仙人洞照》："暮色苍茫看劲松，乱云飞渡仍从容。天生一个仙人洞，无限风光在险峰。"

这首诗最早发表在人民文学出版社1963年12月出版的《毛主席诗词》。1964年1月4日，《人民日报》第一版刊载这首"题照诗"，4月11日，《人民日报》发表郭沫若的《"无限风光在险峰"——读毛主席〈七绝·为李进同志题所摄庐山仙人洞照〉》，并配发李进的"庐山仙人洞照"。

毛泽东曾写过两首"题照诗"，另一首是1961年2月写的《七绝·为女民兵题照》。所谓"题照诗"，是为照片题写诗作，类似于题画诗。郭沫若曾找李进要到了那张照片，他对照片描述道："照片的左下部所显出的是白鹿升仙台上的御碑亭，岩身浓黑。御碑亭之外，高处低处都有葱茏的树木。照片的上部是苍劲的松枝，是近景，可能是罩覆在摄影者的头上的。其余大部分空白是一片云海，在白色的曲折的云涛之中有几团黑色的稠云。像海中的洲岛。我估计：摄影者可能是站在石松上照

[①] 逄先知、金冲及主编：《毛泽东传》第五卷，中央文献出版社，2011年1月第2版，第2132页。

的。石松离御碑亭与仙人洞都不很远，介在二者之间。那是交伸出一个平坦的大岩石，石身上刻有'纵览云飞'四个字，石面上刻有'豁然贯通'四字。石旁有一株松树。这也是庐山上适于纵目远眺的一个名胜地点。"郭老的结论是："主席的诗，和所谓仙人洞本身，看来并没有多么大的直接关联。主席是在为'庐山仙人洞照'题诗，而不是为仙人洞题诗。"

"暮色苍茫看劲松"，在傍晚时分昏暗迷茫的景色中，遒劲的青松挺拔于山崖之间。"暮色苍茫"颇似《卜算子·咏梅》"已是悬崖百丈冰"和《七律·冬云》"高天滚滚寒流急"，表明形势非常严峻。"劲松"象征着不畏强暴的正面形象，如同"独有英雄驱虎豹，更无豪杰怕熊罴"的"英雄""豪杰"。从孔子称赞"岁寒，然后知松柏之后凋也"以来，中国人对劲松一直十分推崇。

"乱云飞渡仍从容"，究竟是"松从容"还是"云从容"？郭沫若解释："是指一片云海中的波涛汹涌，而劲挺的松枝却泰然自若，从容不迫。"据吴正裕主编《毛泽东诗词全编鉴赏》"考辨"介绍："《毛主席诗词》出版后，翻译出版英译本时，英译者对此也提出疑问，请求毛泽东作了解释。1964年1月27日，毛泽东当面向袁水拍等提问者明确回答：'是云从容，不是松从容。'可是，过了10年，袁水拍对此问题又产生了疑虑，担心自己上次未听清楚毛主席的回答。1974年10月27日，袁水拍给江青写信，问：'是松从容还是云从容？'江青在袁水拍来信上批道：'我忘了是云从容还是松从容，请主席告我。'第二天，毛泽东的秘书张玉凤给江青写了一张便条：'关于"乱云飞渡仍从容"一句，主席说是指云从容，他喜欢乱云。'毛泽东的这次回答，不仅表明了诗句是描写乱云飞渡时本身那种从容舒缓的形态，而且揭示了诗人观看乱云飞渡的一种欣赏的心态。"[①]

"天生一个仙人洞"，仙人洞系悬崖绝壁的天然石洞，在庐山牯岭西佛手岩下，洞深约10米，可容上百人，相传为吕洞宾求仙学道之处，洞内有石制的吕祖龛。照片上面看不见仙人洞，而是洞外的风景。照片

[①] 吴正裕主编：《毛泽东诗词全编鉴赏》，中央文献出版社，2003年12月第1版，第323页。

顶端有横逸遒劲的松枝，中间大片空白，光色较为黯淡，似大片的暮云。

"无限风光在险峰"，在险峻的山峰中，有无数绚丽壮景。正如宋代王安石《游褒禅山记》云："夫夷以近，则游者众；险以远，则至者少。而世之奇伟、瑰怪、非常之观，常在于险远，而人之所罕至焉，故非有志者不能至也。"

这首诗明白晓畅，把情怀和哲理寓于生动的形象之中。这首七绝的不同寻常之处，在于拍摄仙人洞照的神秘人物，"李进"就是江青。她乳名"李进孩"，后改名"李云鹤""蓝苹""江青"。1951年7月底，《人民日报》连载《武训历史调查记》，此长篇"调查记"署名"武训历史调查团"，"前言"里列举了调查团13名成员，"李进"赫然在目。这是江青首次以"李进"之名公开亮相。

毛泽东这首题照诗，只是对照片所摄景象有感而发的即兴之作，并不涉及对江青本人的情感因素，却因为江青的缘故而被大肆宣扬，甚至被无限拔高。江青更是将其当成政治资本。她毫不扭捏地以"劲松"自居，制作了许多"仙人洞照"广为散发。比如，1972年，美国年轻女作家维特克夫人访问江青时，江青模仿"毛体字"将毛泽东诗抄写在照片背后送给她，还送了一张她拍摄的庐山"汉阳峰"照片，背面有题诗："江上有奇峰，锁在云雾中。寻常看不见，偶尔露峥嵘。"落款"江青摄，诗赠维特克夫人。一九七二年八月十二日"。如今，笼罩在庐山的重重迷雾已然散去，而历史对江青也已经进行了公正的审判，况且诗作所抒发的感慨与江青本人并无直接联系，人们可以真正领略毛泽东庐山诗的审美意蕴了。

毛泽东为何毕生钟爱屈原？

屈原，战国时期楚国人，曾任楚左徒、三闾大夫等职。他是伟大的爱国主义诗人，中国诗歌史上浪漫主义的奠基者。湖南是楚国旧地，是以屈原作品为主的《楚辞》产生的地方。毛泽东自幼受楚文化熏陶，一生习诵《离骚》，推崇《楚辞》，崇敬屈原。毛泽东与屈原神相交，心相通，情投合，气相随。他从屈原作品汲取伟大的人格力量，继承、发展屈原的爱国主义精神和浪漫主义诗风，并将自己的诗词熔铸成新一代的"离骚"。

1913年，他在《讲堂录》中工工整整地全文抄写了《离骚》和《九歌》。1918年，他在为罗章龙题写的《送纵宇一郎东行》中写道："年少峥嵘屈贾才，山川奇气曾钟此。"毛泽东对《楚辞》的喜爱终生不变。抗日战争时期，战火弥漫，毛泽东的书架上有他经常翻阅的《楚辞》。

新中国成立后，毛泽东更是反复研读屈原的《楚辞》等作品。他不仅自己爱读，还推荐给别人读；不仅在私下场合谈屈原，而且在公开场合谈屈原；不仅和中国人谈，而且向外国人谈。1951年7月7日，毛泽东约周世钊和蒋竹如两位长沙读书时的老同学到中南海做客。谈话中，毛泽东提到："《楚辞》虽是古董，但都是历史，有一读的价值。"[①]

1957年12月，毛泽东指示身边工作人员为他收集《楚辞》的各种版本。随后，有50多种不同版本或有关著作汇集到他那里。1958年1月12日，他在给江青的信中写道："我今晚又读了一遍《离骚》，有所

[①] 龚国基著：《毛泽东与中国古代诗人》，中央文献出版社，2003年6月第1版，第6页。

领会，心中喜悦。"①1958年1月18日，中共中央在南宁召开工作会议，雷达部队突然发现有国民党飞机向南宁方向袭来，全市实行灯火管制，毛泽东却不管不顾，点着蜡烛聚精会神地看《楚辞》。会议期间，他作了一个批示："将《离骚》印发给与会每一位同志。"②1959年10月30日，他准备去外地巡视，交代身边的工作人员要带上《屈宋古音义》和《楚辞集注》。1961年6月16日，他又指名要购买人民文学出版社影印的《楚辞集注》。1964年8月18日，毛泽东在北戴河同几位哲学工作者谈话，其中有吴江、邵铁真、龚育之等人，他说道："到现在，《天问》究竟讲什么，没有解释清楚。《天问》讲什么，读不懂，只知其大意。《天问》了不起，几千年以前，提出各种问题，关于宇宙，关于自然，关于历史。"③1972年，日本首相田中角荣访问中国，毛泽东送给他的礼物竟是一套《楚辞集注》。

1959年12月至1960年2月初，在谈到屈原为什么能够写出那么好的作品时，他阐述了屈原的创作与生活的深刻关系。他说："屈原如果继续做官，他的文章就没有了。正是因为开除'官籍'、'下放劳动'，才有可能接近社会生活，才有可能产生像《离骚》这样好的文学作品。"④

毛泽东推崇屈原的文学才华，更敬仰他的人格精神和爱国主义思想。1949年12月，毛泽东在赴苏联访问的火车上，向苏方陪同的汉学家尼·费德林介绍屈原："他不仅是古代的天才歌手，而且是一位伟大的爱国者，无私无畏，勇敢高尚。他的形象保留在每个中国人的脑海里。"⑤1954年10月26日，毛泽东会见印度总理尼赫鲁时指出："屈原是中国一位

---

① 陈晋主编：《毛泽东读书笔记精讲》，广西人民出版社，2017年1月第1版，第10页。

② 龚国基著：《毛泽东与中国古代诗人》，中央文献出版社，2003年6月第1版，第3页。

③ 张贻玖著：《毛泽东读诗：记录和解读毛泽东的读诗批注》，当代中国出版社，2012年4月第1版，第18页。

④ 毕桂发主编：《毛泽东评说文人墨客》，解放军出版社，2004年1月第1版，第6—7页。

⑤ 曹应旺著：《走进毛泽东诗词世界》，上海人民出版社，2021年8月第1版，第184页。

伟大的诗人，他在两千多年前写了许多爱国的诗篇。"①在1958年成都会议上，毛泽东提倡干部讲真话，说屈原是敢讲真话的人，敢于为原则而斗争，敢于坚持真理。1959年庐山会议期间，毛泽东写了《关于枚乘〈七发〉》一文，发给与会代表，文中写道："骚体是有民主色彩的，属于浪漫主义流派，对腐败的统治者投以批判的匕首。屈原高居上游。"②

毛泽东能随时联想到屈原作品中的诗句并加以运用。1950年3月10日，毛泽东和周恩来接见新中国第一任驻外大使。毛泽东问黄镇："黄镇，你原来那个名字黄士元不是很好吗，改它做什么？"黄镇答道："我的脾气不好，需要提醒自己'镇静'。"毛泽东说："黄镇这个名字也不错，《楚辞》中说，白玉兮为镇。玉可碎而不改其白，竹可黄而不可毁其节。派你出去，是要完璧归赵喽。你也做个蔺相如吧。"③"白玉兮为镇"是屈原《九歌·湘夫人》中的一句。

1954年10月26日，印度总理尼赫鲁离京到外地访问，他到中南海勤政殿向毛泽东等中国领导人辞行。毛泽东当场吟诵了屈原《九歌·少司命》中的"悲莫悲兮生别离，乐莫乐兮新相知"，④以表达自己的惜别之情。

1961年秋，毛泽东以他最为推崇的屈原为题，写了《七绝·屈原》这首诗，高度评价屈原的远大抱负，歌颂屈原为坚持真理而献身的伟大爱国主义精神。毛泽东诗词中，有不少典故、词语、句式源于屈原作品。在屈原作品中"九"字出现20多次，如"九天""九州""九嶷""九死"等，毛泽东诗词中仅"九天""九派""九万里"的"九"就出现过5次以上。毛泽东的浪漫主义创作手法，挥洒雄放的抒情风格，也跟

---

① 曹应旺著：《走进毛泽东诗词世界》，上海人民出版社，2021年8月第1版，第184页。

② 毕桂发主编：《毛泽东评说文人墨客》，解放军出版社，2004年1月第1版，第7页。

③ 曹应旺著：《走进毛泽东诗词世界》，上海人民出版社，2021年8月第1版，第187页。

④ 毕桂发主编：《毛泽东评说文人墨客》，解放军出版社，2004年1月第1版，第14页。

屈原作品一脉相承。屈原"登九天兮抚彗星",毛泽东"可上九天揽月,可下五洋捉鳖";屈原"奠桂酒兮椒浆",毛泽东请"吴刚捧出桂花酒";屈原"吾令凤鸟飞腾兮""令沅湘兮无波",他能指令凤凰飞翔、江水止浪,毛泽东"敢教日月换新天",能"截断巫山云雨",能倚天抽剑把昆仑山"裁为三截"。

《七绝·屈原》如何评说屈原？

1961年秋天，毛泽东专门为屈原写了一首诗《七绝·屈原》："屈子当年赋楚骚，手中握有杀人刀。艾萧太盛椒兰少，一跃冲向万里涛。"这首诗最早披露于中央文献出版社1992年3月版陈晋《毛泽东与文艺传统》一书。该书说：毛泽东"数量不多的以封建社会历史为题材的作品"，"还有两首咏历史人物屈原、刘蕡的七绝"。它正式发表于中央文献出版社1996年9月出版的《毛泽东诗词集》，收入"副编"，是"根据作者审定的抄件刊印"，没有见到作者留存的手迹。

1961年，由于"大跃进""反右倾"的失误，加上连续三年自然灾害带来的困难，国民经济面临巨大压力。而国外反华势力又趁人之危，中苏矛盾不断加深，尤其是苏联在外交上推行霸权主义，肆意攻击中国共产党。在这种背景之下，毛泽东想起了屈原，读起了《离骚》，感同于屈原"长太息以掩涕兮，哀民生之多艰"，创作了以诗立传的《七绝·屈原》，借此来抒发自己的情怀。

四川人民出版社1998年2月版蔡清富、黄辉映编著的《毛泽东诗词大观》指出："该诗可视为毛泽东的诗化屈原论。1961年，我国遇到了暂时困难：由于自然灾害和工作失误，国内经济出现困境；国外的反动势力也向我国施加压力。也许为了鼓励人们在逆境中奋发图强，毛泽东写出了表彰屈原作品和人格的诗篇。"丁毅在1997年第4期《毛泽东思想论坛》《怎样解读毛泽东〈七绝·屈原〉》一文中写道：毛泽东写这首诗称赞屈原，"并非发思古之幽情，而是现实政治斗争触发起他借古喻今的思考"。中央文献出版社2003年12月版吴正裕主编《毛泽东诗词全编鉴赏》一书所收李仁藩《千秋一阕，英雄悲歌——读〈七绝·屈原〉》一文认为：《七绝·屈原》是毛泽东的生命告白，是毛泽东的革命宣言，是毛泽东和屈原两个诗坛巨子穿越数千年时空而共同创立的丰碑。

全诗28字,语言精练简洁,笔锋犀利,比喻浅显明白,诗意深邃。毛泽东在此诗中高度赞扬屈原的爱国精神,把屈原的才华、当时的世情、以及屈原在悲愤、绝望中的心境精练和巧妙地作了艺术再现。要准确把握这首诗的本意,应该结合当时的时代背景,以及毛泽东面对各种压力的精神气概。毛泽东借歌颂屈原来抒发自己的内心情怀,以屈原的遭遇和形象来展示自己的处境及其所表现的大无畏气概。

"屈子当年赋楚骚",直接称颂屈原的人品和诗品。"楚骚",指骚体。人们常用"风骚"来代指中国古代的优秀作品,或者喻指某人高超的文学才能。"风"指《诗经》,其中采自十五国的"风"(民歌)最有价值,是现实主义作品;"骚"指称《楚辞》,其中屈原的《离骚》最负盛名,是浪漫主义的作品。屈原的主要作品有《离骚》《天问》《招魂》《哀郢》《怀沙》等,其中最有名的是《离骚》这一长篇抒情诗。西汉末年,刘向将屈原的作品和其他模仿屈原风格的作品汇集成册,取名《楚辞》。东汉时王逸给《楚辞》作注,篇目有所增加,但主要仍是屈原的作品。

"手中握有杀人刀","杀人刀",喻指《离骚》所发挥的战斗作用。"离骚",司马迁解释为"离忧",是"忧愁幽思"时写成的。《离骚》是一部自传体政治抒情诗,集中反映了屈原悲怆的人生轨迹,以强烈的批判精神和疾恶如仇的态度,痛斥了楚怀王身边那些奸佞小人,表达了高尚的人格理想。毛泽东非常喜欢屈原的才华和他的战斗勇气,因此称屈原手中握有杀人刀。这是对屈原作品战斗威力的高度评价。《离骚》处处表现忧国忧民的思想感情;希望圣君贤相推行"美政";他同情百姓疾苦,敢于坚持真理,决不向邪恶势力低头。

"艾萧太盛椒兰少",这是对屈原所处的环境的描述,抨击了贵族统治的黑暗与腐朽。"艾萧",即艾蒿,臭草,出自《离骚》,这里比喻奸佞小人。《离骚》:"何昔日之芳草兮,今直为此萧艾也?"洪兴祖《离骚》补注:"萧艾,贱草,以喻不肖。""太盛",指奸佞小人当道。"椒兰",申椒和兰草,皆为芳香植物,出自《离骚》"杂申椒与菌桂兮,岂维纫夫蕙茞!"这里比喻贤德之士。

"一跃冲向万里涛",指屈原在悲愤和绝望中投汨罗江而死,对屈原以死抗争的不屈精神给以肯定。王逸称此举为"不忍以清白久居浊世,遂赴汨渊自沉而死"。在毛泽东笔下,屈原已经不是令人悲悯的绝望诗人,而是一个坚强勇猛的战士。

新华出版社1995年7月版苏联汉学家尼·费德林《费德林回忆录:我所接触的中苏领导人》中写道,毛泽东曾说:"屈原的功勋并不是马上就得到人们的承认。那是后来过了不少日子,诗人的品格才充分显示出来,他的形象才真正高大起来。屈原喝的是一杯苦酒,也是为真理服务的甜酒。诗歌像其他创作一样,是一种精神创造。"[1]毛泽东与屈原的"对话",直抒胸臆,感情激越,一扫千古咏唱屈原的诗作忧伤悲愤、疾痛惨怛的气氛,洋溢着雄健豪放的风格特征。本诗所塑造的屈原以其文当武器、以死醒世的斗争形象,不仅体现了毛泽东对历史人物的肯定,也蕴含了现实政治的价值观。共产党人要像屈原那样,具有不屈不挠的战斗意志,具有坚定执着的政治理想,具有纯洁高尚的独立人格,具有舍生忘死的献身精神。

---

[1] 刘汉民编著:《毛泽东诗话词话书话集观》,长江文艺出版社,2002年10月第1版,第78页。

毛泽东如何盛赞鲁迅？

鲁迅（1881—1936），原名周树人，字豫才，浙江绍兴人。毛泽东与鲁迅没有见过面，但毛泽东曾多次坦言："我跟鲁迅的心是相通的。"[①]毛泽东与鲁迅，是20世纪中国的两位伟人。毛泽东是伟大的思想家、政治家、革命家，文学造诣很高；鲁迅是伟大的思想家、文学家。毛泽东对鲁迅充满了尊敬和仰慕之情，多次给予鲁迅很高的评价。毛泽东对于鲁迅的独特认识极大地影响了中国人心目中的鲁迅形象。

毛泽东的一生，极爱读鲁迅的书，有时甚至到了废寝忘食的境地。在战火纷飞的年代，在马背上、在窑洞里读；在新中国成立后的岁月里，无论是紧张的出访期间，还是在全国各地视察工作、开会间隙，乃至晚年病重的日子里，他都常常读鲁迅著作。鲁迅逝世以后，毛泽东到设在延安的陕西省立第四中学图书馆翻阅书籍时，发现有一批鲁迅著作的选本，马上借了三本回去仔细阅读。借阅了三回之后，他干脆让秘书把那里所有的鲁迅著作和单行本全部借了回去。

在毛泽东故居里，除了1938年版的《鲁迅全集》，还有另外两种版本的《鲁迅全集》，一套是50年代中叶人民文学出版社出版的带注释的十卷本；另一套是1972年由有关部门特意根据1956年版十卷本排印的大字线装本——这是为晚年毛泽东视力衰落特地印制的。毛泽东反复阅读，反复圈画，可谓爱不释手。

1937年10月，在鲁迅逝世周年纪念大会上的讲话中，毛泽东说："鲁迅在中国的价值，据我看要算是中国的第一等圣人。孔夫子是封建社会

[①] 郭思敏主编：《毛泽东诗词辨析》，中央文献出版社，2006年10月第1版，第332页。

的圣人，鲁迅则是现代中国的圣人。"[1]在《新民主主义论》中，毛泽东这样评价鲁迅："鲁迅是中国文化革命的主将，他不但是伟大的文学家，而且是伟大的思想家和革命家。鲁迅的骨头是最硬的，他没有丝毫的奴颜和媚骨，这是殖民地半殖民地人民最可宝贵的性格。鲁迅是在文化战线上，代表全民族的大多数，向着敌人冲锋陷阵的最正确、最勇敢、最坚决、最忠实、最热忱的空前的民族英雄。鲁迅的方向，就是中华民族新文化的方向。"[2]毛泽东在文章、谈话、演讲、写诗中反复提到鲁迅，评价之高、评价次数之多，古往今来的中国其他文人无一有此殊荣。

1996年，鲁迅逝世60周年，毛泽东逝世20周年之际，中央文献出版社出版的《毛泽东诗词集》，首次公开了毛泽东作于1961年9月的《七绝二首·纪念鲁迅八十寿辰》："其一　博大胆识铁石坚，刀光剑影任翔旋。龙华喋血不眠夜，犹制小诗赋管弦。其二　鉴湖越台名士乡，忧忡为国痛断肠。剑南歌接秋风吟，一例氤氲入诗囊。"

第一首七绝以20世纪30年代文化战线上"围剿"和反"围剿"的尖锐斗争为背景，赞颂鲁迅顽强抗争的战斗精神和崇高品格。"博大胆识铁石坚"，鲁迅胸襟广博，胆略过人，意志坚定。"刀光剑影任翔旋"，描绘鲁迅的战斗风貌。"刀光剑影"喻指国民党对左翼作家"围剿"的凶狠和白色恐怖的严酷。"翔旋"，表现鲁迅面对反动派白色恐怖的从容镇定、巧妙灵活。一个"任"表现鲁迅在战斗中应对自如、无往不胜的英雄风采。"龙华喋血不眠夜"，1931年2月7日深夜，国民党反动派在上海龙华秘密杀害包括"左联"作家柔石、胡也频、李伟森、白莽、冯铿在内的23位革命青年。鲁迅在《为了忘却的纪念》中说："在一个深夜里……我深沉地感到我失掉了很好的朋友，中国失掉了很好的青年，我在悲痛中沉静下去了，然而积习却在沉痛中抬起头来，凑成了这样的几句：惯于长夜过春时，挈妇将雏鬓有丝。梦里依稀慈母泪，城头变幻大王旗。忍看朋辈成新鬼，怒向刀丛觅小诗。吟罢低眉无写处，月光如水照缁衣。""犹制小诗赋管弦"，指鲁迅写的《惯于长夜过春时》一诗。

---

[1]《毛泽东文集》第七卷，人民出版社，1993年2月第1版，第43页。
[2]《毛泽东选集》第二卷，人民出版社，1991年6月第3版，第698页。

"赋管弦"，配上音乐歌唱，这里指吟诵诗歌。

第二首七绝从精神文化渊源上挖掘鲁迅与其家乡历史上爱国诗人陆游、秋瑾等一脉相承的关系，揭示鲁迅崇高人品诗品的厚重底蕴，歌颂鲁迅忧国忧民的伟大精神。"鉴湖越台名士乡"，鉴湖，在绍兴城西南两公里处，名人辈出，如唐代贺知章、南宋陆游、清末秋瑾等。越台，即越王台，在会稽（今浙江绍兴）境内，春秋时越王勾践为招贤纳士而筑。"忧忡为国痛断肠"，忧国忧民，肝肠寸断。"剑南歌接秋风吟"，剑南歌：陆游自号"剑南"，指陆游诗集《剑南诗稿》中的爱国诗歌。秋风吟：指鉴湖女侠秋瑾的诗《秋风曲》和她的绝命词"秋风秋雨愁煞人"，以及鲁迅1934年《秋夜有感》和1935年《亥年残秋偶作》。这些作品前后相承，时代虽相隔久远，但都思想深刻，诗味醇厚。"一例氤氲入诗囊"，氤氲：形容云气或烟雾浓郁的样子。诗囊：装诗稿的袋子。这里比喻陆游、秋瑾、鲁迅的诗歌内容丰富，具有浓郁的爱国主义精神，能够流传不衰，载入史册。

《七绝二首·纪念鲁迅八十寿辰》各自成章，内容各有侧重，但又密切联系，相互补充，是很有特色的组诗，具有极高的艺术概括力和极强的情感表现力。毛泽东把鲁迅的人格、胆识和诗艺、地域、传统和爱国精神结合起来论赞，情感炽热，寓意深刻，不同凡响。

毛泽东与郭沫若有何诗交？

在韶山毛泽东遗物馆，珍藏着一块不同寻常的 OMEGA 手表。1945 年 8 月 28 日，毛泽东赴重庆谈判，郭沫若到九龙坡机场迎接。他发现毛泽东手腕上没有戴表，感觉很不方便，径直将自己腕上的一块表摘下来送给毛泽东。毛泽东十分珍惜这块手表，生前一直戴着它，几经修理并换过多次表带。这块手表见证了政坛领袖和文坛旗手之间半个多世纪日久弥深的真挚感情。

1926 年 3 月，郭沫若在林伯渠的帮助下，应邀到广东大学就任文科学长。一日，郭沫若前往拜访林伯渠，与毛泽东不期而遇。1937 年，郭沫若写的自传《创造十年续篇》还特地将他与毛泽东第一次见面作了生动描述："到了祖涵房家时，他却不在，在他的书房里却遇着了毛泽东。太史公对于留侯张良的赞语说：'余以为其人计魁梧奇伟，至见其图，状貌如妇人好女。'吾于毛泽东亦云然。人字行的短发分排在两鬓，目光谦抑而潜沉，脸皮嫩黄而细致，说话的声音低而委婉。不过在当时的我，倒还没有预计过他一定非'魁梧奇伟'不可的。在中国人中，尤其在革命党人中，而有低声说话的人，倒是一种奇迹。他的声音实在低，加以我的耳朵素来又有点背，所说的话我实在连三成都没有听到。不过大意是懂得的，所谈的不外是广东的现状……"[①]

后来，毛泽东在广州主持第六届农民运动讲习所工作，曾邀请郭沫若到讲习所给学员讲课。北伐战争开始后，身为北伐军总政治部副主任、秘书长的郭沫若随军出征。北伐军攻下武昌后，毛泽东与郭沫若又再次相会。郭沫若参加南昌起义后，遭国民党通缉而逃亡日本。抗战爆发后，

[①] 季国平著：《毛泽东与郭沫若》，中国青年出版社，2008 年 1 月第 1 版，第 26 页。

郭沫若毅然回国，组织和团结国民党统治区的进步文化人士，为抗战文艺的发展尽心尽力，成为文化界的一面旗帜。

1939年7月，郭沫若父亲去世，毛泽东送了一副挽联，联语意蕴丰厚，悼父赞子，宣传抗日，激励人心："先生为有道后身，衡门潜隐，克享遐龄，明德通玄超往古；哲嗣乃文坛宗匠，戎幕奋飞，共驱日寇，丰功勒石励来兹。"[①]

抗战时期，郭沫若创作了《虎符》《棠棣之死》《屈原》等历史剧。《虎符》写成后，郭沫若托人将其带给毛泽东。毛泽东于1944年1月9日写信给他说："收到《虎符》，全篇读过，深为感动。你做了许多十分有益的革命的文化工作，我向你表示庆贺。"[②]

1944年4月，郭沫若写了史论文章《甲申三百年祭》，毛泽东将其作为延安整风的学习材料。延安还特地将《甲申三百年祭》和《屈原》印成单行本，供党员干部学习。同年8月，周恩来托人把这本小册子带给郭沫若，郭极为感激，当天即给毛泽东、周恩来写信，感谢他们的鼓励。毛泽东收信后，于1944年11月21日给郭沫若回信，写道："你的《甲申三百年祭》，我们把它当作整风文件看待……你的史论、史剧有大益于中国人民，只嫌其少，不嫌其多，精神决不会白费的，希望继续努力。"[③]

毛泽东与郭沫若的"诗交"，则要从重庆谈判说起。《沁园春·雪》公开发表后轰动山城。国民党御用文人以"唱和"为名，肆意诋毁毛泽东和共产党。郭沫若在1945年12月5日重庆《新民报》晚刊《西方夜谈》、1945年12月29日《客观》第8期连续发表两首和词；在1947年7月在上海出版的《周报》第46期发表《摩登唐吉诃德的一种手法》，抨击反动文人对毛泽东作品的污蔑和歪曲，盛赞《沁园春·雪》是"气度雍容格调高"的"堂堂大雅"之作。

新中国成立后，他们的诗词交往更为频繁。1957年1月23日，郭

[①] 季国平著：《毛泽东与郭沫若》，中国青年出版社，2008年1月第1版，第78页。

[②] 《毛泽东书信选集》，中央文献出版社，2003年11月第1版，第198页。

[③] 《毛泽东书信选集》，中央文献出版社，2003年11月第1版，第217页。

沫若写了《念奴娇·小汤山》《浪淘沙·看溜冰》《水调歌头·归途》，分别和毛泽东的《念奴娇·昆仑》《浪淘沙·北戴河》和《水调歌头·游泳》。1959年毛泽东写下《七律·到韶山》《七律·登庐山》后，于9月7日致信胡乔木："诗两首，请你送给郭沫若同志一阅，看有什么毛病没有？加以笔削，是为至要。"郭沫若于9日和10日两次写信给胡乔木，直率地提出了修改意见。9月13日，毛泽东又写信给胡乔木，说："沫若同志两信都读，给了我启发。两诗又改了一点字句，请再送郭沫若一观，请他再予审改，以其意见告我为盼！"[①]郭沫若成为为毛泽东诗词修改润色提出意见的少数学者之一。毛泽东分别于1961年、1963年、1973年写了《七律·和郭沫若同志》《满江红·和郭沫若同志》《七律·读〈封建论〉呈郭老》，郭沫若是毛泽东诗词唱和最多的诗人之一。

郭沫若还是20世纪五六十年代研究毛泽东诗词成就最为突出、影响最为广泛、地位最为显赫的权威大家。他先后在《人民日报》、《文艺报》、《光明日报》、《红旗》杂志和《诗刊》等发表赏读毛泽东诗词的文章20篇以上，代表了当年毛泽东诗词研究的最高水平。他以丰富的人生阅历、渊博的国学知识和崇高的诗人地位来解读毛泽东诗词时，常常把自己摆进去，插入某些亲身的经历和体验，使读者能够感受到诗词意境的真实性和亲切感，对毛泽东诗词的普及与推广做出了重大贡献。

毛泽东与郭沫若，一个是人民领袖，一个是文坛旗手。两人相识早，接触多，相互尊重，友好相处。他们之间的交往与诗词唱和，是一位扭转乾坤的伟大政治家、思想家与一位曾经深刻影响中国文化的伟大诗人、学者之间特殊的思想交流，这种交流总是与时代风云紧密相连，并给社会的政治生活、文化生活以辐射和影响，因而极其耐人寻味。

---

① 郭思敏主编：《毛泽东诗词辨析》，中央文献出版社，2006年10月第1版，第214—215页。

毛泽东为何反对"千刀当剐唐僧肉"?

1961年10月间,浙江省绍剧团在北京演出根据《西游记》第二十七回白骨精故事改编的绍剧《孙悟空三打白骨精》。10月18日,郭沫若在北京民族文化宫看演出。演出结束后,浙江绍剧团请求郭沫若就该剧提出意见。10月25日,郭沫若写成一首《七律·看〈孙悟空三打白骨精〉》,送给他们,同时也寄送给毛泽东修改,诗曰:"人妖颠倒是非淆,对敌慈悲对友刁。咒念金箍闻万遍,精逃白骨累三遭。千刀当剐唐僧肉,一拔何亏大圣毛。教育及时堪赞赏,猪犹智慧胜愚曹。"

《孙悟空三打白骨精》在北京上演时,恰逢苏联共产党二十二大召开之际。由于苏联领导人更加疯狂地推行大国沙文主义,中共方面与之分歧日益严重,并发生了激烈的争论。郭沫若在诗中所表达的主题,表面上看是批判善恶不辨的唐僧,实则讽刺推行大国沙文主义的苏共领导人,有着强烈的现实政治意义。

不久,毛泽东在广州读到了这首诗,很感兴趣,但是他认为郭沫若将被妖魔蒙蔽的唐僧视为现代修正主义而进行笔伐的做法不妥,不赞同郭沫若诗中"千刀当剐唐僧肉"的说法。1961年11月17日,毛泽东写了《七律·和郭沫若同志》,与郭沫若切磋:"一从大地起风雷,便有精生白骨堆。僧是愚氓犹可训,妖为鬼蜮必成灾。金猴奋起千钧棒,玉宇澄清万里埃。今日欢呼孙大圣,只缘妖雾又重来。"

孙悟空三打白骨精的故事可谓家喻户晓,妇孺皆知。人们为孙悟空善于识别人妖的锐利眼光、降妖除魔的大无畏精神叫好,为唐僧善恶不分的糊涂做法惋惜。这两首诗的内容也通俗易懂,并不玄奥。毛泽东的和诗与郭沫若的原诗,都是借《西游记》的戏剧情节、神话故事,针对当时国际共产主义面临修正主义的新挑战而创作的。郭沫若对唐僧这种人妖不分、是非不辨、屡次上当、对悟空极力惩戒的做法极为愤慨,认为这种人"对敌慈悲对友刁",不千刀万剐不足以解心头之恨。

在毛泽东看来,受到妖精蒙蔽的唐僧虽然最初做出了亲者痛、仇者快的事情,但当他得知真相后,也能幡然醒悟,师徒重新携手踏上行程。他认为"僧是愚氓犹可训,妖为鬼蜮必成灾",意思是唐僧虽然是个愚钝糊涂之人,但仍属可教育之人,属于革命斗争中的中间派,可采取团结教育的办法,贯彻统一战线的政策,妖怪白骨精才是应当全力打击的对象。真正起到很大破坏力的是那些泛滥成灾的"鬼蜮",现实生活中的现代修正主义,不正是"鬼蜮"吗?

在这首诗中,毛泽东以一个清醒的无产阶级政治家的洞察力,对近百年国际共运史及其发展前景进行了极为精当的艺术概括,并号召全世界的马克思主义者都联合起来,与现代修正主义这股妖雾作坚决的斗争。全诗将神话故事与当时反修斗争巧妙地结合起来,使神话故事情节与政治风云丝丝入扣,比喻贴切,点石成金,醒人耳目,发人深省。

这里值得一提的是,无法无天的"造反"英雄孙悟空,是毛泽东颇为欣赏的神话人物。孙悟空闹天宫、闯地府,敢于和各种妖魔鬼怪作斗争,足智多谋而又爱憎分明的性格,给少年时代就酷爱读《西游记》的毛泽东留下深刻印象。可以说,在毛泽东充满无畏、传奇、浪漫色彩的一生中,孙悟空反抗压迫、征服自然的斗争精神,对毛泽东产生过一定的影响。难怪毛泽东谈到他的性格时多次说,他一生兼有"虎气和猴气",这种"猴气"与孙悟空不无关系。因而,在毛泽东的诗里,他采用具有因果关系的流水对一气呵成,用"金""玉"这样富有光泽的美好字眼和"奋起""澄清"这样具有力度和动感的词语,突出了孙悟空的高大形象,展现了清明高远的美好境界,热烈赞美了久经考验、目光敏锐、爱憎分明、大智大勇、战无不胜的马列主义战士,表达了马列主义必胜的坚定信念。

1962年1月6日,郭沫若看到毛泽东这首和诗后,改变了当初的看法,当即步毛诗原韵又和一首《七律·再赞〈三打白骨精〉》:"赖有晴空霹雳雷,不教白骨聚成堆。九天四海澄迷雾,八十一番弭大灾。僧受折磨知悔恨,猪期振奋报涓埃。金猴火眼无容赦,哪怕妖精亿次来。"郭沫若又将此诗送给毛泽东评阅。毛泽东看了郭沫若的这首和诗后,于1962年1月12日给康生写信,请他转告郭沫若:"他的和诗好,不要'千刀当剐唐僧肉'了。对中间派采取了统一战线政策,这就好了。"①

1964年5月30日,郭沫若在《人民日报》发表《"玉宇澄清万里埃"——读毛主席有关〈孙悟空三打白骨精〉的一首七律》,谈到了自己对于唐僧认识态度的转变和深化,其中写道:"舞台上的唐僧形象,实在使人憎恨,觉得他真是值得千刀万剐,这种感情,我是如实地写在诗里了。'千刀当剐唐僧肉,一拔何亏大圣毛',这就是我对于把'人妖颠倒是非淆,对敌慈悲对友刁'的'唐僧'的判状。但对戏里的唐僧这样批判是不大妥当的……主席的和诗,便是从事物的本质上,深一层地有分析地来看问题的。主席的和诗,事实上是改正了我的对于唐僧的偏激的看法。"

---

① 曾珺编著:《毛泽东书信背后的故事》,浙江人民出版社,2015年1月第1版,第269页。

毛泽东为何"今日欢呼孙大圣"？

《七律·和郭沫若同志》是毛泽东于1961年11月17日为唱和郭沫若《七律·看〈孙悟空三打白骨精〉》而写的诗作。这首诗最早发表于1963年12月人民文学出版社出版的《毛主席诗词》，发表时附有郭沫若原诗。该诗现在所见作者留存一件手迹，题为《三打白骨精·和郭》，竖写，有标点符号，诗末写有"毛泽东一九六二年一月三十日"字样。手迹与正式发表稿有如下不同："妖为鬼蜮必成灾"句，手迹为"妖为鬼魅必成灾"；"只缘妖雾又重来"句，手迹为"只为妖雾又重来"。

20世纪50年代后期，中苏两党在国际共产主义运动中产生了意见分歧，并且十分尖锐。1961年10月，苏共领导人赫鲁晓夫召开了苏共第二十二次代表大会，会上通过了新的纲领，主张社会主义国家与资本主义国家和平竞赛、和平共处；资本主义国家可以和平过渡进入社会主义等。赫鲁晓夫在会上疯狂地攻击中国共产党，对我党横加指责。这种恶劣行为，极大地破坏了中苏两党的团结和两国人民的传统友谊。

1961年11月，正在广州视察的毛泽东读到了郭诗，对郭老对待唐僧的态度有不同意见，写下了这首诗，表达自己对国际共产主义运动的看法。这首诗塑造了唐僧、白骨精和孙大圣三类不同的人物，艺术地抒发了诗人强烈的爱憎感情，批判了国际共产主义运动中的修正主义思潮，表达了建立革命统一战线、同修正主义作斗争的正确策略和思想。整首诗境界宏阔，高屋建瓴，在对比、比喻、象征中，使诗的政治主题得到了具体形象的展示。

"一从大地起风雷"，追本溯源，从白骨精的产生说起。一从：自从，唐代王昌龄《寄穆侍御出幽州》："一从恩遣度潇湘，塞北江南万里长。"大地：指全世界。起：掀起。风雷：风暴雷霆。《易经·说卦》云："动万物者，莫疾乎雷；挠万物者，莫疾乎风。"古人认为风雷是事物极速变化的力量，清代龚自珍《己亥杂诗》："九州生气恃风雷，万马齐喑究可哀。"这里喻指国际共产主义运动。"便有精生白骨堆"，典出吴承恩《西游记》第二十七回："山高必有怪，岭峻却生精。"便有：与"一从"相应。精：妖精，喻指形形色色的修正主义者。白骨堆：指《西游记》中的白骨精在孙悟空金箍棒下化作的"一堆粉骷髅"。

"僧是愚氓犹可训"，僧：唐僧，即玄奘，汉传佛教史上最伟大的译师。《西游记》中的唐僧吃斋念佛，历经千辛万苦取得了真经。愚氓：糊涂、愚蠢。犹可训：尚可教育。唐僧受了白骨精的蒙蔽，认敌为友，险些丢了性命，但他与妖怪毕竟不是一伙，经事实教育后尚能幡然悔悟。"妖为鬼蜮必成灾"，披着画皮的白骨精诡计多端、阴险狠毒，为非作歹，如不及时揭穿，必定会导致巨大的灾祸。鬼蜮：《诗经·小雅·何人斯》："为鬼为蜮，则不可得。"据说"蜮"是一种生在水中能含沙射影暗中害人的怪物。这里喻指含沙射影恶毒攻击中国共产党的苏共领导人。"犹"和"必"表达了两种不同的认识，流露出两种不同的感情，体现了毛泽东正确区分两类不同性质矛盾、团结中间派、打击主要敌人的光辉思想。1964年1月27日，毛泽东口头答复外国文书籍出版局《毛主席诗词》英译者问时说："僧是愚氓犹可训，妖为鬼蜮必成灾：郭沫若原诗针对唐僧。应针对白骨精。唐僧是不觉悟的人，被欺骗了，我的和诗是驳郭老的。"[①]

"金猴奋起千钧棒"，金猴：孙悟空，直接扣和郭沫若《看〈孙悟空三打白骨精〉》的诗题。《西游记》中的孙悟空火眼金睛，头戴金箍，手持一万三千五百斤的金箍棒。钧：古代重量单位，三十斤为一钧。"玉宇澄清万里埃"，玉宇是古代传说中天帝居住的地方，以玉为殿，引申为美好光洁的世界。宋代苏轼《水调歌头》："又恐琼楼玉宇，高处不胜寒。"宋代陆游《十月十四日夜月终夜如昼》："西行到峨眉，玉宇万里宽。"澄清：清除液体中的各种杂质。万里埃：万里长空中的尘埃。

[①]《毛泽东文艺论集》，中央文献出版社，2002年4月第1版，第223页。

这里喻指彻底扫除弥散于全世界的修正主义思潮，使广阔的天空变得一片清朗明亮。

"今日欢呼孙大圣"，"今日"一词由神话故事转入眼前的现实社会。《西游记》第四回《官封弼马心何足，名注齐天意未宁》写孙悟空大闹天宫后回到花果山，自称"齐天大圣"，与玉皇大帝抗衡。"只缘妖雾又重来"，只是因为妖魔鬼怪又兴风作浪，喻指修正主义思潮又猖獗一时，如不遏制，必定泛滥成灾。就神话故事而言，需要孙悟空出场，是因为又有妖怪作祟；而就现实斗争而言，需要孙悟空的斗争精神，是因为国际共运中又出现了像白骨精一类的妖怪传播歪理邪说。

作为政治家诗人、诗人政治家的毛泽东，除了通过政治途径反击当时所说的修正主义外，还以诗词为斗争武器反击修正主义。《七律·和郭沫若同志》是一首针对性很强的政论诗，从当时国际共产主义运动中的分歧和曲折着眼，准确把握《孙悟空三打白骨精》的精神内涵，赋予家喻户晓的神话故事以严肃而又鲜活的时事内容，寓意深刻，举一反三，且形象活脱，喻理明晰，成为推陈出新、古为今用的一个范例，给人以强烈的艺术感染力。

陆游如何咏梅抒怀？

1961年12月，毛泽东在广州筹划扩大的中央工作会议。闲暇时，他读了陆游的《卜算子·咏梅》，受到启发，联系到国际政治斗争风云，"反其意而用之"，创作出了同名词作《卜算子·咏梅》："读陆游咏梅词，反其意而用之。风雨送春归，飞雪迎春到。已是悬崖百丈冰，犹有花枝俏。 俏也不争春，只把春来报。待到山花烂漫时，她在丛中笑。"

中国是梅花的原产地，在中国十大名花中，栽培历史在3000年以上的，只有梅花、菊花、荷花三种。《尚书》中就已有关于梅的文字记载："若作和羹，尔惟盐梅。"宋代陈景沂所编花草类书《全芳备祖》将梅花列为百花之首。数点我国山川，有梅岭、梅溪、梅峰、梅园；走遍我国各地，有梅村、梅镇、梅县、梅州。宋代范成大在《梅谱》中说："梅天下尤物，无问智愚贤不肖，莫敢有异议。"中国人一直把梅花看作是象征快乐、幸福、长寿、顺利、和平的"五福之花"。同时，人们把梅花那傲霜凌雪的风貌，看作是中华民族英勇顽强的斗争精神的象征，把梅花那香远古朴的风韵，看作是中华古国绵长幽深的历史文化的象征，甚至把梅花那紧簇同心的形状，看作是中国各族人民大团结的象征。

咏梅诗词是中国文学史上的一朵奇葩。历来被文人墨客反复吟咏，咏梅诗词佳作不计其数，因为毛泽东的《卜算子·咏梅》是"读陆游咏梅词，反其意而用之"，要把握这首词，有必要对陆游的作品进行简单分析。

陆游是南宋伟大的爱国诗人，生在封建统治阶级向外来侵略势力委曲求和的时代。他积极主张抵抗金人侵略，对南宋统治者苟安江南深为不满，所以受到了投降派的打击，爱国抱负不为时用，晚年退居家乡。陆游一生创作颇丰，以诗为主，其存诗约9300首，其词作虽不及诗作，但在南宋词苑中亦有相当地位。

陆游一生喜爱梅花,写梅之作150余首,或赞梅天性,或以梅况己,不一而足,颇引时人及后人瞩目。在古代诗人中,作咏梅词最多的,是陆游;在古今所有诗人中,咏梅佳作最多的,也是陆游。如他在公元1191年冬写的《梅花绝句》中以"幽谷那堪更北枝""正在层冰积雪时"等诗句,赞颂了傲然开放于严寒深谷内最北边枝条上的梅花;次年冬,他在《落梅》中以"雪虐风饕愈凛然,花中气节最高坚"等诗句更咏赞了于凶猛的风雪中抖擞俏放的梅花。公元1202年正月初,他在一首《梅花绝句》中写道:"何方可化身千亿?一树梅花一放翁。"他笔下的梅花便是自我写照。

《卜算子·咏梅》是陆游的代表作,也是他的"夫子自道":"驿外断桥边,寂寞开无主。已是黄昏独自愁,更著风和雨。无意苦争春,一任群芳妒。零落成泥碾作尘,只有香如故。"

词的上阕写的是梅所处的恶劣环境。"驿外断桥边",一枝梅花生长在郊野驿站外破败不堪的断桥边。驿:指驿站,古代官府设置的供来往官员或传递公文的人途中休息、暂住和换马的场所。断桥:残破的桥。地点荒凉,处境冷寂。"寂寞开无主",孤独寂寞地开放着,没有人呵护。开无主:在没有主人的环境中开放,无人赏识。唐代杜甫《江畔独步寻花七绝句》其五:"桃花一簇开无主,可爱深红爱浅红。"唐代李群玉《山驿梅花》:"生在幽崖独无主,溪萝涧鸟为俦侣。"梅花孤独寂寞,也没有人照料观赏。深红浅红都很可爱,使人不知道应该爱哪种好。"已是黄昏独自愁",已经到了日落黄昏时分,无人问津的梅花孑然一身,正独自地抒发悲愁。南唐李煜《浪淘沙》:"独自莫凭栏,无限江山。""更著风和雨",又遇到凄风苦雨,如此凄凉寂寥的煎熬该如何承受呢?正所谓"屋漏偏逢连夜雨,行船又遇顶头风"。

词的下阕转写梅的高尚操守。"无意苦争春",到了春天之后冬梅花儿逐渐凋谢,原本无意与百花争春斗艳。宋代黄庭坚《次韵答马中玉》其三:"争春梅柳无三月,对雪樽罍属二天。""一任群芳妒",一任:任凭,完全听凭。群芳妒:宋代杨无咎《蓦山溪·和婺州晏倅醅醾》:"天姿雅素，不管群芳妒。"群芳：百花。作者把"群芳"视为梅花的对立面，喻指朝廷中的投降派、卖国分子。妒：嫉妒，这里指排挤、打压。"零落成泥碾作尘"，凋谢脱落被人践踏变成泥土化为尘埃。零落：凋谢而飘零于地。宋代王安石《北陂杏花》："纵被春风吹作雪，绝胜南陌碾作尘。"宋代陆游《言怀》："兰碎作香尘，竹裂成直纹。炎火炽昆冈，美玉不受焚。""只有香如故"，只有永不消散的清香依然如故，比喻节操不变。

　　陆游笔下的梅花，并不是皇家权贵花园中栽植观赏的梅花，而是荒郊野岭中孤零零的梅花，备受冷落。梅花原本早于群花开放，但并无心思去争抢春令与春晖的眷顾。即便如此低调，还会遭到百花的嫉妒，那就随它们嫉妒去吧，这无损于梅花的高洁。梅花即使最终被碾得粉碎，它的香气依然如故。陆游的《卜算子·咏梅》表现自己粉身碎骨，至死不变的爱国情操，同时也流露了封建时代一个爱国知识分子屡遭挫折之后那种孤寂愁苦、悲观消沉、无可奈何、孤芳自赏的情怀。鲁迅先生说过，悲剧是将人生有价值的东西毁灭给人看。这首词写的正是梅花的悲剧，而梅花的悲剧恰恰也正是诗人陆游的悲剧。

毛泽东如何赞梅抒怀？

毛泽东十分喜爱梅花，也喜欢读陆游的诗词，但他对陆游咏梅词中所表现出来的孤芳自赏、凄凉抑郁的情调，因时代、政治的差异而未予苟同，于1961年12月创作出了同名词作《卜算子·咏梅》："读陆游咏梅词，反其意而用之。风雨送春归，飞雪迎春到。已是悬崖百丈冰，犹有花枝俏。　俏也不争春，只把春来报。待到山花烂漫时，她在丛中笑。"这首词最早发表在1963年12月人民文学出版社出版的《毛主席诗词》，出版时附有陆游原词。

这首词现在所见作者三件手迹。三份手迹与正式发表稿有诸多不同。"已是悬崖百丈冰"中的"崖"，三件手迹都写作"岩"。"她在丛中笑"中的"丛中"，有件作"傍边"。关于写作时间，三件手迹分别标明"一九六一年十二月二十七日""一九六二年一月""一九六二年十二月"。中央文献出版社2003年12月版吴正裕主编《毛泽东诗词全编鉴赏》"考辩"指出："据分析，这三个日期分别是写出初稿和进行修改的时间，最后把写作时间确定为写出初稿的'一九六一年十二月'。"

1961年12月27日，毛泽东校改《卜算子·咏梅》清样时，在词后写道："附陆游咏梅词一首卜算子。作者北伐主张失败，皇帝不信任他，卖国分子打击他，自己陷于孤立，感到苍凉寂寞，因作此词。"[①] 郭沫若在1964年3月15日《人民日报》发表的《"待到山花烂漫时"》一文中分析该词的背景和意义时写道："当时是美帝国主义和他的伙伴们进行反华大合唱最嚣张的时候。这也就是'已是悬崖百丈冰'的时候……

[①] 费枝美、季世昌著：《毛泽东诗词新解》，中央文献出版社，2003年12月第1版，第291页。

主席写出了这首词来鼓励大家,首先是在党内传阅的,意思就是希望党员同志们要擎得住,首先成为毫不动摇、毫不害怕寒冷的梅花,为中国人民做出好榜样。斗争了两年,情况逐渐好转了,冰雪的严威逐渐减弱了,主席的诗词才公布了出来。不用说还是希望我们继续奋斗,使冰雪彻底解冻,使山花遍地烂漫,使地上永远都是春天。"

"风雨送春归,飞雪迎春到",从季节变化写起,暮春的风雨送走春光,严冬飞雪又把新春迎接回来。以悲观眼光看待自然变化不免伤感,如辛弃疾《摸鱼儿》感叹"更能消几番风雨,匆匆春又归去"。而毛泽东则用辩证眼光观察自然,抒发出乐观主义精神。词中的"风雨",不仅指大自然的气候,也指当时国际共运中的激烈斗争。"已是悬崖百丈冰,犹有花枝俏",梅花生长环境险恶,但迎寒盛开,显得气壮情昂。一个"俏"字,使冰封冷冻的冷寂世界有了暖意,有了生气,有了活力,更有了希望,写尽了梅花超逸的神韵和高华的风采,坚冰不能损其肌肤,风雪无法掩其俊俏,风雨不能摧其筋骨。

"俏也不争春,只把春来报",进一步写梅花的大公无私和谦逊自处的崇高境界。梅花俊俏美好,不断与飞雪、百丈冰顽强抗争,但不想独占春光,不求任何特权,只作报春的使者,不居功,不自傲。"待到山花烂漫时,她在丛中笑",待到春满人间、万紫千红的时候,梅花悄然淡出,在百花丛中充满欣慰。一个"笑"字,把梅花写得神采飞扬,光辉照人,体现了梅花坦荡无私的胸怀、淳朴谦逊的性格,这不正是无产阶级和革命战士的崇高品格吗?

清代诗人沈德潜在《说诗晬语》中指出:"有第一等襟抱,第一等学识,斯有第一等真诗。"毛泽东深谙旧体诗词的形式,驾轻就熟,故能像苏轼所说的"出新意于法度之中,寄妙理于豪放之外"。毛词和陆词都是托物咏怀,但毛泽东笔下的梅花与陆游词中那种伤寂寞、愁黄昏、怯风雨、自欣赏的梅花截然不同。毛词既有崇高壮美的意境与优美动人的意象,又富有哲理的光辉和战斗的激情,不仅给人以丰富的美感享受,而且能使人的思想得到启迪,情操得到熏陶,精神受到鼓舞,灵魂得到净化,人格得到升华。毛泽东写尽了梅花的风流标格,在古今咏梅诗词中,堪称典范。

毛泽东的《卜算子·咏梅》是咏梅之作，不是咏"雪"之作，"雪"字只出现了一次。"百丈冰"因"飞雪"而成，二者都是严寒的具体形式，都是构成梅花严酷环境的因素，都是梅花要与之抗争的对象，似乎要加以贬抑，加以否定。然而，毛泽东对"雪"的态度绝非如此简单，绝不是用"好"与"坏"或者"善"与"恶"就能加以评判的。因为梅花凌寒而开，没有了严冬的雪，梅花得不到生存考验，也无法磨砺傲霜斗雪的意志；没有雪的清纯洁白，也自然难以显示梅花的高雅质朴。特别是"飞雪迎春到"，"飞雪"成为迎接春天的使者，传递春天将至的信息，"飞雪"与"百丈冰"的寓意就有了明显的区别，就被赋予了一定的积极意义。如果结合当时的政治背景来看，"百丈冰"无疑是指国际上的反华势力及其疯狂叫嚣，而"飞雪迎春到"则预示着革命胜利的到来，其中包含有无产阶级和革命政党的战斗风姿。如果这一理解可以成立的话，那么"飞雪"与梅花就未必是敌对关系，而俨然成了战友关系。恰恰是这样一种意境，使毛泽东在一年后写的《七律·冬云》中，更加直截了当地发出了"梅花欢喜漫天雪"的礼赞。

毛泽东如何"独有英雄驱虎豹"？

《毛泽东年谱（1949—1976）》卷五记载："（1962年）12月26日作《七律·冬云》：'雪压冬云白絮飞，万花纷谢一时稀。高天滚滚寒流急，大地微微暖气吹。独有英雄驱虎豹，更无豪杰怕熊罴。梅花欢喜漫天雪，冻死苍蝇未足奇。'于晨七时批示林克：'请将诗一首付印，于今天下午印成五十份，于下午六时前交我为盼。'"①这首诗最早发表于1963年12月人民文学出版社出版的《毛主席诗词》，铅印诗稿与发表稿有一处不同，"高天滚滚寒流急"句，铅印诗稿作"高天滚滚寒流泄"。这是毛泽东69岁生日写下的一首自寿诗，写景言志，借景抒怀，在国际国内的严峻局势面前，诗人以"独有英雄驱虎豹""梅花欢喜漫天雪"的姿态，表现了直面挑战，敢于斗争，攻坚克难的信心和勇气。

1962年，在国内，由于"大跃进"和"反右倾"的错误，加上遭受连续三年罕见自然灾害的侵袭，我国正处于新中国成立以来最严重的经济困难时期。国际形势却是"树欲静而风不止"，中美关系对立，中苏关系破裂，中印边境冲突。"已是悬崖百丈冰"，局势错综复杂，挑战空前严峻。以毛泽东为代表的中国共产党人保持了"乱云飞渡仍从容"的战略定力，沉着应对，有理有力有节，攻克了一个又一个难关。

《七律·冬云》借景抒情言志，用生动的比喻和强烈的对照，描绘出当时国际范围内反动逆流猖獗的景象，并热情地讴歌无产阶级革命战士不畏强暴，奋勇抗争，乐观豪迈，笑傲世间。这首诗本是一段大议论，却借冬景的描写来抒发，这就叫比兴。有比兴则自有高义，自成高格。诵读此诗，首先看到的是一幅严冬雪景，寓意深刻，是高度艺术性与丰

---

① 《毛泽东年谱（1949—1976）》第五卷，中央文献出版社，2013年12月第1版，第179页。

富思想性的统一。

首联"雪压冬云白絮飞,万花纷谢一时稀",起笔就切入正题:冬云密布,雪花纷飞,花枝稀少。关于"白絮飞"这一比喻,过去有以棉絮和柳絮比喻雪花的不同解法。南朝刘义庆在《世说新语》中记载:东晋谢安在雪日里与诸儿辈讲论文义,俄而雪骤,谢安欣然问道:"白雪纷纷何所似?"安兄子回答:"撒盐空中差可拟。"而安兄女却说:"未若柳絮因风起。"谢安听后大笑而乐。这是前人以柳絮比喻漫天飘飞的雪花的一例。一阵大雪之后,许多花草经受不住严寒的袭击和大雪的压力,纷纷凋谢了,只剩下少数花枝同严寒抗争。这两句诗表面看似对自然景象的描绘,其实是用象征手法形象地再现了当时国际斗争的严峻局面。

颔联"高天滚滚寒流急,大地微微暖气吹",对比鲜明,不但进一步写出寒流来势的凶猛,而且不留痕迹地揭示出自然运动发展变化的规律。猛烈的寒流从高空滚滚袭来,使周天充满森冷肃杀之气。在寒潮呼啸肆虐之时,缕缕暖气却在大地上轻舒徐缓地吹拂着,这可以说是残冬将去、新春即来的征兆。诗人用比兴象征形象生动地说明了尽管反华势力一时猖獗,但各国人民的斗争热情仍不断高涨,大好形势就要到来。诗人透过现象看本质,用长远观点看事物,在困难中看到光明的未来,表现了一个革命家敏锐的洞察力和高度的乐观主义精神。

颈联"独有英雄驱虎豹,更无豪杰怕熊罴",议论和抒情仍不离严冬的景象。"独有"与"更无"前后呼应,语势强烈,高亢有力,语意直白。这两句诗洋溢着革命英雄主义的气概,体现出伟大的人格力量,既是对古往今来英雄人物的热情礼赞,又是对全国人民的召唤:反动势力犹如猖獗一时的虎豹熊罴,色厉内荏,没有什么可怕,在英雄豪杰面前,终究无法逃脱灭亡的命运。

尾联"梅花欢喜漫天雪,冻死苍蝇未足奇",回应首联,并将梅花与苍蝇相对比。梅花不怕冰雪严寒,喜欢挑战漫天冰雪;而那经不起冰雪冷冻的苍蝇则注定要被冻死,理所当然,不足为奇。"梅花"指坚贞不屈、风骨凛然的革命战士,是威武不屈的中国共产党人的化身。"苍蝇"

是嗜腐逐臭、肮脏渺小的害虫，指那些甚嚣尘上、鼓噪一时的反华势力。毛泽东在《满江红·和郭沫若同志》中对这群苍蝇的狼狈丑态进行了更加形象的描写："小小寰球，有几个苍蝇碰壁。嗡嗡叫，几声凄厉，几声抽泣。"毛泽东以苍蝇的渺小，反衬梅花的伟岸；以苍蝇的卑劣，反衬梅花的高洁，爱憎分明，既恰当又通俗，还充满了智者的幽默感。

《七律·冬云》是一首政治诗，但并没有空洞说教的成分。它写景并通过写景来抒情，比喻贴切，形象鲜明。这首诗中间两联对仗工整，全诗主要采用了对比手法，分成前后两部分来表现"正义"与"邪恶"的斗争和对抗。邪自邪，正自正，邪不压正，正不惧邪。而前后两部分又各自以句末和前三句形成一个小循环对比，奇偶相生，严谨之中别有自由。这是一首革命者的"冬日之歌"，激励人们在遇到暂时困难与挫折的时候，要看到前途、看到光明，要振奋精神，以"让暴风雨来得更猛烈些吧"的勇士姿态，顽强地同貌似强大的敌人斗争到底。

毛泽东如何古稀生日抒豪情？

已经公开发表的毛泽东诗词，基本上标注了创作时间，既有模糊的，也有具体的。有的只标注到年份，如《贺新郎·别友》标为"一九二三年"；有的只标注到季节，如《西江月·井冈山》标注为"一九二八年秋"；有的只标注到月份，如《采桑子·重阳》标为"一九二九年十月"。当然，也有的作品详细注明了具体确切的创作日期，如《七律二首·送瘟神》写于"一九五八年七月一日"，《七律·和郭沫若同志》写于"一九六一年十一月十七日"。而《七律·冬云》最为特殊，不仅表明了具体创作日期，而且这一天是毛泽东69岁生日。

毛泽东的生日，据《韶山四修族谱》卷十五记载："清光绪十九年癸巳十一月十九辰时生。"即农历十一月十九日生。毛泽东身边的工作人员叶子龙等人，从历书上查对，将公历和农历对照，核定毛泽东的生日为12月26日。毛泽东曾风趣地说："哦，我的那碗面条，此后不在阴历十一月十九日吃，改在阳历12月26日吃！"[1]

毛泽东对日常生活很不经意，对生日也持无所谓的态度。在动荡不安的戎马生涯中，他更是无暇顾及自己的生日。他曾说，他连自己的40岁生日都忘了！1943年4月，中宣部副部长凯丰致信毛泽东，提出给毛泽东做50大寿的计划，这是毛泽东第一次遇到"生日问题"。4月22日，毛泽东给凯丰回信："生日决定不做。做生日太多了，会生出不良影响。目前是内外困难的时候，时机也不好。"[2]12月26日，延安各界并没有给毛泽东祝寿。

1944年4月30日，毛泽东在延安邀请国民党爱国将领续范亭和几位

---

[1] 孟红著：《毛泽东生日纪事》，《文史春秋》2009年第5期。
[2]《毛泽东书信选集》，中央文献出版社，2003年11月第1版，第190页。

同志吃饭。在饭后叙谈中,续范亭得知他和毛泽东同庚。续范亭感到很奇怪,去年自己过50大寿时,延安交际处专门为他设宴祝寿,而毛泽东50大寿,延安却没有任何动静。当他听说是毛泽东阻止了延安各界为他祝寿,备受感动,自感"30年奔走无成,见到如此领袖,使我心悦诚服,中国革命,从此再不会走冤枉路了。"他当场赋诗一首,祝贺毛泽东健康长寿:"半百年华不知老,先生诞日人不晓。黄龙痛饮炮火鸣,好与先生祝寿考。"①

毛泽东50岁之前的生日如何度过的,没有任何记载。毛泽东严于律己,曾明确要求不要做寿。在七届二中全会上,毛泽东定下了六条规定,其中第一条就是"不做寿"。他不让别人为他祝寿,却常记得别人的生日,祝贺别人的生日,对师长、对革命老人、对亲属、对民主人士的寿辰寄予款款深情。1937年1月13日,徐特立60寿辰之际,毛泽东写信祝寿,饱含深情地写道:"你是我二十年前的先生,你现在仍然是我的先生,你将来必定还是我的先生。"②1940年1月15日,吴玉章60寿辰之际,毛泽东在延安为他庆贺,并致热情的祝词:"一个人做点好事并不难,难的是一辈子做好事。"③1943年农历正月十五日,毛泽东在中央书记处小礼堂为枣园的24位老人举办寿筵,还送给每人一条毛巾、一块肥皂,作为祝寿的礼物。1946年11月30日,中央为朱德举行祝寿大会,毛泽东为朱德同志六十大寿亲笔题词:"人民的光荣。"④

毛泽东步入老年以后,开始注意起自己的生日,但从不接受别人的宴请。在12月26日这一天,他有时会邀请一些人聚一聚。餐桌上没有"福如东海,寿比南山"的套话,更没有寿星端坐,接受别人祝寿之类的旧俗。只摆几个简单的菜和一些红白酒,与人聊一聊。这种寿辰小聚往往像开会,

---

① 杜忠明编著:《诗人兴会——毛泽东以诗会友记趣》,中央文献出版社,2006年1月,第152—153页。
②《毛泽东书信选集》,中央文献出版社,2003年11月第1版,第86页。
③《毛泽东年谱(1893—1949)》中卷,中央文献出版社,2013年12月第1版,第161页。
④《毛泽东年谱(1893—1949)》下卷,中央文献出版社,2013年12月第1版,第152页。

充满了政治内容和时代特色。

《毛泽东年谱》第一次和生日有关的内容，出现于1960年12月26日。毛泽东给林克等人写信，署名下面写道："十二月二十六，我的生辰。明年我就有六十七岁了，老了，你们大有可为。"这天晚上，毛泽东在中南海颐年堂会见苏联驻中国大使契尔沃年科等人。契尔沃年科说：苏共中央委托我们向您祝贺您的生日。毛泽东说：不敢当，非常感谢。[①]

《七律·冬云》是毛泽东69岁生日时写的作品，这也是毛泽东诗词作品中唯一一首写于生日的作品。他向来对自己的生日漠然，但这次却不同。按中国人"做九不做十"的习俗，这天可算是七十诞辰，这是大寿，他感慨良多，兴致勃勃地赋诗一首。当时毛泽东正在南方视察，他没有为自己庆祝生日。

毛泽东1963年的70岁生日，是在北京度过的，《毛泽东年谱》首次出现了有关毛泽东过生日的具体内容："七十岁生日。邀请章士钊、王季范、程潜、叶恭绰来中南海颐年堂作客，并请每人携带一位子女同来。毛泽东的女儿李敏、李讷，女婿孔令华，和部分身边工作人员参加了这次宴请。"[②]这是见诸于文字记载的毛泽东的第一次生日宴，足见他对"人生七十古来稀"的深切体悟。

《七律·冬云》是一位古稀老人的心志表达。曾经两度访华的美国前总统尼克松在《领袖们》一书中，这样写道："无论人们对毛有怎样的看法，谁也否认不了他是一位战斗到最后一息的战士。"[③]品读《七律·冬云》，不免会使人想起曹操《龟虽寿》的豪迈诗句："老骥伏枥，志在千里。烈士暮年，壮心不已。"毛泽东的一生是光辉的一生，是战斗的一生。面对极其严峻的挑战，毛泽东老当益壮，始终是一位"让暴风雨来得更猛烈些吧"的钢铁战士，生命不息，战斗不止。

[①]《毛泽东年谱（1949—1976）》第四卷，中央文献出版社，2013年12月第1版，第505页。

[②]《毛泽东年谱（1949—1976）》第四卷，中央文献出版社，2013年12月第1版，第297页。

[③]张一心、王福生编：《巨人中的巨人——外国名人要人笔下的毛泽东》，中共中央党校出版社，1993年11月第1版，第4页。

如何理解毛泽东诗词中的"雪"意象？

1965年7月21日，毛泽东在《致陈毅》的信中说："诗要用形象思维，不能如散文那样直说，所以比、兴两法是不能不用的……'比者以彼物比此物也'，'兴者，先言他物以引起所咏之词也'。"[①]赋、比、兴是我国历代诗歌创作中所惯用的创作手法。所谓比者，即"以彼物比此物也"（朱熹《诗集传》）。所谓兴者，即"先言他物以引起所咏之词也"（朱熹《诗集传》）。"兴"是"托事于物"，指诗词可以借助形象引起联想，使人受到启发。毛泽东擅长运用比兴手法来增强作品的形象性和感染力。比如，《浣溪沙·和柳亚子先生》"长夜难明赤县天"，用"长夜"比喻黑暗的旧中国；《七律·人民解放军占领南京》"钟山风雨起苍黄"，一语道破"天翻地覆慨而慷"的政治态势。

《七律·冬云》借景抒情言志，用生动的比喻和强烈的对照，描绘出当时国际范围内反动逆流猖獗的景象，并热情地讴歌无产阶级革命战士不畏强暴，奋勇抗争，乐观豪迈，笑傲世间。这首诗本是一段大议论，却借冬景的描写来抒发，这就叫比兴。有比兴则自有高义，自成高格。诵读此诗，首先看到的是一幅严冬雪景，寓意深刻，是高度艺术性与丰富思想性的统一。

毛泽东一生钟情漫天飞雪，有多首咏雪之作。《七律·冬云》"梅花欢喜漫天雪"，是毛泽东咏雪诗句中态度最直白、最明确的诗句。毛泽东笔下的雪有多种寓意：雪花飘逸多姿，流动刚毅，总是那么潇洒，无所畏惧，俨然是毛泽东的胸襟；雪花晶莹剔透，洁白单纯，象征着完美人格，恰恰是毛泽东的追求；雪花又纵情肆虐，严峻冷酷，象征着险

[①]《毛泽东书信选集》，中央文献出版社，2003年11月第1版，第571—572页。

恶环境，正好能激发毛泽东的昂扬斗志。

毛泽东戎马倥偬，什么样的气候条件都遭遇过，但毛泽东诗词反映最多的却是雪天。《减字木兰花·广昌路上》"漫天皆白""风雪迷漫"，大笔写意，山川原野，银装素裹，写出冰天雪地一片白的自然景象，而"雪里行军情更迫"一句力透纸背，红军顶风冒雪，精神振奋，心情急迫，步伐坚定。红军在长征途中所遭遇的雪更加猛烈，但《七律·长征》"更喜岷山千里雪"，不仅显示出岷山的高远严寒，更彰显"红军不怕远征难"的英雄主义气概。在《念奴娇·昆仑》中，"飞起玉龙三百万"是"夏日消溶，江河横溢，人或为鱼鳖"的根源，引发毛泽东决心"倚天抽宝剑，把汝裁为三截"，努力实现"太平世界，环球同此凉热"的宏大抱负。《沁园春·雪》中的"北国风光，千里冰封，万里雪飘"，生动描绘了北国严冬的雪景，赞美辽阔大地，写得气魄宏大，透露出热烈深沉的爱国主义情怀。

新中国成立后，毛泽东笔下的雪意象，从战争年代的自然环境变成了和平时期的政治环境，成为国内国际风云的斗争舞台。1957年《七绝·观潮》中的"千里波涛滚滚来，雪花飞向钓鱼台"，1961年《七律·答友人》中的"洞庭波涌连天雪，长岛人歌动地诗"，这两处的"雪花"和"连天雪"，是对钱塘潮水花以及洞庭湖波涛浪花的一种形象比喻，只能说明毛泽东对"雪"的一种偏好，没有很深的思想寓意。

当"雪"出现在1961年12月《卜算子·咏梅》中时，便蕴含深刻，不同凡响了，从诗人要立志征服的自然对象跃升成为陶冶情操、催人奋进的人格追求。"风雨送春归，飞雪迎春到"，暮春的风雨送走了春天，严冬的飞雪又把新春迎接回来。"已是悬崖百丈冰，犹有花枝俏"，梅花的生长环境极其险恶，但它却傲然挺立。从表面上看，"百丈冰"因"飞雪"而成，它们都是严寒的具体表现形式，是梅花严酷的生存环境，是梅花要抗争的对象，似乎应该加以否定。然而，毛泽东对待"雪"的态度绝非如此简单，也不是用"好坏"或者"善恶"就能加以评判的。梅花凌寒而开，没有严冬的雪，梅花得不到生存考验，磨砺不出傲霜斗雪的意志；没有雪的清纯洁白，难以显示梅花的高雅质朴。特别是当"飞雪"成为迎接春天的使者,"飞雪"就被赋予了一定的积极意义。如果结合当时的政治背景来看,"百丈冰"显然是指国际上的反华势力及其疯狂叫嚣,而"飞雪迎春到"则预示着革命胜利的到来,表现出无产阶级和革命政党的战斗风貌。按照这一理解,"飞雪"与梅花就未必是敌对关系,而俨然成了战友关系。

恰恰是出于这样一种意境和蕴含,毛泽东直截了当地发出了"梅花欢喜漫天雪"的礼赞,这是毛泽东人格特征的真实写照。"雪"是险恶的环境,是严峻的挑战,是困难的局面,是激烈的战场,但对以梅花自比的毛泽东来说,任何艰难困苦,任何严峻挑战,都不过尔尔。

在《七律·冬云》之后,毛泽东诗词当中还出现了"雪"的意象。《贺新郎·读史》中有"一篇读罢头飞雪";在《七律·洪都》中有"鬓雪飞来成废料"。这两处的"雪"是一种比喻手法,指的是白头发,尽管都使用了"飞"这个词,似乎有些动感,无非是表明人的衰老过程很快。

总体而言,正如毛泽东诗词博大精深、寓意深刻一样,毛泽东诗词中的雪意象也特别耐人寻味,具有鲜活的灵韵、多重的意蕴、可褒可贬的情态,从而体现出诗人毛泽东的豁达胸襟、刚毅品格与丰富情趣。

如何理解"有几个苍蝇碰壁"?

郭沫若在1963年1月1日《光明日报》上发表《满江红·领袖颂——1963年元旦抒怀》,热烈赞颂中国共产党、毛泽东和中国人民在内外斗争中的英雄气概与辉煌胜利:"沧海横流,方显出英雄本色。人六亿,加强团结,坚持原则。天垮下来擎得起,世披靡矣扶之直。听雄鸡一唱遍寰中,东方白。　太阳出,冰山滴;真金在,岂销铄?有雄文四卷,为民立极。桀犬吠尧堪笑止,泥牛入海无消息。迎东风革命展红旗,乾坤赤。"

1963年1月9日,毛泽东在杭州读到了郭沫若的词作,深为词中豪情所激荡。《毛泽东年谱(1949—1976)》卷五记载,1月9日,"将所作《满江红·和郭沫若》一词书赠身边工作人员:'小小寰球,有几个苍蝇碰壁。嗡嗡叫,几声凄厉,几声抽泣。蚂蚁缘槐夸大国,蚍蜉撼树谈何易。正西风落叶下长安,飞鸣镝。　多少事,从来急;天地转,光阴迫。一万年太久,只争朝夕。四海翻腾云水怒,五洲震荡风雷激。要扫除一切害人虫,全无敌。'一月九日,又将这首词书赠周恩来。"[①] 这首词最早发表于1963年12月人民文学出版社出版的《毛主席诗词》,现在所见有作者四件手迹。手迹与正式发表稿有以下不同:"蚂蚁缘槐夸大国"句,有三件手迹作"欲学鲲鹏无大翼",后曾改作"蚂蚁缘槐称大国"。"四海翻腾云水怒,五洲震荡风雷激"两句,有件手迹作"革命精神翻四海,工农踊跃挥长戟"。

这首和词形象刻画了反华头目的丑态,高度概括了世界人民革命斗争的形势,是声讨国际反华势力的檄文,表达了要不屈不挠、斗争到底

[①]《毛泽东年谱(1949—1976)》第五卷,中央文献出版社,2013年12月第1版,第184页。

的坚强决心。上阕通过刻画苍蝇、蚂蚁、蚍蜉的卑微形象，对反动势力的肮脏、虚弱进行辛辣讽刺和极度蔑视。

"小小寰球，有几个苍蝇碰壁"，气势非凡，出语惊人。以"小小"描写地球，更显出苍蝇的微不足道。苍蝇：指一小撮猖狂反华的小丑，也就那么寥寥几个，它们瞎碰乱撞。"嗡嗡叫，几声凄厉，几声抽泣"，"苍蝇"们歇斯底里发作之后，接着是凄惨可怜的尖叫，抽泣几声，最后连抽泣声也发不出了。

"蚂蚁缘槐夸大国，蚍蜉撼树谈何易"，蚂蚁缘槐：典出唐代李公佐《南柯太守传》。一日，淳于棼与友人在大槐树下酒酣。梦见在大槐安国当了驸马，出任南柯太守二十余年，享尽荣华富贵。但公主一死，淳于棼被遣回家。一觉醒来，所谓"大槐安国"不过是树下一个大蚁穴，而南柯郡只是树枝上的一个小蚁穴。蚍蜉：也是蚂蚁类。蚍蜉撼树：化用唐代韩愈《调张籍》诗句："李杜文章在，光焰万丈长。不知群儿愚，那用故谤伤，蚍蜉撼大树，可惜不自量。"这两句诗，是对现代霸权主义者的绝妙写照。

"正西风落叶下长安，飞鸣镝"，西风落叶：化用唐人贾岛《忆江上吴处士》中"秋风生渭水，落叶满长安"之句，贾岛写长安深秋凄凉景象，意味着害人虫末日临近，借以形容反华势力日暮途穷。鸣镝：响箭，是古代战争中发起进攻的信号，预示对反华势力的有力声讨，响震全球。

词的下阕，直抒胸臆，纵论斗争任务的紧迫，热情歌颂风起云涌的世界革命形势无坚不摧，表现了革命家的豪情壮志和必胜信念。

"多少事，从来急；天地转，光阴迫。一万年太久，只争朝夕"，时不我待，必须只争朝夕开展斗争。采用重奏复沓的笔法，连用短句，节奏急促，滔滔不绝，给人一种强烈的紧迫感。

"四海翻腾云水怒，五洲震荡风雷激"，这是不懈奋斗的必然结果。世界人民的革命斗争像四海的怒涛滚滚翻腾，像五洲的风雷震荡着大地。国家要独立，民族要解放，已经成为不可抗拒的历史潮流。

"要扫除一切害人虫，全无敌"，是伟大的号召，也是乐观的预言。毛泽东藐视敌人，誓言用革命风暴将"一切害人虫"彻底消灭，把反动势力扫进历史的垃圾堆。

　　这首词充分体现了毛泽东敢于同世界霸权主义和强权政治作斗争的气魄和胆识。全词运用了铺叙、比喻、抒情和议论多种手法，幽默诙谐，绘声绘色，语气庄重，气势逼人，既有辛辣的讽刺，又有深刻的哲理。毛泽东借以抒发大志，寄托理想，表达激情，因而气魄宏伟，气势磅礴，潇洒自如。这首词发表之后，"蚂蚁缘槐夸大国，蚍蜉撼树谈何易""一万年太久，只争朝夕""四海翻腾云水怒，五洲震荡风雷激"等生动传神、寓意深刻、富有哲理的名言警句，被广泛引用。1972年2月21日，美国前总统尼克松访华，他在欢迎宴会致答谢词时，曾经引用"一万年太久，只争朝夕"的名句，可见其影响之深远。

　　1963年12月人民文学出版社出版《毛泽东诗词》之后，郭沫若在阅读和研究过程中，反复吟诵，于1963年12月5日，又填写了一首词《满江红·读毛主席诗词》，对毛泽东的卓越诗才和诗词作品进行了恰如其分的高度评价："充实光辉，大而化，空前未有。经纶外，诗词余事，泰山北斗。典则远超风雅颂，阶级分清敌我友。沁园春，水调有歌头，羌无偶。　嫦娥舞，瘟神走，梅花笑，苍蝇抖。今史诗，将使地天恒久。宝剑擎天天不堕，红旗卷地地如绣。济同舟，万国尽朝晖，新宇宙。"

"好八连"何以红遍天下？

1947年8月6日，华东军区特务团把几十个胶东农民新兵编成四大队辎重连。不久，连队改番号为华东军区警卫旅特务团一营一连。1949年7月，该连被编为三营八连，进驻上海市南京路，担任执勤任务。解放之初，南京路灯红酒绿，国民党特务扬言："上海是个大染缸，共产党解放军红的进来，不出3个月，就让他们黑的出去。"

八连战士来自农村，没见过什么世面。没过多久，连队出现了一些反常现象：有的人羡慕时髦男女手挽手进出歌厅影院；有的人感慨"南京路上的风都是香的"；有的人去饭店开"洋荤"，到高级理发厅理发；有的人不抽老烟叶子而改抽雪茄；有的人借钱去逛"大世界"；有个排长甚至嫌老婆土气而闹离婚……

这些情况引起指导员张成志的警觉。他在党支部会上指出：南京路是一个没有硝烟的战场，来到这里我们没有退路。要让全连保持高度的警觉性，绝不能吃败仗。他组织全连一遍又一遍地学习领会毛泽东在七届二中全会上的报告。经过深入学习，大家对"两个务必"的认识越来越深，纷纷表示要保持艰苦朴素本色，牢记一心为民的使命。

八连战士每人都有一个针线包，衣服破了自己缝补，"新三年，旧三年，缝缝补补又三年"。他们脚穿草鞋，肩扛铁锹，推着粪车，步行去郊区拓荒种菜。他们设法节约一粒米、一滴水、一度电、一块布。炎炎夏日，每个战士自带水壶，天再热也舍不得买冰棒吃。连队有个小银行，战士们每月都要从6块钱津贴费中省出一点钱存着。连队炊事班有一口行军锅，老班长王景全把它从淮海战场一直背到了南京路，直到1956年上级规定统一使用新的行军锅，它才被送进"历史博物馆"。

八连有个"硬性"规定：新战士来队，先要为群众做一件好事；老战士复员，再为群众做一次好事。哪里需要支援，他们就到哪里参加义务劳动。遇到年老体弱的，主动帮助和关心；遇到孩子迷路，想尽办法送他们回家；看到拉菜的农民晕倒在马路上，毫不犹豫上前施救。他们长年照顾南京路上的孤老，为他们打扫卫生、清理房间；逢年过节，给孤老们送去猪肉和蔬菜。有的老人百年后，他们帮着揩身穿寿衣，一直送终到火葬场。八连坚持每月10日、20日为群众义务补鞋、理发、磨刀、量血压、称体重。日复一日，年复一年，八连以实际行动粉碎了敌人的预言。他们在南京路生根、开花、结果。

1959年7月23日，《解放日报》头版头条刊登长篇通讯《南京路上好八连》，同时配发社论《人民解放军的光荣，上海人民学习的榜样》。《文汇报》《新民晚报》《劳动报》和上海人民广播电台纷纷从不同角度争相报道，八连事迹迅速家喻户晓。1960年，沈西蒙、漠雁和吕兴臣三人创作了话剧《霓虹灯下的哨兵》。1963年4月25日，国防部下达命令，授予八连"南京路上好八连"称号。5月8日，《人民日报》发表社论《永远保持艰苦奋斗的革命精神》，还发表了"南京路上好八连"的长篇通讯。此后，全国学习"南京路上好八连"的热潮一浪高过一浪。

中央领导纷纷为八连题词。朱德题词："保持人民军队艰苦奋斗的光荣传统，学习南京路上好八连。"邓小平题词："一贯保持光荣传统的、保证走向共产主义的、集体的标兵——南京路上好八连万岁！"陈云题词："大家学习好八连的模范作风。"

1963年8月1日，建军节，毛泽东为"好八连"写诗《杂言诗·八连颂》。这首诗不仅是洋溢着革命激情的颂歌和赞歌，是蕴藏深邃革命论点的哲理诗，更是战胜困难的宣言书。它具有鲜明的政治倾向，其汇聚的思想和品德的结晶，与"好八连"的光辉形象融为一体。正所谓：人以诗名，诗以人传。

1963年11月29日晚，毛泽东在中南海怀仁堂观看话剧《霓虹灯下的哨兵》。3个小时的演出，毛泽东全神贯注。演出一结束，毛泽东健步走上舞台，连声称好，并同全体演职员合影。根据周恩来指示要求，

1964年初，由沈西蒙编剧、王苹导演、上海天马电影制片厂摄制的电影《霓虹灯下的哨兵》在全国公映。这部红色经典影片成为那个年代一道丰盛的文化大餐。

2007年7月30日，时任上海市委书记习近平前往"南京路上好八连"驻地，参观"好八连"连史馆。他称赞"好八连"是我党我军优良传统哺育下成长起来的英雄连队，是人民军队行列中一面永不褪色的旗帜，是上海这座城市的骄傲。2013年3月11日上午，中共中央总书记、中央军委主席习近平亲切接见了出席十二届全国人大一次会议的部分基层一线的军队人大代表。他对"好八连"指导员闫永祥说："'南京路上好八连'可是我军的一面旗帜啊！"

红色基因代代传。1982年，八连驻守南京路的任务被交给武警部队，八连驻地也从南京路上搬了出来。但八连的故事仍在继续，八连的精神仍在传承。不管时代如何发展、任务如何变化，"好八连"一心为民的初心不会改变，艰苦奋斗的本色不会改变，保卫祖国的使命不会改变。

毛泽东如何诗赞"好八连"?

《毛泽东年谱(1949—1976)》卷五记载:1963年8月1日,"作《杂言诗·八连颂》:'好八连,天下传。为什么?意志坚。为人民,几十年。拒腐蚀,永不沾。因此叫,好八连。解放军,要学习。全军民,要自立。不怕压,不怕迫。不怕刀,不怕戟。不怕鬼,不怕魅。不怕帝,不怕贼。奇儿女,如松柏。上参天,傲霜雪。纪律好,如坚壁。军事好,如霹雳。政治好,称第一。思想好,能分析。分析好,大有益。益在哪?团结力。军民团结如一人,试看天下谁能敌。'"①

毛泽东写过不少军旅诗词,盛赞"红军不怕远征难""百万雄师过大江",但他专门为一个基层连队题诗,却是首次,也是唯一的一次。《八连颂》是毛泽东唯一一首民歌体杂言诗,写得极具特色,通俗易懂、雄健刚劲、节奏明快、韵律铿锵。这种诗体句子长短相间,句数不固定,每句字数也不拘,不讲平仄。这首诗除末两句是七言,其余每句均为三言。陈晋在《毛泽东与文艺传统》中说,毛泽东1963年写的《八连颂》或许是他在诗歌理论方面的"一个实践"。现在看来毛泽东所提倡的"新诗",其实就是民歌和古典相结合的一种诗体,或许可归到现在所命名的"新古体"中去。《杂言诗·八连颂》正是毛泽东写"新古体"的一次尝试。陈晋指出:"毛泽东诗词中,只有一首被他称为'杂言诗'的《八连颂》是通俗之作,该诗或可代表毛泽东在通俗形式上的尝试,但并不能代表他的创作水平。"②

这首诗写成之后即开始在少数高层人士中流传。田家英的女儿曾立

---

① 《毛泽东年谱(1949—1976)》第五卷,中央文献出版社,2013年12月第1版,第244—245页。

② 陈晋著:《毛泽东与文艺传统》,东方出版社,2014年7月第1版,第27页。

在题为《爸爸教育我们的点滴记忆》的文章中回忆道："有一次看过电影回来，爸爸没问我电影的故事，而是拿给我们看一张用铅笔写满诗行的纸，上面写道'好八连，天下传。为什么？意志坚……'爸爸欢喜地告诉我们，这是毛主席亲笔手书的一首赞扬南京路上好八连的诗，名叫《八连颂》，采用中国古代三字经的形式和民族的风格写成的，是一种新的尝试，只拿给几个熟悉的人传阅，还没有发表呢。"①

据2003年12月中央文献出版社、南京出版社出版的陈安吉所著《毛泽东诗词版本丛谈》：20世纪60年代中期，《八连颂》曾作为"未发表的毛主席诗词"，"被某些群众组织油印或铅印刊发"。1967年5月12日，《人民日报》社论《进一步加强军民团结》引用了《八连颂》"军民团结如一人，试看天下谁能敌"一句。1982年7月，中央文献研究室主办的内部刊物《文献和研究》第5期发表《八连颂》。1982年12月26日，《解放军报》公开发表《八连颂》。1986年人民文学出版社出版的《毛泽东诗词选》、1996年中央文献出版社出版的《毛泽东诗词集》，将其收入"副编"，题为《杂言诗·八连颂》。

《杂言诗·八连颂》高度赞扬"好八连"身居繁华闹市，忠于人民，始终保持革命本色，"拒腐蚀，永不沾"的革命意志和高尚品质，号召全军指战员和全国人民向"好八连"学习，发扬革命传统，争取更大光荣，团结一致，同心同德去保卫和建设社会主义祖国。

"好八连，天下传。"作品开门见山，道出了好八连的广泛影响。"为什么？意志坚。为人民，几十年。拒腐蚀，永不沾。因此叫，好八连。"具体解释好八连名扬天下的根本原因：这个连队身居闹市14年，一尘不染，勤俭节约，克己奉公，热爱人民，乐于助人，保持和发扬了中国共产党和中国人民解放军全心全意为人民服务和艰苦奋斗的光荣传统，受到了人民群众的高度赞扬。"解放军，要学习。""南京路上好八连"是人民军队的先进典型，是值得全军上下学习的好榜样。

"全军民，要自立。"这是毛泽东对全军和全国人民提出的要求和

---

① 郭思敏主编：《毛泽东诗词辨析》，中央文献出版社，2006年10月第1版，第451—452页。

期望。自立：独立自主，依靠自身的力量。《论语·雍也》："己欲立而立人，己欲达而达人。""不怕压，不怕迫。不怕刀，不怕戟。不怕鬼，不怕魅。不怕帝，不怕贼。"这是以好八连为代表的人民军队和中国人民精神风貌的真实写照，也是毛泽东无所畏惧、勇于斗争的顽强精神的具体表现。戟：古代一种兵器，合戈矛于一体，可以直刺和横击。魅：古代传说中住在深山老林里的精怪。这里的"鬼""魅"都是指当时所说的修正主义。贼：危害国家和人民的人，这里指各种反动势力。

"奇儿女，如松柏。上参天，傲霜雪。"奇：不寻常的，杰出的。毛泽东在《七绝·为女民兵题照》中写道："中华儿女多奇志。"松柏：《论语·子罕》曰："岁寒，然后知松柏之后凋也。"文学作品中常以松柏象征坚强不屈的品格。参天：树木高耸入云，这里指顶天立地。傲霜雪：喻指不惧怕任何困难的挑战与考验。

"纪律好，如坚壁。军事好，如霹雳。政治好，称第一。思想好，能分析。分析好，大有益。"坚壁：坚固的营垒围墙。霹雳：形容军事上的迅猛和威力，毛泽东《西江月·秋收起义》便有"秋收时节暮云愁，霹雳一声暴动"之句。这几句是毛泽东对部队建设提出的明确要求，也是对全国人民向解放军学习而寄予的殷切期望。"益在哪？团结力。军民团结如一人，试看天下谁能敌！"试看：请看，试着看看。唐代韩愈《盆池》其五："且待夜深明月去，试看涵泳几多星。"敌：抵挡，成语有"寡不敌众"。军民团结是我军的光荣传统，也是人民军队战无不胜的根本原因。

《七律·吊罗荣桓同志》究竟写于何时？

据《毛泽东年谱（1949—1976）》卷五记载：1963年12月，"作《七律·吊罗荣桓同志》：'记得当年草上飞，红军队里每相违。长征不是难堪日，战锦方为大问题。斥鷃每闻欺大鸟，昆鸡长笑老鹰非。君今不幸离人世，国有疑难可问谁？'"①这是毛泽东为悼念罗荣桓元帅不幸逝世而写的一首感怀之作。这首诗用典频繁，情感深沉，读者解读存在诸多分歧，焦点在于：这首诗在缅怀罗荣桓的同时，是否也在批判林彪？而根本原因在于对写作时间的不同认定。迄今为止，有三种不同说法。

第一种说法是1978年9月9日《人民日报》发表这首诗所署的时间，即1963年12月。这已被人民文学出版社1986年9月版《毛泽东诗词选》和中央文献出版社1996年9月版《毛泽东诗词集》等权威版本所采用。其直接依据就是吴旭君的回忆文章。她曾为毛泽东的保健护士长，在他身边整整工作了21年，并帮他保存诗稿。

第二种说法是李树庭在2003年第4期《党的文献》的《关于毛泽东写作〈吊罗荣桓同志〉一诗的经过》中提出的观点，认为创作时间是1972年11月罗荣桓70岁寿辰或者1973年12月罗荣桓逝世10周年。他把这首诗的内容理解成"怀念罗帅、抨击林彪的政治感怀诗"。他认为这首诗手迹"结字散乱，布局错位，上下相叠，点画残缺的龙钟之作，从手迹反映的情况，应当是毛泽东垂暮之年的手笔"。

《罗荣桓传》主编黄瑶在1989年第6期《党的文献》的《对〈吊罗荣桓同志〉一诗的管见》文章，也"曾对此诗是否写于1963年发生过

---

① 《毛泽东年谱（1949—1976）》第五卷，中央文献出版社，2013年12月第1版，第299页。

怀疑"。辽宁人民出版社、中央文献出版社1995年版《百位名人学者访谈录：说不尽的毛泽东》收入张素华等人的《访黄瑶：毛泽东和罗荣桓》，认为："从字体上看，不像1963年写的。1963年毛泽东的书法相当潇洒漂亮，而这首诗的手迹有些抖。"

按照这样的判断，这首诗是林彪叛逃之后写的，批判林彪就顺理成章了。如此一来，"战锦""斥鷃""昆鸡"，自然也就包含了斥责和批判林彪的内容和主题。但是如果这首诗写于70年代，显然"君今不幸离人世"难以说通，似乎与常理不合。

第三种说法是中央文献出版社2003年12月版吴正裕主编的《毛泽东诗词全编鉴赏》一书提出的："从笔迹鉴定，当是作者在1973年据原作的回忆而改写的。"这即认定该诗"原作"于1963年而"改写"于1973年。编者说："鉴于此诗留下的唯一手迹，像作者在1973年所改写，当时全党全国都在批林，诗内有批林的内容是正常的。"

笔者认同第一种说法，因为吴旭君作为见证人，她的回忆更具有说服力。1996年第1期《党的文献》发表吴旭君《关于毛泽东写作〈吊罗荣桓同志〉一诗的经过》。1978年8月28日，吴旭君在写给时任中共中央副主席汪东兴的报告中，认真仔细地回忆了毛泽东写作《七律·吊罗荣桓同志》一诗的详细经过：罗荣桓同志于1963年12月16日逝世，"在这之后几天中，主席讲话很少，像若有所思。有一天，主席服用了大量的安眠药后仍睡不着，躺在床上写东西。当时已是半夜了，我怕他的安眠药过劲，让他先睡觉，起床后再写。他说现在正在劲头上，放不下。并叫我去休息一会儿，有事叫我。我当时并未上床睡，只靠在沙发上闭着眼休息。当我感到身上冷，惊醒时，才意识到自己已经睡着了（回想当时我身上穿着毛衣）。立刻我就跑去用手摸暖气片，又看了温度表，室温并未下降，正好。然后，我去看主席，他仍旧在写。我递给主席一条热毛巾，在他擦脸的时候，我问主席写什么，怎么还没写完？主席说：'在作诗啰！'天亮以后，主席说：'写完了，我不睡了，去游泳池。'"文章写道："主席在游泳池办公。因为前一天没睡觉，第二天服安眠药的时间必须提前。在服过第二次安眠药时，主席感到舒服了，他靠在沙发上闭着眼睛不停地独自吟着诗句。开始几遍我听不清，只听得……草上飞……我问主席：'草上飞，谁的诗句这么新鲜？'主席没回答，还在一遍又一遍反复地吟着。我又问主席：'谁能在草上飞？'主席虽然没回答，但是叫我马上回老一组去取他的诗稿。诗稿取来后，他打开卷宗取出一首七律，叫我读给他听。当读到'国有疑难可问谁？'这一句时，我说：'主席，您这么谦虚！'主席说：'为人还是谦虚点好。'我又问主席：'是谁能使阁下这般钦佩？'主席从我手中接过诗稿，在手稿上半截空白的地方写了个题目——吊罗荣桓同志。这时我才明白。"如此看来，写作时间就是1963年12月下半月内，不超过1963年底。而第二种、第三种说法只是根据手迹字体和对内容的理解所作出的推断，毕竟缺乏强有力的证据支撑。

把这首诗的写作时间认定为1963年12月，就等于排除了在诗中包含批判林彪内容的可能性，因为林彪1959年取代彭德怀出任国防部部长，1963年时正受到毛泽东的器重和信任。至于林彪后来蜕变叛逃，成为千古罪人，那是后话。这首诗就是毛泽东表达对战友罗荣桓的赞颂、评价和哀思。这种观点比较符合诗中所呈现出的实际情况，也能解释读者所提出的一系列疑难问题。

毛泽东如何评价罗荣桓？

毛泽东曾写过几首悼亡诗词，如《四言诗·祭母文》《五古·挽易昌陶》《五律·挽戴安澜》《蝶恋花·答李淑一》，而《七律·吊罗荣桓同志》是毛泽东为战友、为同事逝世而写的悼亡诗。这首诗情深意切，直抒胸臆，感情深厚，对比鲜明，衬托有力，抒发了毛泽东对罗荣桓逝世的深切哀悼，体现了毛泽东对罗荣桓卓越贡献的充分肯定，表达了对罗荣桓崇高品格的高度赞扬。

1963年12月16日，共和国元帅罗荣桓在北京不幸逝世。据红旗出版社2013年9月版张鹏、张明林著《毛泽东情感实录》：这天晚上，毛泽东在中南海颐年堂召集会议听取聂荣臻等汇报十年科学技术规划。当噩耗传来，毛泽东带头起立默哀。默哀后，他说："罗荣桓同志是1902年生的，这个同志有一个优点，很有原则性，对敌人狠，对同志有意见，背后少说，当面多说，不背地议论人，一生始终如一。一个人几十年如一日不容易，原则性强，对党忠诚，对党的团结起了很大的作用。"12月19日，毛泽东亲自参加了罗荣桓的追悼会，深深地向这位从秋收起义就开始跟随他的"解放军思想战线的奠基人"（毛泽东语）之一的元帅三鞠躬。[①]

罗荣桓（1902—1963），湖南衡山人，"五四"时期在长沙参加过毛泽东等领导的学生运动。他是《湘江评论》的热心读者，也参加过"驱张运动"。1926年，他从青岛大学结业后，即回到家乡积极参加农民运动。"马日事变"后，面对白色恐怖，他毅然加入中国共产党。八七会议以后，罗荣桓率领农民起义军举行暴动，智取了通城。随后，他率领这支农民

[①] 张鹏、张明林著：《毛泽东情感实录》，红旗出版社，2013年9月第1版，第151页。

武装参加秋收起义。

永新三湾改编时，罗荣桓担任工农革命军特务连党代表，是人民军队最早的七个连党代表之一。他贯彻实施毛泽东的党代表制度，他领导的连队战斗力强，作风过硬，纪律严明。有一次，在经历连续恶战后，整个连队没有一个逃兵，被打散的战士很快主动找到部队。毛泽东在《井冈山的斗争》一文中指出："事实证明，哪一个连的党代表较好，哪一个连就比较健全。"① 罗荣桓就是这样一位党代表。

1929年古田会议召开前夕，毛泽东召集一批军队中的党代表分组召开多次座谈会，进行调查研究。罗荣桓提出了废止肉刑、反对打骂士兵的问题，说第九连有一位军官，打人凶狠，士兵给了他一个"铁匠"的外号。此事引起毛泽东的重视，后被写进了古田会议决议。古田会议后的一天，毛泽东和刚从上海调来的前委秘书冯文彬一起散步，罗荣桓从一旁走过，毛泽东望着这位沉稳踏实的红军干部的背影，对冯文彬说："这个同志是个人才，是一位很好的干部，对这个同志，我们发现晚了。"② 红四军前委改选时，罗荣桓当选为前委委员。

1930年6月，罗荣桓担任红四军政委，开始与林彪搭档。林彪个性很强，与几位党代表的关系都搞得很僵。毛泽东认为罗荣桓立场坚定、观念正确、政工经验丰富，还有广阔的胸襟，既有坚定的原则性，在非原则问题上又有宽宏的度量，善于忍让、谅解，特意安排他做林彪的搭档。在红四军时期，林、罗配合，领导红四军艰难奋战，二打长沙，活捉张辉瓒、四次反"围剿"、血战赣州，写下了辉煌的战史。

在中央苏区时期，毛泽东屡遭排挤，罗荣桓始终坚决拥护毛泽东的正确主张，也受到牵连，被说成是"宗派主义者"，被撤销了第一军团政治部主任的职务，直到遵义会议后才恢复工作。毛泽东曾叹息说："我倒霉时，他也跟着我倒霉。"③

---

① 《毛泽东选集》第一卷，人民出版社，1991年6月第3版，第64页。

② 张鹏、张明林著：《毛泽东情感实录》，红旗出版社，2013年9月第1版，第147页。

③ 王伟编著：《罗荣桓元帅》，四川人民出版社，2009年4月第1版，第60页。

罗荣桓一生追随毛泽东，被毛泽东称为"一生共事的人"。[①] 毛泽东对罗荣桓十分信任，多次委以重任。毛泽东对罗荣桓的为人、品性十分了解。抗战初期，毛泽东曾和罗荣桓的夫人林月琴有一次谈话。毛泽东说：罗荣桓老实，原则性强，对是非、对正确和错误鉴别得特别分明。毛泽东还问林月琴：荣桓爱吃辣椒，你们一起生活是否习惯？

　　罗荣桓曾经负过伤，毛泽东一直对他非常关心、爱护。林月琴回忆：在鲁南战争的岁月，罗荣桓出现了尿血症状。中央得知病情后，毛泽东发来电报，指示：身体重要，能否到新四军检查治疗。后来陈毅接他到淮南就医，但要查出病因仍很困难，有人建议罗荣桓化装成商人，到上海去彻底检查，并当即向中央请示。中央复电同意去上海检查。第二天，突然接到毛泽东的一个急电，指示：罗荣桓身上有枪疤，易被敌人发现，不宜去上海。毛泽东对罗荣桓的关怀可谓无微不至。

　　延边大学出版社2006年1月版石赟、芦白欣编著《毛泽东诗词书法赏析》提供了一则珍闻。据《叶永烈采访手记》记载，1963年12月，罗荣桓逝世后不久，毛泽东同《红旗》杂志编辑部的一位工作人员谈到罗荣桓时，念了一首三言韵语称赞罗荣桓同志："无私利，不专断，抓大事，敢用人，提得起，看得破，算得到，做得完，撇得开，放得下。"[②] 对罗荣桓的品格、作风、才干、襟怀、办事等多个方面给予了高度评价，言简意赅，通俗易懂。如果把它和《七律·吊罗荣桓同志》结合起来阅读，更能看出毛泽东对罗荣桓的感情之深，评价之高。罗荣桓对党、对毛泽东始终赤胆忠心，他辞世前的最后一句话是："我革命这么多年，选定了一条，就是要跟着毛主席走。"[③]

[①] 张鹏、张明林著：《毛泽东情感实录》，红旗出版社，2013年9月第1版，第146页。

[②] 石赟、芦白欣编著：《毛泽东诗词书法赏析》，延边大学出版社，2006年1月第2版，第387页。

[③] 王伟编著：《罗荣桓元帅》，四川人民出版社，2009年4月第1版，第242页。

《七律·吊罗荣桓同志》如何赞颂罗荣桓？

《七律·吊罗荣桓同志》最早发表在1978年9月9日《人民日报》。发表时，根据吴旭君的回忆，写作时间标为"一九六三年十二月"。

"记得当年草上飞"，典出宋人陶谷《五代乱离记》，唐末农民起义军首领黄巢失败后，于洛阳落发为僧，曾题诗为："记得当年草上飞，铁衣著尽著僧衣。天津桥上无人知，独倚栏干看落晖。"毛泽东用来比喻红军行军打仗行动迅速。"草上飞"三字极其传神地突出了红军游击战争灵活机动的特点。红军常以神速奔驰于丛山草莽之间，同敌人进行殊死搏斗。罗荣桓久经沙场、战功卓著，首句便体现出对亲密战友的缅怀、追忆和赞誉。

"红军队里每相违"，每：每每、往往。相违：有二义，一谓人相分离，意同"久违了"；一谓意见相对立。当年毛泽东和罗荣桓时常分别，相见甚稀。而红军时期，特别是中央苏区时期，受"左"倾思想影响，毛泽东的正确主张多次受到错误批判，遭到排挤和打击。这并不是说毛、罗之间有什么意见分歧，恰恰相反，罗荣桓总是坚定地支持毛泽东的正确路线和方针。这正是毛泽东所说的"我倒霉时，他也跟着我倒霉"的根本原因。因而，此处的"违"当解释为"分离"更为妥当。

"长征不是难堪日"，红军长征是"左"倾错误造成的恶果所逼，长征途中遇到了无数艰难险阻。但是，长征中经历的一切艰难困苦还不算令人难堪，也都挺过来了，"更喜岷山千里雪，三军过后尽开颜"。长征途中，毛泽东和罗荣桓的部队经常一起行军。在艰难困苦的日子里，罗荣桓这位军队政治工作的能手，为鼓舞战士战胜困难发挥了巨大作用。毛泽东常常能听见罗荣桓用沙哑的嗓音唱湖南花鼓戏给战士们鼓舞斗志、振奋精神。

"战锦方为大问题",1948年,毛泽东从战争全局出发,认为攻克锦州是辽沈战役的决胜之举,故称"大问题"。这样可以关闭东北大门,切断敌人退回关内的退路。毛泽东明确指示东北野战军必须尽快拿下锦州。而林彪顾虑打锦州会被锦西和沈阳之敌合围攻击,建议放弃攻打锦州而回师打长春,总是犹豫不决。时任东北野战军政委的罗荣桓坚决支持毛泽东的战略部署,主张先打锦州。经过毛泽东前后十几份电报的催促,以及罗荣桓的力劝,最终说服林彪,南下北宁线,强攻锦州,全歼东北之敌。罗荣桓在关键时刻起了重要作用,保证了毛泽东和党中央战略决策的贯彻和实施。

这是毛泽东全部诗词中最难解的一句。有人认为长征途中林彪就曾反对毛泽东,但他当时在毛泽东眼里还只是个"娃娃",没有多大的分量,因而"长征不是难堪日"。但在辽沈战役的重大决策上,林彪开始与毛泽东想法不一样,就是"大问题"了。林彪迟疑不定,但后来还是执行了毛泽东的战略部署。据《毛泽东年谱(1893—1949)》下卷记载,1948年10月4日,毛泽东为中共中央军委起草致林彪、罗荣桓、刘亚楼并告东北局电,其中写道:"你们决心攻锦州,甚好甚慰。"[1]罗荣桓在攻打锦州的决策实施过程中的确起了重要作用,毛泽东在悼念战友时仍念念不忘,但说他同时有批判林彪之意,不符合写诗时的心境。

中国当代出版社1996年7月版胡国雄编著的《诗国盟主毛泽东》提出了另一种解释:战锦,不是指攻打锦州,而是指革命战争打下来的锦绣江山。其理由是:战锦如果真的指"攻打锦州",与长征不对仗。长征是名词,战锦是动宾结构。如果把战锦理解为靠武装斗争得来的锦绣江山,它完全与长征对仗,并且还是胜对。这种解读十分牵强,完全忽视了毛泽东缅怀罗荣桓功绩的写作意图,应者寥寥。

"斥鷃每闻欺大鸟,昆鸡长笑老鹰非",这两句诗运用了两个寓言故事,一个中国的,一个外国的。斥鷃即鹌鹑,是蓬间雀,在蓬蒿中飞起来不过几丈高。典出《庄子·逍遥游》:"有鸟焉,其名为鹏,背若

---

[1]《毛泽东年谱(1893—1949)》下卷,中央文献出版社,2013年12月第1版,第354页。

泰山，翼若垂天之云，抟扶摇羊角而上者九万里；绝云气，负青天，然后图南，且适南冥也。斥鷃笑之曰：'彼且奚适也！我腾跃而上，不过数仞而下，翱翔蓬蒿之间，此亦飞之至也！而彼且奚适也？'"又见冯梦龙《醒世恒言》卷二："斥鷃不知大鹏，河伯不知海若，圣贤一段苦心，庸夫岂能测度？"后者讲的是昆鸡和老鹰的故事，借用了俄国克雷洛夫寓言《鹰和鸡》，说本来跳得不高的昆鸡，居然也讥笑暂时飞得不高的老鹰，认为鹰和自己飞得一样低。鹰回答说："鹰有时可能比鸡飞得低，但鸡永远不能飞得像鹰那么高。"诗人把罗荣桓比作鲲鹏和雄鹰，高度赞扬了罗荣桓为人谦逊，忠诚老实，做人低调，称赞他目光远大，胸怀全局，襟怀坦荡，无私无畏，同时也斥责了那些目光短浅、自鸣得意、叽叽喳喳、拨弄是非的小人。通过对比突出了罗荣桓同志高大的形象、高尚的品德和崇高的精神。至于斥鷃和昆鸡，此处当属泛指，不宜对号入座。

"君今不幸离人世，国有疑难可问谁？"毛泽东表达了对罗荣桓不幸逝世的巨大哀伤和痛惜。像罗荣桓这样可以商大事、决疑难的同志不可多得，他的逝世是党和国家的重大损失，毛泽东也失去了一位与自己共事一生的亲密战友。毛泽东十分信赖罗荣桓，经常与罗荣桓商讨国家大事。如今痛失高参，这是多么令人痛心的事情啊！

毛泽东如何读史咏史？

咏史诗，是我国古典诗歌中一个不可忽视的重要组成部分。它的历史源远流长，数量卷帙浩繁，气势吞吐天地，容量涵盖古今。咏史诗作为一个专有名词正式步入诗坛，始于东汉班固之诗《咏史》。梁代昭明太子萧统在《文选》里于"诗类"中专列出"咏史诗"一部，辑录了9家21首这样的"咏史诗"。自此，"咏史诗"正式成为标注诗类的一个专业术语。咏史诗当然不局限于标题篇名为"咏史"的诗作，凡与历史有关的诗歌，除了专咏历史事件、历史人物的诗歌以外，怀古诗、史诗、历史题材的叙事诗、用典涉史的咏怀诗等等，都可归入此类。

"咏史诗"之名虽然肇自于东汉班固，但其源头可上溯到《诗经》《离骚》。《诗经·大雅》中的《生民》《公刘》《绵》《大明》等篇，据考证都是西周初年的作品，它们以诗歌的形式记载和咏叹了周人的起源及其祖先的英雄事迹，属于最早的"述史"和"咏古"之作。《离骚》中的不少内容涉及历史人物和事件，成为屈原表达政见，述写怀抱，表达忧国忧民之情的主要手段。至于历朝历代的咏史诗作则更是不计其数。毫无疑问，咏史诗集述史、抒情、议论于一体的特性，决定了它往往偏于理性认识。如果没有深厚的历史修养，既不可能创作出好的咏史诗，也无法读懂咏史诗。

毛泽东一生嗜书不倦，无论是戎马岁月，还是和平年代，政务之余以书为伴，博览群书，这已是世人皆知的美谈。毛泽东很重视研究历史，读过大量的历史著作。在他读的众多书籍中，他最偏爱的是文史古籍。从先秦到明清不同历史时期的不同史作，包括正史类、稗史类、演义类、文学类……几乎无所不读，全而盖之。从上古史《尚书》《春秋》《左传》到《二十四史》《资治通鉴》《清史稿》等史书，他都读过。一部3000

多卷、4000多万字的线装本《二十四史》，他24年不离身边，反复阅读，直至撒手人寰。一部300多万字的《资治通鉴》，他竟看了17遍，令人敬佩。毛泽东对历史的兴趣可以说是到了着迷的程度。

毛泽东作为博古通今的史学家，不但勤于读史，而且善于读史，善于评点。中华五千年历史，从三皇五帝到历代人物事迹，他每有所感，辄有评说。在他留下的读史批语、诗词和文稿中，常就文史书籍记载作出古为今用的新颖解释，从中汲取营养，以史为鉴，发人之所未发，言人之所未言，闪耀着睿智的光芒。"经世致用，匡时济世。"毛泽东在历史中读出了大学问，读出了大智慧，读出了豪情壮志，更读出了中国革命。虽然毛泽东并未写过一部史学专著，但从他所阐发的思想观点看，他当之无愧地是一位旷世的伟大历史学家。

《文史哲》杂志1964年第1期发表了山东大学教授高亨的《水调歌头》，恰如其分地概括了毛泽东的诗词创作，其中说："掌上千秋史，胸中百万兵。"诗人毛泽东浓郁的历史情结和史家气质，由此可见一斑。就广义而言，毛泽东诗词具有大气磅礴的史诗美，它们是中国革命的历史画卷，是毛泽东人生历程的真实写照，是中国共产党人奋斗足迹的生动记录。就狭义而言，毛泽东也是咏史诗词高手，大量作品引经据典、谈古论今，而有些作品则属于纯粹的咏史诗，如《七绝·屈原》《七绝·贾谊》《七律·咏贾谊》《读〈封建论〉呈郭老》等等，而其中最为典型的当数《贺新郎·读史》。

1963年底至1964年初，中国度过三年自然灾害不久，国民经济经过调整后开始有了好转。在政治、思想、文化、科技和军事方面也取得了举世公认的成就。但国内外的斗争非常复杂，中苏两党展开了空前规模的大论战。中美两国因中国的核计划和越战的迅速升级而矛盾日趋严重。这正需要人们用历史的分析方法来指导当时尖锐而复杂的斗争。据曾任毛泽东护士长并为毛泽东保管诗稿的吴旭君回忆："在那一段时间里，毛泽东办公之余，全是看《史记》和范文澜写的《中国通史简编》。"[①]

[①] 吴正裕主编：《毛泽东诗词全编鉴赏》，中央文献出版社，2003年12月第1版，第381页。

《贺新郎·读史》写的是阅读历史，特别是阅读了中国历史之后所产生的感想，是对国内外斗争形势的哲学概括和史学思考。

《贺新郎·读史》："人猿相揖别。只几个石头磨过，小儿时节。铜铁炉中翻火焰，为问何时猜得，不过几千寒热。人世难逢开口笑，上疆场彼此弯弓月。流遍了，郊原血。一篇读罢头飞雪，但记得斑斑点点，几行陈迹。五帝三皇神圣事，骗了无涯过客。有多少风流人物？盗跖庄蹻流誉后，更陈王奋起挥黄钺。歌未竟，东方白。"这首诗最早发表于《红旗》1978年第9期，同年9月9日《人民日报》转载，并附毛泽东的手迹，所署写作时间"一九六四年春"是根据吴旭君回忆确定的。吴旭君在1986年9月28日《光明日报》的《毛泽东两首诗词的写作时间及其他》一文中描述道：1973年，毛泽东让吴旭君重抄诗稿，该诗原稿"为问何时猜得"，吴旭君问是"为"还是"如"，毛泽东说是"如"不是"为"。吴旭君请主席在手稿上也改一改，毛泽东说："不要改，随他去。"该诗原稿"盗跖庄蹻流誉后"一句，毛泽东叫吴旭君在"盗"字上加引号，吴旭君请主席在手稿上也改一下，毛泽东还是说："不要麻烦了，就这样。"

《贺新郎·读史》是毛泽东诗词中别具一格的作品，是毛泽东晚年诗词的"压卷之作"。这首词以政治家的气魄、诗人的才华、历史学家的渊博、理论家的思辨纵论中国历史，勾画中国社会发展史的总的艺术图景，风骨雄健，堪称"千古一篇""千秋一阕""千年一叹"。

毛泽东如何诗说中国历史？

《贺新郎·读史》以高度凝练的笔墨，囊括以中国历史为主体的、跨度几百万年的人类社会发展轨迹。作品纵观古今成败，历览先贤得失，以诗为论，一咏三叹，是毛泽东用诗的语言写成的史学专著，贯穿全篇的深邃哲理则是：劳动创造人类的观点，阶级斗争的观点，人民是历史创造者的观点。这首诗堪称毛泽东辩证唯物主义和历史唯物主义思想的诗化表达。

词的上阕用形象比喻解读了人类社会的历史，主要是中国社会的历史。"人猿相揖别。只几个石头磨过，小儿时节"，写人类的起源和人类历史上最初出现的原始社会。人和猿相互拱手作揖告别，人学会用石头磨制生产工具，进行劳动，那是人类的童年时代。"人猿相揖别"，精练写出从猿到人的进化过程。"揖别"两字极为传神，手笔奇特而幽默，举重若轻地道出了其中的区分。而人与猿"揖别"的根本标志，就是人会制造和使用工具。人类经历了两三百万年的旧石器时代和新石器时代，生产力低下，故称为"小儿时节"。

"铜铁炉中翻火焰，为问何时猜得，不过几千寒热"，写的是奴隶社会和封建社会。"铜铁炉中翻火焰"，生动地写出了人类冶炼铜铁和制造铜器铁器的壮丽情景。我国的奴隶社会和封建社会究竟始于何时，学术界众说纷纭，所以诗人说"为问何时猜得"。但不管怎样"猜"，这两个时期也不过几千年罢了，于是，作者用"不过几千寒热"对此作了说明。"寒热"，是春去冬来，岁月嬗变。

"人世难逢开口笑，上疆场彼此弯弓月。流遍了，郊原血"，这是对中国几千年阶级斗争历史的概括。"人世难逢开口笑"，化用唐朝杜牧《九日齐山登高》的"尘世难逢开口笑，菊花须插满头归"之句。进入阶级社会，世间多有不平之事，苦乐不均，贫富不等，对立阶级之间不可能笑脸相迎。"上疆场彼此弯弓月"，当矛盾激化到一定程度时，就会弯弓张弩，刀兵相见。其结果是"流遍了，郊原血"，干戈铿鸣，血染大地，尸横遍野。正如毛泽东《丢掉幻想，准备斗争》所说："阶级斗争，一些阶级胜利了，一些阶级消灭了。这就是历史，这就是几千年的文明史。"①

词的下阕夹叙夹议，批判历史唯心主义的英雄史观，讴歌人民群众推动历史发展的唯物史观。"一篇读罢头飞雪，但记得斑斑点点，几行陈迹"，首先点明《读史》这个题目，同时也生动说明旧史的浩繁难读，读到头白年衰，也难以穷尽。"一篇读罢头飞雪"，既是中国史籍博大精深之写照，也是毛泽东终生酷爱读史之刻画。

"五帝三皇神圣事，骗了无涯过客"，这是对以帝王将相为中心的旧史书的大胆嘲讽和彻底批判。"五帝三皇"即"三皇五帝"。三皇：一般指天皇、地皇和人皇；或指燧人、伏羲和神农。五帝：一般认为是指黄帝、颛顼、帝喾、唐尧和虞舜。其实三皇五帝都是中国古代传说中的人物，但一些史家却把他们说成是真正的历史人物，并将有关传说当成正史，说他们是历史上最有才能、最贤明的君主，最神圣的英雄。于是乎"骗了无涯过客"，蒙蔽了古往今来无数的人。

"有多少风流人物？"风流人物：指在历史上对一个时代有重大影响的英雄人物。宋代苏轼《念奴娇·赤壁怀古》有"大江东去，浪淘尽，千古风流人物"之句。"盗跖庄蹻流誉后，更陈王奋起挥黄钺。"盗跖：跖是春秋时鲁国人，奴隶起义的领袖，被古代统治阶级诬蔑为"盗"，后来袭称盗跖。庄蹻：是楚怀王时的农民起义领袖。流誉后：其美名一直流传于后世。陈王：指陈胜。公元前209年，他和吴广共同领导秦末的农民起义，"斩木为兵，揭竿为旗"。黄钺：饰以黄金的大斧，是建立了政权的象征。"挥黄钺"表达了毛泽东对农民起义的赞美之情。在奴隶社会和封建社会里，只有这些奴隶和农民起义的领袖，才是真正的

---

① 《毛泽东选集》第四卷，人民出版社，1991年6月第3版，第1487页。

风流人物，才是真正的英雄。

"歌未竟，东方白"，咏史之歌尚未唱完，东方已经变白。唐代杜甫《东屯月夜》有"日转东方白，风来北斗昏"；唐代李商隐《酒罢，张大彻索赠诗，时张初效潞幕》诗云："葛衣断碎赵城秋，吟诗一夜东方白。"结尾二句，语意双关，意味深长。从实写的角度看，指作者自己彻夜读史，直至天明。从象征的角度看，可以理解为阶级斗争的历史之歌尚未唱完，中国革命已经大功告成。"东方白"与毛泽东《浣溪沙·和柳亚子先生》中的"一唱雄鸡天下白"一样，都象征中国革命取得胜利。

逢先知在《古籍新解，古为今用——记毛泽东读中国文史书》一文中指出："毛泽东读古书，有一个基本观点，是贯穿始终的，这就是历史唯物主义的观点。在中国很多古书里，历代农民起义运动及其领袖人物，大都被当作'贼''匪''盗''寇'，任加贬斥。但毛泽东则给他们以很高的历史地位。"[1]《贺新郎·读史》以深邃眼光看待远古至今的人类发展史和社会发展史，笔墨纵横，气象恢宏，意境深远，堪称读史、咏史类诗词中一篇空前的力作。"推翻历史三千载，自铸雄奇瑰丽词"，柳亚子昔日称赞毛泽东的这两句诗，用来评价《贺新郎·读史》恐怕是再恰当不过了，可作千秋定评。

---

[1] 龚育之、逢先知、石仲泉著：《毛泽东的读书生活》，生活·读书·新知三联书店，2005年1月第1版，第201页。

毛泽东如何两次赋诗评贾谊？

《七绝·咏贾谊》《七律·贾谊》是毛泽东为贾谊写的两首作品，赞扬他的才华，叹惜他的遭遇，冠之以"倜傥""雄英"，许之以"壮志""高节"。毛泽东诗词两次吟咏同一个古人，可谓绝无仅有。两首诗都发表在中央文献出版社1996年12月出版的《毛泽东诗词集》中，收入"副编"，是根据毛泽东办公室秘书林克保存的抄件刊印的。二者写作年代待考，是《毛泽东诗词集》中仅有的两首没有标注写作时间的诗作。新疆人民出版社2004年2月版张小林编的《毛泽东诗词鉴赏》，延边大学出版社2005年5月版良石、芦白欣编著的《毛泽东诗词书法赏析》等，将两首诗的创作时间标注为"约一九六四年"，但也未能提供可靠的佐证说明。

贾谊（前200—前168），洛阳人，西汉前期著名的文学家、思想家、政治家，也是屈原之后杰出的骚体诗人。自幼刻苦学习，博览群书。当过长沙王太傅，故世称贾太傅、贾生、贾长沙。其政论文《过秦论》《论积贮疏》《治安策》等颇有影响。20岁时，他被汉文帝召为博士，不久升为太中大夫。他给汉文帝上疏的《论积贮疏》，主张以农为本，备战备荒，强调此乃"天下之大命也"。正当汉文帝要重用他为公卿之际，听信谗言，于前177年将其外放去担任汉初唯一的异姓诸侯王长沙王吴差的太傅，由近臣一下子变成教书先生。贾谊离开长安南下，渡湘江之时，经过汨罗江，有感于屈原忠而见疏的遭遇，写下《吊屈原赋》，"因以自喻"。两年后，汉文帝召回贾谊，仍未重用，让他做梁怀王刘揖（文帝少子）的太傅。汉文帝十一年（前169年），梁怀王坠马而死，贾谊深感自责，"常哭泣，后岁余而死"。公元前168年，年仅33岁的贾谊壮志未酬身先死，留下千古遗恨。

毛泽东很推崇和喜爱贾谊，在早年的《送纵宇一郎东行》中写道："年少峥嵘屈贾才，山川奇气曾钟此。"毛泽东对这位少年才俊不能得志的遭遇深表惋惜。1958年4月27日，他致信田家英，竭力称道贾谊："如有时间，可一阅班固的《贾谊传》。可略去《吊屈》《鹏鸟》二赋不阅。贾谊文章大半亡失，只存见于《史记》的二赋二文，班书略去其《过秦论》，存二赋一文。《治安策》一文是西汉一代最好的政论，贾谊于南放归来著此，除论太子一节近于迂腐外，全文切中当时事理，有一种颇好的气氛，值得一看。"①

毛泽东在提到年轻有为的历史人物时，常常提到贾谊，称他"少年英发""英俊天才""文章光昌流丽"。1958年5月8日，在党的八届二次会议上，毛泽东提倡"破除迷信"，一口气讲了不少在历史上年轻有为的人物做例子，专门提到贾谊：汉朝有个贾谊，十几岁就被汉文帝找去了，一天升了三次官。后来贬到长沙，写了两篇赋，《吊屈原赋》和《鹏鸟赋》。后来又回到朝廷，写了一本书，叫《治安策》。他是秦汉历史专家。他写了十篇作品，留下来的是两篇作品（两篇赋）、两篇政治作品《治安策》和《过秦论》。②

《七绝·贾谊》写道："贾生才调世无伦，哭泣情怀吊屈文。梁王堕马寻常事，何用哀伤付一生。"作品充分肯定贾谊的才华风调，认为在西汉汉文帝时，没有人能与他相提并论。这首诗专写贾谊的才调、情怀和人生悲剧，没有涉及当时的社会历史背景。"贾生才调世无伦"，借用唐代李商隐《贾生》诗句"贾生才调更无伦"。毛泽东曾两次手书《贾生》诗，每次都凭记忆写作"贾生才调世无伦"。毛泽东的这一写法，无疑成为《七绝·贾谊》出自毛泽东手笔的一个证据。从林克保存的抄件看，此诗句末原为"何用轻容付一生"，后圈掉"轻容"，改为"哀伤"。

《七律·咏贾谊》："少年倜傥廊庙才，壮志未酬事堪哀。胸罗文

---

① 《毛泽东书信选集》，中央文献出版社，2003年11月第1版，第497页。
② 陈锋、王翰主编：《毛泽东瞩目的文人骚客》，长江文艺出版社，2009年10月第1版，第69页。

章兵百万，胆照华国树千台。雄英无计倾圣主，高节终竟受疑猜。千古同惜长沙傅，空白汨罗步尘埃。"《七律·咏贾谊》与《七绝·贾谊》系姊妹篇，作品工笔重彩，放眼人物的社会历史背景，深刻揭示其人生悲剧的社会历史根源和贾谊自身的历史教训。

"少年倜傥廊庙才，壮志未酬事堪哀"，首联首先对贾谊的才华及作者对其不幸人生的同情态度做了概括性交代。"胸罗文章兵百万，胆照华国树千台"，颔联则盛赞贾谊的文才韬略和高风亮节，称赞他的锦绣文章能抵上百万雄兵，然后进一步突出咏赞贾谊在《治安策》中提出的强化汉王朝中央集权的战略。他维护刘氏汉王朝的心至真至诚，因此他提出了"树千台"的主张。"台"为古代官署名。"雄英无计倾圣主，高节终竟受疑猜"，颈联着重慨叹贾谊在嫉贤妒能的官场中的不幸境遇。"千古同惜长沙傅，空白汨罗步尘埃"，尾联咏叹贾谊官场生涯的不幸结局。

《七律·咏贾谊》赞赏贾谊的杰出才华，对贾谊因过度哀伤而英年早逝表达了无限的惋惜之情，寄寓了作者思贤若渴，希望大胆提拔和重用青年才俊的思想。这首七律既有高度热烈的颂扬赞赏，也有委婉深沉的感慨惋惜；既有激情的倾注，也不乏理性的思考。这首即兴之作，诗题加了一个"咏"字，全诗一往情深，一唱三叹，以简练的笔墨叙写复杂历史，却能做到形象生动，观点鲜明，感情强烈。

毛泽东如何重上井冈山？

梁启超在《少年中国说》中写道："老年人常思既往，少年人常思将来。"晚年毛泽东既思"既往"，也思"将来"。1965年5月22日，毛泽东回到了阔别已久的井冈山，一住就是七个晚上。毛泽东抚今追昔，豪情满怀写下了《水调歌头·重上井冈山》和《念奴娇·井冈山》。

逄先知、金冲及主编的《毛泽东传》第六卷对这次井冈之行写得比较简略："这年五月，毛泽东从武汉经过湖南茶陵和江西永新重新登上井冈山。他已经相隔三十六年没有回到这个当年艰辛开创革命事业的故地了，不禁心潮澎湃，写下一首《念奴娇·井冈山》词。"① 而《毛泽东年谱（1949—1976）》卷五记载了毛泽东重返井冈山的主要过程。

5月22日：下午四时，到达井冈山茅坪。傍晚到达黄洋界，快步走向山顶，环顾四周的山峰。在黄洋界保卫战胜利纪念碑前同张平化等合影。后到达茨坪，住井冈山宾馆。

5月25日：毛泽东说：我早想回井冈山看看，一别就是三十多年。为了创建这块革命根据地，不少革命先烈牺牲了自己的生命，牺牲时都只有二十几岁呀！没有过去井冈山艰苦的奋斗，就不可能有今天。当得知井冈山修起了水电站和四条公路，办起了工厂、学校，农民住上了新瓦房时，他说：今天的井冈山比起三十八年前大不相同了。我相信井冈山将来还会变得更好，更神气。但是我劝大家，日子好过了，艰苦奋斗的精神不要丢了，井冈山的革命精神不要丢了。

5月26日：在茨坪散步，向陪同的井冈山管理局负责人了解井冈山的建设情况，晚上，同汪东兴谈话。毛泽东说：这次上井冈山，往事都

---

① 逄先知、金冲及主编：《毛泽东传》第六卷，中央文献出版社，2011年1月第2版，第2258页。

想起来了。

5月28日：上午，在茨坪散步。下午，向汪东兴提出明天在离开井冈山前，要分批接见井冈山的革命老同志、党政负责人、工人农民、宾馆服务人员、警卫、医护人员等，以及湖南来的护送上山的同志，让他作具体安排。毛泽东说：这些同志辛苦了，我乐意见见他们，同他们合影。

5月29日：下午，按事先的安排分批接见并合影。随后，乘汽车下山。当晚到达吉安，住中共吉安地委招待所。①

当代中国出版社2010年6月版的《汪东兴日记》中，《随毛主席重上井冈山》部分，则详细记载了毛泽东重上井冈山的具体活动。这里把相关细节摘编如下。

其一，毛泽东驻足黄洋界。车刚一停，毛泽东就下车快步走向山顶。他满怀豪情地指着黄洋界周围的重峦叠嶂说："这就是黄洋界！当年我们就是利用黄洋界的有利地形，经过和敌人的几次较量，把敌人赶下了山。那时为了减少伤亡，保存自己，我们在这里构筑了一些工事，给敌人很大打击。"接着，毛泽东要汪东兴去查看了附近的地形，有几个地方还依稀可以看出当年构筑的壕沟式的工事。毛泽东站在海拔1300米的黄洋界上，环视黄洋界巍峨险要的地势。

其二，安排随员参观。5月23日，毛泽东安排随员和专列上的工作人员参观井冈山，要求汪东兴参观井冈山博物馆，并向他讲讲展览室的情况。

其三，回忆井冈山斗争。汪东兴参观博物馆后，随毛泽东散步，向他询问井冈山红军的相关问题。毛泽东兴致勃勃，一口气讲了当年井冈山红军的来历与组成的情况。

其四，纵谈井冈山。在会客室，毛泽东向汪东兴、张平化、刘俊秀询问对井冈山的印象。毛泽东听后深情地说："我早就想回井冈山看看，一别就是三十八年啊！我的心情和你们一样高兴、激动。"接着，毛泽东又深情回忆了井冈山斗争的详细过程，一讲就讲了两个多小时。之后，

---

① 《毛泽东年谱（1949—1976）》第五卷，中央文献出版社，2013年12月第1版，第494—496页。

毛泽东说:"今天井冈山各方面比起三十八年前是大不相同了。上山坐汽车,住楼房,吃饭是四菜一汤,穿的是干净、整齐的衣服,真是神气多了。我相信井冈山将来会变得更好,更神气。但是我劝大家,日子好过了,艰苦奋斗的精神不要丢了,井冈山的革命精神不要丢了。今天我讲了许多过去的故事,你们还可以再去访问一些井冈山的人民群众。老井冈山人都知道过去井冈山斗争是如何艰难困苦的,都知道无数的井冈山人为了中国革命奋斗牺牲的精神。井冈山不愧是革命的山,战斗的山。"

其五,询问井冈山建设情况。毛泽东在住地附近散步,向陪同的井冈山管理局的负责同志询问井冈山的建设情况以及来山参观的情况。毛泽东听后,非常兴奋,又回忆起井冈山斗争时期的艰难岁月。他还饶有兴致地谈到了很多还健在的参加过井冈山斗争的老同志。毛泽东说:"现在,我们胜利了,要更好地建设社会主义中国,更好地建设社会主义的井冈山。"

其六,毛泽东赋诗。5月27日下午三时,汪东兴给毛泽东送文件时,看见毛泽东正在聚精会神地写"重上井冈山"的诗稿。

其七,亲切接见群众。5月29日下午四时,井冈山上人声鼎沸,欢声雷动,群情激奋,到处都有人高喊着:"毛主席!毛主席来了!"热烈的场面感人至深。毛泽东频频向群众招手致意,然后在欢呼声中登上汽车,开始下山之途。一路上井冈山的人民自动夹道欢送,依依不舍。[①]

毛泽东重上井冈山的情形,至今仍让井冈山人民难以忘怀。而作为此次井冈山之行的感怀之作,《水调歌头·重上井冈山》和《念奴娇·井冈山》也将焕发着永恒的艺术魅力。

[①] 汪东兴著:《汪东兴日记》,当代中国出版社,2010年6月第1版,第166—185页。

如何解读《水调歌头·重上井冈山》？

1965年夏，邓颖超在一次陪同毛泽东会见外宾后，说："很久没有读到主席的新作品，很希望能读到主席的新作品。"《毛泽东年谱（1949—1976）》卷五记载：1965年9月25日，"致信邓颖超：'邓大姐：自从你压迫我写诗以后，没有办法，只得从命。花了两夜未睡，写了两首词。改了几次，还未改好。现在送上请教。如有不妥，请予痛改为盼！'两首词是《水调歌头·重上井冈山》和《念奴娇·鸟儿问答》"①。这里所说"写了"两首词，应该是"书写"而不是"创作"。据《汪东兴日记》：1965年5月27日下午三时，"我们把文件送到主席处时，我看到主席正在聚精会神地写'重上井冈山'的诗稿"②。

《水调歌头·重上井冈山》："久有凌云志，重上井冈山。千里来寻故地，旧貌变新颜。到处莺歌燕舞，更有潺潺流水，高路入云端。过了黄洋界，险处不须看。风雷动，旌旗奋，是人寰。三十八年过去，弹指一挥间。可上九天揽月，可下五洋捉鳖，谈笑凯歌还。世上无难事，只要肯登攀。"这首词最早发表于《诗刊》1976年1月号，与《念奴娇·鸟儿问答》同时发表，总题为《词二首》。该词现在所见作者存留一件手迹，曾经有多处修改。"久有凌云志"句，原为"一日复一日"；"旧貌变新颜"句，原为"早已变新颜"；"到处莺歌燕舞，更有潺潺流水"句，原为"到处男红女绿，更有飞流激电"；"高路入云端"句，原为"高树入云端"；"是人寰"句，手迹作"是尘寰"；"弹指一挥间"句，原为"抛出几泥丸"；"谈笑凯歌还"，原为"风发更心闲"。

---

① 《毛泽东年谱（1949—1976）》第五卷，中央文献出版社，2013年12月第1版，第530—531页。

② 汪东兴著：《汪东兴日记》，当代中国出版社，2010年6月第1版，第183页。

这首词抒发毛泽东对井冈山和井冈山斗争的深情怀念，通过重上井冈山的所见所感，生动形象地描绘井冈山的喜人变化，高度赞扬革命与建设的巨大成就，鼓舞人们勇登高峰，继续前进。

这首词上阕纪行，写重上井冈山后的兴奋心情以及所看到的崭新面貌。"久有凌云志，重上井冈山"，气概昂扬激越，毛泽东重上井冈山的心愿由来已久。《后汉书·冯衍传》说冯衍自谓"常有陵云之志"，"陵"同"凌"。《水浒传》第三十九回："他时若遂凌云志，敢笑黄巢不丈夫。""凌云志"，一语双关，既写井冈山的高峻，更写壮志的高远。

"千里来寻故地，旧貌变新颜"，饱含对井冈山的深情挂念和热切向往，反映井冈山的沧桑巨变。井冈山的山山水水使诗人魂牵梦绕，井冈山是中国革命的摇篮，如今已经发生巨变，足以告慰革命前辈和先烈。

"到处莺歌燕舞，更有潺潺流水，高路入云端"，具体描绘井冈山的勃勃生机，以写自然变化之象反映社会变化之巨。莺歌燕舞：唐代皇甫冉《春思》："莺啼燕语报新年，马邑龙堆路几千？"宋代苏轼《被锦亭》："烟红露绿晓风香，燕舞莺啼春日长。"百鸟在绿茵丛中欢唱嬉戏，春意盎然。潺潺：形容流水的声响或水缓缓流动的样子，宋代欧阳修《醉翁亭记》："山行六七里，渐闻水声潺潺而泻出于两峰之间者，酿泉也。"高路：盘山公路。云端：云中，云里。1960年冬，修筑了从江西宁冈砻市至井冈山茨坪的盘山公路。

"过了黄洋界，险处不须看"，过黄洋界之后，再无所谓险要之处了。在毛泽东看来，当年那么险恶的环境都闯过来了，还有什么困难不能克服？

下阕抒怀，抚今追昔，侧重抒发勇攀高峰、敢于斗争、敢于胜利的壮志豪情。"风雷动，旌旗奋，是人寰"，这是毛泽东对往昔峥嵘岁月的回顾，是如火如荼的井冈山斗争的真实写照。风雷：风暴雷霆，比喻气势浩大的革命斗争具有猛烈的冲击力量。宋代辛弃疾《水龙吟·过南剑双溪楼》："凭栏却怕，风雷怒，鱼龙惨。"旌旗奋：火红的战旗迎风飘扬。《周礼·春官·司常》："凡军事，建旌旗。"人寰：人世间。南朝宋鲍照《舞鹤赋》："去帝乡之岑寂，归人寰之喧卑。"这三句可与"人间正道是沧桑"对照着去理解。

"三十八年过去，弹指一挥间"，时光荏苒，从1927年上井冈山建立革命根据地到1965年重上井冈山，三十八年一晃而过。弹指：本为佛教用语，指勾指弹一下的工夫，言时间极短暂。一挥：挥一挥手，比喻时间飞快。中国革命的胜利是伟大的，但恰如毛泽东《在中国共产党第七届中央委员会第二次全体会议上的报告》所云：只不过是"一出长剧的一个短小的序幕"，只是"万里长征走完了第一步"。[①]

"可上九天揽月"，典出《孙子·形篇》："善攻者动于九天揽月之上。"唐代李白《宣州谢朓楼饯别校书叔云》："俱怀逸兴壮思飞，欲上青天揽明月。"宋代梅尧臣注："九天揽月，言高不可测。""可下五洋捉鳖"，五洋：指世界五大洋，即太平洋、大西洋、印度洋、北冰洋和南冰洋。捉鳖：成语有"瓮中捉鳖"，形容手到擒来。"谈笑凯歌还"，典出西晋左思《咏史》："吾慕鲁仲连，谈笑却秦军。"宋代苏轼《念奴娇·赤壁怀古》："谈笑间，樯橹灰飞烟灭。"意谓在谈笑中高奏凯歌。中国人民胸怀壮志，能够到九重天上把月亮摘下，能到五洋深处把鳖捉住，谈笑间高唱凯歌胜利归来。

"世上无难事，只要肯登攀"，化用民间谚语"世上无难事，只怕有心人"，已成为富有哲理光辉和民族特色的格言。社会主义建设事业如同爬山一样，只要不畏艰险，努力攀登，就一定能够到达光辉的顶点，取得最后胜利。这是毛泽东长期革命实践总结出来的真理。与原来的民谚相比，更富于实践精神，更能激励人们勇攀高峰。

[①]《毛泽东选集》第四卷，人民出版社，1991年6月第3版，第1438页。

如何解读《念奴娇·井冈山》？

《念奴娇·井冈山》："参天万木，千百里，飞上南天奇岳。故地重来何所见，多了楼台亭阁。五井碑前，黄洋界上，车子飞如跃。江山如画，古代曾云海绿。弹指三十八年，人间变了，似天渊翻覆。犹记当时烽火里，九死一生如昨。独有豪情，天际悬明月，风雷磅礴。一声鸡唱，万怪烟消云落。"这首词最早发表于人民文学出版社1986年9月版《毛泽东诗词选》，收入"副编"，注明"根据手稿刊印"。1996年9月中央文献出版社出版《毛泽东诗词集》时，仍收入"副编"。这首词现在所见作者留存手迹一件，手迹与正式发表稿有以下不同："千百里，飞上南天奇岳"句，手迹"千百里"之后无标点符号；"车子飞如跃"句，手迹为"大道通如蚰"；"古代曾云海绿"句，手迹为"遍地男红女绿"；"九死一生如昨"句，手迹为"九死一生"后空二字未写；"一声鸡唱，万怪烟消云落"句，手迹为"一声狮吼，万怪烟消雾落"。

这首词是《水调歌头·重上井冈山》的姊妹篇，描写1929年1月阔别36年后重上井冈山时所见到的翻天覆地的变化，回顾创建井冈山革命根据地以来中国共产党和中国人民历尽艰险、九死一生的奋斗历程，满怀豪情地表达了夺取社会主义建设新胜利的坚定信心。作品充分显示了毛泽东驾驭语言的能力和高度的艺术概括力。写景抒情，情真意切，情景交融，言简意丰，意境高远，是本词的主要特点。

词的上阕写重上井冈山所见的巨大变化。"参天万木"，形容井冈山树密林深，郁郁葱葱。唐代王维《送梓州李使君》："万壑树参天，千山响杜鹃。""千百里"，井冈山在罗霄山脉中段，号称五百里井冈。千百：言极其多。"飞上南天奇岳"，南天：南方天空，这里指南方；奇岳：指奇伟高大的井冈山。此三句从空间角度描写山势的广袤和遒劲，显示出诗人的视野开阔和胸襟博大，也反映出作者远道而来井冈山的急迫心情。

"故地重来何所见，多了楼台亭阁"，再次寻访故地，重回曾经战斗生活的地方，见到了什么呢？增添了楼台亭阁。宋代周煇《清波别志》中卷："翠微寺本翠微宫，楼阁厅台数十重。"这里指井冈山陆续兴建的现代化宾馆和楼房建筑，以及修复保存的许多革命旧居旧址。

"五井碑前，黄洋界上，车子飞如跃"，五井：井冈山有大井、小井、上井、中井、下井。五井碑：明清以来立有纪念修路为德的五井碑，后被毁。一说指新中国成立后修建在小井的纪念红军医院殉难烈士的红军烈士墓，上有毛泽东的题词。车子飞如跃：汽车飞快行驶。黄洋界上修通公路，天堑变通途，古老闭塞的井冈山，开始了现代化的进程。

"江山如画"，江山泛指井冈山的景物，赞叹井冈山的秀美风光。语出宋代苏轼《念奴娇·赤壁怀古》："江山如画，一时多少豪杰。"又《念奴娇·中秋》："江山如画，望中烟树历历。"宋代柳永《双声子》："江山如画，云涛烟浪，翻输范蠡扁舟。""古代曾云海绿"，即"曾云古代海绿"，叙写井冈山的历史变迁。古代井冈山曾经是一望无际的绿色海洋，如今却是如画江山。大自然沧海变桑田，人类社会更是发生了亘古未有的巨变。

下阕写重上井冈山的深切感受，抚今追昔，展望未来。"弹指三十八年"，与《水调歌头·重上井冈山》中"三十八年过去，弹指一挥间"句意思完全一样，从1927年10月引兵井冈到1965年重上井冈，已有38年，感叹时间过得飞快，转瞬即逝。"人间变了，似天渊翻覆"，由井冈山旧貌变新颜联想到30多年来整个中国大地所发生的巨大变化。井冈山斗争的星星之火已经燎原，中国革命取得最后胜利，社会主义建设事业也蒸蒸日上。人间变了：指中国社会发生了巨变，推翻了旧社会，建立了新中国。天渊翻覆：天地翻覆，高天与深渊出现彻底变化。宋代宇文居《念奴娇》："干戈浩荡，事随天地翻覆。"

"犹记当时烽火里，九死一生如昨"，这是一个戎马倥偬、南征北战的过来人，回首峥嵘岁月所发出的由衷感慨。革命斗争的炮火硝烟，历历在目，可歌可泣。九死一生：战国屈原《离骚》："亦余心之所善兮，虽九死其犹未悔。"元代王仲文《救孝子》杂剧第一折："您哥哥剑洞枪林快厮杀，九死一生不当个耍。"指历尽艰险，死里逃生，用以形容身处极其危险的境地。既言革命之艰险，亦言牺牲之巨大。当年革命战争的亲历者永远不会忘记，革命的后来人也永远不能忘记，忘记过去就意味着背叛。

"独有豪情，天际悬明月，风雷磅礴"，革命成功了，革命豪情依然不减当年，如同高悬天际的明月永放光辉，普照人寰，而革命的风雷正继续磅礴激荡于天地之间。南朝梁沈约《郊居赋》："并豪情之所侈，非俭志之所娱。"天际悬明月：志存高远，光明如同悬挂在天边的明月。唐代杜甫《后出塞》五首其二："中天悬明月，令严夜寂寥。"风雷磅礴：狂风雷暴具有浩大声势，正所谓"五洲震荡风雷激"。

"一声鸡唱，万怪烟消云落"，结尾二句展望未来，诗人坚信有朝一日，兴妖作怪的一切邪恶势力终将被正义力量一扫而空。一声鸡唱：即鸡唱一声。化用唐代李贺《致酒行》"我有迷魂招不得，雄鸡一声天下白"诗句，雄鸡报晓，喻指革命斗争取得胜利，迎来光明。万怪：各种各样的妖魔鬼怪，喻指各种反动势力。烟消云落：烟消云散，喻指各类妖魔鬼怪销声匿迹。

两首重上井冈山词作有何异同？

《水调歌头·重上井冈山》《念奴娇·井冈山》，是毛泽东1965年5月下旬重上井冈山时的感怀之作。中央文献出版社2003年1月版龙剑宇、胡国强著《毛泽东的诗词人生》认为：两首词"堪称'姊妹篇'，这样的'双胞胎'在毛泽东诗词也是仅见的。"

两首词作孰先孰后呢？龙剑宇、胡国强推断："揣摩当时的创作情境，《水调歌头》当为毛泽东乘车由湖南方向重上井冈山，经过黄洋界时在车上所吟，而《念奴娇》则是下车之后，漫步茨坪故地时所吟，所以写得更实一些和更细致些。"[①] 上海人民出版社2005年9月版陈晋著《文人毛泽东》指出："《水调歌头·重上井冈山》写于到达井冈山的第三天。当时他还以'念奴娇'词牌写了一首《井冈山》，构思和意境同《重上井冈山》大体相似，或许是先写的'念奴娇'，觉得不太满意，便换成'水调歌头'重写。"[②]

在河北人民出版社1990年8月版臧克家主编的《毛泽东诗词鉴赏》一书中，吴嘉认为两首作品是同时写的："这首词（指《念奴娇·井冈山》）写于1965年5月……如果与早先发表的另一首写于同时、同一题材的词《水调歌头·重上井冈山》相比较，这首词较为平直，气势似亦稍逊。"[③] 四川人民出版社2007年4月版蔡清富、黄辉映编著《毛泽东诗词大观》，则采取了不分先后的模糊态度："这首词（指《念奴

[①] 龙剑宇、胡国强：《毛泽东的诗词人生》，中央文献出版社，2011年6月第1版，第437页。

[②] 陈晋著：《文人毛泽东》，上海人民出版社，2005年9月第1版，第636—637页。

[③] 臧克家主编：《毛泽东诗词鉴赏》，河北人民出版社，1990年8月第1版，第319页。

娇·井冈山》）作于1965年5月下旬，是在写《水调歌头·重上井冈山》前后吟哦成的。"①

以上种种说法，都缺乏史料的支撑。但是，有两点不容置疑：一是二者都写于毛泽东重上井冈山期间；二是二者肯定有先后之分，但这一问题无关宏旨，丝毫不会影响对作品本身的解读。

两首词属于同时、同地、同题的作品，在意境、情感、格调、结构甚至用词方面，均有许多贴近或类似之处。如"千里来寻故地"与"故地重来"；"旧貌换新颜"与"人间变了，似天渊翻覆"；"高路入云端"与"飞上南天奇岳"；"风雷动"与"风雷磅礴"；"三十八年过去，弹指一挥间"与"弹指三十八年"；"可上九天揽月，可下五洋捉鳖"与"独有豪情，天际悬明月"；"谈笑凯歌还"与"一声鸡唱，万怪烟消云落"。但细细品味起来，《水调歌头·重上井冈山》更有思想深度，更富有哲理旨趣。从毛泽东同意将其公开发表来判断，他本人显然对这首词也更为中意。

就内容而言，两首作品都表达了以下几层诗意。

第一层诗意：表达对井冈山的思念深、归心切。"千里来寻故地""千百里，飞上南天奇岳"，虽生活在千里之外，却割舍不下魂牵梦绕的那份牵挂。纵然远隔千山万水，也阻挡不了故地重游的兴致。毛泽东的心情，正如《汪东兴日记》所记录的："我离开井冈山已经三十八年了。这次旧地重游，回忆起三十八年前的这段历史，心情总是非常激动的。""我早想回井冈山看看，一别就是三十八年啊！我的心情和你们一样高兴激动。"②

第二层诗意：为井冈山发生巨变而欢欣鼓舞。当年的井冈山斗争环境险恶，生活条件艰苦，而如今却是"旧貌换新颜""到处莺歌燕舞，更有潺潺流水，高路入云端""多了亭台楼阁""江山如画"。当年的流血牺牲，已经换来了社会主义建设事业的勃勃生机，井冈山是新中国

---

① 蔡清富、黄辉映编著：《毛泽东诗词大观》，四川人民出版社，2007年4月第4版，第493页。

② 汪东兴著：《汪东兴日记》，当代中国出版社，2010年6月第1版，第175页。

辉煌成就的一个缩影。恰恰是这种巨变，使"千里来寻故地"的"寻"字显得更具回味余地，使"旧貌变新颜"的"变"字更具有称心如意的意味。

第三层诗意：慨叹时间飞逝，往事如昨。从当年在井冈山创建革命根据地到故地重游，已经三十八个年头，对有限的人生而言何其漫长，而对无涯的历史而言又何其短暂。"风雷动，旌旗奋""犹记当时烽火里，九死一生如昨"。井冈山对毛泽东人生的意义、对中国革命的意义不会因为时间的飞逝而消逝，反而是犹在眼前，挥之不去。这就不难理解毛泽东重上井冈山时在黄洋界会驻足四十五分钟之久。当年的一幕幕情景仍在脑海心间闪现。

第四层诗意：抒发壮心不已的凌云之志。臧克家在1976年1月3日《光明日报》的《井冈山高望世界——学习毛主席词二首的一点体会》中写道："毛主席的《水调歌头·重上井冈山》，是以'久有凌云志'起首的"，"这'凌云志'使我们联系到'秋收暴动'、第一杆红旗插上这革命的山头；使人们联想到在三座大山压顶、黑夜如磐的反动统治之下，坚信'星星之火，可以燎原'的革命壮志"。这种"凌云志"也就是《七律·到韶山》所表达的"为有牺牲多壮志，敢教日月换新天"。

在纪念毛泽东同志诞辰120周年座谈会上的讲话中，习近平总书记指出："从纷然杂陈的各种观点和路径中，经过反复比较和鉴别，毛泽东同志毅然选择了马克思列宁主义，选择了为实现共产主义而奋斗的崇高理想。在此后的革命生涯中，不管是'倒海翻江卷巨澜'，还是'雄关漫道真如铁'，毛泽东同志始终都矢志不移、执着追求。"[①]毛泽东胸怀"改造中国与世界"的宏图大志，执着地探索中国革命和建设的道路，百折不挠，勇往直前，纵然年事已高，依然满怀"可上九天揽月，可下五洋捉鳖，谈笑凯歌还"的豪情，依然坚信"世上无难事，只要肯登攀"。

---

① 习近平：《在纪念毛泽东同志诞辰120周年座谈会上的讲话》，《人民日报》2013年12月27日。

《念奴娇·鸟儿问答》如何寓庄于谐？

《毛泽东年谱（1949—1976）》卷五记载：1965年9月25日，"致信邓颖超：'邓大姐：自从你压迫我写诗以后，没有办法，只得从命，花了两夜未睡，写了两首词。改了几次，还未改好，现在送上请教。如有不妥，请予痛改为盼！'"①两首词是《水调歌头·重上井冈山》和《念奴娇·鸟儿问答》。《念奴娇·鸟儿问答》："鲲鹏展翅，九万里，翻动扶摇羊角。背负青天朝下看，都是人间城郭。炮火连天，弹痕遍地，吓倒蓬间雀。怎么得了，哎呀我要飞跃。　借问君去何方，雀儿答道：有仙山琼阁。不见前年秋月朗，订了三家条约。还有吃的，土豆烧熟了，再加牛肉。不须放屁，试看天地翻覆。"这首词最早发表在《诗刊》1976年1月号，标明写作时间为"一九六五年秋"，与《水调歌头·重上井冈山》同时发表，总题为《词二首》。这首词的写作时间，初稿署为"一九六五年五月"。据中央文献出版社2003年12月版《毛泽东诗词全编鉴赏》"考辨"："之所以出现两处不同的写作时间，原因是'五月'为写出初稿的时间，'秋'为修改定稿的时间。至于此诗为什么要把修改定稿时间确定为写作时间，原因未详。"②

这首词现在所见作者留存一件手迹，发表的定稿与手迹有以下不同。"翻动扶摇羊角"，原为"翻起扶摇羊角"；"都是人间城郭"，原为"都是人民城郭"；"借问君去何方"，原为"借问你去何方"；"不见前年秋月朗"，原为"不见前年秋月白"；"再加牛肉"，原为"再添牛肉"；

---

① 《毛泽东年谱（1949—1976）》第五卷，中央文献出版社，2013年12月第1版，第530—531页。
② 吴正裕主编：《毛泽东诗词全编鉴赏》，人民文学出版社，2017年9月第1版，第317—318页。

"试看天地翻覆",原为"请君充我荒腹"。此外,在毛泽东送邓颖超的清样稿中,全词最后一句为"看君充彼鹞腹"。

毛泽东曾请胡乔木就此词征求郭沫若的修改意见,郭沫若写信给胡乔木说:"'飞跃'我觉得可不改,因为是麻雀吹牛,如换为'逃脱',倒显得麻雀十分老实了。'土豆烧牛肉'句,点穿了很好,改过后,合乎四、四、五,为句也较妥帖,惟'土豆烧牛肉'是普通的菜,与'座朋嘉宾,盘兼美味'似少相称。可否换为'有酒盈樽,高朋满座,土豆烧牛肉'?'牛皮葱炸,从此不知下落',我觉得太露了。麻雀是有下落还露过两次面。"① 借此,可见这首词的初稿面貌。

《念奴娇·鸟儿问答》是一首有关中苏论战的政治寓言诗,通俗诙谐,嬉笑怒骂,语言犀利,借鲲鹏和蓬间雀的形象和故事,表现了马克思主义者和修正主义者两种不同的品格和理想,歌颂了马克思主义者革命的坚定性和崇高的理想,批判了修正主义者的懦弱胆怯和卑微渺小。

上阕写鲲鹏展翅的壮阔气势及其不动声色俯瞰现实人间的雄姿,同时也写出胆小如鼠的蓬间雀的惊呼与慨叹。鲲鹏与蓬间雀形成鲜明对照。

"鲲鹏展翅,九万里,翻动扶摇羊角",典出《庄子·逍遥游》:"北冥有鱼,其名为鲲。鲲之大,不知其几千里也;化而为鸟,其名为鹏。鹏之背,不知其几千里也;怒而飞,其翼若垂天之云。是鸟也,海运则将徙于南冥。南冥者,天池也。""《齐谐》者,志怪者也。《谐》之言曰:'鹏之徙于南冥也,水击三千里,抟扶摇而上者九万里,去以六月息者也。'"冥:同"溟",海。以宏伟气势描绘鲲鹏形象,表现马克思主义者叱咤风云的豪迈气概。"背负青天朝下看,都是人间城郭",《庄子·逍遥游》:"背负青天而莫之夭阏者。"城郭:指城市,泛指人群居住的地方。鲲鹏飞到九万里的高空,俯视人间世界。

"炮火连天,弹痕遍地,吓倒蓬间雀"。蓬间雀:生活在蓬蒿之间目光短浅的小鸟,典出《庄子·逍遥游》:"斥鷃笑之曰:'我腾跃而上,

---

① 费枝美、季世昌著:《毛泽东诗词新解》,中央文献出版社,2003 年 12 月第 1 版,第 321 页。

不过数仞而下，翱翔蓬蒿之间，此亦飞之至也。'"世界被压迫人民和被压迫民族武装斗争的烽火遍地燃烧，人民革命战争的炮火把旧世界打得千疮百孔。赫鲁晓夫1960年9月在联合国大会演说时曾说："任何争取民族解放的局部战争都会蔓延成世界大战。"[①]世界革命的大好形势却把赫鲁晓夫之流吓得失魂落魄。"怎么得了，哎呀我要飞跃"，"蓬间雀"害怕革命战争，意欲飞离逃避。毛泽东对赫鲁晓夫进行辛辣的讽刺。

词的下阕，借鹏雀对话，进一步揭露和嘲讽赫鲁晓夫之流鼓吹"三无世界"和炮制假共产主义的欺骗性，预示他们改变不了天翻地覆的现实。

"借问君去何方"，与上阕蓬间雀的惊呼紧相承接，是鲲鹏对蓬间雀的质问，以下几句是雀儿的回答。"雀儿答道：有仙山琼阁"，仙山琼阁：神仙居住的琼楼玉宇。唐代白居易《长恨歌》："忽闻海上有仙山，山在虚无缥缈间。"这里喻指赫鲁晓夫集团鼓吹的"无武器、无军队、无战争"的"三无世界"，不过是一种虚无缥缈的幻影。"不见前年秋月朗，订了三家条约"，指1963年8月5日，美、苏、英三国在莫斯科签订《禁止在大气层、外层空间和水下进行核武器试验条约》，这是超级大国企图保持核垄断地位而玩弄的伎俩。"不见前年秋月朗"把赫鲁晓夫自鸣得意的神情刻画得活灵活现。"还有吃的，土豆烧熟了，再加牛肉"，赫鲁晓夫1964年4月曾在一次演讲中说"福利共产主义"就是"一盘土豆烧牛肉的好菜"。这是对革命人民的蒙蔽，对共产主义社会的歪曲，简直是一派胡言。

"不须放屁"，"蓬间雀"的鬼话，自然遭到鲲鹏的痛斥，这也是诗人的义愤之词。"放屁"二字有些不雅，但用来驳斥赫鲁晓夫之流的胡说八道倒也恰当。"试看天地翻覆"，是对当时现实的概括，也是对超级大国的严正警告。国家要独立，民族要解放，人民要革命，成为不可抗拒的历史潮流。

[①] 丁三省编著：《毛泽东诗词精读》，文化艺术出版社，2013年1月第1版，第246页。

《七律·洪都》如何咏史明志？

《毛泽东年谱（1949—1976）》卷五记载："（1965年）12月下旬 作《七律·洪都》：'到得洪都又一年，祖生击楫至今传。闻鸡久听南天雨，立马曾挥北地鞭。鬓雪飞来成废料，彩云长在有新天。年年后浪推前浪，江草江花处处鲜。'"[1] 这首诗最早发表在1994年12月26日的《人民日报》，与《虞美人·枕上》同时发表，题为《毛泽东诗词二首》，根据作者修改的抄件刊印，标明写作时间为"一九六五年"。1996年9月中央文献出版社出版的《毛泽东诗词集》收入"副编"。

据吴正裕主编的《毛泽东诗词全编鉴赏》"考辨"：这首诗现在所见作者存留一件手迹和一件修改审定的抄件。作者在抄件上将"祖生击楫古今传"中的"古"改为"至"。手迹同定稿相比，有两句异文。"祖生击楫至今传"句，手迹作"手中尚有祖生鞭"；"立马曾挥北地鞭"句，手迹作"立马曾敲北地镫"。[2]

洪都，旧南昌府的别称。南昌是历史文化名城，初唐诗人王勃在《秋日登洪府滕王阁饯别序》称"豫章故郡，洪都新府"，赞美"物华天宝""人杰地灵"，还留下"老当益壮，宁移白首之心；穷且益坚，不坠青云之志"的千古名句。

"到得洪都又一年，祖生击楫至今传。"1964年4月19日至22日，毛泽东到了南昌。"又一年"，是继去年再次到来。祖生击楫：祖生，东晋名将祖逖。公元304年匈奴族刘渊在黄河流域建立汉国。中原大乱，

---

[1]《毛泽东年谱（1949—1976）》第五卷，中央文献出版社，2013年12月第1版，第549页。

[2] 吴正裕主编：《毛泽东诗词全编鉴赏》，人民文学出版社，2017年9月第1版，第472—473页。

祖逖率领亲党数百家来投镇守建邺（今南京市）的晋元帝。313年祖逖要求率兵北伐，被任为奋威将军、豫州刺史，率部曲百余人渡江北上，中流击楫，立誓说："祖逖不能清中原而复济者，有如大江！"一举收复了黄河以南地区。击楫：敲打船桨，后用以形容有志报国的抱负和气概。至今传：祖逖报效国家的豪情壮志传颂至今。

"闻鸡久听南天雨，立马曾挥北地鞭"，闻鸡：典出《晋书·祖逖》："与司空刘琨俱为司州主簿，情好绸缪，共被同寝。中夜闻荒鸡鸣，蹴琨觉曰：'此非恶声也。'因起舞。"后以"闻鸡起舞"比喻有志之士奋起行动。文天祥《夜坐》："终有剑心在，闻鸡坐欲驰。"谭嗣同《和仙槎除夕感怀》："有约闻鸡同起舞，灯前转恨漏声迟。"久听南天雨：长时间闻听南方风风雨雨。陆游《十一月四日风雨大作》有"夜阑卧听风吹雨，铁马冰河入梦来"之句。立马挥鞭，一种威武的统帅雄姿。北地鞭：威震北方大地的战鞭。《晋书·刘琨传》："（琨）与范阳祖逖为友，闻逖被用，与亲故书曰：'吾枕戈待旦，志枭逆虏，常恐祖生先吾著鞭。'其意气相期如此。"后用来比喻从军报国、勇于进取。

"鬓雪飞来成废料，彩云长在有新天"，鬓雪：形容头发苍白。杜甫《寄杜位》："干戈况复尘随眼，鬓发还应雪满头。"唐代李益《立秋前一日览镜》："惟将两鬓雪，明日对秋风。"废料：人因衰老而无用。彩云：古人曾用彩云比喻娇美年轻女子的容颜易衰，感叹好景不长。李白《宫中行乐词》："只愁歌舞散，化作彩云飞。"冯梦龙《喻世明言》卷29："窗外日光弹指过，席前花影座间移。……世间好物不坚牢，彩云易散琉璃脆。"毛泽东反其意而用之，意为病树前头万木春，事业自有后来人。

"年年后浪推前浪"，典出唐代刘禹锡《浪淘沙（其九）》："流水淘沙不暂停，前波未灭后波生。"宋代释文珦《潜山集·过苕溪》也有："只看后浪催前浪，当悟新人换旧人。""江草江花处处鲜"，典出杜甫《哀江头》："人生有情泪沾臆，江水江花岂终极？"又见元稹《江花落》："江花何处最肠断，半落江流半在空。"江水奔流，前后相继，世事更迭，万象更新。毛泽东承认生老病死、新陈代谢的自然法则，但他并不因此而悲观消沉，而是对未来充满乐观和信心。

《七律·洪都》是在南昌写的，写得比较含蓄，既不是描述在南昌的所见所闻，也不直接反映南昌的历史风物，而是某种联想和感慨。诗中没有提到王勃及其《滕王阁序》，没有提及南昌起义，也没有描绘南昌所发生的沧桑巨变。在所有毛泽东诗词中，这是颇为费解的一首作品。

吴正裕在1994年12月27日《人民日报》（海外版）的《偏于豪放，不废婉约——读新发表的毛泽东诗词二首》中认为，它是"述怀明志的政治诗"。湖北教育出版社1995年版徐涛编著的《毛泽东诗词全编》认为，它是"有感而发的抒发情怀的诗作"。中央文献出版社2003年版龙剑宇、胡国雄著《毛泽东的诗词人生》认为："《七律·洪都》是毛泽东又一首成功的咏史诗作，所咏的是南昌——古代的洪都曾发生过的史事。"该诗虽引用了一些典故，只是引发毛泽东联想和议论的素材，将其界定为咏史诗显然不准确。延边大学出版社2005年版良石、芦白欣编著的《毛泽东诗词书法赏析》认为："这首诗从内容上说，主要是两层意思：一是借祖逖击楫'曾挥北地鞭'抒发诗人的博大心胸，凌云壮志；二是歌颂新中国正在欣欣向荣，蒸蒸日上，'彩云长在有新天'，而且革命事业后继有人。"诗无达诂，相比之下，这样的解读更为妥当一些。《七律·洪都》就是一首直抒胸臆、咏史明志、寓意深刻的诗篇。诗词毕竟不是政论文章，不是形势分析，不必将其主旨说得太具体，能够体验到毛泽东在感慨抒怀，表达壮志豪情即可。

如何解读《七律·洪都》的心境状态？

1960年9月，在会见二战名将、英国陆军元帅蒙哥马利时，毛泽东对他谈到了生死问题："我现在只有一个五年计划，到七十三岁去见上帝。我的上帝是马克思，他也许要找我。"[1]毛泽东还向他提到了中国的一句民间谚语：七十三、八十四，阎王不叫自己去。也就是说，人到了这么大的年纪，去见上帝是很自然的事。1965年的毛泽东已72岁，人生七十古来稀，毛泽东已清晰地意识到自己年事已高。"鬓雪飞来成废料，彩云长在有新天"，究竟表达了毛泽东一种什么样的心境状态？只有领悟了其中的滋味，才能真正领略到《七律·洪都》的深意。

"闻鸡久听南天雨，立马曾挥北地鞭"，毛泽东想起古代豪杰的金戈铁马，势必会联想起自己的戎马倥偬、南征北战。正如1965年5月，毛泽东重上井冈山，当年的艰苦鏖战历历在目，事不经过不知难，他由衷感叹："犹记当时烽火里，九死一生如昨。""鬓雪飞来成废料"是毛泽东对自己的一种自嘲、调侃与幽默，是对"廉颇老矣"的一种挑战方式，是他晚年率真襟怀的一种袒露。人老了，全身大部分器官功能逐渐衰落，记忆力衰退，反应迟缓，对谁都是如此，这是不可抗拒的自然规律。

少年毛泽东离开韶山外出求学时，就立下了"埋骨何须桑梓地，人生无处不青山"的人生誓言。青年毛泽东曾有"自信人生二百年，会当水击三千里"的豪言壮语。但毛泽东是彻底的辩证唯物主义者，他对生死观的理解很透彻，既是唯物的，又是辩证的。诗人毛泽东有着"天若有情天亦老""踏遍青山人未老"的豪迈，更深知"人生易老天难老""一

---

[1] 唐春元、伍英编著：《毛泽东谈生死》，中共党史出版社，2014年1月第1版，第257页。

篇读罢头飞雪"的无情。毛泽东承认人生易老、时光易逝,时常感慨"子在川上曰:逝者如斯夫""三十八年过去,弹指一挥间""弹指三十八年"。但他从不因此而消极悲观,恰恰相反,他要求人们"莫叹韶华容易逝",他的时间观念表现出强烈的"及时"意念,特别注重对"今"的把握。"今日向何方,直指武夷山下""装点此关山,今朝更好看""今日长缨在手,何时缚住苍龙""雄关漫道真如铁,而今迈步从头越""数风流人物,还看今朝""萧瑟秋风今又是,换了人间"。这些充满哲理而又不乏激情的诗句,不断激励人们好好抓住当前,以分秒必争的精神去从事伟大的斗争与实践。"多少事,从来急,天地转,光阴迫。一万年太久,只争朝夕",毛泽东这样激励自己,也这样激励后人。

"鬓雪飞来成废料",似乎有一种老而无用的感伤,但紧接着的"彩云长在有新天"一句,又陡然使诗情变得昂扬激越起来。梁启超在《少年中国说》中指出:"老年人常思既往,少年人常思将来。惟思既往也,故生留恋心;惟思将来也,故生希望心。"用梁启超的这番话,来揣度毛泽东的内心体验,可谓是精准恰当、生动传神。这不免使人自然而然想起1957年11月17日毛泽东在莫斯科对中国留学生演讲的精彩情形。据中央文献出版社2011年1月版逄先知、金冲及主编的《毛泽东传》记载,毛泽东第一句话就亲切地说:"同志们!我问你们好!世界是你们的!"接着又补充了一句说:"也是我们的。但是归根结底是你们的。"稍停了一下,毛泽东自问自答地说:"为什么说世界归根结底是你们的,而不是我们的呢?你们看,像我们这些人都老得不成个样子了嘛!"毛泽东还说道:"我也有个五年计划:再工作五年;如果能再活十五年那我就心满意足了。如果能超额完成任务,那当然更好。可是还得估计到:天有不测风云,人有旦夕祸福,这也是自然辩证法。""你们青年人朝气蓬勃,正在兴旺时期,好像早晨八九点钟的太阳。希望寄托在你们身上。"[①]如此说来,"鬓雪飞来成废料"表达了毛泽东平和淡定的一种生命意识,而"彩云长在有新天"则充分表达了毛泽东的乐观豁达,他对

[①] 逄先知、金冲及主编:《毛泽东传》第四卷,中央文献出版社,2011年1月第2版,第1718—1723页。

青年人寄予了无限期望。

　　毛泽东一生致力于"改造中国与世界"。在毛泽东诗词的语境中，"新天"有着特殊而又丰富的蕴含。旧中国积贫积弱，"长夜难明赤县天，百年魔怪舞翩跹。人民五亿不团圆""地主重重压迫，农民个个同仇""军阀重开战，洒向人间都是怨""遍地哀鸿满城血"。"为有牺牲多壮志，敢教日月换新天"，他就是要彻底改变旧社会那个一片黑暗的"天"。于是，他把中国革命的胜利和新中国的诞生，诗意表达成"天翻地覆慨而慷""一唱雄鸡天下白""试看天地翻覆""人间变了，似天渊翻覆"。"改造中国与世界"势必是漫长的过程，需要一代又一代人的不懈努力和奋斗。毛泽东既有"老骥伏枥，志在千里"的壮心不已，又有"长江后浪推前浪"的热切期盼，有了前赴后继的坚实基础，"江草江花处处鲜"就不仅仅是一种美好的现实，更是一种灿烂的未来。

　　南昌是重要的革命纪念地，1927年八一南昌起义打响了武装反抗国民党反动派的第一枪，诞生了由中国共产党领导的人民军队。《七律·洪都》写得含蓄深沉，南昌这一英雄的城市，激发了毛泽东对古代豪杰的联想和思索，引发了对自己辉煌人生的回忆与感慨，表达了对生命意识的深邃理解和美好前景的乐观展望。

如何理性客观评价《七律·有所思》?

1966年5月4日至26日,中共中央政治局扩大会议在北京召开。16日,会议通过毛泽东主持制定的通知。《五一六通知》发出,"文化大革命"运动正式开始。当时,毛泽东一直在南方几省视察。5月15日,他来到杭州,6月15日离开;经长沙于17日回到故乡韶山,在滴水洞住了11天;28日赴武汉。在滴水洞,他写下了《七律·有所思》。《毛泽东年谱(1949—1976)》卷五记载:1966年6月,"作《七律·有所思》:'正是神都有事时,又来南国踏芳枝。青松怒向苍天发,败叶纷随碧水驰。一阵风雷惊世界,满街红绿走旌旗。凭阑静听潇潇雨,故国人民有所思。'"①

这首诗最早发表于1996年9月中央文献出版社出版的《毛泽东诗词集》,收入"副编",并注明"这首诗根据作者审定的抄件刊印"。这首诗现在所见作者存留手迹一件,标题为《有所思》。手迹与正式发表稿有以下不同:"又来南国踏芳枝"句,手迹为"又来南国踏丛枝";"败叶纷随碧水驰"句,手迹为"败叶纷随碧水之";"一阵风雷惊世界"句,手迹为"一阵风雷惊宇宙";"故国人民有所思"句,手迹为"七亿人民有所思"。

"正是神都有事时",神都:古代指京城,此处指北京。唐代杜甫《赠李八秘书别三十韵》:"玄溯巡天步,神都忆帝车。"有事时:发动"文革"的时候。"又来南国踏芳枝",南国:中国南方的泛称。战国屈原《九章·橘颂》:"受命不迁,生南国兮。"王逸注:"南国,谓江南也。"三国曹植《杂诗》其五:"南国有佳人,容华若桃李。"芳枝:

---

① 《毛泽东年谱(1949—1976)》第五卷,中央文献出版社,2013年12月第1版,第596页。

芳香的花枝或树枝。作者写这首诗的前后，正在南方视察。首联交代了写作的时间、地点和缘起。

"青松怒向苍天发"，青松的枝干长势极为强盛，向上奋发，直指天空。青松：喻指革命者。"败叶纷随碧水驰"，衰败凋落的叶子纷纷随着绿水漂流而去。败叶：干枯凋落的叶子。清代田兰芳《明河南参政袁公墓志铭》："（袁可立子袁枢）群力竞奋，积尸齐堉。贼如败叶，纷披随风。"驰：本义是奔跑，这里引申为漂流。颔联借"青松""败叶"表达作者的政治理念。

"一阵风雷惊世界"，刚刚掀起的一场风暴雷霆震惊了整个世界。风雷：狂风暴雷，这里喻指"文革"。"满街红绿走旌旗"，满街都是身穿绿军装、臂戴红袖章，举着各种组织旗号的游行队伍。颈联描写运动的声势与场面。

"凭阑静听潇潇雨"，凭阑：凭栏。南唐李煜《浪淘沙》："独自莫凭栏，无限江山。"静听：静静地倾听、观察事件的发展动向。潇潇雨：骤急的雨声，化用宋代岳飞《满江红》"怒发冲冠，凭栏处，潇潇雨歇"。"故国人民有所思"，故国：旧国，这里指祖国。南唐李煜《虞美人》："小楼昨夜又东风，故国不堪回首月明中。"化用唐代杜甫《秋兴》八首其四："鱼龙寂寞秋江冷，国故平居有所思。"尾联是诗眼，写作者兴奋之余的沉思。他凭栏远眺，静听潇潇雨声，不禁对祖国和人民的命运深深忧虑。当时，"文革"刚刚拉开帷幕，后来的严重恶果，毛泽东也始料未及。

《七律·有所思》情调富于变化，时而开朗洒脱，时而峻急激切，时而昂扬振奋，时而冷静沉思。既有李白的潇洒飘逸，也有岳飞的壮怀激烈；既有曹操的悲凉慷慨，也有杜甫的沉郁顿挫。曲折含蓄，耐人寻味，反映出作者的复杂心境，给人丰富的审美感受。

这是公开发表的毛泽东直接描写"文化大革命"的唯一一首诗作，有着重要的文献和历史价值。诗中直接描写运动初期的热烈情景，表达了诗人对这场运动的兴奋与期待，同时折射出诗人对其前景没有十足的信心，以及深沉、悲壮的忧患心绪。关于"文革"，1981年6月27日中国共产党第十一届中央委员会第六次全体会议通过的《关于建国以来党的若干历史问题的决议》明确指出："历史已经判明，'文化大革命'是一场由领导者错误发动，被反革命集团利用，给党、国家和各族人民带来严重灾难的内乱。"①《七律·有所思》是在特定历史背景下创作的，所表达的情感与"文革"有千丝万缕的联系，存在必须否定的内容。但是，诗词作为艺术作品，有其自身的规律与特点。不能简单地认为《七律·有所思》就是歌颂"文革"；不能简单地将其与"文革"的错误理论相提并论。

从平仄声韵规范和用字用典技巧来看，在平仄、对仗、押韵等基本要素方面，《七律·有所思》严格遵守了格律要求，仄起平收，对仗工整，一韵到底，无可挑剔。从用典方面看，可以说用得贴切自然，不露痕迹，如同己出，无可非议。从艺术造诣看，起承转合得体，结构紧凑完整，叙事写景自如，抒情议论交融，比喻象征蕴藉，遣词造句从容。2002年第5期《党的文献》安建设《略论毛泽东的七言律诗》一文认为："从诗的本身来看，它在意境、手法等方面确实达到了'巅峰'，当入毛泽东七律诗中的拔筹之列。"中央文献出版社2003年12月版吴正裕主编《毛泽东诗词全编鉴赏》中，龚育之《所思的是故国和人民——读〈七律·有所思〉》一文指出：从诗的艺术境界上说，这首诗是1996年新收入《毛泽东诗词集》中的"十七首诗中最出色的一首"。

---

① 《关于建国以来党的若干历史问题的决议》，中共党史出版社，2010年3月第1版，第82页。

如何解读《七律·读〈封建论〉呈郭老》？

《毛泽东年谱（1949—1976）》卷六记载：1973年8月5日，"同江青谈话。谈到中国历史上儒法斗争的情况时说：历代有作为、有成就的政治家都是法家，他们都主张法治，厚今薄古；而儒家则满口仁义道德，主张厚古薄今，开历史倒车。接着念了新写的《七律·读〈封建论〉呈郭老》：'劝君少骂秦始皇，焚坑事业要商量。祖龙魂死秦犹在，孔学名高实秕糠。百代都行秦政法，十批不是好文章。熟读唐人封建论，莫从子厚返文王。'次日，江青在中共中央政治局会议上传达毛泽东有关儒法斗争的谈论及所写七律诗，并要求将此内容写入十大政治报告。周恩来表示：对此需理解、消化一段时间，不必马上公布"①。

这首诗最早正式发表于中央文献出版社2003年12月出版的吴正裕主编的《毛泽东诗词全编鉴赏》一书，收入"附录"，注明："这首诗根据作者审定的抄件刊印。近年来此诗不少出版物所载，多有讹误。"该书在"考辨"中否定了"伪作"的论断，证明确系毛泽东所作。这首诗现在没有见到作者存留手迹，江青所书的此件也未见披露过。这首诗是我们所能见到的毛泽东的最后一首诗。

《封建论》是唐代政治家、思想家、文学家柳宗元的史论文章。封建：封建制，指我国夏、商、周奴隶社会实行的"封国土，建诸侯"的贵族分封制。在这种制度下，中国被分裂成许多诸侯国，名义上从属于中央王朝，实际上各自为政。秦始皇统一六国后，用郡县制取代了分封制。《封建论》推崇秦始皇所实行的郡县制，强调加强中央集权，认为由周朝的分封制改为秦朝的郡县制是社会的一大进步，表现了扬法抑

---

① 《毛泽东年谱（1949—1976）》第六卷，中央文献出版社，2013年12月第1版，第490页。

儒的思想倾向。毛泽东读了柳宗元的文章之后，引起共鸣。

《十批判书》是郭沫若写于20世纪40年代研究先秦诸子思想的论文集，包括《古代研究的自我批判》《孔墨的批判》《儒家八派的批判》《稷下黄老学派的批判》《庄子的批判》《荀子的批判》《名辩思潮的批判》《前期法家的批判》《韩非子的批判》《吕不韦与秦王政的批判》等10篇文章。毛泽东的学术观点与郭沫若相左。广东人民出版社1996年7月第1版陈晋主编的《毛泽东的读书笔记解析》指出，1968年10月，毛泽东在八届十二中全会闭幕式的讲话中说："拥护孔夫子的，我们在座的有郭老……我个人比较有点偏向，就不那么高兴孔夫子。看了说孔夫子是代表奴隶主、旧贵族，我偏向这一方面，而不赞成孔夫子是代表那个时候新兴地主阶级。因此，我跟郭老在这一点上不那么对。你那个《十批判书》崇儒反法，在这一点上我也不那么赞成。"[①]

《毛泽东年谱（1949—1976）》卷六记载：1973年7月4日，"在讲到郭沫若的《十批判书》时说：郭老不仅是尊孔，而且还反法，尊孔反法""我赞成郭老的历史分期，奴隶制以春秋战国之间为界，但是不能大骂秦始皇"。[②]《七律·读〈封建论〉呈郭老》体现了毛泽东对《封建论》的认同和对《十批判书》的分歧。这首诗还有一个政治背景，就是林彪事件之后，毛泽东评说儒法，发动了批林批孔运动。

"劝君少骂秦始皇，焚坑事业要商量"，首联开门见山，明确提出不同意郭沫若的观点，拿秦始皇最为人诟病的"焚书坑儒"为例，并称其为"事业"，奉劝郭沫若少骂秦始皇。对这一似乎是不容置疑的事表示"要商量"，"劝君"的语气中显示出正常的学术纷争，"呈""郭老"，既示尊重，又合常理，语气和缓，没有以势压人。

"祖龙魂死秦犹在，孔学名高实秕糠"，颔联采用双重对比，一层是秦始皇与孔子对比；一层是秦始皇身死与功高对比，以及孔子名高与实为秕糠对比。祖龙：指秦始皇。西汉司马迁《史记·秦始皇本纪》：

[①] 许全兴著：《毛泽东与孔夫子》，人民出版社，2020年9月第1版，第16页。
[②]《毛泽东年谱（1949—1976）》第六卷，中央文献出版社，2013年12月第1版，第485页。

"三十六年秋，使者从关东夜过华阴平舒道，有人持璧遮使者曰：'为吾遗滈池君。'因言曰：'今年祖龙死。'"秦始皇虽然早已死去，但秦王朝推行的政治制度依然沿用着。孔子创立的儒家学说尽管名气很大，实际上却如同毫无价值的秕子和谷糠。

"百代都行秦政法，十批不是好文章"，颈联进一步阐述秦朝政治法律制度为后世沿袭，说明它的正确性与可行性。如此一来，批判秦始皇的《十批判书》当然不是什么好文章了。

"熟读唐人封建论，莫从子厚返文王"，子厚：柳宗元，字子厚。返：倒退。文王：即周文王。孔子的儒家学说与周文王的政治制度如出一辙。尾联赞同柳宗元对秦始皇实行郡县制的肯定，但对他称赞夏、商、周三代圣王的言论又不苟同，强调不能掉入返古的陷阱。

这首诗存在明显瑕疵。秦始皇的历史贡献值得肯定，但儒家学说也绝非"秕糠"。而就诗艺而言，这首诗是发动一场运动而作的政治急就章，格律欠缺，以议论为诗，多议论而少形象，多直说而少比兴，缺少形象的感染力和诗意的含蓄美，不符合他在《致陈毅》中所强调的"诗要用形象思维，不能如散文那样直说"的诗学主张。需要指出的是，作者此时已是八旬老人，又经过林彪事件的打击，正值国事多艰，暮年忧患，疾病缠身，心力交瘁，诗才近乎枯竭。作者虽用了律诗的形式，也未必是真正当作"诗"来写的，因而对此诗也不宜过多求全责备。

为何说《诉衷情》并非毛泽东诗作？

毛泽东诗词版本研究专家陈安吉在《应当慎重对待传抄的毛泽东诗词》一文中写道："笔者搜集有数十种近20年来出版的毛泽东诗词注释本、解说本、鉴赏本。这些本子所涉及的毛泽东诗词，有中央有关权威部门正式公布的67首，也有根据传抄、传闻而收录的若干首。我在研读后者时，深深感到存在一个辨别真伪的问题，需要慎重对待。"[①]《诉衷情》一诗，就属于这样一首"需要慎重对待"的作品。几十年来，《诉衷情》一诗在坊间，尤其是在网络上流传很广。诗曰："父母忠贞为国酬，何曾怕断头！如今天下红遍，江山靠谁守？业未竟，身躯倦，鬓已秋。你我之辈，忍将夙愿，付与东流？"少数毛泽东诗词版本收入了该词，但诗题、写作时间、文字略有差异。比如，陕西人民出版社1999年9月版张仲举著《毛泽东诗词全集译注》，题为《诉衷情增阕·给周恩来同志》，该书2009年9月第3版时题为《诉衷情·给周恩来同志》，时间"一九七四年秋"，"身躯倦"句作"勤躯倦"；延边大学出版社2005年5月版良石、芦白欣编著的《毛泽东诗词书法赏析》，题为《诉衷情》，时间"一九七四年"；太白文艺出版社2007年10月版麓山子编著的《毛泽东诗词全集赏读》，题为《诉衷情·赠人》，时间"一九七四年"；文化艺术出版社2011年9月版李锐著《毛泽东诗词解密》，题为《诉衷情·赠周总理》，时间"一九七四年冬"。

关于这首诗的出处，良石、芦白欣未作具体交代。张仲举在书中说："山东大学出版社1991年6月版王永盛、张伟主编《毛泽东的诗词艺术》

[①] 陈安吉著：《毛泽东诗词版本丛谈》，中央文献出版社、南京出版社2003年12月第1版，第266页。

引录了本词上阕,作家出版社1997年4月第二版张涛之著《中华人民共和国演义》下卷引录了这首词。"麓山子在书中写道:"刘路新、高庆国等译[美]R．特里尔著《毛泽东传》第481页引述此词后说:'在这段时间,毛似乎回到韶山。''在南国宁静的时日里,毛赋下如许几行。出乎意料,这首词是为周(恩来)而作的。'"李锐的依据与麓山子如出一辙。

东方出版社2014年7月版陈晋著《毛泽东与文艺传统》指出:"1974年前后,社会上曾流传一首诗,说是毛泽东写给周恩来的:(略)。忧患残深之外,又添暮年苍凉之情。该词已经证实并非出自毛泽东的手笔,但当时人们信而不疑,广为传抄(笔者当时在农村插队,也抄得此词),多少反映出广大人民群众对毛泽东晚年心境颇趋一致的体会和揣度,反映出广大人民群众同毛泽东一样对祖国的命运表示忧虑和深切关注。或许,正是出于这种'艺术的真实性',在延安同毛泽东有频繁交往的著名作家舒群,在《毛泽东的故事》这本纪实性很强的小说集中的最后一篇《十二月二十六日》里,引了这首词,以细腻刻画毛泽东度过他最后一个生日的心境。"①

中央文献出版社、南京出版社2003年12月版陈安吉著《毛泽东诗词版本丛谈》一书,对其真伪进行了考证。小说《十二月二十六日》通过一个农村妇女为毛泽东拜寿,反映毛和农民血肉相连的感情,也透出毛在晚年囿居一室一隅的悲凉心境。这首词得之于传闻,无法查对核实。舒群在书中也坦言:"这首词在当时群众中,曾口诵笔录流传一时,以后又传说非他所作;至今已无法查对核实。不过,因其格调与他的诗词有相仿之风,其词意与他的心境也有相称之处,故暂留之,以便参酌理解他此刻而讳言的真情实感。"《毛泽东故事》的《内容提要》指出:"本书是作者大胆创新,时发奇笔。""和其他写伟人故事的作品不同,书里写了重大历史事件,却又非正面反映,有作者的想象和虚构,颇带

---

① 陈晋著:《毛泽东与文艺传统》,东方出版社,2014年7月第1版,第282页。

浪漫主义色彩。"陈安吉强调:"我们是不能把小说当正史的。"①

计小为在《文艺理论与批评》1990年第3期《评舒群的〈毛泽东故事〉》一文中指出:"舒群同志在这篇小说里,引用了当时流行的误认为是毛泽东的一首词。""毛泽东同志的晚年确实写过一些诗词,但上引的这一首却已证实完完全全不是出自他的手笔。"计小为文章的一开头就说,舒群曾看过这篇文章的初稿。可见,舒群对《诉衷情》并非毛泽东所作这一判断也是认可的。

河北人民出版社1989年3月版美国人特里尔著的《毛泽东传》引录了该词。陈安吉认为:"特里尔并没有在书中提供这首词的原始凭据,他也是根据传闻引录的,我们不能苛求一个外国人在作品中把中国的事情都讲得准确无误。当然,我们也不能把一个外国人讲述的传闻当成客观事实。"②笔者查阅中国人民大学出版社2010年8月版何宇光、刘加英译的特里尔《毛泽东传》,该书在第472页的旁注中语焉不详地写道:"1974年12月27日,周恩来飞到长沙向毛泽东汇报即将召开的党代会的准备情况。毛泽东给周恩来的词可能就是这次见面时写的。"但书中没有披露《诉衷情》的具体内容。

20世纪六七十年代,社会上曾广泛流传《未发表的毛泽东诗词》,多数系伪作。迄今为止,没有任何权威机构和权威人士提供《诉衷情》出自毛泽东手笔的任何真凭实据。中央文献研究室编撰的《毛泽东年谱》以及逄先知、金冲及主编的《毛泽东传》,都未曾提及这首词。最具权威的1986年版《毛泽东诗词选》和1996年版《毛泽东诗词集》,均没有收入这首词。陈晋《毛泽东与文艺传统》说"该词已经证实并非出自毛泽东的手笔"③。这个结论是可以相信的。笔者完全赞同陈安吉对待传抄的毛泽东诗词的观点:"历史上发生的误传毛泽东诗词的事例,给我

---

① 陈安吉著:《毛泽东诗词版本丛谈》,中央文献出版社、南京出版社,2003年12月第1版,第270—271页。

② 陈安吉著:《毛泽东诗词版本丛谈》,中央文献出版社、南京出版社,2003年12月第1版,第272页。

③ 陈晋著:《毛泽东与文艺传统》,东方出版社,2014年7月第1版,第282页。

们一个深刻的教训是：必须慎重对待传抄、传闻的毛泽东诗词，必须对传抄件的源头版本作认真的、扎实的考证，切不可凭主观臆测而轻信。我们的报刊等出版物，今后要对发表这类传抄、传闻的诗词采取谨慎的态度。"[1]

---

[1] 陈安吉著：《毛泽东诗词版本丛谈》，中央文献出版社、南京出版社，2003年12月第1版，第274页。

主要参考文献

1.《毛泽东诗词集》，中央文献研究室编，中央文献出版社1996年9月第1版。

2.《毛泽东诗词全编鉴赏》，主编：吴正裕，副主编：李捷、陈晋，人民文学出版社2017年9月第1版。

3.《毛泽东诗词鉴赏》，主编：臧克家，副主编：蔡清富、李捷，河北人民出版社1990年8月第1版。

4.《诗人毛泽东——大型电视文献艺术片〈独领风骚——诗人毛泽东〉解说词》，陈晋撰稿，当代中国出版社2006年7月第1版。

5.《毛泽东诗词新解》，费枝美、季世昌著，中央文献出版社2003年12月第1版。

6.《毛泽东诗词辨析》，主编：郭思敏，中央文献出版社2006年10月第1版。

7.《细读毛泽东诗词》，徐四海、夏勤芬著，上海三联书店2014年11月第1版。

8.《毛泽东诗词大观》，蔡清富、黄辉映编著，四川人民出版社2007年4月第4版。

9.《毛泽东诗词文化解读》，沙先贵著，河北人民出版社2011年5月第2版。

10.《品读诗人毛泽东》，汪建新著，中国工人出版社2020年9月第1版。

11.《毛泽东诗词疏证》，胡国强主编，西南师范大学出版社 2016 年 1 月第 4 版。

12.《毛泽东诗词评注》，邵名尉著，中国文化出版社 2005 年 4 月第 1 版。

13.《毛泽东诗词精读》，丁三省编著，文化艺术出版社 2013 年 1 月第 3 版。

14.《毛泽东诗词鉴赏》，公木著，长春出版社 2010 年 6 月第 1 版。

15.《诗人毛泽东》，易孟醇、易维著，人民出版社 2003 年 11 月第 1 版。

16.《毛泽东的诗词人生》，龙剑宇、胡国强著，中央文献出版社 2011 年 6 月第 1 版。

17.《毛泽东的诗赋人生》，曾珺著，中国言实出版社 2019 年 7 月第 1 版。

18.《毛泽东诗词背后的人生》，陈东林著，九州出版社 2010 年 7 月第 1 版。

19.《毛泽东诗赋人生》，胡为雄著，中共中央党校出版社 2007 年 5 月第 1 版。

20.《毛泽东诗词版本丛谈》，陈安吉著，南京出版社、中央文献出版社 2003 年 12 月第 1 版。

21.《毛泽东诗词研究史》，何联华著，中国社会科学出版社 2019 年 3 月第 1 版。

22.《毛泽东诗话词话书话集观》，刘汉民编著，长江文艺出版社 2002 年 10 月第 1 版。

23.《毛泽东的诗论与词论》，彭萍著，湖南大学出版社 2007 年 8 月第 1 版。

24.《毛泽东诗史》，陈东林著，中共中央党校出版社 1997 年 3 月第 1 版。

25.《毛泽东诗词史话》，萧永义著，东方出版社 1996 年 12 月第 1 版。

26.《毛泽东修改诗词赏析》，董克恭著，中国文史出版社2011年5月第1版。

27.《毛泽东年谱（1893—1949）》上、中、下卷，中央文献研究室编，中央文献出版社2013年12月第1版。

28.《毛泽东年谱（1849—1976）》1—6卷，中央文献研究室编，中央文献出版社2013年12月第1版。

29.《毛泽东传》1—6卷，主编：逄先知、金冲及，中央文献研究室编，中央文献出版社2011年1月第2版。

30.《文人毛泽东》，陈晋著，上海人民出版社2005年9月第1版。